Die Familienstiftung im Außensteuergesetz

Trierer Studien zum Internationalen Steuerrecht

Herausgegeben von Gabriele Burmester

Band 20

PL ACADEMIC RESEARCH

Dominik Monz

Die Familienstiftung im Außensteuergesetz

PL ACADEMIC RESEARCH

Bibliografische Information der Deutschen Nationalbibliothek
Die Deutsche Nationalbibliothek verzeichnet diese Publikation in der Deutschen Nationalbibliografie; detaillierte bibliografische Daten sind im Internet über http://dnb.d-nb.de abrufbar.

Zugl.: Trier, Univ., Diss., 2016

D 385
ISSN 1861-695X
ISBN 978-3-631-71372-3 (Print)
E-ISBN 978-3-631-71373-0 (E-PDF)
E-ISBN 978-3-631-71374-7 (EPUB)
E-ISBN 978-3-631-71375-4 (MOBI)
DOI 10.3726/b10668

PL Academic Research ist ein Imprint der Peter Lang GmbH.

Peter Lang – Frankfurt am Main · Bern · Bruxelles · New York · Oxford · Warszawa · Wien

Diese Publikation wurde begutachtet.

www.peterlang.com

Vorwort

Die vorliegende Arbeit wurde im Sommersemester 2016 vom Fachbereich Rechtswissenschaft der Universität Trier als Dissertation angenommen.

Zahlreiche Personen haben mich während meines Studiums oder bei der Anfertigung der Arbeit unterstützt, denen ich an dieser Stelle danken möchte.

Besonderer Dank gilt Frau Prof. Dr. Burmester, die sich als hervorragende Betreuerin der Arbeit ausgezeichnet hat. Mit dem Angebot, an ihrem Lehrstuhl für Deutsches und Internationales Steuerrecht an der Universität Trier als wissenschaftlicher Mitarbeiter tätig zu sein, hat sie den Grundstein für die Entstehung dieser Arbeit gelegt. Darüber hinaus hat sie sich stets als fürsorgliche Chefin hervorgetan.

Herrn Prof. Dr. Henning Tappe möchte ich herzlich für die Erstellung des Zweitgutachtens sowie Herrn Prof. Dr. Mark Zöller und Herrn Prof. Dr. Volker Krey für ihre freundliche Mitwirkung im Rigorosum danken.

Besonders glücklich macht mich die Erfahrung verlässlicher Freundschaft und engen Zusammenhalts. Dankend hervorgehoben seien Max und Matthias für die gesamte Zeit des gemeinsamen Studiums, Marc und Thomas für die schöne Zeit am Lehrstuhl sowie last, but not least, Alex und Nikki, die immer die nötige sportliche Ablenkung und Erheiterung boten.

Schließlich gebührt meiner Familie besonderer Dank. Meine Eltern haben akribisch das abschließende Korrekturlesen übernommen. Den notwendigen finanziellen Spielraum, der für die Anfertigung der Arbeit nötig war, haben meine Großeltern Rosa und Dr. Nikolaus Schmitt bereit gestellt. Zudem haben sie stets Interesse am Fortgang der Arbeit gezeigt. Ihnen sei diese Arbeit posthum gewidmet.

Inhaltsverzeichnis

Abkürzungsverzeichnis

a. A.	am Anfang; andere Ansicht
a.F.	alte/r Fassung
ABl.	Amtsblatt der Europäischen Union
Abs.	Absatz/ Absätze
AcP	Archiv für die civilistische Praxis
ADD	Aufsichts- und Dienstleistungsdirektion
AEUV	Vertrag über die Arbeitsweise der Europäischen Union
AfA	Absetzung für Abnutzung
AG	Aktiengesellschaft
AmtshilfeRLUmsG	Amtshilferichtlinie-Umsetzungsgesetz
AO	Abgabenordnung (Deutschland)
Art./Artt.	Artikel (Singular/Plural)
AStG	Außensteuergesetz (Deutschland)
AStGAE	Außensteuergesetz Anwendungserlass
Aufl.	Auflage
BAO	Bundesabgabenordnung (Österreich)
BB	Zeitschrift Betriebs-Berater
BDS	Bundesverband Deutscher Stiftungen
BetrVG	Betriebsverfassungsgesetz
BewG	Bewertungsgesetz
BFH	Bundesfinanzhof
BFHE	Sammlung Entscheidungen des Bundesfinanzhofs
BGB	Bürgerliches Gesetzbuch
BGBl.	Bundesgesetzblatt
BGH	Bundesgerichtshof
BMF	Bundesministerium der Finanzen

bspw.	beispielsweise
BStBK	Bundessteuerberaterkammer
BStBl.	Bundessteuerblatt
BT	Bundestag
BV	Betriebsvermögen
BVerfG	Bundesverfassungsgericht
bzw.	beziehungsweise
CFC	controlled foreign corporation
D	Deutschland
DB	Zeitschrift Der Betrieb
DBA	Doppelbesteuerungsabkommen
DNotZ	Deutsche Notar-Zeitschrift
Drs	Drucksache
DStJG	Deutsche Steuerjuristische Gesellschaft e. V.
DStR	Zeitschrift Deutsches Steuerrecht
DStZ	Deutsche Steuer-Zeitung
EGBGB	Einführungsgesetz zum Bürgerlichen Gesetzbuche
EGMR	Europäische Gerichtshof für Menschenrechte
EGV	Vertrag zur Gründung der Europäischen Gemeinschaft
EMRK	Europäische Menschenrechtskonvention
ErbSt	Erbschaftsteuer
ErbStB	Zeitschrift Der Erbschaft-Steuerberater
ErbStG	Erbschaftsteuergesetz
ErbStH	Hinweis zur Erbschaftsteuer-Richtlinie
ErbStR	Erbschaftsteuer-Richtlinie
ESt	Einkommensteuer
EStG	Einkommensteuergesetz (Deutschland)
EU	Europäische Union

EUAHiG	Gesetz über die Durchführung der gegenseitigen Amtshilfe in Steuersachen zwischen den Mitgliedstaaten der Europäischen Union
EuGH	Gerichtshof der Europäischen Union
EuR	Zeitschrift Europarecht
EUV	Vertrag über die Europäische Union
EWR	Europäischer Wirtschaftsraum
f.	folgende (Seite)
FA	Finanzamt
FBG	Firmenbuchgesetz
ff.	folgende (Seiten)
FG	Finanzgericht
FGO	Finanzgerichtsordnung
FL	Fürstentum Liechtenstein
Fn.	Fußnote
FR	Zeitschrift Finanz-Rundschau Ertragsteuerrecht
FS	Festschrift
G	Gesetz
gem.	gemäß
GewSt	Gewerbesteuer
GewStG	Gewerbesteuergesetz
GG	Grundgesetz
ggf.	gegebenenfalls
GmbH	Gesellschaft mit beschränkter Haftung
grds.	grundsätzlich
h.M.	herrschende Meinung
Hs.	Halbsatz
idF.	in der Fassung
iHv.	in Höhe von

InfAust	Informationsaustausch
IPR	Internationales Privatrecht
iSd.	im Sinne des/r
IStR	Zeitschrift Internationales Steuerrecht
iVm.	in Verbindung mit
JStG	Jahressteuergesetz
JURA	Zeitschrift Juristische Ausbildung
Kap.	Kapitel
KapG	Kapitalgesellschaft
KESt	Kapitalertragsteuer
KG	Kommanditgesellschaft
KGaA	Kommanditgesellschaft auf Aktien
KSt	Körperschaftsteuer
KStG	Körperschaftsteuergesetz (Deutschland)
LG	Landgericht
LGBl.	Liechtensteinisches Landesgesetzblatt
lit.	Buchstabe
LStiftG	Landesstiftungsgesetz
m. E.	meines Erachtens
m.w.N	mit weiteren Nachweisen
n.F.	neue Fassung
NJW	Zeitschrift Neue Juristische Wochenschrift
NZG	Neue Zeitschrift für Gesellschaftsrecht
Ö	Österreich
OECD	Organisation for Economic Co-operation and Development
OECD-MA	Musterabkommen zur Vermeidung der Doppelbesteuerung auf dem Gebiet der Steuern vom Einkommen und vom Vermögen der Organisation for Economic Co-operation and Development

öAktG	Aktiengesetz (Österreich)
öEStG 1988	Einkommensteuergesetz 1988 (Österreich)
OHG	offene Handelsgesellschaft
öKStG 1988	Körperschaftsteuergesetz 1988 (Österreich)
PGR	Personen- und Gesellschaftsrecht (Gesetz Liechtenstein)
PSG	Privatstiftungsgesetz (Österreich)
PV	Privatvermögen
PVS	Privatvermögensstruktur/en
RA	Rechtsanwalt
RFH	Reichsfinanzhof
RFM	Reichsfinanzministerium
RGBl.	Reichsgesetzblatt
RGZ	Entscheidungssammlungen der Entscheidungen des Reichsgerichts in Zivilsachen
RIW	Zeitschrift Recht der Internationalen Wirtschaft
RLP	Rheinland-Pfalz
Rn.	Randnummer/n
RNotZ	Rheinische Notar-Zeitschrift
Rs.	Rechtssache
S.	Satz/ Sätze; Seite
SGB	Sozialgesetzbuch
Slg.	Sammlung der Rechtsprechung des Gerichtshofes und des Gerichts Erster Instanz
SolZG	Solidaritätszuschlaggesetz (Deutschland)
StAmnVO	Verordnung des Reichspräsidenten über steuerliche Erfassung bisher nicht versteuerter Werte über Steueramnestie
StAnpG	Steueranpassungsgesetz
SteG	Steuergesetz (Liechtenstein)

SteuK	Zeitschrift Steuerrecht kurzgefaßt
StiftEG	Stiftungseingangssteuergesetz (Österreich)
Tz.	Textziffer
u.a.	unter anderem
Urt.	Urteil
usw.	und so weiter
v.	vom
Var.	Variante
vgl.	vergleiche
vs.	(lat. versus) gegen (übergestellt)
z.B.	zum Beispiel
ZEV	Zeitschrift für Erbrecht und Vermögensnachfolge
Ziff.	Ziffer/n
ZSt	Zeitschrift zum Stiftungswesen

Einleitung

Das Stiftungswesen kann sich auf eine jahrhundertealte Tradition stützen. Diese ist nicht durch Kontinuität, sondern durch eine wechselhafte Geschichte mit Blütezeiten und Niedergang geprägt.[1] In letzter Zeit kann man dabei von einer Renaissance der Stiftungen sprechen.[2] So gibt es auch in Rheinland-Pfalz eine Blüte von neuen Stiftungen. Über 550 der am 01.01.2013 bestehenden 984 Stiftungen sind im neuen Jahrtausend errichtet worden.[3] Auch auf die gesamte Bundesrepublik bezogen sind erstaunlich viele neue Stiftungen entstanden. Am 31.12.2013 bestanden 20.150 Stiftungen; 2013 sind 638, 2012 645, 2011 817 und 2010 824 neue Stiftungen hinzugekommen.[4] Allein in diesen vier Jahren wurden demnach annähernd 3.000 neue Stiftungen in Deutschland errichtet.[5] Dabei stellen die Familienstiftungen in Deutschland die Ausnahme dar. Ihr prozentualer Anteil an allen Stiftungen beträgt 6 Prozent.[6]

Auch in den Nachbarländern ist eine Blüte der Stiftungen auszumachen. So ist die Zahl der Stiftungen sowohl in Liechtenstein als auch in Österreich in den letzten Jahrzehnten stark gestiegen.[7] Hierunter finden sich – verglichen mit der Anzahl in Deutschland – eine große Anzahl an Familienstiftungen.[8]

Bisher hat die ausländische Familienstiftung weder in der steuerrechtlichen Rechtsprechung noch in der Literatur in allzu großem Umfang Beachtung gefunden.[9] Auch im Besteuerungsverfahren gelangt § 15 AStG nur sporadisch zur Anwendung. So waren im Jahr 2008 nur 60 Fälle und im Jahr 2009 nur 50 Fälle anhängig, in denen § 15 AStG angewendet wurde.[10] Möglich ist, dass sich dies durch die

---

1 *Mecking,* StiftG Rheinland-Pfalz, 11.

2 *Otto* in *Otto,* Stiftungspraxis, VII; *Fischer,* Stiftungen, 7; *Schlüter/Stolte,* Kap. 1, Rn. 11; *Mecking,* StiftG Rheinland-Pfalz, 11; *Löwe,* Familienstiftung und Nachfolgegestaltung, 8; *Reimann,* DNotZ 2012, 250.

3 www.add.rlp.de, Informationen zur Errichtung einer Stiftung, S. 9.

4 BDS, Zahlen Daten Fakten 2014, S. 23, 25.

5 BDS, Zahlen Daten Fakten 2014, S. 23.

6 *Muscheler,* Gesammelte Beiträge, 321; der Prozentsatz bezieht sich auf das Jahr 2000.

7 *Arnold,* PSG, Einl. Rn. 7; *Melzer,* Privatstiftungsrecht Ö und FL, 13; in Liechtenstein sind die Zahlen seit 2008 rückläufig, jedoch weiterhin auf hohem Niveau, *Lennert* in *Feick,* Stiftung als Nachfolgeinstrument, 439 f.

8 *Arnold,* PSG, Einl. Rn. 10.

9 *Kraft* in *Kraft,* AStG § 15, Rn. 60; *Kellersmann/Schnitger,* IStR 2005, 253 (259).

10 Parlamentarische Anfrage des Abgeordneten Björn Sänger (FDP) mit entsprechender Antwort des Parlamentarischen Staatssekretärs Hartmut Koschyk, BT-Drs 17/12113, S. 12.

umfangreiche Praxis des Ankaufs von „Steuer-CDs" in Zukunft ändern wird bzw. sich bereits geändert hat. Die Thematik wird auch durch die demografische Entwicklung in Deutschland einschließlich mehrerer zehntausend Betriebsübergänge pro Jahr verschärft.[11]

11 *Fischer* in *Feick,* Stiftung als Nachfolgeinstrument, 5; *Löwe*, Familienstiftung und Nachfolgegestaltung, 1.

Gang der Arbeit

Die vorliegende Untersuchung beschäftigt sich mit einer im Außensteuergesetz verorteten Sonderregelung zur steuerlichen Behandlung von ausländischen Familienstiftungen. Die Vorschrift des § 15 AStG ist gegen die Abschirmwirkung einer ausländischen Stiftung gerichtet, die überwiegend im Interesse eines abgegrenzten Bereichs (Familie oder Unternehmen) tätig wird, und deren Stifter, Bezugs- oder Anfallsberechtigte in Deutschland ansässig sind. Die Arbeit gliedert sich in drei Teile.

Zunächst werden einleitend mögliche Motive aufgezeigt, die einem potentiellen Stifter den Impuls zur Stiftungserrichtung geben können. Ein besonderes Augenmerk wird auf steuerliche Beweggründe gelegt. Hierbei werden steuerliche Rahmenbedingungen in Liechtenstein und Österreich dargestellt. Anschließend werden Aspekte des deutschen Steuerrechts angesprochen, um vergleichend Faktoren für die Familienstiftungserrichtung im Ausland aufzuzeigen.

Nachdem so die Grundlagen dargestellt wurden, beschäftigt sich der erste Hauptteil sodann im Einzelnen mit der Vorschrift des § 15 AStG in der aktuellen Fassung des AmtshilfeRLUmsG[12]. Soweit es erforderlich ist, werden Parallelen und Unterschiede zwischen der Alt- und der Neufassung der Regelung dargestellt. Die Bearbeitung beschränkt sich auf rechtsfähige Stiftungen. Der Stifter soll in Anlehnung an den Tatbestand des § 15 AStG dabei im Inland ansässig sein, die Stiftung in ihrem Gründungsstaat im Ausland. Zudem sollen alle Staaten davon ausgehen, dass die Stiftung intransparent zu besteuern ist.

Zu § 15 AStG werden die Anwendungsvoraussetzungen ebenso wie die Rechtsfolgen herausgearbeitet. Hinsichtlich nicht eindeutiger Rechtsbegriffe wird der Versuch unternommen, diese in möglichst vielen Aspekten zu beleuchten und Argumente für eine Auslegung zu liefern. Hierbei wird vielfältig auf vergleichbare Gesetzessituationen rekurriert werden. Die Gesetzesneufassung ist durch eine Systemumstellung des Zurechnungsobjekts im § 15 Abs. 1 AStG geprägt. Dies wird durch neu gefasste oder in § 15 AStG neu eingeführte Absätze (Abs. 7–11) flankiert. So werden in § 15 Abs. 9 AStG Teile der Hinzurechnungsbesteuerung (§§ 7 ff. AStG) für anwendbar erklärt.

Im dritten Kapitel wird § 15 AStG am Abkommens-, Europa- und Verfassungsrecht gemessen. Die Beurteilung richtet sich hierbei nach Vorschriften des OECD-MA, des EU- und EWR-Rechts (teilweise auch im Hinblick auf Drittstaaten) sowie des GG. Hinsichtlich des OECD-MA wird überprüft, ob ein Abkommensbruch (Treaty Override) vorliegt und welche Folgen sich hieraus ergeben können. Innerhalb des Unionsrechts wird die Vorschrift der Familienstiftungsbesteuerung an der Kapitalverkehrsfreiheit, der Niederlassungsfreiheit und dem allgemeinen Recht auf Freizügigkeit gemessen werden. Die hierbei erlangten Ergebnisse werden sodann

12 BGBl. I 2013, 1809, v. 26.06.2013.

auf EWR-Sachverhalte übertragen. Die Schlussfolgerungen aus der Kapitalverkehrsfreiheit werden auch hinsichtlich ihrer Auswirkungen auf Drittstaaten dargestellt. Innerhalb der grundgesetzlichen Überprüfung wird sowohl die Rückwirkungsproblematik hinsichtlich des JStG 2009[13] als auch des AmtshilfeRLUmsG 2013[14] thematisiert. Hieran folgen Ausführungen zur Vereinbarkeit eines möglichen Treaty Override mit dem GG.

Abschließend wird der wesentliche Inhalt der Arbeit zusammengefasst.

13 BGBl. I 2008, 2794, v. 19.12.2008.

14 BGBl. I 2013, 1809, v. 26.06.2013.

Kapitel 1: Motive der Stiftungserrichtung

Die Motive der Stiftungserrichtung sind zu vielfältig, um sie vollständig wiederzugeben.[15] Die Motivation für die Gründung einer Familienstiftung differiert entsprechend der gewählten besonderen Form der Stiftung dabei von den Motiven, eine gemeinnützige Stiftung zu errichten. Thematisch einschränkend soll im Folgenden dargestellt werden, warum sich Menschen dazu entscheiden, eine Familienstiftung zu errichten.

I) Planung Unternehmensnachfolge

Eine Familienstiftung eignet sich besonders zur Regelung der Nachfolge in einem Familienunternehmen. Wenn im Wege der Erbfolge ein Unternehmen auf mehrere Nachfolger übergeht, drohen Streitigkeiten aufgrund divergierender Interessen und/oder Begabungen.[16] Die Veräußerung des Unternehmens an familienfremde Dritte kommt für viele Unternehmensgründer als Option nicht in Betracht.[17]

Die Familienstiftung kann dabei zur Trennung von persönlichen und unternehmerischen Belangen genutzt werden. So ist innerhalb einer Familienstiftung – ähnlich einer Gesellschafterstellung – sowohl die Gewährung von Vermögenszuwendungen als auch die Einflussnahme auf die Geschäftsführung möglich.[18] Anders als in Kapitalgesellschaften können hier jedoch auch die gesellschaftsrechtlichen Entscheidungs- und Kontrollrechte von Vermögenszuwendungen leicht getrennt werden.[19] Familienstiftungen sind daher in besonderem Maße zur Versorgung von Personen geeignet, die sich nicht unternehmerisch entfalten können, sollen oder wollen.[20] Eine Familienstiftung gewährleistet dabei, dass das Unternehmen mit einem einheitlichen unternehmerischen Willen geführt wird.[21]

Ein niedriger ausländischer Körperschaftsteuersatz kann neben besonderen Besteuerungsformen im Wege der Thesaurierung von Gewinnen zur Rekapitalisierung

15 Eine Übersicht bieten u.a. *Gierhake* in *Otto*, Stiftungspraxis, 257; *Strickrodt*, Stiftungsrecht, 189 f.; *Timmer*, Stiften in Deutschland, 11.

16 *Gierhake*, Vermögensnachfolge, 3; *Fischer* in *Feick*, Stiftung als Nachfolgeinstrument, 6; *Steegmüller* in *Feick*, Stiftung als Nachfolgeinstrument, 429 f.

17 *Fischer* in *Feick*, Stiftung als Nachfolgeinstrument, 6.

18 *Arnold* in *Arnold/Ludwig*, Stiftungsrecht Österreich und Liechtenstein, Rn. 1/8; *Otto* in *Otto*, Stiftungspraxis, 10.

19 *Steegmüller* in *Feick*, Stiftung als Nachfolgeinstrument, 428, 430; *Otto* in *Otto*, Stiftungspraxis, 10.

20 *Arnold* in *Arnold/Ludwig*, Stiftungsrecht Österreich und Liechtenstein, Rn. 1/8; *Otto* in *Otto*, Stiftungspraxis, 9.

21 *Gierhake*, Vermögensnachfolge, 3.

finanzschwacher Unternehmen genutzt werden.[22] Dies gilt für Familienunternehmen in besonderem Maße, da diese möglicherweise im Zugang zum Kapitalmarkt limitiert sind oder – aus unternehmerischen Überlegungen – eine hohe Eigenkapitalisierung anstreben.[23]

II) Versorgung

Familienstiftungen eignen sich speziell für die differenzierte Versorgung von Angehörigen im Sinne des Stifters. Der Stifter kann in der Stiftungssatzung für ihm besonders wichtige Situationen entsprechende Anordnungen treffen. Hierdurch kann er beispielsweise durch Krankheit entstandenes Leid durch finanzielle Zuwendungen abmildern oder besondere Anreize für die allgemeine, künstlerische und/oder technische Ausbildung seiner Nachkommen setzen.[24] Nach dem Dafürhalten des Stifters zur Verwaltung und Erhaltung des Familienvermögens ungeeignete Personen können vor sich selbst geschützt werden.[25] Daneben ist es möglich, einen gewissen Schutz vor Drittzugriffen zu errichten. So können einzelne Stiftungsleistungen dem Zugriff Dritter – als nicht pfändbar – entzogen werden.[26]

III) Unvergänglichkeit

Die Jahrhunderte alte Stiftungspraxis zeigt, dass – gemessen an menschlichen Maßstäben – Stiftungen sehr lange wirken können. Durch die Errichtung einer Familienstiftung kann der Stifter den ihm vorschwebenden Stiftungszweck langfristig verfolgen. Dabei kommt dem Stifter auch schon zu Lebzeiten eine Anerkennung zu.[27] So kann auch der Name, den der Stifter der Stiftung gibt, über mehrere Jahrhunderte hohes Ansehen genießen.[28]

---

22 *Arnold* in *Arnold/Ludwig*, Stiftungsrecht Österreich und Liechtenstein, Rn. 1/8.

23 *Arnold* in *Arnold/Ludwig*, Stiftungsrecht Österreich und Liechtenstein, Rn. 1/8.

24 *Fischer* in *Feick*, Stiftung als Nachfolgeinstrument, 6; *Otto* in *Otto*, Stiftungspraxis, 10.

25 *Arnold* in *Arnold/Ludwig*, Stiftungsrecht Österreich und Liechtenstein, Rn. 1/8; *Fischer* in *Feick*, Stiftung als Nachfolgeinstrument, 6; *Otto* in *Otto*, Stiftungspraxis, 9.

26 *Arnold* in *Arnold/Ludwig*, Stiftungsrecht Österreich und Liechtenstein, Rn. 1/8; *Gierhake*, Vermögensnachfolge, 4; *Steegmüller* in *Feick*, Stiftung als Nachfolgeinstrument, 429; *Melzer*, Privatstiftungsrecht Ö und FL, 14; *Otto* in *Otto*, Stiftungspraxis, 9.

27 *Steegmüller* in *Feick*, Stiftung als Nachfolgeinstrument, 428 f., *431; Fischer*, Stiftungen, 16; *Timmer*, Stiften in Deutschland, 29 f.; *Otto* in *Otto*, Stiftungspraxis, 4.

28 *Frieling*, Unternehmensnachfolge, 63 f.; *Gierhake*, Vermögensnachfolge, 4; *Otto* in *Otto*, Stiftungspraxis, 31; *Timmer*, Stiften in Deutschland, 33.

IV) Einheit

Viele Stifter möchten ihr Vermögen als Einheit erhalten.[29] Durch eine Erbfolge können diese Einheiten jedoch bedroht werden.[30] Dies ist insbesondere bei wissenschaftlichen oder künstlerischen Sammlungen leicht zu verstehen, trifft aber auch auf Unternehmen bzw. Unternehmensgruppen zu. Wenn entweder keine oder keine geeigneten Erben vorhanden sind oder, was ab einer gewissen Unternehmensgröße fast zwangsläufig eintreten wird, nicht genügend sonstige Mittel vorhanden sind, um die erbrechtlichen Ansprüche der sonstigen Erben zu befriedigen, droht das, was als Einheit erhalten werden soll, im Wege der Erbfolge zu zerfallen.[31] In einer Stiftung kann entsprechend dem Stifterwillen die Einheit verschiedener Vermögensgegenstände sichergestellt bleiben. So ist es z.B. möglich, dass der Stifter in der Stiftungssatzung die Unveräußerlichkeit von zu erhaltenden Einheiten anordnet.

V) Kontinuität

Einheit und Kontinuität sind häufig eng miteinander verknüpft. Stifter sind oft von dem Wunsch geleitet, dass die von ihnen verfolgten Ziele nicht nach einer gewissen Zeit vernachlässigt werden.[32] Gerade bei Familienunternehmen können Nachfolger mit Argwohn betrachtet werden oder ihnen wird die notwendige Eignung zur Fortführung des Unternehmens abgesprochen.[33] In der Satzung der Familienstiftung kann der Stifter dafür Sorge tragen, dass seine Absichten langfristig verfolgt werden. Die Stiftung selbst sorgt als konstante Institution bereits für ein stabiles Fundament eines Vorhabens, da sie von ständig wechselnden Personen bzw. den Einflüssen Einzelner unabhängig ist.[34] Daneben kann die Institution „Familienstiftung“ im Falle des Generationenwechsels durch die Organe der Stiftung stabilisierend auf die

---

29 *Fischer*, Stiftungen, 10; *Frieling*, Unternehmensnachfolge, 59; *Melzer*, Privatstiftungsrecht Ö und FL, 13 f.; *Strickrodt*, Stiftungsrecht, 244; *Timmer*, Stiften in Deutschland, 43.

30 *Otto* in *Otto*, Stiftungspraxis, 9.

31 *Arnold* in *Arnold/Ludwig*, Stiftungsrecht Österreich und Liechtenstein, Rn. 1/8; *Fischer* in *Feick*, Stiftung als Nachfolgeinstrument, 6; *Althuber/Kirchmayer/Toifl* in *Richter/Wachter*, Stiftungsrecht, Österreich, Rn. 6; *Gierhake*, Vermögensnachfolge, 4; *Otto* in *Otto*, Stiftungspraxis, 4, 9; *Strickrodt*, Stiftungsrecht, 236; *Timmer*, Stiften in Deutschland, 36 ff., 43.

32 *Althuber/Kirchmayer/Toifl* in *Richter/Wachter*, Stiftungsrecht, Österreich, Rn. 6; *Fischer* in *Feick*, Stiftung als Nachfolgeinstrument, 6; *Frieling*, Unternehmensnachfolge, 58 f.; *Löwe*, Familienstiftung und Nachfolgegestaltung, 10 ff.; *Melzer*, Privatstiftungsrecht Ö und FL, 14; *Strickrodt*, Stiftungsrecht, 237; *Timmer*, Stiften in Deutschland, 43.

33 *Fischer* in *Feick*, Stiftung als Nachfolgeinstrument, 6; *Gierhake* in Otto, Stiftungspraxis, 257; *Otto* in *Otto*, Stiftungspraxis, 9.

34 *Gebel*, Betriebsvermögensnachfolge, Rn. 1125; *Otto* in *Otto*, Stiftungspraxis, 9; *Strickrodt*, Stiftungsrecht, 244.

Neugeneration einwirken.[35] Andererseits können die Stiftungsorgane im Konfliktfall zwischen den einzelnen Generationen vermittelnd auftreten.[36] Die Familienstiftung entschärft bereits präventiv mögliche Konfliktfelder, da den potentiellen Nachfolgern des Stifters keine scharfen Gesellschaftsrechte, sondern nur Bezugs- oder Anfallsberechtigungen zukommen. Außerdem verhindert die Familienstiftung durch die Bindung an den vom Stifter gesetzten Zweck, dass einzelne Generationen zum Nachteil der folgenden Generationen übermäßig an der Substanz des Familienvermögens „Raubbau" betreiben.[37] Im Rahmen der Kontinuität sind auch steuerliche Aspekte zu berücksichtigen, da insbesondere die Erbschaftsteuer für (Familien-) Unternehmen eine schlecht kalkulierbare Zusatzbelastung darstellt, die unter Umständen ein Familienunternehmen existenziell bedrohen kann.[38]

VI) Altruismus

Der in Deutschland am häufigsten genannte Beweggrund der Stiftungserrichtung ist, dass der Stifter der Gesellschaft etwas zurückgeben möchte.[39] Hingegen überwiegen sowohl in Österreich als auch in Liechtenstein die privatnützigen die gemeinnützigen Stiftungen bei weitem.[40] Aus dem Erfordernis der Mittelausstattung ergibt sich, dass ein Stifter einen gewissen Reichtum mitbringen muss. Dieser von der Gesellschaft ermöglichte Wohlstand führt bei vielen Stiftern dazu, dass sie es als ihre Bürgerpflicht ansehen, anderen unter die Arme zu greifen, denen es nicht so gut geht.[41] Dies gilt auch für Stifter von Familienstiftungen, da Familienstiftungen häufig neben familiären auch andere Zwecke verfolgen.[42]

VII) Steuerliche Gründe

Wie bei jeder Investition gilt es auch in Bezug auf die Stiftung Überlegungen anzustellen, welche Organisationsform sich als das beste „Kleid" für die Investition eignet.[43] Bei der Rechtsformwahl spielen neben Finanzierungs-, Risiko- und Organisationsfragen auch steuerliche Aspekte eine Rolle. Während bei gemeinnützigen

---

35 *Arnold* in *Arnold/Ludwig,* Stiftungsrecht Österreich und Liechtenstein, Rn. 1/8; *Fischer* in *Feick,* Stiftung als Nachfolgeinstrument, 6.
36 *Melzer,* Privatstiftungsrecht Ö und FL, 14.
37 *Löwe,* Familienstiftung und Nachfolgegestaltung, 3.
38 Vgl. hierzu unter Kapitel 1: VII) Steuerliche Gründe.
39 *Fischer,* Stiftungen 18; *Timmer,* Stiften in Deutschland, 28; *Otto* in *Otto,* Stiftungspraxis, 4, 8; *Strickrodt,* Stiftungsrecht, 240 ff.
40 *Arnold,* PSG, Einl. Rn. 7b; *Gierhake,* Vermögensnachfolge, 49; *Doralt/Kalss* in *Hopt/Reuter,* Stiftungsrecht in Europa, 427; *Althuber/Kirchmayer/Toifl* in *Richter/Wachter,* Stiftungsrecht, Österreich, Rn. 3; *Bauer,* Privatstiftungen, 128.
41 *Frieling,* Unternehmensnachfolge, 64; *Timmer,* Stiften in Deutschland, 28 ff.
42 *Arnold* in *Arnold/Ludwig,* Stiftungsrecht Österreich und Liechtenstein, Rn. 1/10.
43 *Timmer,* Stiften in Deutschland, 68 ff.

Stiftungen steuerlichen Aspekten eine untergeordnete Rolle zukommt, da die Stifter sich allgemein über die erforderliche Steuerzahlung hinaus für das Gemeinwohl einbringen wollen,[44] soll im Hinblick auf Familienstiftungen das Augenmerk sehr wohl auf steuerliche Aspekte gerichtet werden. Eine besondere Belastung für (Familien-) Unternehmen kann sich durch die Erbschaftsteuer ergeben. Hierbei besteht in Deutschland mit der Ersatzerbschaftsteuer eine besondere – im Ausland grds. unbekannte – Form der Erbschaftsteuer für Familienstiftungen.[45] In der deutschen Wirtschaft ist die Bedeutung der kleineren und mittleren Betriebe nach wie vor hoch.[46] Steuerliche Belastungen in diesem Bereich sollte der Gesetzgeber schon aus eigennützigen Motiven äußerst sensibel gestalten, um negative gesamtwirtschaftliche Auswirken zu vermeiden. Als besonders schwerwiegend wird die Unwägbarkeit der Belastung durch die Erbschaftsteuer empfunden. Dies liegt daran, dass der Eintritt eines Erbfalls nicht planbar ist.

1) Steuerrechtliche Grundlagen

Voraussetzung für die Anwendung von § 15 AStG ist, dass die Stiftung Geschäftsleitung und Sitz außerhalb des Geltungsbereichs des AStG hat, d.h. im Inland nicht unbeschränkt steuerpflichtig ist.

Im Steuerrecht kommt der Unterscheidung zwischen unbeschränkter und beschränkter Steuerpflicht eine bedeutende Rolle zu. Die unbeschränkte Steuerpflicht ist zumeist daran geknüpft, dass der Steuerpflichtige eine besonders enge Verbindung zum Staat der unbeschränkten Steuerpflicht aufweist.[47] Folge der unbeschränkten Steuerpflicht ist, dass diese zumeist auch Sachverhalte erfasst, die selbst nicht im Inland verwirklicht werden. Über die besondere Beziehung zum Steuersubjekt greift der Staat auch auf Steuerobjekte zu, die für ihn ansonsten extraterritorial sind. So wird von der deutschen unbeschränkten Erbschaftsteuerpflicht auch ausländisches Vermögen, wie z.B. Immobilienbesitz im Ausland, erfasst. Die unbeschränkte Einkommensteuer- oder Körperschaftsteuerpflicht in Deutschland erfasst auch Sachverhalte, die wirtschaftlich im Ausland verwurzelt sind. Die beschränkte Steuerpflicht hingegen erstreckt sich grundsätzlich nur auf Sachverhalte, die einen Bezug zum Inland aufweisen. Da der Steuertatbestand im Inland verwirklicht wird, wird keine Verwurzelung des Steuersubjekts im Inland gefordert.

---

44 *Timmer*, Stiften in Deutschland, 29.

45 Vgl. hierzu unter Kapitel 1: VII) 1) c) (3) Ersatzerbschaftsteuer; *Hoffmann* in *Richter/Wachter*, Stiftungsrecht, § 22, Rn. 216.

46 *Gierhake*, Vermögensnachfolge, 1 f., *Lehleiter*, Familienunternehmen, 17 f.

47 *Schaumburg*, Internationales Steuerrecht, Rn. 6.1, 6.8.

Zur Begründung einer unbeschränkten Steuerpflicht werden bei Körperschaften üblicherweise die Geschäftsleitung[48] oder der Sitz[49] als Kriterien herangezogen. Dies legen beispielsweise für Stiftungen in Liechtenstein Art. 44 Abs. 1 lit. a) SteG, in Österreich § 1 Abs. 2 Nr. 1 öKStG 1988 und in Deutschland § 1 Abs. 1 Nr. 4 KStG fest.

Daher ist davon auszugehen, dass der Sitz- bzw. der Geschäftsleitungsstaat die Einkünfte der ausländischen Stiftung der unbeschränkten ausländischen Besteuerung für Körperschaftsteuersubjekte unterwirft. Dies soll im Folgenden anhand exemplarischer Stiftungen in Liechtenstein und Österreich gezeigt werden. Hieran anknüpfend wird danach die steuerliche Belastung einer Familienstiftung in Deutschland dargestellt, um im Anschluss die einzelnen aufgezeigten Belastungen gegenüber zu stellen.

a) Liechtenstein

Stiftungen mit Sitz oder dem Ort der tatsächlichen Leitung in Liechtenstein unterfallen gem. Art. 44 Abs. 1 lit. a) SteG dort der unbeschränkten Steuerpflicht.[50] Der Ort der tatsächlichen Verwaltung befindet sich gem. Art. 2 Abs. 1 lit. d) SteG an dem Ort der unternehmerischen Oberleitung. Der Sitz befindet sich gem. Art. 2 Abs. 1 lit. e) S. 1 SteG an dem formell, beispielsweise in den Statuten, festgelegten Ort. Da in Liechtenstein nur für ausschließlich gemeinnützige Stiftungen eine Steuerbefreiung vorgesehen ist, wird in Hinblick auf die Thematik dieser Arbeit hierauf nicht näher eingegangen werden.[51] Hinsichtlich der steuerlichen Auswirkungen muss in Liechtenstein danach differenziert werden, ob die Familienstiftung als Privatvermögensstruktur (PVS) iSd. Art. 64 SteG qualifiziert werden kann oder nicht.[52]

(1) Besteuerung als Privatvermögensstruktur

Falls eine anerkannte Privatvermögensstruktur iSd. Art. 64 Abs. 5, 4 SteG gegeben ist, beschränkt sich die Besteuerung gem. Art. 64 Abs. 8 SteG auf die Mindeststeuer iSd. Art. 62 Abs. 1, 2 SteG, welche 1.200 Franken jährlich beträgt. Die

---

48 Vgl. zu Liechtenstein unter Kapitel 1: VII) 1) a) Liechtenstein, zu Österreich unter Kapitel 1: VII) 1) b) (1) Laufende Besteuerung, sowie zu Deutschland Kapitel 1: VII) 1) c) (1) (a) (i) Geschäftsleitung.

49 Vgl. zu Liechtenstein unter Kapitel 1: VII) 1) a) Liechtenstein, zu Österreich unter Kapitel 1: VII) 1) b) (1) Laufende Besteuerung, sowie zu Deutschland Kapitel 1: VII) 1) c) (1) (a) (ii) *Sitz.*

50 Dies gilt entsprechend dem thematischen Rahmen der Arbeit für steuerlich intransparente Stiftungen. Vgl. hinsichtlich widerruflicher Stiftungen Art. 9 Abs. 4 S. 1 SteG, wonach das Vermögen weiterhin dem Stifter zuzurechnen ist.

51 Hierzu *Hosp* in *Arnold/Ludwig,* Stiftungsrecht Österreich und Liechtenstein, Rn. 18/27, 22/5b.

52 *Hosp* in *Arnold/Ludwig,* Stiftungsrecht Österreich und Liechtenstein, Rn. 18/28, 22/6; *Lennert* in *Feick,* Stiftung als Nachfolgeinstrument, 455; *Gierhake,* Vermögensnachfolge, 137; *Götz* in *Götz/Pach-Hassenheimb,* Stiftung, Rn. 1739.

Voraussetzungen für die Anwendung der Besteuerung im Rahmen der PVS sind in Art. 64 Abs. 1 bis 3 SteG geregelt. Demnach muss sich die Tätigkeit einer juristischen Person gem. Art. 64 Abs. 1 lit. a) SteG ausschließlich auf den Erwerb, den Besitz, die Verwaltung und die Veräußerung von Finanzinstrumenten nach Art. 4 Abs. 1 lit. g) des Vermögensverwaltungsgesetzes sowie Beteiligungen an juristischen Personen, liquiden Geldern und Bankkontoguthaben beschränken. Eine wirtschaftliche Tätigkeit darf nicht vorliegen. Zudem müssen die weiteren Anforderungen des Art. 64 Abs. 1 lit. b)–d) SteG erfüllt sein. Weiter darf eine PVS gem. Art. 64 Abs. 2 SteG keine Kontrolle über die Verwaltung dieser Gesellschaften ausüben. Daneben sind nur bestimmte Beteiligte an einer PVS zulässig, vgl. Art. 64 Abs. 3 SteG. Jedoch ist eine Familienstiftung, welche ausschließlich im Interesse des Privatvermögens einer Familie tätig wird, nach Art. 64 Abs. 3 lit. b) SteG grds. als PVS geeignet.[53]

Gem. Bestimmung 2. zu Artikel 4 Absatz 1 (ansässige Person) lit. c) des Protokolls zum DBA zwischen der Bundesrepublik Deutschland und dem Fürstentum Liechtenstein, welches gem. Art. 32 DBA D – FL Teil des Abkommens ist, wird einer als PVS besteuerten Stiftung die Abkommensberechtigung dadurch versagt, dass die im Rahmen der PVS besteuerte Person nicht als in Liechtenstein ansässig gilt.[54]

(2) Regelbesteuerung

Der allgemeine Steuersatz in Liechtenstein beträgt gem. Art. 61 SteG 12,5 Prozent, eine Progression ist nicht vorgesehen (Flat-Tax).[55] Jedoch werden in Art. 48 SteG einige Erträge von der Besteuerung ausgenommen.[56] Hierzu zählen u.a. ausländische Betriebstättenergebnisse (Art. 48 Abs. 1 lit. b) SteG), Miet- und Pachterträge von im Ausland gelegenen Grundstücken (Art. 48 Abs. 1 lit. c) SteG) sowie Gewinnanteile aus juristischen Personen (Art. 48 Abs. 1 lit. e) SteG). Gem. Art. 55 Abs. 1 S. 1 SteG besteht eine pauschale Abzugsmöglichkeit für Lizenzzahlungen iSd. Art. 55 Abs. 1 S. 2 SteG. Demnach können pauschal 80 Prozent der Summe der positiven Einkünfte aus Immaterialgüterrechten als geschäftsmäßiger Aufwand abgezogen werden.[57] Zusätzlich sieht Art. 54 SteG einen Eigenkapitalzinsabzug vor, durch den sich die tatsächliche Steuerbelastung reduzieren lässt.[58] Auch für die Regelbesteuerung gilt die oben dargelegte – anrechenbare – Mindeststeuer iHv. 1.200 Franken.[59]

---

53 *Hosp* in *Arnold/Ludwig,* Stiftungsrecht Österreich und Liechtenstein, Rn. 22/8.

54 *Lennert* in *Feick,* Stiftung als Nachfolgeinstrument, 455 f.; *Gierhake,* Vermögensnachfolge, 156, 161 f., 260.

55 *Hosp* in *Arnold/Ludwig,* Stiftungsrecht Österreich und Liechtenstein, Rn. 22/15; *Lennert* in *Feick,* Stiftung als Nachfolgeinstrument, 455; *Götz* in *Götz/Pach-Hassenheimb,* Stiftung, Rn. 1737.

56 *Hosp* in *Arnold/Ludwig,* Stiftungsrecht Österreich und Liechtenstein, Rn. 22/11; *Lennert* in *Feick,* Stiftung als Nachfolgeinstrument, 455; *Götz* in *Götz/Pach-Hassenheimb,* Stiftung, Rn. 1738.

57 *Gierhake,* Vermögensnachfolge, 138.

58 *Lennert* in *Feick,* Stiftung als Nachfolgeinstrument, 455.

59 Vgl. hierzu unter Kapitel 1: VII) 1) a) (1) Besteuerung als Privatvermögensstruktur.

(3) Einmalige Steuern

In Liechtenstein ist gem. Art. 13 Abs. 1 S. 1 SteG eine Belastung durch die Widmungsbesteuerung iHv. 3,5 % möglich. Gem. dem Wortlaut der Norm ist hierfür jedoch Voraussetzung, dass das übertragene Vermögen zuvor der liechtensteinischen Vermögensteuer unterfiel.[60] Eine Widmungsbesteuerung iSd. Art. 13 SteG wird bei deutschen Stiftern grds. nicht anfallen, da das übertragene Vermögen grds. vor der Übertragung nicht der liechtensteinischen Vermögensteuer unterlegen hat.[61] Die Norm kommt hauptsächlich zur Anwendung, wenn der Stifter in Liechtenstein Steuerinländer ist.

Stiftungen müssen gem. Art. 66 Abs. 3, 1 SteG eine Gründungsabgabe in Höhe von 2 ‰ des Kapitals bezahlen.[62] Hierbei besteht eine Freigrenze von 1 Million Franken und eine Mindestbelastung von 200 Franken, vgl. Art. 66 Abs. 3, 1 SteG. Zudem fallen Gebühren für die Eintragung in das Öffentlichkeitsregister oder die Hinterlegung beim Grundbuch- und Öffentlichkeitsregisteramt an.[63]

Eine Besteuerung der Stiftungserrichtung mit Erbschaft- oder Schenkungsteuer findet in Liechtenstein nicht statt, desgleichen ist eine periodisch wiederkehrende Ersatzerbschaftsteuer nicht vorgesehen.[64]

b) Österreich

(1) Laufende Besteuerung

Eine Familienstiftung unterfällt als juristische Person gem. § 1 Abs. 2 Nr. 1 öKStG 1988 der unbeschränkten Körperschaftsteuer in Österreich, wenn sie ihren Sitz iSd. § 27 Abs. 1 BAO oder ihre Geschäftsleitung iSd. § 27 Abs. 2 BAO innerhalb Österreichs hat.[65] Der Sitz als formelles Kriterium wird dabei gem. § 27 Abs. 1 BAO durch die Stiftungssatzung festgelegt. § 27 Abs. 2 BAO knüpft hingegen als tatsächliches Merkmal an die geschäftliche Oberleitung an. Der Körperschaftsteuersatz beträgt in Österreich 25 Prozent, vgl. § 22 Abs. 1 öKStG 1988.

Für Privatstiftungen, die die Offenlegungsverpflichtungen des § 13 Abs. 6 öKStG 1988 erfüllen, erfolgt eine besondere Besteuerung iSd. § 13 öKStG 1988.[66]

---

60 *Hosp* in *Arnold/Ludwig*, Stiftungsrecht Österreich und Liechtenstein, Rn. 19/5.

61 *Hosp* in *Arnold/Ludwig*, Stiftungsrecht Österreich und Liechtenstein, Rn. 18/24; *Gierhake*, Vermögensnachfolge, 131.

62 *Hosp* in *Arnold/Ludwig*, Stiftungsrecht Österreich und Liechtenstein, Rn. 18/25; *Gierhake*, Vermögensnachfolge, 131.

63 *Hosp* in *Arnold/Ludwig*, Stiftungsrecht Österreich und Liechtenstein, Rn. 18/26.

64 *Hosp* in *Arnold/Ludwig*, Stiftungsrecht Österreich und Liechtenstein, Rn. 18/23. Wenn der Stifter bei der Stiftungserrichtung in Deutschland ansässig ist, kommt es jedoch zu einer Belastung nach dem deutschen ErbStG.

65 *Arnold* in *Arnold/Ludwig*, Stiftungsrecht Österreich und Liechtenstein, Rn. 1/21; *Althuber/Kirchmayer/Toifl* in *Richter/Wachter*, Stiftungsrecht, Österreich, Rn. 142.

66 *Marschner*, Familienstiftung, 719 ff.

Dabei wird die Einkommensermittlung der juristischen Person im Grundsatz wie bei einer natürlichen Person durchgeführt.[67] Da die Gewerblichkeitsfiktion des § 7 Abs. 3 öKStG 1988 von § 13 Abs. 1 S. 1 Nr. 1 öKStG 1988 ausgeschlossen wird, kann die Privatstiftung auch außerbetriebliche Einkünfte erzielen.[68] Dies kann außerhalb von Haltefristen zu nicht steuerbaren Einkünften führen.[69] Aus § 13 Abs. 2 öKStG 1988 ergibt sich zudem, dass für Privatstiftungen § 10 öKStG 1988 anwendbar erklärt wird.[70] Gem. § 10 Abs. 1 Nr. 1–4 öKStG 1988 erzielt die Privatstiftung Beteiligungserträge aus Österreich steuerfrei.[71] Beteiligungserträge aus Drittstaaten müssen gem. §§ 13 Abs. 2, 10 Abs. 1 Nr. 7, 10 Abs. 2 eine Beteiligungshöhe von 10 Prozent erreichen, damit das sog. Schachtelprivileg greift, wonach auch diese Erträge steuerfrei gestellt werden.[72] Eine Steuerbefreiung gilt gem. § 10 Abs. 1 Nr. 5 öKStG 1988 auch für Beteiligungen aus dem EU-/EWR-Raum, die unabhängig von einer Mindestbeteiligung ausgestaltet ist. Eine Besonderheit besteht gem. § 13 Abs. 3, 4 öKStG 1988. Demnach werden in § 13 Abs. 3 öKStG 1988 näher bestimmte Einkünfte aus Kapitalvermögen nicht in das Einkommen oder die Einkünfte der Stiftung mit einbezogen, sondern gesondert versteuert.[73] Der Steuersatz beträgt gem. § 22 Abs. 2 öKStG 1988 25 Prozent. Die Steuer kann wieder gutgeschrieben werden, wenn besondere Voraussetzungen erfüllt werden, insbesondere bei tatsächlichen Zuwendungen (Zwischensteuer)[74]. Die Zwischensteuer ermöglicht, dass die Gesamtsteuerbelastung des Bezugs der Kapitalerträge durch die Privatstiftung mit anschließender Auskehr an einen Destinär grds. so ausfällt, als habe der Destinär die Kapitalerträge sofort selbst erhalten, d.h. unter Berücksichtigung des DBA D - Ö (Art. 10 Abs. 2) verbleibt eine KESt von 15 %; eine Steueranrechnung

67 *Ludwig* in *Arnold/Ludwig,* Stiftungsrecht Österreich und Liechtenstein, Rn. 12/6; *Gierhake,* Vermögensnachfolge, 135; *Althuber/Kirchmayer/Toifl* in *Richter/Wachter,* Stiftungsrecht, Österreich, Rn. 143.

68 *Ludwig* in *Arnold/Ludwig,* Stiftungsrecht Österreich und Liechtenstein, Rn. 12/6; *Althuber/Kirchmayer/Toifl* in *Richter/Wachter,* Stiftungsrecht, Österreich, Rn. 142; *Marschner,* Familienstiftung, 751.

69 *Ludwig* in *Arnold/Ludwig,* Stiftungsrecht Österreich und Liechtenstein, Rn. 12/14, 12/31a ff.; *Althuber/Kirchmayer/Toifl* in *Richter/Wachter,* Stiftungsrecht, Österreich, Rn. 150 f; *Marschner,* Familienstiftung, 817.

70 *Ludwig* in *Arnold/Ludwig,* Stiftungsrecht Österreich und Liechtenstein, Rn. 12/41 ff.; *Althuber/Kirchmayer/Toifl* in *Richter/Wachter,* Stiftungsrecht, Österreich, Rn. 144 f.; *Marschner,* Familienstiftung, 881.

71 *Marschner,* Familienstiftung, 881 ff.

72 *Marschner,* Familienstiftung, 901.

73 *Marschner,* Familienstiftung, 966 ff., 981 ff., 1001 ff.

74 Vgl. § 24 Abs. 5 öKStG 1988; *Ludwig* in *Arnold/Ludwig,* Stiftungsrecht Österreich und Liechtenstein, Rn. 12/16; *Steegmüller* in *Feick,* Stiftung als Nachfolgeinstrument, 438; *Gierhake,* Vermögensnachfolge, 136; *Althuber/Kirchmayer/Toifl* in *Richter/Wachter,* Stiftungsrecht, Österreich, Rn. 146 ff.; *Marschner,* Familienstiftung, 951 ff.

in Deutschland stößt jedoch angesichts fehlender Personenidentität von Stiftung und Destinär auf Probleme.[75]

(2) Einmalige Steuern

Eine Erbschaft- und Schenkungsteuer einschließlich einer periodischen Erbersatzsteuer wird in Österreich seit dem Ablauf des 31.07.2008 nicht mehr erhoben.[76]

Stattdessen gibt es in Österreich eine Stiftungseingangsbesteuerung, die seit dem 01.08.2008 in Kraft getreten ist.[77] Die ehemalige Erbschaftsteuer und die neue Stiftungseingangsbesteuerung sind dabei verschieden.[78] Der Stiftungseingangssteuer unterliegen gem. § 1 Abs. 1 StiftEG unentgeltliche Zuwendungen an Privatstiftungen. Dabei muss die Stiftung ein intransparentes Gebilde darstellen.[79] § 1 Abs. 2 Nr. 2 StiftEG sieht eine Steuerpflicht für den Fall vor, dass die Stiftung ihren Sitz oder ihre Geschäftsleitung iSd. § 27 Abs. 1 bzw. 2 BAO in Österreich hat.[80] Die Ansässigkeit des Stifters ist in diesen Fällen unerheblich.[81] Dabei wird gem. § 2 Abs. 1 S. 1 StiftEG ein Steuersatz von grds. 2,5 Prozent angewandt. Jedoch erhöht sich der Steuersatz auf 25 Prozent, wenn die Voraussetzungen des § 2 Abs. 1 S. 2 lit. a)–e) StiftEG nicht erfüllt werden, insbesondere Offenlegungsvorschriften nicht beachtet werden.[82] Die Steuerschuldnerschaft betrifft gem. § 1 Abs. 3 S. 1 StiftEG grds. die inländische Stiftung.[83] Die Entstehung der Steuerschuld richtet sich gem. § 1 Abs. 4 S. 1 StiftEG nach dem Zeitpunkt der Zuwendung. Entscheidend wird auf den Zeitpunkt des Vermögensübergangs abgestellt.[84] Die Fälligkeit richtet sich nach § 3 Abs. 1 StiftEG. Dabei muss die Steuer gem. § 3 Abs. 1 StiftEG auch selbst berechnet werden.

---

75 *Gierhake*, Vermögensnachfolge, 136; *Steegmüller* in *Feick*, Stiftung als Nachfolgeinstrument, 438; *Althuber/Kirchmayer/Toifl* in *Richter/Wachter*, Stiftungsrecht, Österreich, Rn. 146; *Marschner*, Familienstiftung, 786, 1131.

76 *Melzer*, Privatstiftungsrecht Ö und FL, 13; *Watrin/Kappenberg*, ZEV 2011, 105.

77 *Steegmüller* in *Feick*, Stiftung als Nachfolgeinstrument, 437; *Gierhake*, Vermögensnachfolge, 129; *Marschner*, Familienstiftung, 572.

78 *Marschner*, Familienstiftung, 572.

79 *Marschner*, Familienstiftung, 587.

80 *Arnold* in *Arnold/Ludwig*, Stiftungsrecht Österreich und Liechtenstein, Rn. 5/36.

81 *Marschner*, Familienstiftung, 606.

82 *Arnold* in *Arnold/Ludwig*, Stiftungsrecht Österreich und Liechtenstein, Rn. 5/25; *Steegmüller* in *Feick*, Stiftung als Nachfolgeinstrument, 437; *Marschner*, Familienstiftung, 637 ff.

83 *Marschner*, Familienstiftung, 646.

84 *Marschner*, Familienstiftung, 646.

c) *Deutschland*

(1) Laufende Besteuerung

(a) Körperschaftsteuersubjekt

Eine inländische Familienstiftung könnte als eigenständiges Steuersubjekt der Körperschaftsteuer unterliegen. Die deutsche KSt-Pflicht betrifft gem. § 1 Abs. 1 KStG Körperschaften, Personenvereinigungen und Vermögensmassen, welche in den angeführten Nummern 1 bis 6 näher bezeichnet werden. Der Körperschaftsteuersatz beträgt gem. § 23 Abs. 1 KStG 15 Prozent. Da auf die Körperschaftsteuer gem. § 1 Abs. 1 SolZG iVm. § 4 SolZG ein Zuschlagsatz iHv. 5,5 Prozent erhoben wird, beträgt die Steuerbelastung insgesamt 15,825 Prozent.[85]

Die Zugehörigkeit zu einer Gruppe des § 1 Abs. 1 Nr. 1 bis 6 KStG richtet sich streng nach der Rechtsform.[86] Durch diese rechtliche Betrachtungsweise erhält der Rechtsverkehr Klarheit über das Vorliegen und die Folgen einer KSt-Pflicht.[87] Ausnahmen von der grds. abschließenden Aufzählung sind jedoch z.B. bei ausländischen Gesellschaften und bei Vorgesellschaften möglich.[88] Von § 1 Abs. 1 Nr. 4 KStG werden nur rechtsfähige privatrechtliche Stiftungen, wie z.B. Familienstiftungen, erfasst. Öffentlich-rechtliche Stiftungen unterfallen § 1 Abs. 1 Nr. 6 KStG, wenn sie einen Betrieb gewerblicher Art darstellen.[89]

Die Besteuerung von Stiftungen und deren Destinären erfolgt grds. getrennt. Das KStG folgt generell dem Trennungsprinzip. Dies gilt zunächst für mitgliedschaftlich verfasste Körperschaften. Aus einem Erst-Recht-Schluss muss es auch für nicht mitgliedschaftlich verfasste Körperschaften gelten. Das Trennungsprinzip besagt, dass die Vermögenssphäre einer juristischen Person von anderen juristischen oder natürlichen Personen getrennt zu behandeln ist.[90] Erst im Zeitpunkt einer Auskehr kann eine steuerliche Erfassung bei einem anderen Steuersubjekt, bspw. einem Anteilseigner, erfolgen.[91] Die steuerliche Erfassung auf Ebene der Körperschaft und auf Ebene der Anteilseigner wird Doppelbelastung oder wirtschaftliche Doppelbesteuerung genannt.[92] Um sie abzumildern, haben sich unterschiedliche Ausgleichsverfahren etabliert.[93]

---

85 Hinzutreten kann noch eine mögliche Belastung mit Gewerbesteuer. Vgl. zur Gewerbesteuer unter Kapitel 2: D) V) Auswirkung auf die Gewerbesteuer.

86 *Rengers* in *Blümich,* KStG § 1, Rn. 31; *Streck* in *Streck,* KStG § 1, Rn. 8; *Birk/Desens/Tappe,* Steuerrecht, Rn. 1212; *Raupach,* Der Durchgriff im Steuerrecht, 72 f.; *Scheffler,* Besteuerung von Unternehmen, 200.

87 *Zenthöfer* in *Dötsch,* KSt, 4; *Zenthöfer/Alber,* 5.

88 *Rengers* in *Blümich,* KStG § 1, Rn. 31.

89 Zur Unterscheidung BFH, Urt. v. 29.01.2003 – I R 106/00, BFHE 201, 287.

90 *Rengers* in *Blümich,* KStG § 1, Rn. 10.

91 *Scheffler,* Besteuerung von Unternehmen, 194; *Fischer,* DStR 2006, 2281 (2283).

92 Vgl. hierzu auch unter Kapitel 3: A) I) 2) Abgrenzung der Doppelbelastung.

93 Vgl. hierzu unter Kapitel 2: D) III) Kein Ausgleich der Doppelbelastung (§ 15 Abs. 7 S. 2 AStG).

(i) Geschäftsleitung

Zur unbeschränkten KSt-Pflicht gem. § 1 Abs. 1 KStG muss entweder der Sitz oder die Geschäftsleitung im Inland liegen. Es ist ausreichend, wenn eines dieser Merkmale verwirklicht ist. Die beiden Begriffe werden in der AO näher definiert.

Demnach ist die Geschäftsleitung gem. § 10 AO der Ort, an dem die geschäftliche Oberleitung ihren Mittelpunkt hat und der maßgebliche Wille der Geschäftsleitung gebildet wird.[94] Entscheidend ist hierbei der Ort, an dem das Vertretungsorgan seine Tätigkeit entfaltet.[95] Dabei ist das tatsächliche Tagesgeschäft ausschlaggebend.[96] Bei Stiftungen ist gem. §§ 86, 26 Abs. 1 BGB auf den Stiftungsvorstand als Vertretungsorgan abzustellen.[97] Nicht entscheidend ist, wo ein Kontrollgremium, wie z.B. ein Aufsichtsrat, tätig wird.[98] Hat die Stiftung Geschäftsräume, in denen der Stiftungsvorstand seine Arbeit verrichtet, so wird hier der Mittelpunkt der Geschäftsleitung liegen.[99] Besitzt die Stiftung für den Stiftungsvorstand keine Büroräume, so kann der Mittelpunkt der Geschäftsleitung in der privaten Wohnung des Vorstandes liegen.[100]

(ii) Sitz

§ 11 AO bestimmt, dass der Sitz einer Körperschaft, Personenvereinigung oder Vermögensmasse an dem Ort liegt, der durch ein besonderes Statut festgelegt ist. Hierzu zählt § 11 AO neben dem Gesetz, dem Gesellschaftsvertrag und der Satzung auch ausdrücklich das Stiftungsgeschäft. Eine Stiftung hat daher ihren Sitz an dem im Stiftungsgeschäft förmlich festgelegten Ort. Sowohl in Liechtenstein und Österreich als auch in Deutschland muss der Sitz der Stiftung in der Errichtungsurkunde festgelegt werden. Dies ergibt sich beispielsweise in Liechtenstein durch Art. 552 § 16 Abs. 1 Nr. 2 PGR, in Österreich durch § 9 Abs. 1 Nr. 4 PSG und in Deutschland ist § 81 Abs. 1 S. 3 Nr. 2 BGB maßgeblich.

Die Steuerpflicht erstreckt sich bei unbeschränkt Körperschaftsteuerpflichtigen nach dem Welteinkommensprinzip gem. § 1 Abs. 2 KStG grds. auf sämtliche Einkünfte des Steuerpflichtigen, unabhängig von deren Herkunft. Sie umfasst daher gerade auch Einkünfte aus dem Ausland. Möglich ist jedoch, dass sich aus unilateralen oder bilateralen Bestimmungen Steuerbefreiungen ergeben.

---

94 *Jäger/Lang*, KSt, 52; *Scheffler*, Besteuerung von Unternehmen, 200.

95 BFH, Urt. v. 23.01.1991 – I R 22/90, BFHE 164, 164 (167); *Gersch* in *Klein*, AO § 10, Rn. 2.

96 *Gersch* in *Klein*, AO § 10, Rn. 2; *Kruse* in *Tipke/Kruse*, AO § 10, Rn. 1; *Jäger/Lang*, KSt, 52.

97 *Koenig* in *Koenig*, AO § 10, Rn. 6.

98 *Koenig* in *Koenig*, AO § 10, Rn. 5; *Kruse* in *Tipke/Kruse*, AO § 10, Rn. 2a.

99 BFH, Urt. v. 29.04.1987 – X R 16/81, BFH/NV 1988, 64 (65).

100 BFH, Urt. v. 23.01.1991 – I R 22/90, BFHE 164, 164 (167); BFH, Beschluss v. 15.07.1998 – B 134/97, BFH/NV 1999, 372 (373).

(b) Einkünftequalifikation

Im Gegensatz zu unbeschränkt steuerpflichtigen Kapitalgesellschaften können Stiftungen wie natürliche Personen im Rahmen einer privaten Vermögensverwaltung tätig werden.[101] Im deutschen Steuerrecht ergibt sich dies daraus, dass § 8 Abs. 2 KStG nur für die Körperschaftsteuersubjekte des § 1 Abs. 1 Nr. 1 bis 3 KStG die möglichen Einkunftsarten auf Einkünfte aus Gewerbebetrieb beschränkt.[102]

Aus einem Umkehrschluss folgt, dass Stiftungen grds. Einkünfte aus allen Einkunftsarten iSd. §§ 8 Abs. 1 S. 1 KStG iVm. § 2 Abs. 1 Nr. 1 bis 7 EStG haben können.[103] Damit existiert eine Privilegierung, da Stiftungen so zumindest nach Ablauf einer Haltefrist nicht steuerbare Erträge erzielen können.[104] Diese Möglichkeit bietet sich freilich nur bei Überschusseinkünften. Darüberhinaus werden diese Einkünfte nicht mit Gewerbesteuer belastet. Fallen gewerbliche Einkünfte iSd. § 15 Abs. 2 EStG an, so können diese der Gewerbesteuer unterliegen.[105]

(2) Erbschaftsteuerpflicht bei Stiftungserrichtung

Errichtet ein inländischer Stifter eine im Inland ansässige Stiftung, so fällt hierauf Erbschaft- bzw. Schenkungsteuer an. In gleicher Weise unterfällt die Errichtung einer ausländischen Stiftung durch einen inländischen Stifter der deutschen Erbschaft- bzw. Schenkungsteuer. Eine Belastung der Stiftungserrichtung mit Erbschaftsteuer erfolgt weder in Österreich noch im Fürstentum Liechtenstein.[106]

Der Vermögensübergang vom inländischen Stifter auf eine in- oder ausländische Stiftung ist ein Vorgang, welcher der Erbschaft- bzw. der Schenkungsteuer unterliegt, da die Voraussetzungen der §§ 1, 2 ErbStG erfüllt sind. Hierbei kann entweder ein Erwerb von Todes wegen iSd. § 3 ErbStG oder eine Schenkung unter Lebenden iSd. § 7 ErbStG gegeben sein. Das deutsche Erbschaftsteuerrecht ist als Erbanfallsteuer ausgestaltet.[107] Daher wird nicht der Nachlass selbst besteuert, sondern es wird auf die nicht steuerbefreite Bereicherung des Erwerbers abgestellt.[108]

(a) Sachliche Steuerpflicht

Das ErbStG unterscheidet hinsichtlich der sachlichen Steuerpflicht zwischen dem Erwerb von Todes wegen (§ 1 Abs. 1 Nr. 1 ErbStG), der Schenkung unter Lebenden

---

101 *Bianchi-Hartmann/Richter* in *Birk,* Transaktionen Vermögen Pro Bono, 337 (338); *Schmitt-Homann* in *Otto,* Stiftungspraxis, 242; *Gierhake,* Vermögensnachfolge, 133.

102 *Gierhake,* Vermögensnachfolge, 132.

103 *Rengers* in *Blümich,* KStG § 8, Rn. 75; *Gebel,* Betriebsvermögensnachfolge, Rn. 1145.

104 *Rundshagen* in *Grotherr/Herfort/Strunk,* 509.

105 Vgl. zur Gewerbesteuer unter Kapitel 2: D) V) Auswirkung auf die Gewerbesteuer.

106 Vgl. hierzu unter Kapitel 1: VII) 1) a) (3) Einmalige Steuern sowie unter Kapitel 1: VII) 1) b) (2) Einmalige Steuern.

107 BVerfG, Beschluss v. 07.11.2006 – 1 BvL 10/02, BVerfGE 117, 1 (33); *Birk/Desens/Tappe,* Steuerrecht, Rn. 1557.

108 *Meincke,* ErbStG § 10, Rn. 2; *Birk/Desens/Tappe,* Steuerrecht, Rn. 1557.

(§ 1 Abs. 1 Nr. 2 ErbStG), der Zweckzuwendung (§ 1 Abs. 1 Nr. 3 ErbStG) sowie der periodischen Besteuerung von inländischen Familienstiftungen (§ 1 Abs. 1 Nr. 4 ErbStG).[109]

Hinsichtlich der Stiftungserrichtung kann nur die Tatbestandsverwirklichung der ersten beiden Varianten in Betracht kommen. Die Ersatzerbschaftsteuer iSd. § 1 Abs. 1 Nr. 4 ErbStG wird im Anschluss besprochen.[110]

(i) Erwerb von Todes wegen

Der Erwerb von Todes wegen wird in § 3 ErbStG näher geregelt.[111] § 3 Abs. 2 ErbStG bestimmt, dass auch der Vermögensübergang vom Erblasser auf eine Stiftung als Erwerb von Todes wegen gilt.[112]

(ii) Schenkung unter Lebenden

Die genauere Umschreibung einer Stiftungserrichtung als Schenkung unter Lebenden erfolgt in § 7 ErbStG. Während § 3 ErbStG die erfassten Sachverhalte abschließend aufzählt, ist die Grundnorm der freigebigen Zuwendung in § 7 Abs. 1 Nr. 1 ErbStG offen ausgestaltet.[113] Dies ist durch historische Gründe zu erklären.[114] So wird in § 7 Abs. 1 Nr. 1 ErbStG nicht ausdrücklich auf die zivilrechtliche Schenkung iSd. § 516 BGB abgestellt, um auch Sachverhalte zu erfassen, die vom Zivilrecht nicht als Schenkung qualifiziert werden, z.B. ehebedingte Zuwendungen. Dennoch bildet die Schenkung den Hauptanwendungsfall der Norm.[115] Daneben finden sich in § 7 Abs. 1 Nr. 2 bis 10 ErbStG Ersatz- bzw. Ergänzungstatbestände, wie beispielsweise die Anfallsberechtigung bei der Aufhebung einer Stiftung iSd. § 7 Abs. 1 Nr. 9 ErbStG.[116] Bei Aufhebung der Stiftung fällt das Stiftungsvermögen dem bzw. den Anfallsberechtigten einer inländischen Stiftung gem. § 88 S. 1 BGB kraft Gesetzes an. Dies gilt bei österreichischen Stiftungen gem. § 36 Abs. 2 S. 2 PSG sowie bei liechtensteinischen Stiftungen gem. Art. 552 § 8, 40 Abs. 1, Artt. 130, 138 Abs. 1 PGR entsprechend. Daher ist die Vermögensübertragung auf den Anfallsberechtigten keine freigebige Zuwendung iSd. § 7 Abs. 1 Nr. 1 ErbStG.[117] Gem. § 7 Abs. 1 Nr. 9 ErbStG wird dieser Vermögensanfall fiktiv wie eine Schenkung behandelt. Obwohl § 7 Abs. 1 Nr. 9 ErbStG sich dem Wortlaut nach nur auf die Aufhebung der Stiftung

---

109 *Meincke,* ErbStG § 1, Rn. 1; *Birk/Desens/Tappe,* Steuerrecht, Rn. 1555.
110 Vgl. unter Kapitel 1: VII) 1) c) (3) Ersatzerbschaftsteuer.
111 *Esskandari* in *Gürsching/Stenger,* ErbStG § 1, Rn. 10; *Meincke,* ErbStG § 3, Rn. 1.
112 *Meincke,* ErbStG § 3, Rn. 95; *Gottschalk* in *Troll/Gebel/Jülicher,* ErbStG § 3, Rn. 318.
113 *Hartmann* in *Gürsching/Stenger,* ErbStG § 7, Rn. 2; *Meincke,* ErbStG § 7, Rn. 3.
114 *Meincke,* ErbStG § 7, Rn. 2 f.; *Gebel* in *Troll/Gebel/Jülicher,* ErbStG § 7, Rn. 2.
115 *Gebel* in *Troll/Gebel/Jülicher,* ErbStG § 7, Rn. 2; *Birk/Desens/Tappe,* Steuerrecht, Rn. 1570.
116 *Gebel* in *Troll/Gebel/Jülicher,* ErbStG § 7, Rn. 3, 337 ff.
117 *Gebel,* Betriebsvermögensnachfolge, Rn. 1268.

bezieht, wird er darüber hinaus bei allen Beendigungsarten von Stiftungen mit anschließendem Vermögensanfall anzuwenden sein.[118]

Zum Teil divergieren die Vorschriften des ErbStG zwischen einem Erwerb von Todes wegen und einer Schenkung unter Lebenden.[119] Grundsätzlich gelten gem. § 1 Abs. 2 ErbStG jedoch die Vorschriften über den Erwerb von Todes wegen auch für Schenkungen.[120]

Für die Eröffnung der sachlichen Steuerpflicht ist relevant, dass tatsächlich das Vermögen auf die Stiftung transferiert wird. Geht kein Vermögen über, sondern verbleibt das Vermögen z.B. durch vertragliche Nebenabreden im wirtschaftlichen Eigentum des vermeintlichen Schenkers, so liegt kein erbschaftsteuerpflichtiger Vorgang vor.[121]

(b) Persönliche Steuerpflicht

Das ErbStG behandelt in § 2 die persönliche Steuerpflicht. Die Voraussetzungen für den Erwerb von Todes wegen und den Erwerb unter Lebenden unterscheiden sich in diesem Punkt nicht und werden daher zusammenhängend dargestellt. In § 2 Abs. 1 ErbStG werden drei verschiedene Fälle geregelt, von denen nur die Nr. 1 und Nr. 2 tatsächlich eine persönliche Steuerpflicht des Stifters im Sinne einer unbeschränkten Erbschaftsteuerpflicht beinhalten.[122]

Nur in diesen beiden Fällen wird an ein persönliches Merkmal, wie z.B. bei natürlichen Personen in § 2 Abs. 1 Nr. 1 lit. a) ErbStG an den Wohnsitz oder den gewöhnlichen Aufenthalt, angeknüpft. Hierbei gelten die Begriffsdefinitionen der AO: Für den Wohnsitz gilt § 8 AO und für den gewöhnlichen Aufenthalt § 9 AO. Wenn bei natürlichen Personen im Inland ein Wohnsitz oder der gewöhnliche Aufenthalt gegeben ist, ist die Staatsangehörigkeit unbedeutend.[123] Deutsche Staatsangehörige sind hingegen gem. § 2 Abs. 1 Nr. 1 lit. b) ErbStG auch dann unbeschränkt steuerpflichtig, wenn sie sich ohne inländischen Wohnsitz nicht länger als fünf Jahre im Ausland aufgehalten haben.[124] Auch kurzzeitige Wohnsitze sind ausreichend, um die sog. erweiterte unbeschränkte Steuerpflicht auszulösen.[125] Bei deutschen Bediensteten einer inländischen juristischen Person des öffentlichen Rechts kommt

---

118 *Richter* in *v. Campenhausen/Richter*, § 42, Rn. 3.

119 So z.B. in § 13 Nr. 4a ErbStG, der ausdrücklich nur die Steuerbefreiung eines geschenkten Familienheims betrifft und § 13 Nr. 4b ErbStG, der nur die Steuerbefreiung eines geerbten Familienheims regelt.

120 *Esskandari* in *Gürsching/Stenger*, ErbStG § 1, Rn. 15; *Meincke*, ErbStG § 1, Rn. 22.

121 BFH, Urt. v. 22.02.2010 – I R 84/09, BFHE 232, 352.

122 *Jülicher* in *Troll/Gebel/Jülicher*, ErbStG § 2, Rn. 1; *Birk/Desens/Tappe*, Steuerrecht, Rn. 1560.

123 *Högl* in *Gürsching/Stenger*, ErbStG § 2, Rn. 27; *Meincke*, ErbStG § 2, Rn. 6.

124 *Högl* in *Gürsching/Stenger*, ErbStG § 2, Rn. 77; *Jülicher* in *Troll/Gebel/Jülicher*, ErbStG § 2, Rn. 21.

125 *Meincke*, ErbStG § 2, Rn. 6; *Jülicher* in *Troll/Gebel/Jülicher*, ErbStG § 2, Rn. 21.

gem. § 1 Abs. 1 Nr. 1 S. 2 lit. c) ErbStG der Nationalität ebenfalls Bedeutung zu.[126] Die unbeschränkte Erbschaftsteuerpflicht erfasst auch Vorgänge, die sachlich keinen Inlandsbezug aufweisen. So unterfällt auch ausländisches Vermögen wie z.B. Immobilienbesitz im Ausland der Besteuerung, wenn die Voraussetzungen der unbeschränkten Erbschaftsteuerpflicht vorliegen.[127]

Die persönliche Steuerpflicht iSd. § 2 Abs. 1 Nr. 1 ErbStG ist gegeben, wenn gem. § 2 Abs. 1 Nr. 1 lit. a) ErbStG bei einem Erwerb von Todes wegen der Erblasser, bei einer Schenkung unter Lebenden der Schenker Inländer iSd. § 2 Abs. 1 Nr. 1 S. 2 ErbStG oder – in beiden Fällen – der Erwerber Inländer im Sinne dieser Regelung ist. Es genügt also, wenn alternativ der Empfänger oder der Geber des Vermögens die Eigenschaft als Inländer erfüllt.[128] Die Vermögensübertragung des inländischen Stifters auf eine inländische wie auch auf eine ausländische Stiftung unterfällt daher gem. § 2 Abs. 1 Nr. 1 S. 1, 2 lit. a) ErbStG der unbeschränkten Erbschaftsteuerpflicht.

(c) Steuerschuldner

Mit der Frage der persönlichen Steuerpflicht ist die Frage nach der Steuerschuldnerschaft eng verbunden. Diese ist in § 20 ErbStG geregelt. Die Steuerschuld trifft gem. § 20 Abs. 1 S. 1 ErbStG grds. den Erwerber, bei der Schenkung zusätzlich auch den Schenker. Bei einer Vermögensübertragung unter Lebenden ist demnach der Stifter Steuerschuldner, daneben auch immer die ausländische Stiftung.

(d) Steuerklasse, Steuersatz, Freibeträge, Steuerbefreiungen

Nach § 15 Abs. 1 ErbStG bestimmt sich die Steuerklasse grds. nach dem persönlichen Verhältnis, also grds. dem Verwandtschaftsverhältnis zwischen demjenigen, der das Vermögen hingibt und dem Erwerber.[129] Die Steuerklasse hat u.a. eine gewichtige Auswirkung auf den Steuersatz iSd. § 19 ErbStG. Unter Berücksichtigung der Höhe des steuerpflichtigen Erwerbs ergibt sich in der Steuerklasse I eine Steuerbelastung zwischen 7 und 30 Prozent, in der Steuerklasse II von 15 bis 43 Prozent und in der Steuerklasse III von entweder 30 oder 50 Prozent.

Daneben ist die Steuerklasse auch in Bezug auf Steuerbefreiungen von Bedeutung. So wird z.B. die Steuerbefreiung des § 13 Abs. 1 Nr. 1 lit. a) ErbStG nur für Erwerber der Steuerklasse I gewährt. Zudem ist auch die Gewährung der Steuerermäßigung bei mehrfachem Erwerb desselben Vermögens nach § 27 ErbStG von der Steuerklasse I abhängig.

---

126 *Högl* in *Gürsching/Stenger,* ErbStG § 2, Rn. 27; *Jülicher* in *Troll/Gebel/Jülicher,* ErbStG § 2, Rn. 29; *Birk/Desens/Tappe,* Steuerrecht, Rn. 1560.

127 Zum Ausgleich einer möglicherweise eintretenden Doppelbesteuerung vgl. unter Kapitel 3: A) I) 1) Begriff der Doppelbesteuerung.

128 *Meincke,* ErbStG § 2, Rn. 70; *Birk/Desens/Tappe,* Steuerrecht, Rn. 1560.

129 *Weinmann* in *Moench/Weinmann,* ErbStG § 15, Rn. 1; *Richter* in *v. Campenhausen/Richter,* § 40, Rn. 37.

Darüber hinaus sind die Freibeträge nach dem Verwandtschaftsverhältnis gestaffelt. Da zwischen Stifter und Stiftung kein persönliches Verhältnis bestehen kann, fiele der Vermögenstransfer eigentlich in die steuerlich ungünstigste Steuerklasse III mit dem gezeigten hohen Steuersatz.[130] Der Gesetzgeber hat jedoch mit § 15 Abs. 2 ErbStG zur Privilegierung von inländischen Familienstiftungen, soweit sie den entsprechenden Anforderungen genügen, Regelungen zur Berücksichtigung von Verwandtschaftsverhältnissen eingeführt. Bei der Errichtung einer ausländischen Stiftung wird die Privilegierung des § 15 Abs. 2 ErbStG nicht gewährt, da sich diese nur auf inländische Stiftungen beschränkt.[131]

(e) Entstehung der Steuer

Bei der Errichtung inländischer Stiftungen entsteht die Steuer gem. § 9 Abs. 1 Nr. 1 lit. c) Hs. 1 ErbStG mit Anerkennung der Stiftung als rechtsfähig. In § 9 Abs. 1 Nr. 1 lit. c) Hs. 2 ErbStG ist eine Sonderregelung für die Steuerentstehung bei ausländischen Stiftungen vorgesehen. Demnach entsteht die Steuer mit dem Zeitpunkt der Bildung oder Ausstattung der ausländischen Vermögensmasse.[132]

(f) Bemessungsgrundlage und Bewertung

Der steuerpflichtige Erwerb wird entsprechend der Bereicherung des Erwerbers gem. § 10 Abs. 1 S. 1 ErbStG besteuert, soweit diese nicht steuerfrei gestellt wird. Die Bereicherung bestimmt sich hierbei über mehrere Rechenschritte von einem Bruttowert hin zu einem Nettowert, der typisierend den Zuwachs an wirtschaftlicher Leistungsfähigkeit ausdrückt.[133] Die eigentliche Bewertung erfolgt gem. § 12 ErbStG nach den einzelnen anzuwendenden Vorschriften des BewG.

(g) Stellungnahme

Die Stiftungserrichtung im Inland oder Ausland führt für einen inländischen Stifter zu einer unbeschränkten Erbschaftsteuerpflicht. Dabei können ein ungünstiger Steuersatz oder geringere Freibeträge gegen den Einsatz einer Stiftung sprechen. Die Anwendung des § 15 Abs. 2 ErbStG hilft bei einer inländischen Stiftungserrichtung, nicht aber bei einer Stiftungserrichtung im Ausland, diese Nachteile auszugleichen. Möglicherweise muss diese begünstigende Vorschrift jedoch auch im Wege einer

130 *Högl* in *Gürsching/Stenger,* ErbStG § 15, Rn. 40; *Richter* in *v. Campenhausen/Richter,* § 40, Rn. 37; *Schmitt-Homann* in *Otto,* Stiftungspraxis, 239.

131 Ob dies mit den europäischen Grundfreiheiten zu vereinbaren ist, muss bezweifelt werden; *Weinmann* in *Moench/Weinmann,* ErbStG § 15, Rn. 40.

132 Vgl. zur Steuerentstehung allgemein sogleich unter Kapitel 1: VII) 1) c) (2) (e) Entstehung der Steuer.

133 *Högl* in *Gürsching/Stenger,* ErbStG § 10, Rn. 2; *Meincke,* ErbStG § 10, Rn. 5.

EU/EWR-rechtlichen Auslegung auf Stiftungserrichtungen in diesen Ländern angewandt werden.[134]

(3) Ersatzerbschaftsteuer

(a) Problemlage

Stiftungen kommen, wie andere juristische Personen auch, nicht als Erblasser in Betracht.[135] Ihr Vermögen unterfällt damit unmittelbar nicht der ErbSt. Jedoch unterscheidet sich die Stiftung von den anderen Körperschaften im Punkt der mitgliedschaftlichen Verfassung.[136] Kapitalgesellschaften haben Anteilseigner, die sich schließlich auf natürliche Personen zurückführen lassen. Mit dem Tode dieser natürlichen Personen werden die mitgliedschaftlichen Anteile mittelbar als Vermögenswert der natürlichen Person mit der Erbschaftsteuer belastet.[137]

Die Anteile an Kapitalgesellschaften stellen beim Erwerber eine Bereicherung dar und unterfallen daher der ErbSt. Da die Stiftung jedoch nicht mitgliedschaftlich verfasst ist, werden ihre Vermögenswerte nicht durch Anteile an natürliche Personen vermittelt.[138] Daher werden ihre Vermögenswerte weder bei der Stiftung unmittelbar noch mittelbar bei einem Anteilseigener mit ErbSt belastet.

Damit diese Eigenart der Stiftung nicht aus erbschaftsteuerlichen Gründen ausgenutzt werden kann, und um eine rechtsformneutrale Besteuerung zu gewährleisten, hat der Gesetzgeber mit der Einführung der Ersatzerbschaftsteuer im Jahre 1974 für Familienstiftungen gem. § 1 Abs. 1 Nr. 4 ErbStG sichergestellt, dass das Vermögen der Familienstiftungen mit Erbschaftsteuer belastet wird.[139] Die Ersatzerbschaftsteuer greift jedoch gem. § 2 Abs. 1 Nr. 2 ErbStG nur für Stiftungen, die ihre Geschäftsleitung iSd. § 10 AO oder ihren Sitz iSd. § 11 AO im Inland haben. Wenn eine Stiftung ihre Geschäftsleitung und ihren Sitz im Ausland hat, findet demnach auch keine ersatzweise Erbschaftsbesteuerung statt.[140]

(b) Begriffsdefinition der Familienstiftung iSd. ErbStG

Entgegen der Gesetzeslage in den LStifG oder dem AStG erfolgt im ErbStG keine eindeutige Definition der Familienstiftung. Das ErbStG stellt vielmehr in § 1 Abs. 1 Nr. 4 und § 15 Abs. 2 S. 1 nur darauf ab, dass die Stiftung wesentlich im Interesse

---

134 *Weinmann* in *Moench/Weinmann,* ErbStG § 15, Rn. 40.

135 BVerfG, Beschluss v. 08.03.1983 – 2 BvL 27/81; BVerfGE 63, 312 (324).

136 BVerfG, Beschluss v. 08.03.1983 – 2 BvL 27/81; BVerfGE 63, 312 (325); *Ellenberger* in *Palandt,* Vor § 80 BGB, Rn. 8.

137 BVerfG, Beschluss v. 08.03.1983 – 2 BvL 27/81; BVerfGE 63, 312 (325); *Herbers,* BB 1983, 819; *Löwe/Droege,* ZEV 2006, 530 (532).

138 BVerfG, Beschluss v. 08.03.1983 – 2 BvL 27/81; BVerfGE 63, 312 (325); *Ellenberger* in *Palandt,* Vor § 80 BGB, Rn. 8; *Herbers,* BB 1983, 819.

139 BVerfG, Beschluss v. 08.03.1983 – 2 BvL 27/81; BVerfGE 63, 312 (325); *Frieling,* Unternehmensnachfolge, 51; *Herbers,* BB 1983, 819; *Königer,* ZEV 2013, 433 (434).

140 *Schulz* in *Lademann,* AStG § 15, Rn. 41.

einer oder bestimmter Familien errichtet wurde.[141] Wann eine Stiftung jedoch wesentlich im Interesse einer Familie errichtet ist, bestimmt das Gesetz nicht. Zum Teil wird hierfür in ausdrücklicher Anlehnung an das AStG eine quantitative Betrachtungsweise vorgeschlagen, wobei jedoch unterschiedliche Quoren als zutreffend erachtet werden.[142]

Der BFH nimmt die Einordnung, ob eine Familienstiftung gegeben ist, anhand einer qualitativen Betrachtungsweise vor.[143] Er stellt die familiären Vermögensinteressen den Vermögensinteressen gegenüber, die die Stiftungssatzung Dritten gewährt und hält hierbei den Dreißigjahreszeitraum für maßgeblich.[144] Die Vermögensinteressen seien weit zu bestimmen.[145] Unter sie sollen „nicht nur Bezugs- und Anfallsrechte, sondern alle unmittelbaren oder mittelbaren, nicht notwendig in Geld bezifferbaren Vermögensvorteile" fallen.[146] Einer Einordnung als Familienstiftung stehe jedenfalls dann nicht die Tatsache entgegen, dass nur die Bezugsberechtigung im Sinne der Familie ausgestaltet sei, während sich die Anfallsberechtigung auf noch zu bestimmende gemeinnützige Unternehmen beschränke, wenn die Gründe für eine Stiftungsauflösung in das Belieben der Stiftungsorgane gestellt seien, und jedenfalls im dreißigjährigen Betrachtungszeitraum nicht mit der Auflösung zu rechnen sei.[147]

Die ältere Verwaltungsauffassung, nach der die Familiennützigkeit anhand von tatsächlichen Vermögenstransfers zu bestimmen sei, wurde an die BFH-Rechtsprechung angepasst.[148] Die unentgeltliche oder verbilligte Nutzung von stiftungseigenen Immobilien, die Nutzung von Angestellten der Stiftung oder die Möglichkeit, sich mit stiftungseigenen Kunstgegenständen zu umgeben, zählt die Finanzverwaltung beispielhaft zu den familiennützigen Interessen.[149] Ausdrücklich ausreichend nach der Finanzverwaltung sei hierbei die alleinige Nutzungsmöglichkeit, auf einen tatsächlichen Gebrauch komme es nicht an.[150] Eine Thesaurierung der Stiftungserträge ändere nichts an der Einordnung als Familienstiftung iSd. § 1 Abs. 1 Nr. 4 ErbStG, da es keines tatsächlichen Vermögenstransfers bedürfe.[151]

141 *Esskandari* in *Gürsching/Stenger,* ErbStG § 1, Rn. 32.
142 *Esskandari* in *Gürsching/Stenger,* ErbStG § 1, Rn. 33; *Jülicher* in *Troll/Gebel/Jülicher,* ErbStG § 1, Rn. 44; *Schmitt-Homann* in *Otto,* Stiftungspraxis, 238.
143 BFH, Urt. v. 18.11.2009 – II R 46/07, BFH/NV 2010, 898 (899); *Jülicher* in *Troll/Gebel/Jülicher,* ErbStG § 1, Rn. 45; *Esskandari* in *Gürsching/Stenger,* ErbStG § 1, Rn. 33.
144 BFH, Urt. v. 18.11.2009 – II R 46/07, BFH/NV 2010, 898 (899).
145 BFH, Urt. v. 18.11.2009 – II R 46/07, BFH/NV 2010, 898 (899).
146 BFH, Urt. v. 18.11.2009 – II R 46/07, BFH/NV 2010, 898 (899).
147 BFH, Urt. v. 18.11.2009 – II R 46/07, BFH/NV 2010, 898 (899).
148 R E 1.2 Abs. 2 ErbStR; *Esskandari* in *Gürsching/Stenger,* ErbStG § 1, Rn. 36.
149 R E 1.2 Abs. 3 S. 4 Nr. 1 bis 3 ErbStR.
150 R E 1.2 Abs. 3 S. 5, 6 ErbStR.
151 *Esskandari* in *Gürsching/Stenger,* ErbStG § 1, Rn. 37.

(c) Freibetrag

Gem. § 15 Abs. 2 S. 3 ErbStG wird der doppelte Freibetrag nach § 16 Abs. 1 Nr. 2 ErbStG gewährt. Es wird demnach so verfahren, als habe die Stiftung zwei Kinder, auf die das Vermögen übergehen würde.[152] Demnach besteht zurzeit ein Freibetrag iHv. 400.000 €.

(d) Steuerklasse und Steuersatz

Für die Steuerklasse und die Bestimmung des Steuersatzes ist in § 15 Abs. 2 S. 3 ErbStG eine Regelung enthalten. Der Prozentsatz der Steuerklasse I ist anwendbar und der Steuersatz ist anhand der Tabelle des § 19 ErbStG zu ermitteln, wobei als Wert des steuerpflichtigen Erwerbs nur die Hälfte des steuerpflichtigen Vermögens anzusetzen ist. Es erfolgt folglich hier eine Besteuerung, als würde das Vermögen vom Erblasser auf zwei Kinder übergehen.[153]

(e) Entstehung der Steuer

Gem. § 9 Abs. 1 Nr. 4 S. 1 ErbStG entsteht die Steuer 30 Jahre nach dem ersten Übergang des Vermögens auf die Stiftung und danach im 30-Jahres-Turnus. Gem. § 24 ErbStG ist es möglich, zu einer Verrentung der ErbSt-Schuld zu optieren, sodass die Zahlung in jährlichen Beträgen über 30 Jahre vorzunehmen ist.

Gem. § 9 Abs. 1 Nr. 4 S. 2 ErbStG war die erstmalige Besteuerung mit der Ersatzerbschaftsteuer zum 01.01.1984 vorgesehen. Der erneute Ablauf des 30-jährigen Besteuerungszeitraums endete daher am 01.01.2014.[154] Wie zum Jahresbeginn 1984 wird es auch beim neuerlichen Ablauf des Besteuerungszeitraums zu Auflösungen bzw. Modifikationen von Familienstiftungen gekommen sein.[155]

Das Vermögen der Stiftung am Stichtag stellt die Bemessungsgrundlage für die Besteuerung dar. Die Stichtagbesteuerung führte in der Vergangenheit teilweise zu Vermögensumschichtungen in Wirtschaftsgüter, deren Bewertung steuerlich günstig war.[156] Da der Zeitpunkt der Steuerentstehung im Voraus feststeht, eignet sich die Ersatzerbschaftsteuer besonders gut zur Planung der Vermögenszusammensetzung.[157]

---

152 *Meincke*, ErbStG § 15, Rn. 27; *Frieling*, Unternehmensnachfolge, 52; *Löwe/Droege*, ZEV 2006, 530 (532).

153 *Meincke*, ErbStG § 15, Rn. 27; *Löwe/Droege*, ZEV 2006, 530 (532).

154 *Gebel* in *Troll/Gebel/Jülicher*, ErbStG § 9, Rn. 116; *Zimmermann*, NJW 2012, 3277 (3282).

155 *Pöllath/Richter* in *Seifart/v. Campenhausen*, 3. Aufl., § 13, Rn. 112.

156 *Meincke*, ErbStG, § 9, Rn. 56; *Frieling*, Unternehmensnachfolge, 217.

157 *Richter* in *v. Campenhausen/Richter*, § 13, Rn. 92; *Frieling*, Unternehmensnachfolge, 217, 219 ff.

(f) Steuerschuldnerschaft

Gem. § 20 Abs. 1 S. 1 Var. 4 ErbStG ist die Familienstiftung Schuldnerin der Steuer.[158]

(g) Stellungnahme

Bei einer rein inländischen Betrachtungsweise kann die Ersatzerbschaftsteuer durchaus als systemgerecht klassifiziert werden.[159] Sie ist geeignet, eine dauerhafte Nichtbelastung mit Erbschaftsteuer zu vermeiden.

Weitet man den Blick jedoch über die nationalen Grenzen hinaus, so zeigt sich, dass der deutsche Gesetzgeber mit der Ersatzerbschaftsteuer einen nationalen Sonderweg beschritten hat. Daher ist anzuzweifeln, ob der Gesetzgeber gut beraten ist, weiterhin auf die Ersatzerbschaftsteuer zu setzten. Dies könnte möglicherweise kontraproduktiv sein und gerade den Einsatz ausländischer Familienstiftungen befördern um so der Erbersatzsteuer und damit der Erbschaftsteuer insgesamt zu entgehen.[160]

2) Zusammenfassung

Die allgemeine ertragsteuerliche Behandlung von Familienstiftungen in Österreich, Liechtenstein und Deutschland unterscheidet sich nicht allzu sehr. Insbesondere fällt auf, dass die deutsche Körperschaftsteuerbelastung iHv. 15,825 Prozent deutlich unter dem österreichischen Niveau liegt und nur knapp über dem regulären Körperschaftsteuersatz von Liechtenstein rangiert. Während die Besteuerung in Liechtenstein im Rahmen der PVS auf den ersten Blick zu einer sehr geringen Besteuerung führt, zeigt sich auf den zweiten Blick hingegen ein gravierender Nachteil: Da den Stiftungen unter diesem Besteuerungsregime kein DBA-Schutz gewährt wird, wirkt die aus Sicht der liechtensteinischen Stiftung ausländische Steuerbelastung stets definitiv. Dieser Nachteil ist so schwerwiegend, dass davon auszugehen ist, dass Familienstiftungen im Fürstentum Liechtenstein mit internationalen Berührungspunkten von der Besteuerungsoption iSd. PVS keinen Gebrauch machen werden. Jedenfalls ist anhand einer Prüfung der konkreten Stiftungssituation zu analysieren, welche Einkünfte für die Stiftung zu erwarten sind. Auf der Grundlage der so gewonnen Daten ist zu kontrollieren, ob bzw. wie die Besteuerung durch ein Doppelbesteuerungsabkommen im Quellen- und im Ansässigkeitsstaat beeinflusst wird, und ob bestimmte steuerliche Privilegien für die Einkünfte im potentiellen Stiftungsstaat bestehen. Dies kann dazu führen, dass eine Stiftungserrichtung im Ausland einer Stiftungserrichtung im Inland vorzuziehen ist.

Bei Errichtung einer in- oder ausländischen Stiftung wird ein inländischer Stifter aufgrund des Vermögensübergangs auf die Stiftung erbschaftsteuerpflichtig; Steuermilderungen sind nur für inländische Stiftungserrichtungen vorgesehen.

---

158 *Löwe/Droege*, ZEV 2006, 530 (531).

159 BVerfG, Beschluss v. 08.03.1983 – 2 BvL 27/81; BVerfGE 63, 312 (325 f.).

160 *Wachter* in *Richter/Wachter*, Stiftungsrecht, § 22, Rn. 216.

Eine Besteuerung der Stiftung selbst mit einer Ersatzerbschaftsteuer findet nur in Deutschland statt. Aufgrund des kontinuierlichen Zeitablaufs fällt die belastende Wirkung der Steuer marginaler als im tatsächlichen Erbfall aus.[161] Auch die privilegierte Gewährung eines gesonderten Freibetrages sowie einer gesonderten Steuerklasse mildern die Belastung ab. Jedoch wirkt die Besteuerung der Vermögenssubstanz der Familienstiftung im internationalen Vergleich wie eine erhöhte Körperschaftsteuer.[162] Da grds. im ErbStG auf die tatsächliche Bereicherung des Erwerbers abgestellt wird, ist die Ersatzerbschaftsteuer, die häufig Anreiz zur Familienstiftungserrichtung im Ausland bietet,[163] zudem als Fremdkörper innerhalb des ErbStG anzusehen.[164]

161 *v. Löwe* in *Feick*, Stiftung als Nachfolgeinstrument, 246; *Schmitt-Homann* in *Otto*, Stiftungspraxis, 243.

162 *Wachter* in *Richter/Wachter*, Stiftungsrecht, § 22, Rn. 216.

163 Vgl. hierzu unter Kapitel 1: VII) 1) c) (3) Ersatzerbschaftsteuer.

164 *Wachter* in *Richter/Wachter*, Stiftungsrecht, § 22, Rn. 215.

Kapitel 2: Ausländische Familienstiftungen im Außensteuergesetz (§ 15 AStG)

Seit der Einführung des AStG im Jahr 1973[165] enthält dieses in § 15 AStG eine Regelung zu ausländischen Familienstiftungen. Diese Regelung basiert ihrerseits auf mehreren Vorgängernormen. Bei der Ausarbeitung der Vorschrift hat der Gesetzgeber sich an der Vorschrift des § 12 StAnpG[166] aus dem Jahre 1934 orientiert.[167] Diese selbst beruht auf § 2 StAmnVO[168] aus dem Jahre 1931. Ziel dieser Vorgängervorschriften war es, die Kapitalanlage von deutschem Vermögen im Ausland („Kapitalflucht") zu sanktionieren.[169]

Im Laufe der Jahre wurde § 15 AStG systematisch ausgeweitet und ist nun auf seine vorerst größte Dimension angewachsen. Insgesamt verfügt § 15 AStG somit über eine Fülle an einzelnen Bestimmungen. Wenn *Fischer* den Geldwäscheparagraphen § 261 StGB hinsichtlich seines Umfangs als „mäanderndes Monstrum" bezeichnet,[170] kann § 15 AStG diesen in den meisten Kategorien übertreffen. Während § 261 StGB aus 9 Absätzen, 720 Wörtern und insgesamt 4300 Zeichen besteht, umfasst § 15 AStG 11 Absätze, 668 Wörter und insgesamt 5140 Zeichen. Zudem übernimmt § 15 AStG durch Verweisungen auf andere Vorschriften des AStG noch deren Regelungen.

Damit § 15 AStG zur Anwendung kommt, müssen dessen Tatbestandsvoraussetzungen erfüllt sein. Diese werden im Folgenden näher betrachtet. Sodann wird der Blick auf die Rechtsfolgen der Norm gerichtet.

A) Tatbestandsvoraussetzungen

I) Familiennützigkeit (§ 15 Abs. 2 AStG)

§ 15 AStG erfasst nicht alle Stiftungen, sondern vorrangig nur Familienstiftungen.[171]

---

165 BGBl. I 1972, S. 1713.

166 Steueranpassungsgesetz v. 16.10.1934, RGBl. I 1934, 925.

167 Hierbei handelt es sich um eine Steuerreform mit „arischer" Prägung. Sie geht auf Fritz Reinhardt zurück, der auf Betreiben Adolf Hitlers Staatssekretär im Reichsfinanzministerium wurde, vgl. *Sahm*, 294. § 1 Abs. 1 des StAnpG lautete „Die Steuergesetze sind nach nationalsozialistischer Weltanschauung auszulegen."

168 Steueramnestieverordnung vom 23.08.1931, RGBl. I 1931, 449.

169 *Kraft* in *Kraft*, AStG § 15, Rn. 40, 46; *Rundshagen* in *Grotherr/Herfort/Strunk*, 502; *Hennemann-Ratschke* in *Wöhrle/Schelle/Gross*, AStG § 15, Rn. 8; *Hey*, IStR 2009, 181 (184).

170 http://www.zeit.de/serie/fischer-im-recht „Geldwäsche".

171 Zur Erweiterung über den Bereich der Familie hinaus vgl. unter Kapitel 2: A) IV) Tatbestandserweiterungen.

Zur Begriffsbestimmung des Ausdrucks „Familienstiftung“ ist in § 15 Abs. 2 AStG eine Legaldefinition enthalten. Demnach handelt es sich um eine Familienstiftung, wenn der Stifter, seine Angehörigen und deren Abkömmlinge zu mehr als der Hälfte bezugs- oder anfallsberechtigt sind.[172] Entsprechend der Konjunktion „und“ könnte man annehmen, dass sowohl der Stifter als auch seine Angehörigen und deren Abkömmlinge kumulativ zu mehr als der Hälfte bezugs- und anfallsberechtigt sein müssten.[173] Dies ist jedoch nicht der Fall. Es ist ausreichend, wenn von den genannten Personengruppen eine das erforderliche Quorum erreicht.[174]

Die Definition des AStG ist jedoch nicht vollständig. Es wird nur definiert, wann eine Stiftung als Familienstiftung anzusehen ist.[175] Aus der Norm selbst erschließt sich jedoch nicht, was unter dem Begriff einer Stiftung zu verstehen ist.[176]

Der Begriff der Familienstiftung im AStG ist zwangsläufig ein anderer als der des § 1 Abs. 1 Nr. 4 ErbStG, da dieser nur inländische Stiftungen umfasst.[177]

1) Berechtigungsgrenze

Der Gesetzgeber hat bei der Grenze, ab der die rechtlichen Folgen des § 15 AStG eintreten sollen, eine „Alles-oder-Nichts-Lösung“ gewählt: Sobald der Anteil der Bezugs- oder Anfallsberechtigung der Familienmitglieder größer als 50 Prozent ist, werden Vermögen und Einkünfte der Stiftung den Berechtigten zugerechnet; ist er gleich 50 Prozent oder kleiner, so bleibt die Zurechnung aus. In mehreren neueren Gesetzen ist der Gesetzgeber dazu übergegangen, den schneidenden Effekt einer harten Trennlinie durch die Einführung von stufenweisen Betrachtungen abzumildern, vgl. bspw. § 13a ErbStG mit einer prozentualen Angleichung des Abschlagsbetrags. Dies würde möglicherweise einen erhöhten Verwaltungsaufwand und Unsicherheiten mit sich bringen. Es würde einer wirtschaftlich angemessenen und individuell gerechteren Besteuerung jedoch besser entsprechen.

2) Bezugsgröße

Gem. § 15 Abs. 2 AStG ist eine Begünstigung von Familienmitgliedern in Form einer Bezugs- oder Anfallsberechtigung zu mehr als der Hälfte erforderlich. Die Norm

---

172 Vgl. zu diesen Begriffen unter Kapitel 2: B) III) Zurechnungssubjekte.

173 *Wassermeyer* in *Flick/Wassermeyer/Baumhoff/Schönfeld,* AStG § 15, Rn. 89; *Schulz* in *Lademann,* AStG § 15, Rn. 52; *Schaumburg,* Internationales Steuerrecht, Rn. 11.10.

174 BFH, Urt. v. 05.11.1992 – I R 39/92, BFHE 170, 62 (64); *Vogt* in *Blümich,* AStG § 15, Rn. 61; *Wassermeyer* in *Flick/Wassermeyer/Baumhoff/Schönfeld,* AStG § 15, Rn. 89; *Schulz* in *Lademann,* AStG § 15, Rn. 52; *Schaumburg,* Internationales Steuerrecht, Rn. 11.10.

175 *Wassermeyer* in *Flick/Wassermeyer/Baumhoff/Schönfeld,* AStG § 15, Rn. 41.

176 *Wassermeyer* in *Flick/Wassermeyer/Baumhoff/Schönfeld,* AStG § 15, Rn. 41; vgl. zum Stiftungsbegriff unter Kapitel 2: A) II) Anforderungen an die Errichtung der Stiftung.

177 Vgl. hierzu Kapitel 1: VII) 1) c) (3) Ersatzerbschaftsteuer.

enthält hierbei jedoch keine Aussage über die Bezugsgröße.[178] *Wenz/Linn* vermuten, dass der Gesetzgeber bewusst die tatbestandliche Ungewissheit herbeigeführt habe, um die Rechtsanwender durch die entstehende Unsicherheit zu beeinflussen.[179]

Mangels mitgliedschaftlicher Verfassung kann ein Anteil am Kapital nicht relevant sein.[180]

Die meisten Stimmen in der Literatur sowie der Finanzverwaltung sehen zutreffend als Bezugsgröße die Summe aller Berechtigungen.[181] Zur Bestimmung der Berechtigungsgrenze sind daher die Bezugswerte des Personenkreises aus Stifter, Angehörigen und deren Abkömmlingen in das Verhältnis zu den sonstigen nichtfamiliären Bezugswerten zu setzen.[182] Eine quantitative Betrachtungsweise anhand der Köpfe wird hingegen abgelehnt.[183]

Im Hinblick auf die Bezugs- und die Anfallsberechtigung ist für die jeweilige Personengruppe ein Vergleich durchzuführen.[184] Soweit bei einer Gegenüberstellung die 50 Prozent-Grenze der familiären Bezugs- oder aber Anfallsberechtigungen innerhalb einer Gruppe überschritten wird, liegt eine Familienstiftung vor.[185] Wird die familiäre Hälftegrenze jedoch nur hinsichtlich der Bezugsberechtigung oder der Anfallsberechtigung überschritten, führt dies nicht zwangsläufig zur Zurechnung als Rechtsfolge bei der anderen Gruppe.[186] Im Gegensatz zur Rechtsfolge des § 15 Abs. 1 AStG ist es bei der Bestimmung der Berechtigungsgrenze nicht erforderlich, dass die Berechtigten der unbeschränkten ESt-Pflicht unterfallen.[187] Es sind daher zur Verhältnisbestimmung alle Berechtigten zu erfassen, unabhängig davon, ob sie steuerlich In- oder Ausländer sind. Eine satzungsgemäße Beschränkung der Bezugs- oder Anfallsberechtigung in der Art und Weise, dass max. 50,0 Prozent des Einkommens bzw. 50,0 Prozent des Vermögens familiär verbundenen Bezugsberechtigten bzw. Anfallsberechtigten zustehen soll, ist nicht geeignet, die steuerlichen Folgen

178 *Wenz/Linn* in *Haase,* AStG § 15, Rn. 40.
179 *Wenz/Linn* in *Haase,* AStG § 15, Rn. 40.
180 *Rundshagen* in *Grotherr/Herfort/Strunk,* 504.
181 BMF in AStGAE, Rn. 15.2.3 – IV B 4 – S 1340 – 11/04, BStBl. I 2004, 3, *Wassermeyer* in *Flick/Wassermeyer/Baumhoff/Schönfeld,* AStG § 15, Rn. 90; *Schulz* in *Lademann,* AStG § 15, Rn. 53.
182 *Vogt* in *Blümich,* AStG § 15, Rn. 61; *Wassermeyer* in *Flick/Wassermeyer/Baumhoff/Schönfeld,* AStG § 15, Rn. 90; *Wenz/Linn* in *Haase,* AStG § 15, Rn. 41; *Schulz* in *Lademann,* AStG § 15, Rn. 53.
183 *Wassermeyer* in *Flick/Wassermeyer/Baumhoff/Schönfeld,* AStG § 15, Rn. 90; *Schulz* in *Lademann,* AStG § 15, Rn. 39; *Kirchhain* in *Mössner/Fuhrmann,* AStG § 15, Rn. 59.
184 *Wassermeyer* in *Flick/Wassermeyer/Baumhoff/Schönfeld,* AStG § 15, Rn. 90, 94; *Schulz* in *Lademann,* AStG § 15, Rn. 53.
185 *Wenz/Linn* in *Haase,* AStG § 15, Rn. 41; *Schulz* in *Lademann,* AStG § 15, Rn. 53.
186 Vgl. hierzu unter Kapitel 2: B) III) 2) e) Asymmetrie zwischen Berechtigung und Qualifikation als Familienstiftung; a.A. *Runge* in *Brezing,* AStG § 15, Rn. 30.
187 *Schulz* in *Lademann,* AStG § 15, Rn. 52.

des § 15 AStG auszuschalten.[188] Zwar hat der Gesetzgeber die in den Durchführungsbestimmungen zu § 3 Abs. 1 StAmnVO enthaltene Bestimmung nicht übernommen, wonach satzungsgemäße Thesaurierungen nicht zu berücksichtigen seien. Wie oben erläutert, sind jedoch die Gruppen familiärer Bezugs- bzw. Anfallsberechtigter im Vergleich zur Gegengruppe der sonstigen Berechtigten zu sehen. Eine Ausrichtung der Stiftungssatzung am Einkommen oder am Vermögen geht an den gesetzlichen Vorgaben vorbei; sie kann die Rechtsfolge des § 15 AStG daher nicht vermeiden.

Unerheblich ist die Art des Vermögens, welches von der Familienstiftung gehalten wird.[189] Im Gegensatz zu § 7 Abs. 6a AStG und § 8 AStG wird die Anwendung nicht auf bestimmte schädliche Einkünfte beschränkt, sondern es werden alle Einkünfte der Stiftungen erfasst.[190] In der Vorschrift wird demnach nicht zwischen „guten" und „missbrauchsanfälligen" Einkünften differenziert.

Die Finanzverwaltung bestimmt das Verhältnis der Familiennützigkeit entsprechend den Verhältnissen aller Bezugs- und Anfallsberechtigten.[191] In der Durchführungsbestimmung zur 1. StAmnVO stellte die damalige Finanzverwaltung ebenso wie die heute vorherrschende Lehre primär darauf ab, entsprechend der Satzung die familiennahen Bezugsberechtigungen zu den gesamten Bezugsberechtigungen ins Verhältnis zu setzen.[192] Hierbei blieben Thesaurierungen außer Betracht.[193] Zudem waren weitere Regelungen für Fälle enthalten, dass aus der Satzung kein Verhältnis abgeleitet werden konnte. So wurde u.a. darauf abgestellt, in welchem Verhältnis in den letzten Kalenderjahren die Bezüge gewährt wurden.[194] Wenn das Verhältnis auch so nicht gefunden werden konnte, so wurde die Bezugsberechtigung gleichmäßig nach Köpfen bestimmt.[195]

3) Zeitpunkt und zeitlicher Rahmen

Vom Gesetzgeber wurde sowohl der Zeitpunkt offen gelassen, zu dem die erforderliche Mehrheit der Bezugs- oder Anfallsberechtigung festgestellt werden soll, als auch der zeitliche Rahmen, innerhalb dessen die Stiftung als Familienstiftung zu

188 A. A. *Wassermeyer* in *Flick/Wassermeyer/Baumhoff/Schönfeld,* AStG § 15, Rn. 91; noch anders *Wassermeyer* in *Flick/Wassermeyer/Baumhoff/Schönfeld,* AStG § 15, Rn. 86 Erg.-Lfg. 65.

189 *Wassermeyer* in *Flick/Wassermeyer/Baumhoff/Schönfeld,* AStG § 15, Rn. 86.

190 *Wassermeyer* in *Flick/Wassermeyer/Baumhoff/Schönfeld,* AStG § 15, Rn. 24.

191 BMF in AStGAE, Rn. 15.2.3 – IV B 4 – S 1340 – 11/04, BStBl. I 2004, 3.

192 § 3 Abs. 1 S. 1 Durchführungsbestimmung zur 1. StAmnVO vom 24.08.1931, RGBl. 1931, 455.

193 § 3 Abs. 1 S. 1 Hs. 2 Durchführungsbestimmung zur 1. StAmnVO vom 24.08.1931, RGBl. 1931, 455.

194 § 3 Abs. 2 S. 1 Durchführungsbestimmung zur 1. StAmnVO vom 24.08.1931, RGBl. 1931, 455.

195 § 3 Abs. 3 Durchführungsbestimmung zur 1. StAmnVO vom 24.08.1931, RGBl. 1931, 455.

qualifizieren ist. Möglich wäre es hierbei, eine abschnittsweise jährliche Betrachtung durchzuführen, wie es im Steuerrecht nicht unüblich ist.

Indes steht diese kurzfristige und wechselhafte Einordnung mit der auf Dauer angelegten Familienstiftung in Konflikt. Daher ist bei der Quantifizierung auf einen längeren Zeitraum abzustellen.[196] Diese langjährige Betrachtungsweise bringt jedoch anderweitige Probleme mit sich. Insbesondere entstehen Schwierigkeiten in Hinsicht auf die Bezugsberechtigten.[197] So ist es möglich, dass die Satzung die Bezugsberechtigung in das Ermessen von Stiftungsorganen gestellt hat, oder dass davon auszugehen ist, dass sich der Bestand der Bezugsberechtigten deutlich über die Zeit ändern wird.

Bei Anfallsberechtigten stellen sich die gerade eben aufgezeigten Fragen in niedrigerer Intensität, da regelmäßig eine Anfallsberechtigung in den Satzungen vorgesehen ist.[198] Ergibt sich die Anfallsberechtigung erst später durch einen Beschluss eines Stiftungsorgans, so entstehen erst zu diesem Zeitpunkt die Berechtigungen und erst ab diesem Zeitpunkt können sie zueinander ins Verhältnis gesetzt werden.[199]

Insgesamt ist eine individuelle Betrachtung für die infrage stehende Stiftung, deren Zweck sowie deren Begünstigte vorzunehmen. Dies kann insbesondere abhängig sein von der Ausrichtung der Familienstiftung über eine oder mehrere Generationen hinweg, dem Alter der Begünstigten und der Zusammensetzung des Stiftungsvermögens etc. Hierbei kann sich eine Zeitspanne von wenigen Jahren oder mehreren Jahrzehnten zur Qualifizierung als Familienstiftung ergeben.

4) Angehörige

Der Begriff der Angehörigen hat in § 15 AO eine Legaldefinition erfahren. Die hierzu zählenden Fälle sind umfangreich: Zu den Angehörigen zählen Verlobte (Nr. 1), Ehegatten und Lebenspartner (Nr. 2), Verwandte und Verschwägerte gerader Linie (Nr. 3), Geschwister (Nr. 4), Nichten und Neffen (Nr. 5), Schwager und Schwägerinnen sowie deren Geschwister (Nr. 6), Onkel und Tanten (Nr. 7) sowie Pflegeeltern und Pflegekinder (Nr. 8).

Mit Ausnahme der Verlobten sind die Personen grds. auch dann noch als Angehörige anzusehen, wenn das ehemalige Verhältnis zwischen ihnen nicht mehr besteht, also z.B. die Ehe wieder geschieden wurde oder eine Annahme als Kind wieder erloschen ist, § 15 Abs. 2 AO.

---

196 *Wassermeyer* in *Flick/Wassermeyer/Baumhoff/Schönfeld,* AStG § 15, Rn. 92.
197 Vgl. hierzu unter Kapitel 2: B) III) 2) a) Probleme bei der Begriffsbestimmung.
198 *Wassermeyer* in *Flick/Wassermeyer/Baumhoff/Schönfeld,* AStG § 15, Rn. 93.
199 *Wassermeyer* in *Flick/Wassermeyer/Baumhoff/Schönfeld,* AStG § 15, Rn. 93.

5) *Abkömmlinge*

§ 15 Abs. 2 AStG rechnet neben den Angehörigen des Stifters auch die Abkömmlinge seiner Angehörigen dem Personenkreis zu, dessen Begünstigung schädlich ist. Der Begriff der Abstammung ist in § 1589 BGB geregelt. Demnach wird unter der Abstammung die Verwandtschaft in gerader Linie angesehen. Es handelt sich somit um eine unmittelbare genetische Verwandtschaft bzw. eine Blutsverwandtschaft.[200]

II) Anforderungen an die Errichtung der Stiftung

Da § 15 AStG auf das Bestehen einer ausländischen Familienstiftung abstellt, ist zu untersuchen, ob die ausländische Stiftung wirksam errichtet wurde.[201] Zunächst muss geklärt werden, welches Recht hierbei maßgeblich ist. Sodann werden beispielhaft für Liechtenstein und Österreich die Errichtungsvoraussetzungen aufgezeigt. Daneben werden zur Abrundung zentrale Aspekte des jeweiligen staatlichen Stiftungswesens wie die Organe der Stiftung sowie die Stiftungsaufsicht gestreift.

1) *Bestimmung der maßgeblichen Zivilrechtsnormen*

Bei rein nationalen Sachverhalten stellt sich grds. nicht die Frage, nach welcher Rechtsordnung ein Sachverhalt zu beurteilen ist.[202] Durch eine wachsende Mobilität nehmen generell Sachverhalte mit Anknüpfungspunkten zu zwei oder mehreren Rechtsordnungen zu.[203] In diesen Fällen kommt der Frage nach dem anzuwendenden Recht Gewicht zu.[204] Innerhalb dieser Arbeit wird der Prämisse gefolgt, dass der Stifter im Inland ansässig ist, während die Familienstiftung im Ausland ansässig sein soll. Welche Norm des Privatrechts im Kollisionsfall angewandt werden soll, bestimmt sich nach dem Internationalen Privatrecht (IPR).[205] Hierbei liefert das IPR keine weiteren anwendbaren Sachnormen, die neben den nationalen materiellen Normen zur Anwendung gelangen, sich also mit der Lösung der Sachfrage beschäftigen.[206] Vielmehr stellt es nur Kollisionsnormen bereit, die auf das anwendbare nationale Recht verweisen.[207] Die zur Anwendung gelangenden Sachnormen ergeben sich daher erst, nachdem im Sinne des IPR bestimmt wurde, welches staatliche

---

200 *Wellenhofer* in MüKo, BGB § 1589, Rn. 1.

201 *Wassermeyer* in *Flick/Wassermeyer/Baumhoff/Schönfeld,* AStG § 15, Rn. 103; BFH, Urt. v. 28.06.2007 – II R 21/05, BFHE 217, 254 für den Fall, dass das Vermögen nicht auf die Stiftung übertragen wurde.

202 *Sturm/Sturm* in *Staudinger,* Einl. zum IPR, Rn. 1.

203 *Sturm/Sturm* in *Staudinger,* Einl. zum IPR, Rn. 1.

204 *Sturm/Sturm* in *Staudinger,* Einl. zum IPR, Rn. 2; *Großfeld* in *Staudinger,* IntGesR, Rn. 1.

205 *Sturm/Sturm* in *Staudinger,* Einl. zum IPR, Rn. 9; *Großfeld* in *Staudinger,* IntGesR, Rn. 7, 17.

206 *Sturm/Sturm* in *Staudinger,* Einl. zum IPR, Rn. 11 ff.

207 *Sturm/Sturm* in *Staudinger,* Einl. zum IPR, Rn. 11.

Recht für anwendbar erklärt wird. In Hinblick auf das Stiftungsrecht wird das nach der Anwendung der Vorschriften des IPR gefundene Recht als das Stiftungsstatut bezeichnet.[208]

Wurde das so ermittelte anwendbare Recht gefunden, muss der Blick auf die Voraussetzungen der in diesem Recht festgelegten Sachnormen gerichtet werden. Hierbei kommt insbesondere den Gründungsvoraussetzungen Bedeutung zu sowie den Rechtsbeziehungen innerhalb der Stiftung als auch nach außen.[209]

Entscheidend für die Bestimmung des Stiftungsstatuts sind die Vorschriften des Sitz- und Gründungsstaates der Stiftung.[210] Probleme ergeben sich hierbei nur, wenn eine Stiftung nach ihrer Gründung ihren Sitz aus dem Gründungsstaat hinaus verlegt.[211] Hierbei ist sodann umstritten, ob weiterhin die Vorschriften des Gründungsstaates fortgelten sollen,[212] oder ob nunmehr die Vorschriften des Sitzstaates maßgeblich werden.[213] Letzteres bereitet insbesondere deshalb Probleme, weil es unwahrscheinlich ist, dass nach einer Sitzverlegung weiterhin die Anerkennungsvoraussetzungen einer eigenständigen und rechtsfähigen Körperschaft gegeben sind.[214] Entsprechend der thematischen Eingrenzung, dass Sitz- und Gründungsstaat der Stiftung übereinstimmen sollen, wird diese Thematik hier nicht weiter verfolgt.[215]

Sind die Gründungsvoraussetzungen einer eigenständigen Körperschaft gegeben, so ist diese Eigenständigkeit auch von anderen Staaten zu beachten.[216] Keine Bedeutung kommt den innerstaatlichen Gründungsvoraussetzungen desjenigen Staates zu, der die Voraussetzungen eines nach IPR anwendbaren ausländischen Stiftungsrechts prüft. Daher kommt den §§ 80 ff. BGB bei der Prüfung, ob die ausländische Familienstiftung wirksam errichtet wurde, keine Bedeutung zu.[217] Eine inländische Genehmigung ist nicht nötig, selbst wenn eine inländische Stiftung gem. § 80 Abs. 1 BGB einer Anerkennung bedarf.[218] Nur ausnahmsweise darf von

208 *Hoffmann* in *Richter/Wachter,* Stiftungsrecht, § 10, Rn. 1.

209 *Hoffmann* in *Richter/Wachter,* Stiftungsrecht, § 10, Rn. 1 ff.

210 *Großfeld* in *Staudinger*, IntGesR, Rn. 17 f., 110; *Arnold*, PSG, Einl. Rn. 31; *Hoffmann* in *Richter/Wachter,* Stiftungsrecht, § 10, Rn. 16 ff.; *Kropholler,* IPR, 568 ff.

211 *Hoffmann* in *Richter/Wachter,* Stiftungsrecht, § 10, Rn. 2; *Kropholler,* IPR, 568 ff.

212 Hierzu *Großfeld* in *Staudinger*, IntGesR, Rn. 26; *Hoffmann* in *Richter/Wachter,* Stiftungsrecht, § 10, Rn. 16 f., 34 ff.; *Kropholler,* IPR, 568 ff.

213 Hierzu *Großfeld* in *Staudinger*, IntGesR, Rn. 31; *Hoffmann* in *Richter/Wachter,* Stiftungsrecht, § 10, Rn. 18 ff.; *Kropholler,* IPR, 568 ff.

214 *Großfeld* in *Staudinger*, IntGesR, Rn. 45; *Hoffmann* in *Richter/Wachter,* Stiftungsrecht, § 10, Rn. 22.

215 Weitergehend *Großfeld* in *Staudinger,* IntGesR, Rn. 38 ff.,130 ff.; *Hoffmann* in *Richter/Wachter,* Stiftungsrecht, § 10, Rn. 34 ff.; *Kropholler,* IPR, 568 ff.

216 *Sturm/Sturm* in *Staudinger,* Einl. zum IPR, Rn. 63 f; *Großfeld* in *Staudinger,* IntGesR, Rn. 167.

217 OLG Düsseldorf, Urt. v. 30.04.2010 – 22 U 126/06, ZEV 2010, 528 (530 f.); OLG Stuttgart, Urt. v. 29.06.2009 – 5 U 40/09, ZEV 2010, 265 (266); *Großfeld* in *Staudinger,* IntGesR, Rn. 110; 171; *Hoffmann* in *Richter/Wachter,* Stiftungsrecht, § 10, Rn. 2.

218 *Großfeld* in *Staudinger*, IntGesR, Rn. 171.

einer einmal begründeten Anerkennung und von einer rechtlichen Selbstständigkeit abgewichen werden, wenn die Voraussetzungen des Stiftungsstatuts erfüllt wurden.[219] Im IPR ist ein Vorbehalt eines „ordre public" anerkannt.[220] Hierzu bestimmt § 6 EGBGB, dass Rechtsnormen eines anderen Staates nicht anzuwenden sind, wenn das Ergebnis ihrer Anwendung mit wesentlichen Grundsätzen des deutschen Rechts offensichtlich unvereinbar ist. Es handelt sich hierbei um eine Generalklausel, deren Anwendung im Einzelfall zu prüfen ist.[221] Hierbei kommt es nicht auf einen Typenvergleich mit einer deutschen Rechtsform an.[222] Die Rechtsprechung wendet die Norm sehr restriktiv an. Wenn bspw. die Steuerhinterziehung der Hauptzweck einer ausländischen Gesellschaft sei, könne dies zur Nichtbeachtung dieser Gesellschaft führen.[223] Lägen noch weitere Gründe für die Errichtung einer ausländischen Gesellschaft (z.B. einer liechtensteinischen Anstalt) vor, so müsse diese Gesellschaft selbst dann berücksichtigt werden, wenn sie (auch) zum Zwecke der Steuerhinterziehung gegründet wurde.[224] Weist das ausländische Gebilde Substanzmängel auf, kann dies zu einer Versagung der Anerkennung führen.[225] Dies kann beispielsweise auch bei einer fehlenden Vermögenstrennung der Fall sein.[226]

Im Folgenden soll der Blick sowohl auf die Gründungsvoraussetzungen als auch auf zentrale innere sowie äußere Stiftungsrechtsbeziehungen der wichtigen Stiftungsländer Liechtenstein und Österreich gerichtet werden.

2) Liechtenstein

Seit der Einführung des Personen- und Gesellschaftsrechts (PGR) vom 20. Januar 1926 verfügt Liechtenstein über ein Stiftungsrecht. Dieses lehnte sich an das schweizerische Stiftungsrecht als Vorbild an.[227] Durch das Gesetz vom 26. Juni 2008 über die Abänderung des Personen- und Gesellschaftsrechts mit Wirkung zum 01.04.2009 wurde das Stiftungsrecht neu gefasst.[228] Zuvor fanden sich die

---

219 *Hoffmann* in *Richter/Wachter,* Stiftungsrecht, § 10, Rn. 2 f.

220 *Voltz* in *Staudinger,* Art. 6 EGBGB, Rn. 16; *Großfeld* in *Staudinger,* IntGesR, Rn. 172; *Hoffmann* in *Richter/Wachter,* Stiftungsrecht, § 10, Rn. 28.

221 *Voltz* in *Staudinger,* Art. 6 EGBGB, Rn. 19; *Großfeld* in *Staudinger,* IntGesR, Rn. 172.

222 *Großfeld* in *Staudinger,* IntGesR, Rn. 195 ff., 198.

223 BGH, Urt. v. 23.03.1979 – V ZR 81/77, WM 1979, 692 (693); OLG Düsseldorf, Urt. v. 30.04.2010 – 22 U 126/06, ZEV 2010, 528 (532); *Großfeld* in *Staudinger,* IntGesR, Rn. 172.

224 BGH, Urt. v. 23.03.1979 – V ZR 81/77, WM 1979, 692 (693); *Großfeld* in *Staudinger,* IntGesR, Rn. 172.

225 *Großfeld* in *Staudinger,* IntGesR, Rn. 173 f., 202.

226 *Großfeld* in *Staudinger,* IntGesR, Rn. 173 f., 202.

227 *Gierhake,* Vermögensnachfolge, 39; *Melzer,* Privatstiftungsrecht Ö und FL, 16.

228 *Hosp* in *Arnold/Ludwig,* Stiftungsrecht Österreich und Liechtenstein, Rn. 17/1; *Lennert* in *Feick,* Stiftung als Nachfolgeinstrument, 440; *Bauer,* Privatstiftungen, 65.

bedeutenden Stiftungsregelungen in den Artt. 552–570 PGR.[229] Nunmehr sind 41 Paragraphen innerhalb des Art. 552 PGR zu finden, die sich mit der Stiftung beschäftigen. Die ehemaligen Artt. 553–570 PGR wurden aufgehoben.

a) Definition

In Art. 552 § 1 Abs. 1 S. 1 PGR findet sich nunmehr eine Legaldefinition der Stiftung.[230] Demnach stellt die Stiftung ein „rechtlich und wirtschaftlich verselbständigtes Zweckvermögen, welches als Verbandsperson (juristische Person) durch die einseitige Willenserklärung des Stifters errichtet wird“, dar. Die Altfassung des PGR verfügte nicht über eine Legaldefinition der Stiftung; eine – der heutigen Fassung ähnliche – Definition ergab sich jedoch aus den Gründungsvoraussetzungen.[231] Für das liechtensteinische Stiftungsrecht ist daher die rechtliche Selbstständigkeit der Stiftung als juristische Person typisch.[232] Daneben gibt es in Liechtenstein auch unselbständige Stiftungen, die aber die Ausnahme bilden.[233]

b) Stiftungszweck

Art. 552 § 2 PGR beschäftigt sich mit den zulässigen Stiftungszwecken. Dabei wird gem. Art. 552 § 2 Abs. 1 PGR zwischen gemein- und privatnützigen Stiftungen differenziert. Während Art. 552 § 2 Abs. 2 PGR sich mit gemeinnützigen Stiftungszwecken befasst, finden sich die für privatnützige Stiftungszwecke maßgeblichen Vorschriften in Art. 552 § 2 Abs. 3, 4 PGR. Insbesondere der Familienzweck wird vom Gesetzgeber als legitimer privatnütziger Zweck genannt.[234] Entsprechend findet sich in Art. 552 § 2 Abs. 4 Nr. 1 PGR eine Definition der reinen Familienstiftung. Eine solche liegt vor, wenn das Stiftungsvermögen ausschließlich zur Bestreitung der Kosten der Erziehung oder Bildung, der Ausstattung oder Unterstützung von Angehörigen einer oder mehrerer Familien oder ähnlichen Familieninteressen eingesetzt wird.[235] Daneben ist in Art. 552 § 2 Abs. 4 Nr. 2 PGR die gemischte Familienstiftung

---

229 *Hosp* in *Arnold/Ludwig,* Stiftungsrecht Österreich und Liechtenstein, Rn. 17/1; *Lennert* in *Feick,* Stiftung als Nachfolgeinstrument, 440.

230 *Gasser,* Liechtensteinisches Stiftungsrecht, Art. 552 § 1 Rn. 2; *Bauer,* Privatstiftungen, 127; *Melzer,* Privatstiftungsrecht Ö und FL, 25.

231 *Gasser,* Liechtensteinisches Stiftungsrecht, Art. 552 § 4 Rn. 1, 3; *Müller/Bösch* in *Richter/Wachter,* Stiftungsrecht, Liechtenstein, Rn. 8; *Melzer,* Privatstiftungsrecht Ö und FL, 25.

232 OLG Düsseldorf, Urt. v. 30.04.2010 – 22 U 126/06, ZEV 2010, 528 (530); *Gasser,* Liechtensteinisches Stiftungsrecht, Art. 552 § 1 Rn. 1 ff.

233 *Gasser,* Liechtensteinisches Stiftungsrecht, Art. 552 § 1 Rn. 27 f.

234 *Lennert* in *Feick,* Stiftung als Nachfolgeinstrument, 441 f.; *Gasser,* Liechtensteinisches Stiftungsrecht, Art. 552 § 2 Rn. 9; *Bauer,* Privatstiftungen, 128; *Melzer,* Privatstiftungsrecht Ö und FL, 30, 35 f.

235 So auch *Hosp* in *Arnold/Ludwig,* Stiftungsrecht Österreich und Liechtenstein, Rn. 17/4.

geregelt. Hier treten neben die Familieninteressen noch weitere private oder gemeinnützige Zwecke.[236] Bereits in Art. 552 Abs. 1 S. 2 PGR a.F. fand sich der Familienzweck als zulässiger Stiftungszweck. Ebenso war in Art. 553 Abs. 2 PGR a.F. eine Legaldefinition der Familienstiftung zu finden. Eine Selbstzweckstiftung ist in Liechtenstein unzulässig.[237] Dies lässt sich nunmehr auch auf den Gesetzeswortlaut von Art. 552 § 1 Abs. 1 S. 2 PGR stützen, wonach der Stiftungszweck nach außen gerichtet sein muss.[238] Unzulässig sind gesetzes- oder sittenwidrige Stiftungen, vgl. Art. 552 § 20 Abs. 1, 4 § 21 Abs. 3 PGR.[239]

Die Beachtung des Stifterwillens ist ein wesentliches Merkmal der liechtensteinischen Stiftung.[240] Das „Erstarrungsprinzip" besagt, dass der Stifterwille so umzusetzen ist, wie er zum Zeitpunkt der Stiftungserrichtung zum Ausdruck gebracht wurde.[241] Dies kann gem. Art. 552 § 16 Abs. 2 Nr. 4 PGR durchbrochen werden, wenn der Stifter als natürliche Person sich in der Stiftungsurkunde Änderungen oder den Widerruf der Stiftung iSd. Art. 552 § 30 Abs. 1 S. 1 PGR vorbehalten hat.[242] Dieses Recht ist gem. Art. 552 § 30 Abs. 1 S. 2 PGR nicht abtret- oder vererbbar.[243] Daher erstarrt der Stifterwille spätestens mit dem Tod des Stifters. Daneben kann auch eine Änderung des Stiftungszwecks unter engen Voraussetzungen durch ein Stiftungsorgan gem. Art. 552 § 31 Abs. 1 PGR möglich sein, wenn dies gem. Art. 552 § 31 Abs. 2 PGR in der Stiftungssatzung vorgesehen ist und dem mutmaßlichen Willen des Stifters entspricht.[244]

---

236 *Melzer,* Privatstiftungsrecht Ö und FL, 30, 36 f.

237 *Lennert* in *Feick,* Stiftung als Nachfolgeinstrument, 441; *Gasser,* Liechtensteinisches Stiftungsrecht, Art. 552 § 1 Rn. 7, § 2 Rn. 24; *Hosp* in *Arnold/Ludwig,* Stiftungsrecht Österreich und Liechtenstein, Rn. 18/11; *Müller/Bösch* in *Richter/Wachter,* Stiftungsrecht, Liechtenstein, Rn. 22; *Bauer,* Privatstiftungen, 128; *Melzer,* Privatstiftungsrecht Ö und FL, 25.

238 *Gasser,* Liechtensteinisches Stiftungsrecht, Art. 552 § 1 Rn. 7, § 2 Rn. 24; *Hosp* in *Arnold/Ludwig,* Stiftungsrecht Österreich und Liechtenstein, Rn. 18/11; *Melzer,* Privatstiftungsrecht Ö und FL, 25.

239 *Hosp* in *Arnold/Ludwig,* Stiftungsrecht Österreich und Liechtenstein, Rn. 18/11.

240 *Gasser,* Liechtensteinisches Stiftungsrecht, Art. 552 § 1 Rn. 9; *Hosp* in *Arnold/Ludwig,* Stiftungsrecht Österreich und Liechtenstein, Rn. 18/11; zu Artt. 552 ff. PGR a.F. *Müller/Bösch* in *Richter/Wachter,* Stiftungsrecht, Liechtenstein, Rn. 8.

241 *Gasser,* Liechtensteinisches Stiftungsrecht, Art. 552 § 1 Rn. 9, § 2 Rn, 4; *Müller/Bösch* in *Richter/Wachter,* Stiftungsrecht, Liechtenstein, Rn. 11; *Bauer,* Privatstiftungen, 127.

242 *Gasser,* Liechtensteinisches Stiftungsrecht, Art. 552 § 30 Rn. 3, 5; zu Art. 559 Abs. 4 PGR a.F. *Müller/Bösch* in *Richter/Wachter,* Stiftungsrecht, Liechtenstein, Rn. 12. Juristischen Personen steht dieses Recht gem. Art. 552 § 30 Abs. 2 PGR nicht zu.

243 *Gasser,* Liechtensteinisches Stiftungsrecht, Art. 552 § 30 Rn. 1.

244 *Gasser,* Liechtensteinisches Stiftungsrecht, Art. 552 § 31 Rn. 9.

c) *Stiftungserrichtung*

Möglich ist gem. Art. 552 § 14 PGR die Stiftungserrichtung unter Lebenden oder gem. Art. 552 § 15 PGR die Stiftungserrichtung von Todes wegen. Bei der Stiftungserrichtung unter Lebenden erfolgt die Stiftungserrichtung durch eine Stiftungserklärung in schriftlicher Form mit zusätzlicher Beglaubigung der Unterschrift des Stifters, vgl. Art. 552 § 14 Abs. 1 S. 1, 2 PGR.[245] Die Stiftungserrichtung unter Lebenden ist ein einseitiges Rechtsgeschäft; die abgegebene Willenserklärung ist nicht empfangsbedürftig.[246] Erfolgt die Stiftungserrichtung durch letztwillige Verfügung oder durch Erbvertrag, so liegt eine Stiftungserrichtung von Todes wegen vor, vgl. Art. 552 § 15 Abs. 1 S. 1, 2 PGR. Hierbei sind die liechtensteinischen Formerfordernisse zu beachten.[247] Wenn die Stiftungserrichtung von Todes wegen erfolgt, gilt die Stiftung für die Zuwendungen des Stifters als vor dessen Tod entstanden, vgl. Art. 552 § 13 Abs. 4 PGR.

Die Rolle des Stifters ist in Art. 552 § 2 PGR geregelt. In der Rechtspraxis ist in Liechtenstein die Stiftungserrichtung durch einen Treuhänder häufig anzutreffen.[248] Gem. Art. 552 § 2 Abs. 3 PGR wird festgehalten, dass der Treugeber und nicht der Treuhänder als Stifter anzusehen ist.

Die Anforderungen an die Stiftungsurkunde sind in Art. 552 § 16 Abs. 1 PGR geregelt. Hierin findet sich ein umfangreicher Katalog mit insgesamt neun Ziffern, die die Stiftungsurkunde zu enthalten hat. Im Falle wesentlicher Mängel der Stiftungsstatuten kommt gem. Art. 125 ff. PGR das Vernichtbarkeitsverfahren[249] in Betracht. In diesem Sinne wesentlich sind gem. Art. 552 § 16 Abs. 3 PGR die Ziffern 1, 3 und 4.[250] Demnach muss die Stiftungsurkunde zumindest eine Erklärung des Stifters enthalten, wonach er eine Stiftung errichten möchte (Art. 552 § 16 Abs. 1 Nr. 1 PGR), sowie die Bereitschaft des Stifters, der Stiftung zumindest das gesetzliche Mindestkapital zu stiften (Art. 552 § 16 Abs. 1 Nr. 3 PGR) und den näher

---

245 *Hosp* in *Arnold/Ludwig*, Stiftungsrecht Österreich und Liechtenstein, Rn. 18/1; *Bauer*, Privatstiftungen, 130; *Melzer*, Privatstiftungsrecht Ö und FL, 43, 44.

246 Art. 552 § 1 Abs.1 PGR; *Gasser*, Liechtensteinisches Stiftungsrecht, Art. 552 § 14 Rn. 4; *Hosp* in *Arnold/Ludwig*, Stiftungsrecht Österreich und Liechtenstein, Rn. 18/4; *Lennert* in *Feick*, Stiftung als Nachfolgeinstrument, 443; zu Artt. 552 ff. PGR a.F. *Müller/Bösch* in *Richter/Wachter*, Stiftungsrecht, Liechtenstein, Rn. 69; *Melzer*, Privatstiftungsrecht Ö und FL, 43.

247 *Gasser*, Liechtensteinisches Stiftungsrecht, Art. 552 § 15 Rn. 3; *Bauer*, Privatstiftungen, 130; *Melzer*, Privatstiftungsrecht Ö und FL, 48 f.

248 *Gasser*, Liechtensteinisches Stiftungsrecht, Art. 552 § 1 Rn. 34; § 14 Rn. 11 ff.; *Hosp* in *Arnold/Ludwig*, Stiftungsrecht Österreich und Liechtenstein, Rn. 18/3; *Lennert* in *Feick*, Stiftung als Nachfolgeinstrument, 443 f.; *Götz* in *Götz/Pach-Hassenheimb*, Stiftung, Rn. 1724 *Bauer*, Privatstiftungen, 132 f.; *Melzer*, Privatstiftungsrecht Ö und FL, 45.

249 Zum Vernichtbarkeitsverfahren *Gasser*, Liechtensteinisches Stiftungsrecht, Art. 552 § 14 Rn. 10.

250 *Gasser*, Liechtensteinisches Stiftungsrecht, Art. 552 § 16 Rn. 13.

konkretisierten Stiftungszweck (Art. 552 § 16 Abs. 1 Nr. 4 PGR). Handelt es sich um eine privatnützige Stiftung, müssen die konkret begünstigten Personen angegeben werden oder die objektiven Kriterien, nach denen diese zu bestimmen sind. Möglich ist jedoch auch ein Verweis auf eine Stiftungszusatzurkunde, innerhalb derer dies geregelt ist. Der Hinweis auf die begünstigten Personen kann unterbleiben, wenn diese aus dem Stiftungszweck ersichtlich sind, insbesondere bei Familienstiftung oder Arbeitnehmerstiftungen eines Unternehmens.[251] Daneben werden von Art. 552 § 16 Abs. 1 PGR folgende Angaben gefordert: Der Namen und der Sitz der Stiftung (Nr. 2), das Datum der Errichtung (Nr. 5), die Dauer der Stiftung, falls diese begrenzt sein sollte (Nr. 6), Regelungen über den Stiftungsrat (Nr. 7), die Vermögensverwendung im Falle der Stiftungsauflösung (Nr. 8) sowie der Name des Stifters oder bei indirekter Stellvertretung der Hinweis hierauf sowie der Name des Stellvertreters (Nr. 9). In Art. 552 § 16 Abs. 2 PGR findet sich ein optionaler Katalog mit acht Ziffern, die auch in der Stiftungsurkunde geregelt werden müssen, falls eine Regelung hierüber getroffen werden soll.[252]

Neben der Stiftungsurkunde kann der Stifter sich zweier weiterer Dokumente bedienen, um stiftungsrechtliche Themen zu regeln. Das Beistatut ist in Art. 552 § 17 PGR, die Reglemente sind in Art. 552 § 18 PGR geregelt. Die Stiftungsurkunde, das Beistatut und die Reglemente sind hierbei hierarchisch gegliedert.[253] Der Inhalt des Beistatuts bezieht sich gem. Art. 552 § 17 S. 2 PGR auf optionale Regelungen, die nicht in der Stiftungssatzung iSd. Art. 552 § 16 PGR getroffen werden müssen.[254] Die Reglemente stellen gem. Art. 552 § 18 S. 1 PGR interne Anordnungen iSd. liechtensteinischen Stiftungsrechts dar, die weitere Ausführungen zur Stiftungsurkunde oder zum Beistatut treffen.[255] Die privatnützige Stiftung unter Lebenden erlangt ihre Rechtspersönlichkeit, wenn die Stiftungsdokumente errichtet wurden; es gibt grds. keinen konstitutiven Eintragungsakt.[256]

d) Mindestvermögen

Als Mindestvermögen sind gem. Art. 552 § 13 Abs. 1 S. 1 PGR 30.000 Schweizer Franken gesetzlich vorgeschrieben. Die Anforderungen an das Mindestkapital sind jedoch auch dann erfüllt, wenn entweder 30.000 Euro oder US-Dollar geleistet

---

251 *Melzer,* Privatstiftungsrecht Ö und FL, 51.

252 *Gasser,* Liechtensteinisches Stiftungsrecht, Art. 552 § 16 Rn. 14.

253 *Gasser,* Liechtensteinisches Stiftungsrecht, Art. 552 § 16 Rn. 7 ff.; *Lennert* in *Feick,* Stiftung als Nachfolgeinstrument, 444; *Gierhake,* Vermögensnachfolge, 40.

254 *Lennert* in *Feick,* Stiftung als Nachfolgeinstrument, 444; *Gierhake,* Vermögensnachfolge, 41.

255 *Lennert* in *Feick,* Stiftung als Nachfolgeinstrument, 445; *Gierhake,* Vermögensnachfolge, 41.

256 Vgl. sogleich unter Kapitel 2: A) II) 2) f) Offenlegungspflichten und Staatsaufsicht; zur Ausnahme Art. 552 § 14 Abs. 4 PGR; *Hosp* in *Arnold/Ludwig,* Stiftungsrecht Österreich und Liechtenstein, Rn. 17/3, 18/8; *Müller/Bösch* in *Richter/Wachter,* Stiftungsrecht, Liechtenstein, Rn. 27; *Melzer,* Privatstiftungsrecht Ö und FL, 44.

werden, vgl. Art. 552 § 13 Abs. 1 S. 1 PGR. Notwendig ist, dass es sich um Vermögen der Stiftung selbst handelt, der Stifter muss daher einen Rechtsträgerwechsel herbeiführen.[257] Eigentümerin des Stiftungsvermögens ist die Stiftung alleine. Auch eine Bezugs- oder Anfallsberechtigung führt zu keinem Eigentumsverlust der Stiftung am Stiftungsvermögen.[258] Eine Kapitalerhaltung wird gesetzlich nicht gefordert.[259]

e) Organe

Eine Stiftung kann nur über ihre Organe handeln, vgl. Art. 110 Abs. 1 PGR.[260] In Art. 552 PGR wird der Stiftungsrat als Organ der Stiftung mehrfach genannt. Seine eigentliche Regelung hat der Stiftungsrat in Art. 552 § 24 PGR erfahren. Gem. Art. 552 § 24 Abs. 1 PGR ist der Stiftungsrat sowohl für die Geschäftsführung als auch für die Vertretung der Stiftung zuständig.[261] Als Mitglieder kommen nach Art. 111 Abs. 1 PGR sowohl natürliche Personen als auch nach Art. 552 § 24 Abs. 2 S. 2 PGR juristische Personen in Betracht. Der Stiftungsrat muss gem. Art. 552 § 24 Abs. 2 S. 1 PGR aus mindestens zwei Mitgliedern bestehen.[262] Zumindest ein Mitglied muss die gem. Art. 180a PGR notwendige persönliche Eignungsvoraussetzung (Treuhänder iSd. Art. 180a Abs. 1 PGR oder gleichgestellte Person iSd. Art. 180a Abs. 2 PGR) erfüllen.[263]

Neben dem Stiftungsrat als Organ der Stiftung werden in Art. 552 PGR außerdem das Kontrollorgan iSd. Art. 552 § 11 PGR, die Revisionsstelle iSd. Art. 552 § 27 PGR sowie weitere unbenannte Organe in Art. 552 § 28 PGR angesprochen. Eine Pflicht zur Schaffung einer Revisionsstelle besteht gem. Art. 552 § 27 Abs. 1 S. 1 PGR für Stiftungen, die gem. Art. 552 § 29 PGR der Staatsaufsicht unterliegen. Für Familienstiftungen besteht daher grds. keine Pflicht, eine Revisionsstelle einzurichten.[264] In

---

257 *Gasser,* Liechtensteinisches Stiftungsrecht, Art. 552 § 13 Rn. 1; *Götz* in *Götz/Pach-Hassenheimb,* Stiftung, Rn. 1721; *Müller/Bösch* in *Richter/Wachter,* Stiftungsrecht, Liechtenstein, Rn. 13.

258 *Gasser,* Liechtensteinisches Stiftungsrecht, Art. 552 § 13 Rn. 1.

259 *Melzer,* Privatstiftungsrecht Ö und FL, 38.

260 *Gasser,* Liechtensteinisches Stiftungsrecht, Art. 552 § 24 Rn. 1; *Bauer,* Privatstiftungen, 129.

261 *Gasser,* Liechtensteinisches Stiftungsrecht, Art. 552 § 24 Rn. 1; *Lennert* in *Feick,* Stiftung als Nachfolgeinstrument, 450; *Götz* in *Götz/Pach-Hassenheimb,* Stiftung, Rn. 1729; *Bauer,* Privatstiftungen, 129; *Melzer,* Privatstiftungsrecht Ö und FL, 117.

262 *Gasser,* Liechtensteinisches Stiftungsrecht, Art. 552 § 24 Rn. 11; *Hosp* in *Arnold/Ludwig,* Stiftungsrecht Österreich und Liechtenstein, Rn. 20/3; *Lennert* in *Feick,* Stiftung als Nachfolgeinstrument, 450; *Bauer,* Privatstiftungen, 129; *Melzer,* Privatstiftungsrecht Ö und FL, 117.

263 *Gasser,* Liechtensteinisches Stiftungsrecht, Art. 552 § 24 Rn. 7; *Hosp* in *Arnold/Ludwig,* Stiftungsrecht Österreich und Liechtenstein, Rn. 18/8; *Götz* in *Götz/Pach-Hassenheimb,* Stiftung, Rn. 1729.

264 *Hosp* in *Arnold/Ludwig,* Stiftungsrecht Österreich und Liechtenstein, Rn. 20/4; zur Freistellung der Familienstiftung von der Staatsaufsicht sogleich unter Kapitel 2: A) II) 2) f) Offenlegungspflichten und Staatsaufsicht.

Bezug auf die weiteren unbenannten Organe iSd. Art. 552 § 28 PGR ist zu beachten, dass diesen gem. Art. 552 § 28 Abs. 1 S. 2 PGR keine Vertretungsbefugnis zukommt. Der Stiftungsrat besitzt daher ein Monopol für die Vertretung der Stiftung.[265] Bei Familienstiftungen wird häufig als weiteres Organ ein Familienbeirat errichtet.[266]

f) Offenlegungspflichten und Staatsaufsicht

In Liechtenstein ist zur Erlangung der eigenen Rechtsfähigkeit gem. Art. 552 § 14 Abs. 4 PGR teilweise die Eintragung ins Öffentlichkeitsregister als Stiftungsregister erforderlich.[267] Dies gilt jedoch im Regelfall nicht für reine oder gemischte Familienstiftungen, vgl. Art. 552 § 14 Abs. 5 S. 2 PGR.[268] Falls gewünscht, ist für nicht eintragungspflichtige Stiftungen die Option zur Eintragung gem. Art. 552 § 14 Abs. 5 S. 1 PGR möglich.[269] Die Eintragung muss dem Umfang des Art. 552 § 19 Abs. 3 PGR genügen. Unterliegt die Stiftung nicht der Eintragung in das Öffentlichkeitsregister, so bedarf es gem. Art. 552 § 20 Abs. 1 PGR dennoch einer Hinterlegung der Gründungsanzeige, die dem Umfang des Art. 552 § 20 Abs. 2 PGR genügen muss.[270] Die Hinterlegung ist dabei keine Voraussetzung zur Erlangung der rechtlichen Selbständigkeit.[271] Die Gründungsanzeige muss weder die Stiftungsurkunde selbst noch eine Stiftungszusatzurkunde enthalten.[272] Gem. Art. 552 § 29 Abs. 1 PGR unterbleibt bei Familienstiftungen grds. die Staatsaufsicht. Stattdessen findet eine interne Aufsicht statt.[273] Diese kann entsprechend den Vorstellungen des Stifters recht unterschiedlich ausgestaltet sein. Grds. kommt den Begünstigten iSd. Art. 552 § 9 PGR eine

---

265 *Gasser,* Liechtensteinisches Stiftungsrecht, Art. 552 § 28 Rn. 2; *Hosp* in *Arnold/Ludwig,* Stiftungsrecht Österreich und Liechtenstein, Rn. 20/13.

266 *Gasser,* Liechtensteinisches Stiftungsrecht, Art. 552 § 28 Rn. 6; *Althuber/Kirchmayer/Toifl* in *Richter/Wachter,* Stiftungsrecht, Österreich, Rn. 58; *Melzer,* Privatstiftungsrecht Ö und FL, 140.

267 *Gasser,* Liechtensteinisches Stiftungsrecht, Art. 552 § 14 Rn. 7; *Hosp* in *Arnold/Ludwig,* Stiftungsrecht Österreich und Liechtenstein, Rn. 18/9; zu Art. 557 Abs. 1 PGR a.F. *Lampert/Taisch* in *Hopt/Reuter,* Stiftungsrecht in Europa, 525.

268 *Gasser,* Liechtensteinisches Stiftungsrecht, Art. 552 § 14 Rn. 4 ff.; *Hosp* in *Arnold/Ludwig,* Stiftungsrecht Österreich und Liechtenstein, Rn. 18/8; *Bauer,* Privatstiftungen, 131; *Gierhake,* Vermögensnachfolge, 43; zu Art. 557 Abs. 2 PGR a.F. *Lampert/Taisch* in *Hopt/Reuter,* Stiftungsrecht in Europa, 525.

269 *Gasser,* Liechtensteinisches Stiftungsrecht, Art. 552 § 14 Rn. 7.

270 *Gasser,* Liechtensteinisches Stiftungsrecht, Art. 552 § 14 Rn. 5, 9; *Lennert* in *Feick,* Stiftung als Nachfolgeinstrument, 445; *Bauer,* Privatstiftungen, 131; *Gierhake,* Vermögensnachfolge, 43; *Melzer,* Privatstiftungsrecht Ö und FL, 59.

271 *Gasser,* Liechtensteinisches Stiftungsrecht, Art. 552 § 14 Rn. 6; *Hosp* in *Arnold/Ludwig,* Stiftungsrecht Österreich und Liechtenstein, Rn. 18/8.

272 *Gasser,* Liechtensteinisches Stiftungsrecht, Art. 552 § 16 Rn. 3; *Hosp* in *Arnold/Ludwig,* Stiftungsrecht Österreich und Liechtenstein, Rn. 18/8; *Melzer,* Privatstiftungsrecht Ö und FL, 56.

273 Vgl. hierzu unter Kapitel 2: A) II) 2) e) Organe; *Bauer,* Privatstiftungen, 131 f.

entscheidende Kontrollfunktion zu.[274] Gem. Art. 552 § 9 Abs. 5 PGR können die Kontrollrechte der Begünstigten aber auch eingeschränkt oder ganz ausgeschlossen werden.[275] Daneben kann der Stifter ein eigenes Kontrollorgan gem. Art. 552 § 11 PGR einrichten.[276] Letztlich kann der Stifter auch gem. Art. 552 § 20 Abs. 2 Nr. 10 PGR in der Stiftungsurkunde die Stiftungsaufsicht anordnen.[277]

3) Österreich

In Österreich unterscheiden sich die zu beachtenden Vorschriften danach, ob eine gemeinnützige oder eine privatnützige Stiftung gegründet wird.[278] Neben der älteren Bundesstiftung für gemeinnützige Zwecke wurde 1993 das Rechtsinstitut der Privatstiftung eingeführt, welches privatnützig sein kann.[279] Mit dem Privatstiftungsgesetz (PSG) wurde ein eigenes Gesetz für Privatstiftungen geschaffen. Vorlage hierfür war das liechtensteinische Stiftungsrecht vor seiner Reformierung.[280] Auf Grund der thematischen Ausrichtung der Arbeit werden im Folgenden nur die Merkmale dieses Rechtsinstituts näher beleuchtet.

a) Definition

Gem. der in § 1 Abs. 1 PSG enthaltenen Legaldefinition ist die Privatstiftung mit eigener Rechtspersönlichkeit ausgestattet und dient durch die Nutzung, Verwaltung und Verwertung des vom Stifter gewidmeten Vermögens der Verfolgung eines erlaubten, vom Stifter vorgegebenen Zweckes.[281] Der Sitz der Privatstiftung muss in Österreich liegen.[282] Von § 1 Abs. 2 PSG wird untersagt, dass eine Privatstiftung eine über eine bloße Nebentätigkeit hinausgehende gewerbsmäßige Tätigkeit ausübt (Nr. 1), die Geschäftsführung einer Handelsgesellschaft übernimmt (Nr. 2) oder unbeschränkt haftender Gesellschafter einer eingetragenen Personengesellschaft

274 *Melzer*, Privatstiftungsrecht Ö und FL, 166.
275 *Melzer*, Privatstiftungsrecht Ö und FL, 166.
276 *Melzer*, Privatstiftungsrecht Ö und FL, 167.
277 *Melzer*, Privatstiftungsrecht Ö und FL, 172.
278 *Doralt/Kalss* in *Hopt/Reuter*, Stiftungsrecht in Europa, 419.
279 *Arnold*, PSG, § 1 Rn. 1a; *Arnold* in *Arnold/Ludwig*, Stiftungsrecht Österreich und Liechtenstein, Rn. 1/4; *Steegmüller* in *Feick*, Stiftung als Nachfolgeinstrument, 423; *Doralt/Kalss* in *Hopt/Reuter*, Stiftungsrecht in Europa, 419; *Althuber/Kirchmayer/Toifl* in *Richter/Wachter*, Stiftungsrecht, Österreich, Rn. 3; *Melzer*, Privatstiftungsrecht Ö und FL, 22.
280 *Gierhake*, Vermögensnachfolge, 32.
281 *Jakob* in *v. Campenhausen/Richter*, § 44, Rn. 69; *Steegmüller* in *Feick*, Stiftung als Nachfolgeinstrument, 423; *Doralt/Kalss* in *Hopt/Reuter*, Stiftungsrecht in Europa, 426; *Bauer*, Privatstiftungen, 106.
282 *Steegmüller* in *Feick*, Stiftung als Nachfolgeinstrument, 423; *Althuber/Kirchmayer/Toifl* in *Richter/Wachter*, Stiftungsrecht, Österreich, Rn. 78 f.

ist (Nr. 3). Die Verselbständigung der Stiftung ohne mitgliedschaftliche Verfassung ist ein entscheidendes Wesensmerkmal der Privatstiftung.[283]

b) Stiftungszweck

Im PSG ist keine Begrenzung des Stiftungszwecks enthalten. Lediglich in § 1 Abs. 2 PSG finden sich für Privatstiftungen unzulässige Tätigkeiten.[284] Beispiele für zulässige Stiftungszwecke sind nicht zu finden. Somit steht es dem Stifter frei, jeden beliebigen Stiftungszweck zu formulieren, soweit dieser nicht verboten oder sittenwidrig ist.[285] Allerdings wird eine reine Selbstzweckstiftung als nicht gesetzeskonform angesehen.[286]

c) Stiftungserrichtung und Entstehung

In Österreich ist sowohl die Stiftungserrichtung von Todes wegen als auch die Errichtung unter Lebenden möglich. Bei letzterer erfolgt gem. § 7 Abs. 1 S. 1 Hs. 1 PSG die Stiftungserrichtung durch Stiftungserklärung.[287] Diese ist ein einseitiges, nicht empfangsbedürftiges Rechtsgeschäft.[288] Hierbei muss gem. § 10 PSG iVm. § 39 Abs. 1 PSG die formal notwendige Beurkundung beachtet werden.[289] Die Privatstiftung entsteht gem. § 7 Abs. 1 S. 1 Hs. 2 PSG mit Eintragung ins Firmenbuch.[290] Bei der Errichtung der Privatstiftung von Todes wegen liegt eine letztwillige Stiftungserklärung iSd. § 8 Abs. 1 PSG vor. Diese muss gem. § 39 Abs. 1 PSG zusätzlich die

---

283 *Arnold,* PSG, § 1 Rn. 8 ff.; *Arnold* in *Arnold/Ludwig,* Stiftungsrecht Österreich und Liechtenstein, Rn. 1/11; *Gierhake,* Vermögensnachfolge, 32 f.

284 *Arnold,* PSG, § 1 Rn. 15a ff.; *Steegmüller* in *Feick,* Stiftung als Nachfolgeinstrument, 424; *Althuber/Kirchmayer/Toifl* in *Richter/Wachter,* Stiftungsrecht, Österreich, Rn. 26; *Bauer,* Privatstiftungen, 107; *Melzer,* Privatstiftungsrecht Ö und FL, 31.

285 *Arnold,* PSG, § 1 Rn. 11; *Bauer,* Privatstiftungen, 107; *Althuber/Kirchmayer/Toifl* in *Richter/Wachter,* Stiftungsrecht, Österreich, Rn. 27; *Gierhake,* Vermögensnachfolge, 34; *Melzer,* Privatstiftungsrecht Ö und FL, 30.

286 *Arnold,* PSG, § 1 Rn. 13 ff.; *Steegmüller* in *Feick,* Stiftung als Nachfolgeinstrument, 432; *Bauer,* Privatstiftungen, 107; dies entspricht der h.M.; *Melzer,* Privatstiftungsrecht Ö und FL, 25.

287 *Arnold* in *Arnold/Ludwig,* Stiftungsrecht Österreich und Liechtenstein, Rn. 2/1.

288 *Arnold,* PSG, § 7 Rn. 3; *Arnold* in *Arnold/Ludwig,* Stiftungsrecht Österreich und Liechtenstein, Rn. 2/6; *Steegmüller* in *Feick,* Stiftung als Nachfolgeinstrument, 425; *Althuber/Kirchmayer/Toifl* in *Richter/Wachter,* Stiftungsrecht, Österreich, Rn. 19; *Melzer,* Privatstiftungsrecht Ö und FL, 43.

289 *Arnold,* PSG, § 7 Rn. 19a; *Arnold* in *Arnold/Ludwig,* Stiftungsrecht Österreich und Liechtenstein, Rn. 2/4.

290 *Arnold,* PSG, § 7 Rn. 17; *Althuber/Kirchmayer/Toifl* in *Richter/Wachter,* Stiftungsrecht, Österreich, Rn. 10, 20.

Formvorschriften der letztwilligen Anordnung beachten.[291] Eine staatliche Genehmigung ist für die Errichtung nicht erforderlich.[292]

Der notwendige Inhalt der Stiftungserklärung wird unter § 9 Abs. 1 PSG näher angegeben.[293] Werden die Mindestanforderungen nicht erfüllt, so besteht ein Eintragungshindernis, welches ggf. gem. § 33 PSG behoben werden kann.[294] § 9 Abs. 2 PSG enthält einen Katalog optional in die Stiftungserklärung aufzunehmender Angaben.[295] Wie sich aus § 9 Abs. 2 Nr. 7 PSG ergibt, kann neben der Stiftungserklärung auch eine Stiftungszusatzurkunde angefertigt werden.[296]

Änderungen der Stiftungserklärung sind nach dem Entstehen der Privatstiftung gem. § 33 Abs. 2 PSG grds. nur zulässig, wenn der Stifter sich Änderungen in der Stiftungserklärung gem. § 9 Abs. 2 Nr. 6 PSG vorbehalten hat. Ansonsten sind Änderungen gem. § 33 Abs. 2 S. 1 Hs. 2, 2 PSG nur eingeschränkt möglich.

Gem. § 9 Abs. 1 Nr. 4 PSG iVm. § 2 PSG muss der Stifter der Stiftung einen Namen geben, der den Zusatz „Privatstiftung" enthalten muss, vgl. § 2 Hs. 2 PSG.[297]

d) *Mindestvermögen*

Für eine Privatstiftung ist ein Mindestvermögen gem. § 4 PSG iHv. 70.000 € vorgeschrieben. Das Stiftungsvermögen ist bereits in der Definition der Privatstiftung vorhanden.[298] Die Stiftung verkörpert ein selbständiges Zweckvermögen; das Vermögen ist somit auf die Erfüllung des Stiftungszwecks gerichtet.[299] Das Mindestvermögen muss der Stifter der Stiftung vor der Anmeldung zur Eintragung in das Firmenbuch übertragen.[300] Diesbezüglich bestimmt § 12 Abs. 2 Nr. 3 PSG, dass „hinsichtlich des gewidmeten Geldbetrages die Bestätigung eines Kreditinstitutes mit Sitz im Inland

---

291 *Arnold,* PSG, § 8 Rn. 2; *Althuber/Kirchmayer/Toifl* in *Richter/Wachter,* Stiftungsrecht, Österreich, Rn. 21; *Arnold* in *Arnold/Ludwig,* Stiftungsrecht Österreich und Liechtenstein, Rn. 2/4; *Melzer,* Privatstiftungsrecht Ö und FL, 48.

292 *Arnold,* PSG, § 7 Rn. 4; *Steegmüller* in *Feick,* Stiftung als Nachfolgeinstrument, 424; *Melzer,* Privatstiftungsrecht Ö und FL, 43, 159; nur die Entstehung ist an die Eintragung ins Firmenbuch geknüpft, vgl. § 7 Abs. 1 S. 1 Hs. 2 PSG.

293 *Arnold* in *Arnold/Ludwig,* Stiftungsrecht Österreich und Liechtenstein, Rn. 2/3, 2/10; *Steegmüller* in *Feick,* Stiftung als Nachfolgeinstrument, 425; *Althuber/Kirchmayer/Toifl* in *Richter/Wachter,* Stiftungsrecht, Österreich, Rn. 813.

294 *Arnold,* PSG, § 8 Rn. 3.

295 *Arnold* in *Arnold/Ludwig,* Stiftungsrecht Österreich und Liechtenstein, Rn. 2/11 f.; *Althuber/Kirchmayer/Toifl* in *Richter/Wachter,* Stiftungsrecht, Österreich, Rn. 84.

296 Vgl. hierzu auch unter Kapitel 2: A) II) 3) f) Offenlegungspflichten und Staatsaufsicht.

297 *Arnold,* PSG, § 2 Rn. 1, 3; *Althuber/Kirchmayer/Toifl* in *Richter/Wachter,* Stiftungsrecht, Österreich, Rn. 80 ff.

298 Vgl. unter Kapitel 2: A) II) 3) a) Definition.

299 *Arnold,* PSG, § 4 Rn. 3.

300 *Arnold,* PSG, § 4 Rn. 16; *Althuber/Kirchmayer/Toifl* in *Richter/Wachter,* Stiftungsrecht, Österreich, Rn. 72.

oder der Österreichischen Postsparkasse vorgelegt werden muss, daß der Geldbetrag auf ein Konto der Privatstiftung oder des Stiftungsvorstands eingezahlt ist und zu dessen freien Verfügung steht".

Im PSG wurde keine Regelung darüber aufgenommen, welcher Art das Vermögen sein muss und ob und ggf. wie es zu erhalten sei.[301] In einem Umkehrschluss aus § 11 Abs. 1 PSG ergibt sich, dass neben einem Barvermögen auch ein Sachvermögen als Mindestvermögen dienen kann.[302] Falls die Übertragung des Stiftungsvermögens nicht in Geld inländischer Währung erfolgt, sieht § 11 Abs. 1 PSG jedoch eine Gründungsprüfung vor. Daraus folgt, dass das Stiftungsvermögen auch in ausländischer Währung aufgebracht werden kann.[303]

e) Organe

Zwingende Organe der Privatstiftung sind gem. § 14 Abs. 1 PSG der Stiftungsvorstand sowie der Stiftungsprüfer.[304] Unter bestimmten Voraussetzungen des § 22 Abs. 1 PSG muss auch ein Aufsichtsrat bestellt werden.[305] Falls der Stifter weitere Stiftungsorgane – typischerweise einen Beirat – mit der Wahrung des Stiftungszweckes betrauen möchte, steht ihm dieses Recht gem. § 14 Abs. 2 PSG zu.[306] Stifter der Privatstiftungen nutzen dieses Recht in 75 % aller Stiftungserrichtungen.[307]

Der erste Stiftungsvorstand wird gem. § 15 Abs. 4 PSG vom Stifter bestellt.[308] Der Stiftungsvorstand muss gem. § 15 Abs. 1 Hs. 1 PSG aus mindestens drei Mitgliedern bestehen, von denen zwei ihren gewöhnlichen Aufenthalt innerhalb der EU oder des EWR haben müssen.[309] Die Mindestzahl der Mitglieder des Stiftungsvorstands soll die gegenseitige Kontrolle fördern.[310] Eine Höchstzahl an Mitgliedern hat der

---

301 *Arnold,* PSG, § 4 Rn. 4, 8; *Althuber/Kirchmayer/Toifl* in *Richter/Wachter,* Stiftungsrecht, Österreich, Rn. 100; *Melzer,* Privatstiftungsrecht Ö und FL, 38.

302 *Arnold* in *Arnold/Ludwig,* Stiftungsrecht Österreich und Liechtenstein, Rn. 2/15.

303 *Arnold,* PSG, § 4 Rn. 8.

304 *Arnold* in *Arnold/Ludwig,* Stiftungsrecht Österreich und Liechtenstein, Rn. 6/1; *Steegmüller* in *Feick,* Stiftung als Nachfolgeinstrument, 425; *Bauer,* Privatstiftungen, 112.

305 *Arnold* in *Arnold/Ludwig,* Stiftungsrecht Österreich und Liechtenstein, Rn. 6/1; *Steegmüller* in *Feick,* Stiftung als Nachfolgeinstrument, 425, 433; *Bauer,* Privatstiftungen, 112.

306 *Arnold* in *Arnold/Ludwig,* Stiftungsrecht Österreich und Liechtenstein, Rn. 10/1; *Bauer,* Privatstiftungen, 117; *Melzer,* Privatstiftungsrecht Ö und FL, 140.

307 *Arnold* in *Arnold/Ludwig,* Stiftungsrecht Österreich und Liechtenstein, Rn. 10/1.

308 *Arnold* in *Arnold/Ludwig,* Stiftungsrecht Österreich und Liechtenstein, Rn. 7/9; *Althuber/Kirchmayer/Toifl* in *Richter/Wachter,* Stiftungsrecht, Österreich, Rn. 31; *Melzer,* Privatstiftungsrecht Ö und FL, 123.

309 *Melzer,* Privatstiftungsrecht Ö und FL, 118.

310 *Melzer,* Privatstiftungsrecht Ö und FL, 161.

Gesetzgeber nicht vorgegeben.[311] Gem. § 17 Abs. 1 PSG überprüft der Vorstand die Einhaltung des Stiftungszwecks, er vertritt die Privatstiftung und verwaltet sie.[312] Insbesondere führt er deren Bücher iSd. § 18 PSG.[313] Dem Wortlaut des Gesetzes ist keine Anforderung an explizites Fachwissen der Stiftungsvorstandsmitglieder für die Aufgabenerledigung zu entnehmen.[314] Um Interessenkonflikte zu vermeiden, sind Stiftungsbegünstigte sowie diesen nahe stehende Personen gem. § 15 Abs. 2 ff. PSG als Mitglied im Stiftungsvorstand ausgeschlossen.[315] Die Unvereinbarkeitsbestimmungen dienen auch der internen Prüfung.[316] Dies führt bei der Errichtung von Familienstiftungen dazu, dass der Stifter selbst nicht als Mitglied des Vorstands fungieren kann.[317]

Der Stiftungsprüfer prüft gem. § 21 Abs. 1 PSG die Buchführung, den Jahresabschluss und den Lagebericht der Privatstiftung.[318] Auch hier ist zur Vermeidung von Interessenkonflikten gem. § 20 Abs. 3 PSG vorgesehen, dass Personen aus dem Umfeld der Privatstiftung sowie Begünstigte als Stiftungsprüfer disqualifiziert sind.[319] Um den nötigen Sachverstand sicherzustellen, müssen die Stiftungsprüfer gem. § 20 Abs. 2 PSG besonderen Berufsgruppen entstammen.[320]

Unter zwei Bedingungen ist die Bestellung eines Aufsichtsrats notwendig: Zum einen wird ein Aufsichtsrat erforderlich, wenn gem. § 22 Abs. 1 Nr. 1 PSG die Privatstiftung selbst mehr als 300 Arbeitnehmer hat, zum anderen, wenn gem. § 22 Abs. 1 Nr. 2 PSG die Privatstiftung inländische Kapitalgesellschaften oder inländische

311 *Arnold* in *Arnold/Ludwig*, Stiftungsrecht Österreich und Liechtenstein, Rn. 7/1; *Melzer*, Privatstiftungsrecht Ö und FL, 118.

312 *Arnold* in *Arnold/Ludwig*, Stiftungsrecht Österreich und Liechtenstein, Rn. 7/34, 7/38, 7/67; *Althuber/Kirchmayer/Toifl* in *Richter/Wachter*, Stiftungsrecht, Österreich, Rn. 44 ff.; *Bauer*, Privatstiftungen, 113; *Melzer*, Privatstiftungsrecht Ö und FL, 129.

313 *Ludwig* in *Arnold/Ludwig*, Stiftungsrecht Österreich und Liechtenstein, Rn. 11/1 ff.

314 *Arnold* in *Arnold/Ludwig*, Stiftungsrecht Österreich und Liechtenstein, Rn. 7/3; zur abweichenden Situation in Liechtenstein unter Kapitel 2: A) II) 2) e) Organe.

315 *Arnold* in *Arnold/Ludwig*, Stiftungsrecht Österreich und Liechtenstein, Rn. 7/3 ff.; *Althuber/Kirchmayer/Toifl* in *Richter/Wachter*, Stiftungsrecht, Österreich, Rn. 40 f.; *Bauer*, Privatstiftungen, 113 ff.

316 *Melzer*, Privatstiftungsrecht Ö und FL, 118, 161.

317 *Steegmüller* in *Feick*, Stiftung als Nachfolgeinstrument, 425; *Bauer*, Privatstiftungen, 114.

318 *Steegmüller* in *Feick*, Stiftung als Nachfolgeinstrument, 425; *Bauer*, Privatstiftungen, 113; *Melzer*, Privatstiftungsrecht Ö und FL, 148 f.

319 Weiterführend *Arnold*, PSG, § 20 Rn. 5 ff.; *Althuber/Kirchmayer/Toifl* in *Richter/Wachter*, Stiftungsrecht, Österreich, Rn. 54; *Melzer*, Privatstiftungsrecht Ö und FL, 148.

320 *Arnold*, PSG, § 20 Rn. 3; *Arnold* in *Arnold/Ludwig*, Stiftungsrecht Österreich und Liechtenstein, Rn. 8/2; *Althuber/Kirchmayer/Toifl* in *Richter/Wachter*, Stiftungsrecht, Österreich, Rn. 53; *Melzer*, Privatstiftungsrecht Ö und FL, 148.

Genossenschaften einheitlich iSd. § 15 Abs. 1 öAktG leitet[321] oder diese auf Grund einer unmittelbaren Beteiligung von mehr als 50 Prozent beherrscht und jeweils mehr als 300 Arbeitnehmer vorhanden sind und die Privatstiftung nicht nur vermögensverwaltend tätig wird. Gem. § 25 Abs. 1 PSG übernimmt der Aufsichtsrat eine Überwachungsfunktion.[322] Zudem ist er im Verhältnis zu den Vorstandsmitgliedern gem. § 25 Abs. 3 PSG das entscheidende Vertretungsorgan.[323] Zur Vermeidung von Interessenskonflikten sind gem. § 23 Abs. 2 PSG bestimmte Personengruppen als Mitglied des Aufsichtsrats disqualifiziert.[324] Die praktische Relevanz für einen Aufsichtsrat bei Privatstiftungen ist äußert gering.[325]

f) Offenlegungspflichten und Staatsaufsicht

Für Privatstiftungen ist in Österreich – im Gegensatz zur gemeinnützigen Bundesstiftung –[326] keine Staatsaufsicht im herkömmlichen Sinne vorgesehen. Stattdessen findet eine Kombination von interner Prüfung der Stiftung und einer eingeschränkten staatlichen Kontrolle statt.[327] Hauptsächlich erfolgt die Kontrolle stiftungsintern durch die Stiftungsorgane.[328] Die Überprüfung der Stiftung durch die Stiftungsbegünstigten ist hingegen schwach ausgeprägt.[329] Eine gewisse staatliche Kontrollfunktion und Regulierungsfunktion wird im PSG mehrfach „dem Gericht" zugesprochenen.[330] Hierbei handelt es sich gem. § 40 PSG um den in Handelssachen berufenen Gerichtshof erster Instanz, in dessen örtliche Zuständigkeit der Stiftungssitz der Privatstiftung fällt.

Den Stiftungsvorstand trifft die Pflicht, die Privatstiftung zur Eintragung in das Firmenbuch mit dem Inhalt des § 12 Abs. 2 Nr. 1–4 PSG anzumelden. Das Firmenbuch enthält neben den allgemeinen Angaben des § 13 Abs. 1 PSG iVm. § 3 FBG gem. § 13 Abs. 2 PSG die Eintragung eines verkürzten Stiftungszwecks (Nr. 1), das Datum

---

321 Dies steht nicht im Widerspruch zu dem unter Kapitel 2: A) II) 3) a) Definition angesprochenen § 1 Abs. 2 Nr. 2 PSG, da die Leitung iSd. § 22 PSG tatsächlich zu verstehen ist; *Arnold*, PSG, § 22 Rn. 12.

322 *Arnold* in *Arnold/Ludwig*, Stiftungsrecht Österreich und Liechtenstein, Rn. 9/14; *Althuber/Kirchmayer/Toifl* in *Richter/Wachter*, Stiftungsrecht, Österreich, Rn. 52; *Melzer*, Privatstiftungsrecht Ö und FL, 147.

323 *Arnold* in *Arnold/Ludwig*, Stiftungsrecht Österreich und Liechtenstein, Rn. 9/16.

324 *Arnold* in *Arnold/Ludwig*, Stiftungsrecht Österreich und Liechtenstein, Rn. 9/11; *Althuber/Kirchmayer/Toifl* in *Richter/Wachter*, Stiftungsrecht, Österreich, Rn. 49.

325 *Arnold*, PSG, Einl. Rn. 7, § 22 Rn. 1; *Arnold* in *Arnold/Ludwig*, Stiftungsrecht Österreich und Liechtenstein, Rn. 9/2; *Melzer*, Privatstiftungsrecht Ö und FL, 147.

326 Vgl. hierzu unter § 13 Abs. 1 Bundes-Stiftungs- und Fondsgesetz Österreich, BGBl. Nr. 11/1975 Österreich.

327 Vgl. hierzu unter Kapitel 2: A) II) 3) e) Organe; *Bauer*, Privatstiftungen, 120 f.

328 Vgl. hierzu unter Kapitel 2: A) II) 3) e) Organe; *Bauer*, Privatstiftungen, 120 f; *Melzer*, Privatstiftungsrecht Ö und FL, 159.

329 *Melzer*, Privatstiftungsrecht Ö und FL, 161, 163 f.

330 *Althuber/Kirchmayer/Toifl* in *Richter/Wachter*, Stiftungsrecht, Österreich, Rn. 86.

der Stiftungsurkunde und jede Änderung dieser Urkunde (Nr. 2), gegebenenfalls das Datum einer Stiftungszusatzurkunde sowie das Datum einer Änderung (Nr. 3) sowie gegebenenfalls Name und Geburtsdatum des Vorsitzenden, seiner Stellvertreter und der übrigen Mitglieder des Aufsichtsrats (Nr. 4).

Wenn von der Möglichkeit des § 9 Abs. 2 Nr. 7 PSG Gebrauch gemacht und eine Stiftungszusatzurkunde angefertigt wird, so sind die hierin enthaltenen Angaben Dritten nicht offenzulegen.[331] Bei der Anmeldung zum Firmenbuch ist gem. § 12 Abs. 2 Nr. 1 PSG nur eine beglaubigte Abschrift der Stiftungsurkunde einzureichen und nicht eine Abschrift der Stiftungszusatzurkunde.[332] Die Privatstiftungen sind jedoch gem. § 13 Abs. 6 öKStG 1988 verpflichtet, die Finanzbehörden sowohl über den Inhalt der Stiftungsurkunde als auch über den Inhalt der Stiftungszusatzurkunde in Kenntnis zu setzen.[333]

g) Besonderheiten Familienstiftung

Für Familienstiftungen ist § 35 Abs. 2 Nr. 3 PSG zu beachten. Besteht der überwiegende Zweck in der Versorgung von natürlichen Personen, so hat der Stiftungsvorstand grds. nach 100 Jahren die Stiftung aufzulösen.[334] Diese Frist kann höchstens um weitere 100 Jahre verlängert werden, wenn alle Letztbegünstigten dem zustimmen.

III) Ausländische Familienstiftung (§ 15 Abs. 1 AStG)

1) Sitz und Geschäftsleitung im Ausland

Nach dem Gesetzeswortlaut des § 15 Abs. 1 AStG ist Voraussetzung für die Anwendung der Vorschrift, dass die Familienstiftung ihre Geschäftsleitung und ihren Sitz außerhalb des Geltungsbereiches des AStG hat. In der Vorgängervorschrift des § 12 StAnpG sprach der Gesetzgeber von einer Stiftung mit einer Geschäftsleitung und einem Sitz „im Ausland". Inhaltlich gibt es jedoch keine Divergenz durch den neuen Gesetzeswortlaut.[335] Hervorzuheben ist hierbei, dass für die Anwendung des § 15 AStG die Familienstiftung sowohl Sitz als auch Geschäftsleitung im Ausland haben muss. Für eine unbeschränkte KSt-Pflicht ist gem. § 1 Abs. 1 KStG ausreichend, wenn die Geschäftsleitung iSd. § 10 AO oder der Sitz iSd. § 11 AO im Inland liegt. Deshalb erfordert § 15 AStG das Nichtbestehen sowohl eines inländischen Sitzes als

---

331 *Arnold*, PSG, § 10 Rn. 10 f; *Althuber/Kirchmayer/Toifl* in *Richter/Wachter*, Stiftungsrecht, Österreich, Rn. 10; *Bauer*, Privatstiftungen, 108; *Melzer*, Privatstiftungsrecht Ö und FL, 55.

332 *Arnold* in *Arnold/Ludwig*, Stiftungsrecht Österreich und Liechtenstein, Rn. 2/7, 2/50, 13/15; *Bauer*, Privatstiftungen, 108; *Melzer*, Privatstiftungsrecht Ö und FL, 55.

333 *Ludwig* in *Arnold/Ludwig*, Stiftungsrecht Österreich und Liechtenstein, Rn. 11/33; *Bauer*, Privatstiftungen, 108.

334 *Jakob* in *v. Campenhausen/Richter*, § 44, Rn. 78; *Steegmüller* in *Feick*, Stiftung als Nachfolgeinstrument, 423; *Bauer*, Privatstiftungen, 106.

335 *Wassermeyer* in *Flick/Wassermeyer/Baumhoff/Schönfeld*, AStG § 15, Rn. 42.

auch einer inländischen Geschäftsleitung. Hieraus folgt, dass der Anwendungsbereich des § 15 AStG bei Vorliegen einer unbeschränkten KSt-Pflicht einer Stiftung in Deutschland ausgeschlossen wird.[336]

2) *Typenvergleich*

Das AStG verwendet deutsche Begriffe. Dabei ist die Frage, ob eine ausländische Stiftung wirksam errichtet wurde,[337] von der Thematik zu trennen, ob diese ausländische Stiftung auch mit einer deutschen Stiftung vergleichbar ist. Ob ein ausländisches Rechtsgebilde einem deutschen Terminus entspricht, ist anhand eines Typenvergleichs zu ermitteln.[338] Dies geht zurück auf das *Venezuela*-Urteil des RFH aus dem Jahr 1930.[339] Dabei ist die steuerliche Einordnung in dem ausländischen Rechtskreis nicht maßgeblich.[340] Daher ist es unwichtig, ob das Rechtsgebilde im Ausland wie eine eigenständige Körperschaft oder wie eine nicht subjektfähige Personenvereinigung behandelt wird.[341] Vielmehr geht es darum, die Übereinstimmung mit den einzelnen charakteristischen Merkmalen der deutschen Rechtsgebilde festzustellen. Entspricht es z.B. einer deutschen KG, so stellt es kein eigenständiges Körperschaftsteuersubjekt iSd. § 1 Abs. 1 KStG dar, sondern die Gesellschafter unterfallen der ESt gem. § 1 Abs. 1 EStG.

Im Rahmen des § 15 AStG müssen hinsichtlich der Vergleichbarkeit die Wesensmerkmale einer deutschen Stiftung im Einzelfall geprüft werden.[342] Anhaltspunkte zur Prüfung von Stiftungen hat die Finanzverwaltung anders als im Falle ausländischer Personengesellschaften nicht veröffentlicht.[343] Charakteristisch für die Stiftung ist nach deutschem Verständnis, dass sie ein nicht verbandsmäßig organisiertes, mit eigener Rechtspersönlichkeit ausgestattetes Subjekt darstellt, das mittels des Stiftungsvermögens den vom Stifter festgesetzten Stiftungszweck fördert. Zudem ist in Deutschland eine staatliche Anerkennung vorgesehen. Zu beachten ist

---

336 *Runge* in *Brezing,* AStG § 15, Rn. 8; *Wassermeyer* in *Flick/Wassermeyer/Baumhoff/Schönfeld,* AStG § 15, Rn. 42; *Wenz/Linn* in *Haase,* AStG § 15, Rn. 64; *Schulz* in *Lademann,* AStG § 15, Rn. 25a; *Kirchhain,* Die Familienstiftung, Rn. 75.

337 Vgl. hierzu exemplarisch die entsprechenden Vorschriften in Liechtenstein unter Kapitel 2: A) II) 2) Liechtenstein sowie für Österreich unter Kapitel 2: A) II) 3) Österreich.

338 *Rengers* in *Blümich,* KStG § 1, Rn. 143; *Streck* in *Streck,* KStG § 2, Rn. 3; *Rundshagen* in *Grotherr/Herfort/Strunk,* 502; dies gilt auch, wenn -wie gezeigt- ein Typenvergleich für die zivilrechtliche Anerkennung nicht erforderlich ist; *Großfeld* in *Staudinger,* IntGesR, Rn. 204.

339 RFH Urt. v. 12.02.1930 – VI A 899/27, RStBl. 1930, 444.

340 BFH, Urt. v. 03.02.1988 – I R 134/84, BFHE 153, 14 (17); *Frotscher,* KSt GewSt, Rn. 68.

341 BFH, Urt. v. 03.02.1988 – I R 134/84, BFHE 153, 14 (18).

342 *Rundshagen* in *Grotherr/Herfort/Strunk,* 508.

343 Hinsichtlich der Einordung von ausländischen Personengesellschaften und Kapitalgesellschaften, BMF v. 24.12.1999, BStBl. I 1999, 1076 (Tabelle 1 und Tabelle 2); *Kraft* in *Kraft,* AStG § 15, Rn. 302.

jedoch, dass nicht alle Merkmale im Rahmen eines Typenvergleichs vorhanden sein müssen. Umgekehrt kann jedoch auch ein Merkmal vorhanden sein, das im Inland nicht kompatibel mit der Annahme einer Stiftung wäre. So weist *Wassermeyer* z.B. darauf hin, dass eine mitgliedschaftliche Struktur unschädlich sei, obwohl es im Inland gerade ein Wesensmerkmal der Stiftung ist, dass diese keine mitgliedschaftliche Struktur aufweist.[344] Vielmehr sei unter Berücksichtigung der Tatbestandsvoraussetzungen des § 15 AStG darauf abzustellen, ob das Rechtsgebilde über Bezugs- oder Anfallsberechtigte verfüge.[345] Dabei führe jedoch eine Begünstigung durch die Stiftung nicht zwangsläufig dazu, dass eine Bezugsberechtigung anzunehmen sei.[346] Entscheidende Bedeutung kommt den Anfalls- oder Bezugsberechtigten auch zu, um die Stiftungen einerseits von den Kapitalgesellschaften und andererseits von den Personengesellschaften negativ abzugrenzen.[347] Die Einordnung als Kapitalgesellschaft oder Personengesellschaft schließt eine Anwendung des § 15 AStG aus.[348] Dies gilt auch dann, wenn die Personengesellschaft bzw. Kapitalgesellschaft eine Funktion ausübt, die einer Familienstiftung entspricht.[349] Dies ergibt sich bei Personengesellschaften daraus, dass sie im Inland transparent besteuert werden, sodass die Zurechnung bereits aus diesem Umstand folgt.[350] Eine weitergehende Zurechnung iSd. § 15 AStG scheidet daher aus. Bei der Einordnung als Kapitalgesellschaft verbleibt kein Raum, da § 15 AStG in einem Exklusivverhältnis zu den §§ 7 ff. AStG steht.[351]

Die oben aufgezeigten Stiftungen in Liechtenstein und Österreich entsprechen grundsätzlich dem Typus einer deutschen Stiftung iSd. §§ 80 ff. BGB, auch wenn bspw. Unterschiede hinsichtlich der staatlichen Anerkennung bestehen. In allen drei Rechtsordnungen stellt die Stiftung ein nicht mitgliedschaftliches verselbständigtes Vermögen mit eigener Rechtspersönlichkeit dar.[352] In Deutschland ist zur Entstehung der Stiftung gem. § 80 Abs. 1 BGB ein staatlicher Akt der Anerkennungsbehörde notwendig. Auch wenn bei Vorliegen der Anerkennungsvoraussetzungen gem. § 80 Abs. 2 S. 1 BGB ein Rechtsanspruch auf die Anerkennung besteht, ändert dies nichts an der Notwendigkeit dieses staatlichen Mitwirkungsaktes.[353] Erst mit

344 *Wassermeyer* in *Flick/Wassermeyer/Baumhoff/Schönfeld,* AStG § 15, Rn. 41; a.A. *Schulz* in *Lademann,* AStG § 15, Rn. 51a.
345 *Wassermeyer* in *Flick/Wassermeyer/Baumhoff/Schönfeld,* AStG § 15, Rn. 41.
346 *Wassermeyer* in *Flick/Wassermeyer/Baumhoff/Schönfeld,* AStG § 15, Rn. 41.
347 *Wassermeyer* in *Flick/Wassermeyer/Baumhoff/Schönfeld,* AStG § 15, Rn. 41.
348 *Wassermeyer* in *Flick/Wassermeyer/Baumhoff/Schönfeld,* AStG § 15, Rn. 41.
349 *Wassermeyer* in *Flick/Wassermeyer/Baumhoff/Schönfeld,* AStG § 15, Rn. 41.
350 *Wassermeyer* in *Flick/Wassermeyer/Baumhoff/Schönfeld,* AStG § 15, Rn. 41.
351 Vgl. hierzu unter Kapitel 2: C) II) §§ 7 ff. AStG.
352 Vgl. zu Liechtenstein unter Kapitel 2: A) II) 2) a) Definition sowie zu Österreich unter Kapitel 2: A) II) 3) a) Definition.
353 *Ellenberger* in *Palandt,* Vor § 80 BGB, Rn. 4; *Schlüter/Stolte,* Kap. 2, Rn. 84; *Andrick* in *Werner/Saenger,* Die Stiftung, Rn. 88.

der Anerkennung ist die Stiftung als rechtsfähig anzusehen.[354] Hingegen bedarf es bei Familienstiftungen zumindest im Grundsatz im Fürstentum Liechtenstein keiner staatlichen Mitwirkungshandlung zur Entstehung der Stiftung.[355] Dies stellt – wie gezeigt – kein Hindernis für die Anerkennung dar.[356]

Konflikte können sich bei von der gesetzlichen Norm abweichenden, jedoch im Einzelfall möglichen Widerrufs- und Änderungsrechten ergeben. Wenn der Stifter sich Änderungen oder den Widerruf in der Stiftungserklärung vorbehalten hat, sind diese in Österreich gem. Art. 33 Abs. 2, Art. 34 PSG sowie in Liechtenstein gem. Art. 552 § 30 Abs. 1 PGR auch nach der Stiftungsentstehung möglich.[357] Widerrufs- und umfassende Änderungsrechte führen zu einer Versagung der rechtlichen Anerkennung in Deutschland.[358] Bestehen solche weiten Rechte, mit denen der Stifter die Übertragung des Stiftungsvermögens wieder auf sich veranlassen kann, so wird das Stiftungsvermögen, ähnlich wie bei Treuhandverhältnissen, weiterhin dem Stifter zugeordnet.[359] Dies entspricht auch der steuerlichen Behandlung im Fürstentum Liechtenstein gem. Art. 9 Abs. 4 SteG.

IV) Tatbestandserweiterungen

1) Unternehmensstiftung (§ 15 Abs. 3 AStG)

Nicht nur ausländische familiennützige Stiftungen werden von § 15 AStG erfasst. Auch für Stiftungen, die im Rahmen einer Unternehmertätigkeit errichtet werden und durch die unternehmensnahe Personen begünstigt werden, ist im § 15 Abs. 3 AStG eine entsprechende Anwendung der Regelungen über die Familienstiftung vorgesehen. Der Gesetzgeber verfolgt also neben dem Gedanken, dass die Errichtung einer ausländischen Stiftung zur Begünstigung der Familie mit einer besonderen steuerlichen Folge zu belegen ist, auch die Ansicht, dass bei der Begünstigung von unternehmensnahen Personen ebenso zu verfahren sei.

Um der nach Meinung des Gesetzgebers zu sanktionierenden Einschaltung einer Unternehmensstiftung zu begegnen, erweitert er zum einen den Stifterbegriff iSd. § 15 Abs. 1 AStG, und zum anderen auch den Personenkreis der Berechtigten iSd. § 15 Abs. 2 AStG.

---

354 *Schlüter* in *Henssler/Strohn*, § 80 BGB, Rn. 10; *Ellenberger* in *Palandt*, § 82 BGB, Rn. 1; *Stumpf* in *Stumpf/Suerbaum/Schulte/Pauli*, § 80 BGB, Rn. 33; *Otto* in *Otto*, Stiftungspraxis, 6.

355 Vgl. unter Kapitel 2: A) II) 2) c) Stiftungserrichtung.

356 Vgl. unter Kapitel 2: A) II) 1) Bestimmung der maßgeblichen Zivilrechtsnormen.

357 *Melzer*, Privatstiftungsrecht Ö und FL, 72 f.

358 Vgl. unter Kapitel 2: A) II) 1) Bestimmung der maßgeblichen Zivilrechtsnormen; *Großfeld* in *Staudinger*, IntGesR, Rn. 202; *Gierhake*, Vermögensnachfolge, 104, 122.

359 *Gierhake*, Vermögensnachfolge, 104, 121 f.

a) Erweiterung des Stifterbegriffs

Unter den so erweiterten Stifterbegriff fallen zum einen Einzel- und Mitunternehmer, Körperschaften, Personenvereinigungen und Vermögensmassen.[360] *Wassermeyer* stellt fest, dass der Gesetzgeber durch die Verwendung der Einzahl vom Wortlaut her nur die Fälle erfasse, in denen ein einzelner Stifter eine Unternehmensstiftung errichte.[361] Dass der Gesetzgeber die Einzahl verwendet, stellt *Wassermeyer* jedoch nur für die potenziellen Stifter „Unternehmer" und „Mitunternehmer" fest. Jedoch verfährt der Gesetzgeber genauso bei der Körperschaft, der Personenvereinigung und der Vermögensmasse, denen er den Artikel „eine" voranstellt. Bei wortgenauer Betrachtung fallen daher Fälle, in denen sich mehrere Unternehmer, Mitunternehmer, Körperschaften, Personenvereinigungen und Vermögensmassen zusammenschließen und eine Stiftung errichten, nicht unter die Norm. *Wassermeyer* führt weiter aus, dass auch die weitere Gesetzessystematik von einem einzelnen Stifter ausgeht.[362] Aus teleologischen Gründen ist jedoch eine extensive Anwendung geboten.[363] Eine Umgehung der Regelung dergestalt, dass sich z.B. mehrere Unternehmer zusammenschließen, um eine Stiftung zu errichten, ist demnach nicht möglich.

Bei einem einzelunternehmerisch tätigen Stifter fordert der Wortlaut der Vorschrift, dass die Stiftung im Rahmen des Unternehmens errichtet wird. Dies grenzt § 15 Abs. 3 AStG zu dem Grundtatbestand ab, also der Familienstiftung iSd. § 15 Abs. 1 und 2 AStG.[364] Teilweise wird diesem Erfordernis keine entscheidende Rolle zugesprochen, sodass ihm allenfalls klarstellende Wirkung zukommt.[365] Dies ist insbesondere für Körperschaften, Personenvereinigungen und Vermögensmassen zutreffend, da bei ihnen keine private Sphäre vorhanden ist.[366]

Der Gesetzgeber verwendet in § 15 Abs. 3 AStG hinsichtlich der Tatbestandserweiterung das Perfekt, während er in § 15 Abs. 1 und 2 AStG die Präsensform benutzt. Durch die Verwendung des Perfekts könnte eine Einbeziehung des Zustifters nach dem Wortlaut ausgeschlossen sein.[367] Demgegenüber spricht der Zweck der Vorschrift für eine Gleichbehandlung des Zustifters mit einem Stifter und eine Erfassung und Besteuerung beider in gleicher Weise.

360 *Schaumburg,* Internationales Steuerrecht, Rn. 11.13.

361 *Wassermeyer* in *Flick/Wassermeyer/Baumhoff/Schönfeld,* AStG § 15, Rn. 99.

362 *Wassermeyer* in *Flick/Wassermeyer/Baumhoff/Schönfeld,* AStG § 15, Rn. 99.

363 *Vogt* in *Blümich,* AStG § 15, Rn. 71; *Wassermeyer* in *Flick/Wassermeyer/Baumhoff/Schönfeld,* AStG § 15, Rn. 99; *Schulz* in *Lademann,* AStG § 15, Rn. 55.

364 *Vogt* in *Blümich,* AStG § 15, Rn. 71.

365 *Wassermeyer* in *Flick/Wassermeyer/Baumhoff/Schönfeld,* AStG § 15, Rn. 98; *Kraft* in *Kraft,* AStG § 15, Rn. 332.

366 BFH, Urt. v. 04.12.1996 – I R 54/95, BFHE 182, 123; für eine außerbetriebliche Sphäre *Weber-Grellet,* DStR 1994, 12.

367 *Kirchhain* in *Mössner/Fuhrmann,* AStG § 15, Rn. 66; dagegen *Schaumburg,* Internationales Steuerrecht, Rn. 11.19.

b) Erweiterung der Gruppe der schädlichen Begünstigung

Der Personenkreis, dessen Begünstigung iSd. § 15 Abs. 3 AStG schädlich ist, umfasst den Stifter selbst, seine Gesellschafter, von ihm abhängige Gesellschaften, Mitglieder, Vorstandsmitglieder, leitende Angestellte und Angehörige dieser Personen.[368] Die entscheidende Wirkung des § 15 Abs. 3 AStG liegt demnach darin, auch Stiftungen zu erfassen, die aus der Motivation der finanziellen Besserstellung von unternehmensnahen Personen errichtet wurden.[369]

c) Unbeschränkte Steuerpflicht des Stifters

Umstritten ist, ob innerhalb des § 15 Abs. 3 AStG das Erfordernis besteht, dass der Stifter unbeschränkt steuerpflichtig sein müsse. Im Wortlaut des Gesetzes findet sich zunächst keine solche Einschränkung.

Zum Teil wird eine teleologische Einschränkung der Norm aus völkerrechtlicher Sicht gefordert, da ansonsten „der deutsche Gesetzgeber einen Sachverhalt besteuern möchte, bei dem nicht unbeschränkt steuerpflichtige Stifter eine nicht unbeschränkt steuerpflichtige Stiftung mit nicht unbeschränkt steuerpflichtigen Anfalls- oder Bezugsberechtigten errichten."[370] Mithin mangele es an der erforderlichen innerstaatlichen Verknüpfung.

Zwar ist zutreffend, dass der Gesetzgeber eine sehr weite Ausgestaltung der Norm gewählt hat, und dass diese weite Erfassung von Sachverhalten völkerrechtlich bedenklich ist. Jedoch entspricht diese weite Tatbestandsfassung der Absicht des AStG steuerlichen Missbrauch einzudämmen. Auch beschränkt sich § 15 Abs. 1 AStG nicht darauf, nur Stiftungen zu erfassen, die von unbeschränkt steuerpflichtigen Stiftern errichtet wurden.[371] Die Argumente für eine restriktivere Anwendung des eigentlich tatbestandserweiternden § 15 Abs. 3 AStG überzeugen daher nicht.[372] Insbesondere ist nicht einzusehen, dass die Erweiterung des Personenkreises hinsichtlich des § 15 Abs. 3 AStG die Vergleichbarkeit in Bezug auf § 15 Abs. 1 AStG entfallen lässt.[373] In beiden Fällen wird auf eine Personengruppe abgestellt, die sich als Stifter betätigt. Dass sich die Gruppe iSd. § 15 Abs. 3 AStG umfangreicher als die Gruppe iSd. § 15 Abs. 1 AStG darstellt, ist kein hinreichendes Differenzierungsmerkmal. Auch bei nachträglichem Zuzug des Stifters iSd. § 15 Abs. 3 AStG erfolgt damit bei diesem eine Zurechnung.

Zudem erfährt die sehr weite Formulierung der Tatbestandsausgestaltung hinsichtlich des Zurechnungsobjekts ihre Einschränkung auf der Rechtsfolgenseite, wonach die Zurechnung nur bei unbeschränkt Steuerpflichtigen erfolgt.[374]

---

368 Vgl. hierzu unter Punkt d) Gruppe der schädlichen Begünstigung.
369 *Kraft* in *Kraft,* AStG § 15, Rn. 332.
370 *Kraft* in *Kraft,* AStG § 15, Rn. 334.
371 *Wassermeyer* in *Flick/Wassermeyer/Baumhoff/Schönfeld,* AStG § 15, Rn. 102.
372 *Wassermeyer* in *Flick/Wassermeyer/Baumhoff/Schönfeld,* AStG § 15, Rn. 102.
373 So jedoch *Kraft* in *Kraft,* AStG § 15, Rn. 334.
374 *Wassermeyer* in *Flick/Wassermeyer/Baumhoff/Schönfeld,* AStG § 15, Rn. 102.

d) *Gruppe der schädlichen Begünstigung*

Die entscheidende Erweiterung des § 15 Abs. 3 AStG besteht in der Erfassung von unternehmensnahen Personen über familiäre Beziehungen hinaus.[375]

Wie auch in § 15 Abs. 2 AStG ist im Zusammenhang mit der Familienstiftung vom Gesetzgeber eine Berechtigungsgrenze vorgesehen. Gem. § 15 Abs. 3 AStG wird eine Unternehmensstiftung nur dann einer Familienstiftung gleichgestellt, wenn „der Stifter, seine Gesellschafter, von ihm abhängige Gesellschaften, Mitglieder, Vorstandsmitglieder, leitende Angestellte und Angehörige dieser Personen zu mehr als der Hälfte bezugsberechtigt oder anfallsberechtigt sind". Entsprechend dem Wortlaut ist die Aufzählung abschließend und eine analoge Anwendung daher ausgeschlossen.[376] Bei der jeweiligen Begriffsbestimmung ist auf die zivilrechtliche Bedeutung abzustellen.[377] Bezüglich des Stifterbegriffs entstehen keine Besonderheiten im Verhältnis zum Begriff iSd. § 15 Abs. 1 AStG.

(1) Gesellschafter

In § 15 Abs. 3 AStG tritt zunächst die Personengruppe der „Gesellschafter" neu hinzu. Aufgrund der Verwendung des Possessivpronomens „seine" ist der Gesellschafterbegriff anhand der möglichen Stifter zu bestimmen. Als Stifter kommen Einzel- und Mitunternehmer, Körperschaften, Personenvereinigungen und Vermögensmassen in Betracht.[378] Da Einzelunternehmer keine Gesellschafter haben können, verengt sich die infrage kommende Gesellschafterstellung auf Mitunternehmer, Körperschaften, Personenvereinigungen und Vermögensmassen. Sodann ist nicht klar, ob bei Gesellschaftern ein Anteil am Gesellschaftsvermögen als notwendige Voraussetzung angesehen wird oder ob auch eine Vereinigung ohne Vermögensbeteiligung ein taugliches Gesellschaftssubjekt sein kann. *Wassermeyer* bejaht zutreffend Letzteres aufgrund der ebenso aufgeführten Mitglieder des ideellen Vereins.[379] *Kirchhain* nimmt hingegen eine Vermögensbeteiligung als notwendige Voraussetzung an.[380]

---

375 *Kraft* in *Kraft,* AStG § 15, Rn. 332; zur klarstellenden Erweiterung des Stifterkreises siehe Kapitel 2: A) IV) 1) a) Erweiterung des Stifterbegriffs.

376 *Runge* in *Brezing,* AStG § 15, Rn. 36; *Wassermeyer* in *Flick/Wassermeyer/Baumhoff/Schönfeld,* AStG § 15, Rn. 108.

377 *Runge* in *Brezing,* AStG § 15, Rn. 38; *Wassermeyer* in *Flick/Wassermeyer/Baumhoff/Schönfeld,* AStG § 15, Rn. 110.

378 Vgl. unter Kapitel 2: A) IV) 1) a) Erweiterung des Stifterbegriffs.

379 *Wassermeyer* in *Flick/Wassermeyer/Baumhoff/Schönfeld,* AStG § 15, Rn. 110; vergleiche zu den Mitgliedern unter Kapitel 2: A) IV) 1) d) (3) Mitglieder.

380 *Kirchhain* in *Mössner/Fuhrmann,* AStG § 15, Rn. 67; er bezieht sich jedoch auf *Wassermeyer,* der eigentlich die konträre Ansicht vertritt.

(2) Abhängige Gesellschaften

Auch die abhängigen Gesellschaften werden durch das Personalpronomen „von ihm“ mit dem Stifter verknüpft. Die entsprechende Koppelung liegt darin, dass die Gesellschaft vom Stifter abhängig sein muss.

Zur Bestimmung der Abhängigkeit werden die zu § 7 Abs. 4 AStG entwickelten Grundsätze angewandt.[381] Demnach ist entscheidend, ob die Gesellschaft den Weisungen des Stifters zu folgen hat oder diesen so folgt, dass ihr kein eigener Entscheidungsspielraum mehr verbleibt.[382]

(3) Mitglieder

Hinsichtlich der Mitglieder ist im deutschen Zivilrecht der Verein iSd. §§ 21 ff. BGB typisch. Wie bereits gezeigt, behandelt § 15 AStG jedoch nicht ein nationales, sondern ein ausländisches Rechtssubjekt. Daher ist zur Bestimmung, ob ein mitgliedschaftlich verfasstes Gebilde vorliegt, ein Rechtstypenvergleich durchzuführen.[383] Dabei darf es nicht nur auf die bloße Bezeichnung als Mitglied ankommen.[384] Ehemalige Mitglieder unterfallen nicht der Norm, da der Gesetzeswortlaut als Zeitform das Präsens verwendet.

(4) Vorstandsmitglieder

Ein Vorstand ist im deutschen Zivilrecht vor allem bei Vereinen und Aktiengesellschaften bekannt. Gem. § 26 Abs. 1 S. 2 BGB vertritt der Vorstand den Verein gerichtlich und außergerichtlich und hat die Stellung eines gesetzlichen Vertreters inne. § 78 Abs. 1 S. 1 AktG ist ähnlich ausgestaltet. Entscheidend für den Vorstand ist demnach, dass das Gesetz die organschaftliche Vertretung anordnet.[385] Gem. § 86 BGB findet § 26 Abs. 1 S. 2 BGB auch für Stiftungen Anwendung.[386] Bei einem gebotenen Rechtstypenvergleich ist daher darauf abzustellen, ob die entsprechende Person Mitglied des Vertretungsorgans ist. Auch hier ist die bloße Bezeichnung nicht ausschlaggebend.[387] Abzugrenzen ist die Vorstandstätigkeit von der Kontrolltätigkeit in einem Aufsichts- oder Verwaltungsrat oder einer Beratungsfunktion.[388] *Wassermeyer* weist auf das zeitliche Moment hin.[389] Da das Gesetz das Präsens verwendet,

---

381 *Wassermeyer* in *Flick/Wassermeyer/Baumhoff/Schönfeld,* AStG § 15, Rn. 111.

382 BFH, Urt. v. 26.10.1983 – I R 200/78, BFHE 140, 35 (41); *Vogt* in *Blümich,* AStG § 7, Rn. 32 f.

383 *Wassermeyer* in *Flick/Wassermeyer/Baumhoff/Schönfeld,* AStG § 15, Rn. 112.

384 *Wassermeyer* in *Flick/Wassermeyer/Baumhoff/Schönfeld,* AStG § 15, Rn. 112; *Kirchhain* in *Mössner/Fuhrmann,* AStG § 15, Rn. 67.

385 *Arnold* in MüKo, § 26 BGB, Rn. 2; *Ellenberger* in *Palandt,* § 26 BGB, Rn. 2.

386 *Stumpf* in *Stumpf/Suerbaum/Schulte/Pauli,* Teil B, § 86 BGB, Rn. 6; *Schlüter/Stolte,* Kap. 2, Rn. 56.

387 *Wassermeyer* in *Flick/Wassermeyer/Baumhoff/Schönfeld,* AStG § 15, Rn. 113.

388 *Wassermeyer* in *Flick/Wassermeyer/Baumhoff/Schönfeld,* AStG § 15, Rn. 113.

389 *Wassermeyer* in *Flick/Wassermeyer/Baumhoff/Schönfeld,* AStG § 15, Rn. 113.

müsse der Vorstand im Zeitpunkt der anteiligen Einkünftezurechnung Mitglied des Vorstands sein.[390] Eine Zurechnung gegenüber ehemaligen Vorstandsmitgliedern ist demnach nicht vorgesehen.[391]

(5) Leitende Angestellte

Hinsichtlich der leitenden Angestellten ist in § 5 Abs. 3 S. 2 BetrVG eine Legaldefinition enthalten, wonach es drei Fälle von leitenden Angestellten geben kann. Für den dritten Fall ist in § 5 Abs. 4 BetrVG eine Auslegungshilfe enthalten. Nach Ansicht von *Kirchhain* kann Letztere auch im Rahmen des AStG Anwendung finden.[392] Als charakteristisch erweist sich für leitende Angestellte ihre gegenpolige Stellung, da sie einerseits Arbeitnehmer sind, andererseits jedoch ihre Entscheidungen weitgehend weisungsfrei treffen können und hierbei einem Unternehmer ähnlich handeln. Auch hier ist wieder festzuhalten, dass die Vorschrift keine Anwendung findet, wenn das Angestelltenverhältnis bereits beendet wurde.[393]

(6) Sonstige

Bezüglich des Begriffs der Angehörigen gibt es iSd. § 15 Abs. 1 AStG keine Abweichungen. Ihm kommt die Bedeutung iSd. § 15 AO zu.[394]

Wie oben ausgeführt, ist die Aufzählung iSd. § 15 Abs. 3 AStG abschließend. So führt die Begünstigung aller Arbeitnehmer grds. nicht zur Anwendung des § 15 AStG.[395] Dies gilt jedoch nur für die Fälle, in denen die Arbeitnehmer so zahlreich sind, dass die in § 15 AStG genannten Personengruppen nicht die Berechtigungsgrenze erreichen.

(7) Kombination

Es ist denkbar, dass ein Stifter sowohl die in § 15 Abs. 1 AStG als auch die in § 15 Abs. 3 AStG angesprochenen Personengruppen begünstigen möchte. Insoweit stellt sich die Frage, ob das erforderliche Quorum bereits erreicht wird, wenn die Gruppen kumuliert die Grenze überschreiten. Dies ist zu bejahen.[396]

---

390 *Wassermeyer* in *Flick/Wassermeyer/Baumhoff/Schönfeld,* AStG § 15, Rn. 113.
391 *Wassermeyer* in *Flick/Wassermeyer/Baumhoff/Schönfeld,* AStG § 15, Rn. 113.
392 *Kirchhain* in *Mössner/Fuhrmann,* AStG § 15, Rn. 67; allgemein auf das Arbeitsrecht abstellend *Rundshagen* in *Grotherr/Herfort/Strunk,* 508.
393 *Wassermeyer* in *Flick/Wassermeyer/Baumhoff/Schönfeld,* AStG § 15, Rn. 114.
394 Vgl. hierzu auch unter Kapitel 2: A) I) 4) Angehörige.
395 *Vogt* in *Blümich,* AStG § 15, Rn. 71; so auch *Schulz* in *Lademann,* AStG § 15, Rn. 55.
396 *Wassermeyer* in *Flick/Wassermeyer/Baumhoff/Schönfeld,* AStG § 15, Rn. 119.

2) Erweiterung des Rechtsträgerkreises (§ 15 Abs. 4 AStG)

Neben der Erweiterung auf Unternehmensstiftungen (§ 15 Abs. 3 AStG) wird der Anwendungsbereich des Grundtatbestandes (§ 15 Abs. 1 AStG) auch durch § 15 Abs. 4 AStG ausgeweitet.

Wie bereits zur Stiftung iSd. § 15 Abs. 1 AStG ausgeführt, befasst sich die Vorschrift mit ausländischen Rechtssubjekten. Demnach ist im Wege eines Rechtstypenvergleichs festzustellen, ob das fragliche Rechtssubjekt mit einer Stiftung nach deutscher Lesart vergleichbar ist.[397] § 15 Abs. 4 AStG erweitert nun den Kreis der Rechtsträger über die mit einer Stiftung vergleichbaren Rechtsgebilde hinaus. Als zusätzliche Rechtsgebilde werden Zweckvermögen, Vermögensmassen, rechtsfähige und nicht rechtsfähige Personenvereinigungen aufgeführt.

Hinsichtlich der Personenvereinigungen ist jedoch zu beachten, dass diese keine Personengesellschaften umfassen, deren Gesellschafter nach deutschen Maßstäben unter § 15 Abs. 1 S. 1 Nr. 2 EStG zu subsumieren wären. Da hier der einzelne Gesellschafter Steuersubjekt ist und nicht die Gesellschaft als solche (Transparenzprinzip), scheidet eine Personengesellschaft als Tatbestandserweiterung aus dem Anwendungsbereich aus.[398] Hingegen können ausländische Personengesellschaften erfasst werden, die nach deutschem Verständnis als eigenständige Körperschaftsteuersubjekte einzuordnen sind.[399]

Voraussetzung für eine Anwendbarkeit des § 15 Abs. 4 AStG ist, dass nach nationaler Betrachtungsweise das Rechtsgebilde grds. in den Bereich des § 1 KStG fällt.[400] Daher ist für alle Rechtsgebilde zu überprüfen, ob unter der hypothetischen Annahme eines inländischen Sitzes oder einer inländischen Geschäftsleitung eine Subsumtion unter § 1 KStG möglich wäre.[401]

Aus gesetzessystematischen Gründen müssen die genannten Rechtsträger einer Stiftung in der Art vergleichbar sein, dass sie entweder bezugsberechtigte oder anfallsberechtigte Personen vorweisen.[402]

---

397 *Kirchhain,* Die Familienstiftung, Rn. 71.

398 *Wassermeyer* in *Flick/Wassermeyer/Baumhoff/Schönfeld,* AStG § 15, Rn. 126; *Kirchhain,* Die Familienstiftung, Rn. 71.

399 *Vogt* in *Blümich,* AStG § 15, Rn. 78; *Wassermeyer* in *Flick/Wassermeyer/Baumhoff/Schönfeld,* AStG § 15, Rn. 126.

400 *Wassermeyer* in *Flick/Wassermeyer/Baumhoff/Schönfeld,* AStG § 15, Rn. 126; *Kirchhain,* Die Familienstiftung, Rn. 71.

401 *Wassermeyer* in *Flick/Wassermeyer/Baumhoff/Schönfeld,* AStG § 15, Rn. 126; *Kirchhain* in *Mössner/Fuhrmann,* AStG § 15, Rn. 71.

402 *Wassermeyer* in *Flick/Wassermeyer/Baumhoff/Schönfeld,* AStG § 15, Rn. 126, 4; *Schaumburg,* Internationales Steuerrecht, Rn. 11.14; a.A. *Kirchhain,* Die Familienstiftung, Rn. 71.

B) Rechtsfolge

I) Zurechnung

Die von § 15 AStG vorgesehene Rechtsfolge ist die Zurechnung der Einkünfte der Stiftung beim Zurechnungssubjekt, also dem unbeschränkt steuerpflichtigen Stifter bzw. Bezugs- oder Anfallsberechtigten. Zurechnung meint die Verknüpfung der Einkünfte in einer „persönlichen Hinsicht".[403] Wie in den §§ 7 ff. AStG wird nunmehr auf die Einkünfte und nicht mehr auf das Einkommen abgestellt. Eine Vermögenszurechnung hat zurzeit keine rechtliche Relevanz, da die Vermögensteuer aufgrund ihrer verfassungswidrigen Ausgestaltung gegenwärtig nicht erhoben wird.[404]

1) Einordnung

Wie man die Zurechnung einordnen soll, ist unklar. Die Perspektive für die rechtliche Einordnung hat sich jedoch mit der Gesetzesneufassung grundlegend geändert. Für § 15 AStG a.F. hatte sich die Sichtweise durchgesetzt, dass sich die Zurechnung auf eine Summengröße beschränke.[405] Sie zielte darauf ab, die analog einer inländischen Körperschaft ermittelte Bemessungsgrundlage auf die Bemessungsgrundlage einer im Inland unbeschränkt steuerpflichtigen juristischen oder natürlichen Person hinzuzuaddieren.[406] Auch bei § 15 AStG in der Form des AmtshilfeRLUmsG[407] lässt sich grundsätzlich festhalten, dass der Gesetzgeber näher bestimmbare Zurechnungssubjekte um einen bestimmten Betrag steuerlich stärker belasten möchte, der an den Betrag anknüpft, den eine besonders qualifizierte ausländische Stiftung tatsächlich erwirtschaftet.

Im Hinblick auf die Neufassung sind verschiedene Interpretationen möglich, die teilweise auch schon im Rahmen der Zurechnung des Einkommens diskutiert wurden. Partiell sind sie der Diskussion über die Zurechnung zu einer nachgeschalteten Gesellschaft iSd. § 14 Abs. 1 S. 1 AStG entlehnt.[408] Zusätzlich kann die Zurechnung auch mit den Zurechnungsinstrumenten des allgemeinen Steuerrechts verglichen werden.

---

403 BFH, Urt. v. 20.04.1988 – I R 41/82, BFHE 153, 530 (538); *Wassermeyer* in *Flick/Wassermeyer/Baumhoff/Schönfeld,* AStG § 15, Rn. 45.

404 BVerfG, Beschluss v. 22.06.1995 – 2 BvL 37/91; BVerfGE 93, 121; daher wird die Vermögensteuer in dieser Untersuchung keine Beachtung finden.

405 *Wassermeyer* in *Flick/Wassermeyer/Baumhoff/Schönfeld,* AStG § 15, Rn. 37, Erg.-Lfg. 65.

406 *Wassermeyer* in *Flick/Wassermeyer/Baumhoff/Schönfeld,* AStG § 15, Rn. 37, Erg.-Lfg. 65; nunmehr muss die Zurechnung nach getrennten Einkünftekategorien erfolgen, vgl. unter Kapitel 2: B) I) 1) e) Übertragung auf § 15 AStG n.F.

407 BGBl. I 2013, 1809, v. 26.06.2013.

408 *Wassermeyer* in *Flick/Wassermeyer/Baumhoff/Schönfeld,* AStG § 14, Rn. 24; *Franz/Abele* in *Wöhrle/Schelle/Gross,* AStG § 14, Rn. 61.

a) § 39 Abs. 2 AO

Entsprechend der Diskussion zu § 14 AStG könnte eine Zurechnung entsprechend § 39 Abs. 2 AO angenommen werden. Zur entsprechenden Zurechnung der Einkünfte im Wege der §§ 7 ff. AStG hat *Franz* vertreten, dass die Einkommenszurechnung so zu erfolgen habe, als habe die Gesellschaft selbst die Einkünfte bezogen.[409] § 39 Abs. 2 Nr. 1 S. 1 AO bestimmt, dass für steuerliche Zwecke im Gegensatz zur zivilrechtlichen Eigentumslage Wirtschaftsgüter dem wirtschaftlichen Eigentümer zugerechnet werden.[410] Gem. § 39 Abs. 2 Nr. 1 S. 2 AO gilt dies auch für Treuhandverhältnisse.[411] Entgegen § 2 Abs. 1 EStG knüpft die Besteuerung z.B. nicht an die Duldung des Gebrauchs eines Gegenstandes (Miete) durch den Treunehmer an, obwohl dieser zivilrechtlich den Sachverhalt realisiert, sondern die Tatbestandsverwirklichung wird dem Treugeber zugerechnet.[412] Da die Besteuerung nach dem Leistungsfähigkeitsprinzip ausgestaltet ist, kann ausnahmsweise die Zurechnung der Wirtschaftsgüter zu einer anderen Person als dem Eigentümer geboten sein, wenn diese wie ein Eigentümer darüber verfügen kann.[413] Die Steigerung an Leistungsfähigkeit ist in diesem Fall bei jener anderen Person gegeben. In der Rechtspraxis haben sich Fallgruppen herausgebildet, nach denen man über eine wertende Betrachtung zu einer Zuordnung gelangt.[414] Diese Zurechnung geht § 15 AStG vor.[415] Entscheidend für § 39 AO ist, dass die infrage stehende Begehung eines Steuertatbestandes einer anderen Person zugerechnet wird. Es wird demnach so gewertet, als habe die andere Person die Tatbestandsvoraussetzungen der jeweiligen Norm selbst erfüllt.[416] Die Zurechnung in diesem Sinne ist somit an die Zurechnung der Wirtschaftsgüter selbst bzw. des verwirklichten Steuertatbestandes angelehnt. Diese Ansicht lässt sich wohl auch auf historische Überlegungen zurückführen.[417] Auf den in § 15 AStG geregelten Fall findet § 39 Abs. 2 AO keine Anwendung.

---

409 *Franz* in *Wöhrle/Schelle/Gross,* AStG § 14, Rn. 12 ff., Erg.-Lfg. 24; nunmehr aufgegeben *Franz/Abele* in *Wöhrle/Schelle/Gross,* AStG § 14, Rn. 66.

410 *Ratschow* in *Klein,* AO § 39, Rn. 15 ff.; *Koenig* in *Koenig,* AO § 39, Rn. 13; *Birk/Desens/Tappe,* Steuerrecht, Rn. 327.

411 *Ratschow* in *Klein,* AO § 39, Rn. 62 ff.; *Koenig* in *Koenig,* AO § 39, Rn. 50 ff.

412 *Wassermeyer,* RIW 1983, 352 (353).

413 BVerfG, Beschluss v. 16.12.1970 – 1 BvR 210/68, BVerfGE 30, 59 (63); *Birk/Desens/Tappe,* Steuerrecht, Rn. 327.

414 *Birk/Desens/Tappe,* Steuerrecht, Rn. 327.

415 BFH, Urt. v. 22.02.2010 – I R 84/09, BFHE 232, 352 (354 f.); BFH, Urt. v. 28.06.2007 – II R 21/05, BFHE 217, 254; *Rundshagen* in *Strunk/Kaminski/Köhler,* AStG § 15, Rn. 23; *Sieker,* BB 1993, 1257 (1258); *Habammer,* DStR 2002, 425 (432).

416 *Wassermeyer,* RIW 1983, 352 (353).

417 *Franz/Abele* in *Wöhrle/Schelle/Gross,* AStG § 14, Rn. 62; vgl. *Wassermeyer* in *Flick/Wassermeyer/Baumhoff/Schönfeld,* AStG § 14, Rn. 24, wonach diese Art der Zurechnung den „Vätern des Gesetzes" vorschwebte.

b) § 42 AO Durchgriffsbesteuerung

Nach § 42 Abs. 1 S. 1 AO kann eine unangemessene zivilrechtliche Gestaltung nicht dazu missbraucht werden, ein Steuergesetz zu umgehen. Ein steuerlicher Missbrauch besteht gem. § 42 Abs. 2 S. 1 AO, wenn die gewählte rechtliche Gestaltung unangemessen ist und zu einem nicht vorgesehenen Steuervorteil führt. Ein Missbrauch ist dann anzunehmen, wenn gem. § 42 Abs. 2 S. 1 AO die gewählte rechtliche Gestaltung im Vergleich zu der angemessenen Gestaltung zu einem gesetzlich nicht vorgesehenen Steuervorteil führt. Dies ist unter anderem bei Gesellschaften, die nicht die notwendigen Erfordernisse an Substanz und Funktion erfüllen (funktionsarme Basisgesellschaften) der Fall, die daher steuerlich nicht anerkannt werden.[418] Die Unangemessenheit der rechtlichen Gestaltung kann der Steuerpflichtige durch einen Gegenbeweis gem. § 42 Abs. 2 S. 2 AO entkräften. Ausreichend ist beispielsweise, dass eine ausländische Gesellschaft als Holding fungiert.[419] Den Beweis für den vermuteten Missbrauch muss das FA führen.[420] Dies schränkt die Schärfe der Vorschrift ein.

Die Vorschrift bewirkt, dass die rein rechtliche Gestaltung nicht der Besteuerung unterworfen wird, sondern der von der rechtlichen Gestaltung verdeckte, aber wirtschaftlich angemessene Sachverhalt, vgl. § 42 Abs. 1 S. 3 AO.

Das Verhältnis von § 42 AO zu anderen Missbrauchsvorschriften wird uneinheitlich bewertet. Generell ergibt sich bereits aus dem Grundsatz der Spezialität, dass spezielle Missbrauchsvorschriften den allgemeinen Vorschriften vorzuziehen sind.[421] Zusätzlich ist in § 42 Abs. 1 S. 2 AO die einzelgesetzliche Behandlung der Abschirmwirkung im Sinne des AStG ausdrücklich aufgenommen worden. Die Finanzverwaltung möchte jedoch, falls die Anspruchsvoraussetzungen einer speziellen Missbrauchsvorschrift nicht erfüllt sind, über die Anwendung der Generalnorm des § 42 AO zu dem von ihr intendierten Ergebnis gelangen.[422] Dem ist mit dem oben dargelegten Argument des Vorrangs der Spezialität entgegenzutreten, sodass § 15 AStG § 42 AO verdrängt.[423]

c) Gesamtrechtsnachfolge, § 45 AO

Gem. § 45 AO gehen Forderungen und Schulden aus einem Steuerschuldverhältnis auf die Erben über. Dies gilt, obwohl in § 38 AO für die Steuerentstehung auf die Person des Rechtsvorgängers und auf den Zeitpunkt der Tatbestandsverwirklichung

---

418 *Klein*, AO § 42, Rn. 139; *Schaumburg*, Internationales Steuerrecht, Rn. 10.29; *Niedrig*, IStR 2003, 474; *Selling*, DB 1988, 930 (932).

419 *Selling*, DB 1988, 930 (932).

420 *Ratschow* in *Klein*, AO § 42, Rn. 81.

421 BFH, Urt. v. 18.12.2013 – I R 25/12, BFH/NV 2014, 904; *Birk/Desens/Tappe*, Steuerrecht, Rn. 344; *Fischer*, DStR 2006, 2281 (2284).

422 BMF in AEAO, zu § 42 Rn. 1- IV A 3 – S 0062/14/10002, BStBl. I 2014, 290 (312 f.).

423 *Birk/Desens/Tappe*, Steuerrecht, Rn. 344; zur Altfassung BFH, Urt. v. 18.12.2013 – I R 25/12, BFH/NV 2014, 904.

abgestellt wird. § 45 AO rechnet insoweit nicht den Steuertatbestand, wohl aber die rechtlichen Folgen zu.[424] Im Rahmen des § 45 AO wird die grds. Einheit von Tatbestandsverwirklichung und Rechtsfolgen in zwei unabhängige Teile aufgespalten, die jeweils mit unterschiedlichen Personen bzw. -gruppen verknüpft sind. Zwar ist die Rechtsfolge bei § 45 AO ähnlich zur Rechtsfolge des § 15 AStG, jedoch ist der Tatbestand ansonsten nicht erfüllt.

d) Nettobetrag

Zu den §§ 7 ff. AStG wird vertreten, der Zurechnungsgegenstand sei ein Nettobetrag.[425] Hierfür werden insbesondere pragmatische Überlegungen angeführt. Der Vorteil dieser Lösung wird darin gesehen, dass nicht viele einzelne Geschäftsvorfälle beim Zurechnungssubjekt erfasst werden müssen, sondern nur ein einzelner Betrag, was insbesondere bei unübersichtlichen Strukturen eine erhebliche Erleichterung mit sich bringt.[426] Zudem lassen sich für diese Ansicht auch wirtschaftliche Erwägungen ins Feld führen. So kann eine Gesellschaft nicht über die entsprechenden Beträge verfügen, bis sie in ihr Vermögen transferiert werden. Dies ist jedoch nicht schon grds. mit der Erwirtschaftung möglich.

Die Zurechnung eines Nettobetrags findet auch in bestimmten allgemeinen Besteuerungssachverhalten statt, von denen im Anschluss die Besteuerung innerhalb einer Organschaft und die transparente Besteuerung von Personengesellschaften exemplarisch aufgezeigt werden sollen.

(1) Organschaft

Die Rechtsfolge der Organschaft besteht darin, dass gem. § 14 Abs. 1 S. 1 KStG das Einkommen der Organgesellschaft dem Organträger zugerechnet wird.[427] Hierdurch ist es möglich, dass die positiven oder negativen Einkünfte einer oder mehrerer Organgesellschaften auf der Ebene des Organträgers mit deren Einkünften zusammengefasst (konsolidiert) werden.[428] Die Zurechnung bewirkt als Rechtsfolge, dass die Einkünfte der einzelnen Organgesellschaften trotz des Trennungsprinzips und der grundsätzlichen Eigenständigkeit bei der Organträgerin versteuert werden.[429] Dabei bleiben die Organgesellschaften eigenständige Steuersubjekte mit eigenständigen steuerlichen Pflichten und Rechten.[430] Dieses Ergebnis knüpft der Gesetzgeber an verschiedene Voraussetzungen, die in § 14 Abs. 1 S. 1 Nr. 1 bis Nr. 5 KStG aufgezählt sind. Die Zurechnung von Verlusten wird nicht ausdrücklich ausgeschlossen und

---

424 *Wassermeyer,* RIW 1983, 352 (353).
425 *Wassermeyer* in *Flick/Wassermeyer/Baumhoff/Schönfeld,* AStG § 14, Rn. 24.
426 *Wassermeyer* in *Flick/Wassermeyer/Baumhoff/Schönfeld,* AStG § 14, Rn. 24, 25.
427 *Danelsing* in *Blümich,* KStG § 14, Rn. 3; *Neumann* in *Gosch,* KStG § 14, Rn. 1.
428 *Birk/Desens/Tappe,* Steuerrecht, Rn. 1221; *Scheffler,* Besteuerung von Unternehmen, 484.
429 *Olbig* in *Streck,* KStG § 14, Rn. 1.
430 *Olbig* in *Streck,* KStG § 14, Rn. 130.

ist daher möglich.[431] Sie ist auch geboten, da die Verluste im Wege der Ergebnisabführung durch den Organträger tatsächlich getragen wurden.[432] Die Vorschriften der Organschaft erfordern andere Voraussetzungen als § 15 AStG. Die Rechtsfolgen weisen hingegen Ähnlichkeiten auf.

(2) Transparente Behandlung von Personengesellschaften

In der Besteuerung von Personengesellschaften und Körperschaften bestehen grundlegende Unterschiede. Im Gegensatz zur intransparenten Besteuerung von Körperschaften werden in Deutschland Personengesellschaften transparent behandelt. Die Gesellschaft als gesamthänderischer Verbund der Gesellschafter (Einheitstheorie) verwirklicht die Einkünftetatbestände des EStG. Die steuerlichen Folgen treffen hingegen nicht die Gesellschaft, sondern die einzelnen Gesellschafter. Es gibt mithin zwei – zumindest partielle – Steuersubjekte, zwischen denen wenigstens systematisch die Einheit der Tatbestandsverwirklichung und der steuerlichen Folge aufgespalten wird. Die Gewinnermittlung erfolgt in zwei Stufen. Hierbei kann es bei Mitunternehmerschaften zu einer Umqualifizierung der Einkünfte der Mitunternehmerschaft (Erste Stufe, vgl. § 15 Abs. 1 Satz 1 Nr. 2 Satz 1 Hs. 1 EStG) kommen, da die Besonderheiten auf der Ebene der Gesellschafter (Zweite Stufe, vgl. § 15 Abs. 1 Satz 1 Nr. 2 Satz 1 Hs. 2 EStG) berücksichtigt werden müssen. Auch hier sind die Rechtsfolgen ähnlich zu § 15 AStG; die Voraussetzungen hingegen andere.

e) Übertragung auf § 15 AStG n.F.

Gerade in Hinblick auf die Neufassung des § 15 AStG mit der Zurechnung der Einkünfte ist Rechtsfolge des § 15 AStG als periodische Hinzurechnung eines Nettoergebnisses einzuordnen. Neben praktischen Vorteilen lässt sich dies auch auf systematische Erwägungen stützen. Schon in § 15 Abs. 1 AStG ist eine Anerkennung der Stiftung vorhanden. Mit der „Zurechnung" der Stiftungseinkünfte erkennt der Gesetzgeber deren Existenz an. Ein Durchgriff durch die Stiftung entspricht nicht der Gesetzeslage. Daneben spricht auch § 15 Abs. 11 AStG dafür, dass die Einkünfte zunächst bei der Stiftung selbst erzielt werden, da § 15 Abs. 11 AStG davon ausgeht, dass die Stiftung weiterhin Vermögen zuwenden kann, das sie folglich vorher selbst erzielt haben muss.[433] Auch § 15 Abs. 5 AStG und die darin enthaltene Anrechnungsmöglichkeit für von der Familienstiftung bezahlten Steuern enthält eine indirekte Anerkennung der ausländischen Familienstiftung.[434]

431 Dies ist allerdings anders, wenn das negative Ergebnis bereits in einem anderen Staat zum Abzug gebracht wurde; vgl. § 14 Abs. 1 S. 1 Nr. 5 KStG.

432 *Birk/Desens/Tappe*, Steuerrecht, Rn. 1102; *Scheffler*, Besteuerung von Unternehmen, 492 f.

433 *Kirchhain*, IStR 2012, 602.

434 *Kirchhain*, IStR 2012, 602 (603).

Abb. 1: Beispiel

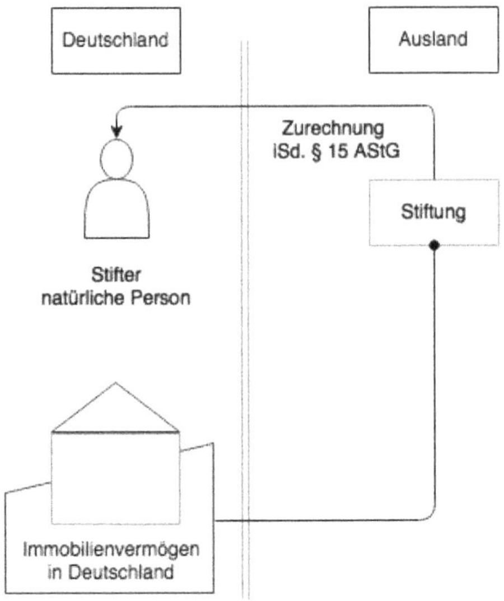

Eine ausländische Familienstiftung iSd. § 15 AStG erwirtschaftet ihre Erträge dadurch, dass sie ein in Deutschland belegenes großes Immobilienvermögen vermietet. Der Stifter ist im Inland unbeschränkt steuerpflichtig.

Die ausländische Stiftung unterfällt mit ihren inländischen Einkünften gem. §§ 2 Nr. 1, 8 Abs. 1 KStG iVm. 49 Abs. 1 Nr. 6 EStG in Deutschland der beschränkten KSt-Pflicht.[435]

Rechnet man dem Stifter den Steuertatbestand zu, so erfüllt er selbst den Tatbestand des § 21 Abs. 1 S. 1 Nr. 1 EStG. Der Stifter erhält dann für die Überlassung der Immobilien zur zeitlich begrenzten Nutzung aus dem Rechtsverhältnis mit den Mietern von diesen als Gegenleistung die Miete. Da der Steuertatbestand an die Überlassung der Immobilien anknüpft, muss hierfür eine Rechtsposition des Stifters an den Immobilien bestehen, aus welcher er das Recht auf Fremdüberlassung ableiten kann. Dies entspricht jedoch nicht der Konzeption des § 15 AStG. Dieser rechnet die Einkünfte der Stiftung in Form eines Nettobetrages zu und belässt gedanklich den Steuertatbestand und damit auch die Wirtschaftsgüter, im konkreten Beispiel die Immobilien, bei der Stiftung. Bei dieser wird sodann der Gewinn oder

435 So zumindest die hier vertretene Lösung; dies ist allerdings umstritten, siehe unter Kapitel 2: C) I) § 2 KStG iVm. § 49 EStG.

der Überschuss gebildet. Diese Summe wird darauf dem Stifter zugerechnet.[436] Aus der je nach Einkunftsart differenzierenden Betrachtungsweise des § 15 Abs. 8 AStG ergibt sich, dass die Zurechnung der Einkünfte getrennt nach den Einkunftsarten erfolgen muss, bei nicht körperschaftsteuerpflichtigen Zuwendungsempfängern jedoch grds. als Kapitaleinkünfte zu erfassen sind.[437]

2) Zeitpunkt

Entsprechend den aufgezeigten verschiedenen Meinungen in Bezug auf das Wesen der Zurechnung werden auch unterschiedliche Zeitpunkte vertreten, wann eine Zurechnung zu erfolgen hat.[438]

Wenn die Zurechnung in der Art verstanden wird, dass sie die steuerliche Tatbestandsverwirklichung zurechnet, lässt sich für den Zeitpunkt der Zurechnung auf § 38 AO abstellen.[439] Dies käme in Betracht bei einer Zurechnung der Einkünfteerwirtschaftung zum Stifter bzw. zum Bezug- oder Anfallsberechtigten selbst. Demnach entstünde der Steueranspruch mit Tatbestandsverwirklichung der steuerlichen Leistungsnorm. Entsprechend würde die Zurechnung an die Tatbestandsverwirklichung der jeweiligen Steuernorm anknüpfen. Bei einer derartigen Zurechnung, hinge der Zeitpunkt hierbei davon ab, ob das Zurechnungssubjekt seine Einkünfte im Wege der Überschussermittlung oder seinen Gewinn durch einen Betriebsvermögensvergleich ermittelt. Während bei ersterer der Zu- und Abfluss iSd. § 11 Abs. 1 und 2 EStG entscheidend ist, muss bei letzterem auf die wirtschaftliche Verursachung geachtet werden.[440] Der Zeitpunkt der Zurechnung des Einkommens würde somit je nach der Ermittlung des Zurechnungssubjekts differieren. Wenn bei verschiedenen Zurechnungssubjekten die jeweiligen unterschiedlichen Arten der Einkünfteermittlung vorlägen, ergäbe sich ein Bild ähnlich der Zebra-Gesellschaften.[441] An diesem Ergebnis dürften auch die §§ 15 Abs. 7 S. 2, 10 Abs. 3 S. 2 AStG iVm. § 4 Abs. 3 EStG nichts ändern. Demnach steht eine Gewinnermittlung nach § 4 Abs. 3 EStG einer Gewinnermittlung nach § 4 Abs. 1 oder § 5 EStG gleich. Jedoch ermöglicht § 4 Abs. 3 EStG nur eine Erleichterung für Gewinnermittler, die ausnahmsweise den Gewinn als Überschuss der Betriebseinnahmen über die Betriebsausgaben ermitteln dürfen.[442] Diese Privilegierung wird von den §§ 15 Abs. 7 S. 2, 10 Abs. 3 S. 2 AStG als nicht anwendbar erklärt. Die Vorschrift richtet sich jedoch nicht an nichtunternehmerische Steuerpflichtige, die den Überschuss der Einkünfte iSd. § 2

---

436 So die vom BFH zu §§ 7 ff. AStG favorisierte Lösung BFH, Urt. v. 20.04.1988 – I R 41/82, BFHE 153, 530 (536 ff.).

437 So die hier vertretene Auffassung. So bereits *Baßler* in *Flick/Wassermeyer/Baumhoff/Schönfeld,* AStG § 15, Rn. 37 f., 237 m.w.N.

438 Zu §§ 7. ff. AStG BFH, Urt. v. 20.04.1988 – I R 41/82, BFHE 153, 530 (537).

439 *Birk/Desens/Tappe,* Steuerrecht, Rn. 254.

440 *Glenk* in *Blümich,* EStG § 11, Rn. 9; *Birk/Desens/Tappe,* Steuerrecht, Rn. 829, 994.

441 Hierzu BFH, Beschluss vom 11.04.2005 – GrS 2/02, BFHE 209, 399.

442 *Birk/Desens/Tappe,* Steuerrecht, Rn. 931.

Abs. 2 Nr. 2 EStG ermitteln. Daher ergibt sich aus den §§ 15 Abs. 7 S. 2, 10 Abs. 3 S. 2 AStG für die Ermittler eines nichtunternehmerisch erwirtschafteten Überschusses auch keine Pflicht, die Einkünfte als Gewinn zu ermitteln.[443]

Wenn die Zurechnung hingegen so verstanden wird, dass ein singulärer Betrag je Einkünfteart zuzurechnen ist, so stellt sich auch hier die Frage nach dem Zeitpunkt der Zurechnung. Bei der bisherigen Zurechnung des Einkommens bot sich der Zeitpunkt an, an dem bei der Stiftung die einzelnen Einkünfte iSd. § 2 Abs. 4 EStG zur Rechengröße des Einkommens zusammengefasst wurden.[444] Entscheidend wurde daher auf das Ende des Besteuerungszeitraums der Stiftung abgestellt.[445] Hingegen kann sich der Zeitpunkt der Zurechnung auch nach dem Veranlagungszeitpunkt des Zurechnungssubjekts richten. Dies ist möglicherweise der Standpunkt der Finanzverwaltung, zumindest die Auffassung eines ihrer Vertreter.[446]

Die hier präferierte Bezugnahme auch für die Neufassung des § 15 AStG auf den Zeitpunkt des Besteuerungszeitraumes der Stiftung deckt sich auch mit dem Zurechnungszeitpunkt, in dem die Zurechnung bei der Hinzurechnungsbesteuerung vorzunehmen ist.[447] Sowohl aus praktischen Gesichtspunkten als auch aus der Gesetzessystematik heraus bietet es sich an, den Zurechnungszeitpunkt an der ausländischen Stiftung auszurichten.[448] Bei den §§ 7 ff. AStG orientiert sich die herrschende Meinung am § 4a Abs. 1 S. 2 Nr. 2 EStG und sieht die Zurechnung zum Zeitpunkt der Abschlusserstellung als geboten an.[449] Dies exakt auf § 15 AStG zu übertragen, bereitet Probleme: Während die §§ 7 ff. AStG sich auf Körperschaften beziehen, und diese gem. § 10 Abs. 3 AStG iVm. §§ 4, 4a EStG zur Erstellung von Abschlüssen verpflichtet sind, gilt dies grds. für Stiftungen nicht. Daher kann auf § 4a Abs. 1 Nr. 2 EStG nur abgestellt werden, wenn die Stiftung freiwillig Bücher führt bzw. wenn eine Pflicht zur Abschlusserstellung nach ausländischem Recht besteht.

Wenn die Stiftung ihre Einkünfte entsprechend den §§ 2 Abs. 2 Nr. 2 iVm. 8, 9, 11 EStG ermittelt, sollte ebenfalls auf den fiktiven Zeitpunkt der Einkünfteerfassung im Wege der Veranlagung abgestellt werden, also auf die Addierung der Summe der Einkünfte, wie sie in § 2 Abs. 3 EStG vorausgesetzt wird. Auch wenn nunmehr

---

443 Vgl. hierzu unter Kapitel 2: D) II) § 4 Abs. 3 EStG iSd. § 15 Abs. 7 S. 2 AStG mit Verweis auf § 10 Abs. 3 S. 2 AStG.

444 *Wassermeyer* in *Flick/Wassermeyer/Baumhoff/Schönfeld,* AStG § 15, Rn. 218; *Wenz/Linn* in *Haase,* AStG § 15, Rn. 106.

445 *Wassermeyer* in *Flick/Wassermeyer/Baumhoff/Schönfeld,* AStG § 15, Rn. 218; *Wenz/Linn* in *Haase,* AStG § 15, Rn. 106. Zum Zeitpunkt iSd. § 14 AStG BFH, Urt. v. 20.04.1988 – I R 41/82, BFHE 153, 530 (538).

446 BMF in AStGAE, Rn. 15.1.2 – IV B 4 – S 1340 – 11/04, BStBl. I 2004, 3; *Runge* in *Brezing,* AStG § 15, Rn. 25; *Schulz* in *Lademann,* AStG § 15, Rn. 42.

447 BFH, Urt. v. 20.04.1988 – I R 41/82, BFHE 153, 530 (538).

448 *Baßler* in *Flick/Wassermeyer/Baumhoff/Schönfeld,* AStG § 15, Rn. 243; *Wenz/Linn* in *Haase,* AStG § 15, Rn. 106; *Schulz* in *Lademann,* AStG § 15, Rn. 42.

449 BFH, Urt. v. 20.04.1988 – I R 41/82, BFHE 153, 530 (538); *Wassermeyer,* IStR 2012, 804 (806).

durch das AmtshilfeRLUmsG[450] auf die Zurechnung der Einkünfte abgestellt wird, sollte sich hierdurch für den Zeitpunkt der Zurechnung keine Änderung ergeben.

II) Zurechnungsobjekt

Die Zurechnung ist gem. § 15 Abs. 1 S. 1 AStG für ertragsteuerliche Zwecke auf die Einkünfte und für vermögensteuerliche[451] Zwecke auf das Vermögen gerichtet.[452] Erbschaftsteuerliche Auswirkungen werden von § 15 Abs. 1 S. 2 AStG ausgeschlossen.

Bis zur Neufassung der Vorschrift durch das AmtshilfeRLUmsG[453] wurde das Einkommen der Stiftung zugerechnet. Nunmehr bilden die Einkünfte das Zurechnungsobjekt.

Das Einkommen ist im Verhältnis zu den Einkünften im zeitlichen Ablauf der Veranlagung eine spätere Größe. Dieses wird in § 2 Abs. 4 EStG iVm. § 8 Abs. 1 KStG geregelt. Die Einkünfte als zeitlich vorherige Stufe finden sich hingegen in § 2 Abs. 2 EStG iVm. § 8 Abs. 1 KStG.

§ 2 Abs. 2 S. 1 EStG weist hierbei die Einkünfte entweder den Gewinneinkünften (Nummer 1) oder den Überschusseinkünften (Nummer 2) zu. Dies nennt man dualistisches System der Einkunftsarten.[454] In § 2 Abs. 2 S. 1 EStG findet sich auch das objektive Nettoprinzip. Demnach sind die mit den Einnahmen in Zusammenhang stehenden Betriebsausgaben oder Werbungskosten bei der Besteuerung von der Bemessungsgrundlage abzuziehen.[455] Der Besteuerung unterfällt demnach nur der Saldo aus Einnahmen und Ausgaben.[456] Noch nicht hinreichend geklärt ist, ob dem objektiven Nettoprinzip Verfassungsrang zukommt.[457]

§ 15 Abs. 1 S. 1 AStG ermöglicht die Zurechnung von Einkünften der Stiftung. Damit diese Voraussetzung erfüllt werden kann, ist festzustellen, ob es sich überhaupt um eigene Einkünfte der Stiftung handelt. Hierbei gelten die allgemeinen Grundsätze der Einkünftezurechnung, sodass auch die §§ 39 und 42 AO dabei zu beachten sind. Sofern die Wirtschaftsgüter weiterhin dem Stifter zuzurechnen sind,[458] können

---

450 BGBl. I 2013, 1809, v. 26.06.2013.

451 Vgl. hierzu Fn. 404.

452 *Schulz* in *Lademann*, AStG § 15, Rn. 41.

453 BGBl. I 2013, 1809, v. 26.06.2013.

454 *Ratschow* in *Blümich*, EStG § 2, Rn. 5, 62; *Birk/Desens/Tappe*, Steuerrecht, Rn. 608 ff.; *Jakob*, ESt, Rn. 62 f.

455 *Ratschow* in *Blümich*, EStG § 2, Rn. 13; *Birk/Desens/Tappe*, Steuerrecht, Rn. 615.

456 BVerfG, Urt. v. 09.12.2008 – 2 BvL 1/07, 2 BvL 2/07, 2 BvL 1/08, 2 BvL 2/08, BVerfGE 122, 210 (234); *Birk/Desens/Tappe*, Steuerrecht, Rn. 616.

457 Ausdrücklich offen gelassen in BVerfG, Urt. v. 09.12.2008 – 2 BvL 1/07, 2 BvL 2/07, 2 BvL 1/08, 2 BvL 2/08, BVerfGE 122, 210 (234); bejahend *Lehner*, DStR 2009, 185 (191).

458 BFH, Urt. v. 28.06.2007 – II R 21/05, BFHE 217, 254 befasst sich mit einem Treuhandverhältnis bei einer liechtensteinischen Familienstiftung.

keine Einkünfte der Stiftung vorliegen.[459] Daher ist in diesen Fällen kein Platz für die Anwendung des § 15 AStG. Die steuerbaren Einkunftsarten des EStG sind abschließend aufgeführt. Einkünfte, die schon dem Grunde nach nicht steuerbar sind, können auch nicht die Zurechnung nach § 15 AStG auslösen.[460]

Hinsichtlich der Zurechnung des § 15 Abs. 1 AStG erfolgt keine Eliminierung von nicht missbrauchsanfälligen Einkünften. Hingegen ist im Rahmen der Hinzurechnungsbesteuerung in § 8 Abs. 1 AStG eine Bereinigung der Einkünfte um näher bezeichnete „aktive Einkünfte" sowie in § 8 Abs. 3 AStG um Einkünfte, die im Ausland mit mehr als 25 Prozent versteuert wurden, vorgesehen.

III) Zurechnungssubjekte

1) Stiftereigenschaft

Das AStG lässt den Begriff des Stifters offen.[461]

a) Rechtsprechung

Der BFH fasst „unter den Begriff des Stifters vor allem die Personen [...], für deren Rechnung Vermögen auf die Familienstiftung übertragen wird."[462]

Dass diese Definition des BFH nicht abschließend war, hat er mit den Worten „vor allem" ausgedrückt. Sie wurde dementsprechend durch ein weiteres Urteil ausgearbeitet, in dem der BFH ausführt, dass die Person Stifter ist, für „deren Rechnung das Stiftungsgeschäft abgeschlossen worden ist, oder die in der Art des Stifters Vermögen auf die Stiftung überträgt, bzw. der das Stiftungsgeschäft bei wirtschaftlicher Betrachtung zuzurechnen ist."[463] In dieser Definition des BFH kommt eine wirtschaftliche Betrachtung zum Ausdruck.[464] So wird ausdrücklich erwähnt, dass nicht maßgeblich ist, wer die Stiftungsurkunde unterschrieben hat.[465] Daher sind Umgehungen dergestalt, dass die Stiftung durch einen Treuhänder errichtet wird, nicht möglich.[466] Dem Treugeber wird in diesem Fall das Stiftungsgeschäft zugerechnet mit der Folge, dass er als Stifter anzusehen ist. Aus diesem Grund ist der

459 *Wassermeyer* in *Flick/Wassermeyer/Baumhoff/Schönfeld,* AStG § 15, Rn. 47; *Schulz* in *Lademann,* AStG § 15, Rn. 7 ff.

460 *Wenz/Linn* in *Haase,* AStG § 15, Rn. 159.

461 BFH, Urt. v. 25.04.2001 – II R 14/98, BFH/NV 2001, 1457 (1459); *Schulz* in *Lademann,* AStG § 15, Rn. 26.

462 BFH, Urt. v. 05.11.1992 – I R 39/92, BFHE 170, 62 (65).

463 BFH, Urt. v. 25.04.2001 – II R 14/98, BFH/NV 2001, 1457 (1459).

464 *Rundshagen* in *Grotherr/Herfort/Strunk,* 504.

465 BFH, Urt. v. 25.04.2001 – II R 14/98, BFH/NV 2001, 1457 (1459).

466 Siehe hierzu auch zur Zurechnung von Wirtschaftsgütern unter Kapitel 2: B) I) 1) a) § 39 Abs. 2 AO.

Testamentsvollstrecker nicht als Stifter anzusehen.[467] Dies gilt auch dann, wenn zum Zeitpunkt der Anerkennung der Stifter bereits verstorben ist.

Die Stiftereigenschaft ist höchstpersönlich. Sie geht daher nicht mit dem Tod auf den Erben über.[468] Jedoch wird auch der Zustifter als Stifter iSd. Vorschrift angesehen.[469] Zudem können mehrere Personen als Stifter in Erscheinung treten.[470]

Bei Vorratsstiftungen ist derjenige als Stifter anzusehen, der letztlich den Stiftungszweck der Stiftung vorgibt und die Stiftung wirtschaftlich gesehen mit dem hierfür notwendigen Kapital ausstattet.[471]

Der Gesetzgeber hat eine Gleichstellung weiterer Personengruppen mit dem Stifter in § 15 Abs. 3 AStG angeordnet.[472]

b) Zeitliches Moment

Wird die Stiftung von Todes wegen errichtet, so ist, obwohl die Anerkennung der Stiftung erst nach dem Tode erfolgt, der Erblasser Stifter und nicht der Erbe.[473] Dies liegt sowohl an der entsprechenden Anwendung des § 84 BGB als auch an der wirtschaftlichen Betrachtungsweise.[474]

Der Steuerpflicht des Stifters kommt bei der Stiftungserrichtung keine Bedeutung zu.[475] So ist es möglich, dass dieser unbeschränkt steuerpflichtig ist. Ebenso kann es jedoch sein, dass er nur beschränkt steuerpflichtig ist oder mangels inländischer Einkünfte überhaupt nicht einkommensteuerpflichtig ist. Dies ist bedenklich im Hinblick auf die Intention des Gesetzgebers, die Steuerflucht bzw. die Kapitalflucht zu vermeiden.[476] Hier weist der Tatbestand überschießende Tendenz auf.[477]

---

467 *Wassermeyer* in *Flick/Wassermeyer/Baumhoff/Schönfeld,* AStG § 15, Rn. 48.

468 *Wassermeyer* in *Flick/Wassermeyer/Baumhoff/Schönfeld,* AStG § 15, Rn. 48.

469 BMF in AStGAE, Rn. 15.2.1 – IV B 4 – S 1340 – 11/04, BStBl. I 2004, 3; *Vogt* in *Blümich,* AStG § 15, Rn. 43; *Wassermeyer* in *Wassermeyer,* AStG § 15, Rn. 48; *Kraft* in *Kraft,* AStG § 15, Rn. 190.

470 *Wassermeyer* in *Flick/Wassermeyer/Baumhoff/Schönfeld,* AStG § 15, Rn. 49.

471 *Vogt* in *Blümich,* AStG § 15, Rn. 43.

472 Siehe hierzu unter Kapitel 2: A) IV) 1) Tatbestandserweiterungen.

473 *Wassermeyer* in *Flick/Wassermeyer/Baumhoff/Schönfeld,* AStG § 15, Rn. 48; *Schulz* in *Lademann,* AStG § 15, Rn. 26b.

474 *Wassermeyer* in *Flick/Wassermeyer/Baumhoff/Schönfeld,* AStG § 15, Rn. 48.

475 *Wassermeyer* in *Flick/Wassermeyer/Baumhoff/Schönfeld,* AStG § 15, Rn. 42; *Hennemann-Raschke* in *Wöhrle/Schelle/Gross,* AStG § 15, Rn. 2.

476 RStBl. 1934, 1398.

477 Vgl. hierzu unter Kapitel 2: B) III) 2) c) Persönliche Merkmale der Zurechnungssubjekte.

c) *Sonstige Kriterien*

Die Zurechnung erfolgt gem. § 15 Abs. 1 S. 1 AStG vorrangig beim unbeschränkt steuerpflichtigen Stifter. Das Gesetz verwendet hierbei die Singularform. Ungeachtet dessen erfolgt eine Zurechnung auch bei mehreren Stiftern bzw. Zustiftern.[478]

Teilweise wird die vom Gesetzgeber aufgestellte vorrangige Zurechnungsfolge als sachwidrig abgetan.[479] Ein Grund für die vorrangige Zurechnung beim Stifter könnte darin gesehen werden, dass er die Vermögensverschiebung auf die ausländische Stiftung – mit einer einhergehenden Erschwerung der Ermittlungsmöglichkeiten der steuerlichen Tatbestände seitens der Finanzverwaltung – veranlasst hat.[480] Dabei ergeben sich insbesondere hinsichtlich der Bezugs- und Anfallsberechtigten Vollzugshindernisse, die auch auf den Stifter zurückgeführt werden können, da die Stiftungssatzung in den Händen des Stifters liegt.[481]

Der Wortlaut des § 15 Abs. 1 AStG fordert dabei nicht, dass der Stifter selbst bezugs- oder anfallsberechtigt sein muss. Demgegenüber wird teilweise in analoger Anwendung des § 15 Abs. 2 AStG gefordert, dass eine Zurechnung ihm gegenüber nur dann erfolgen solle, wenn er selbst bezugs- oder anfallsberechtigt sei.[482] Hingegen wird zudem vertreten, dass die Zurechnungsfolge auch dann greifen solle, wenn der Stifter weder an den Erträgen noch am Vermögensanfall partizipiere.[483] Im Ergebnis sollten dem Wortlaut gemäß dem Stifter auch in diesen Fällen die Einkünfte zugerechnet werden. Einer etwaigen Übermäßigkeitsbesteuerung kann seitens der Finanzverwaltung im Einzelfall durch Billigkeitsmaßnahmen begegnet werden.[484]

d) *Berechtigung*

Vom Gesetzgeber wird hinsichtlich des Stifters nicht gefordert, dass ihm eine Bezugs- oder Anfallsberechtigung hinsichtlich der Stiftungseinkünfte oder des Stiftungsvermögens zukomme.[485] Selbst wenn der Stifter auch bei einer wirtschaftlichen Betrachtung keinerlei Vorteile aus der Stiftung ziehen kann, werden ihm deren

---

478 *Schulz* in *Lademann,* AStG § 15, Rn. 23.

479 Vgl. zur Kritik unter Kapitel 2: B) IV) 4) Binnendifferenzierung zwischen Bezugs- und Anfallsberechtigten.

480 *Schulz* in *Lademann,* AStG § 15, Rn. 31; auf die Veranlassung stellt auch der BFH im Urt. v. 05.11.1992 – I R 39/92, BFHE 170, 62 (68) ab; ebenso, wenngleich in anderem Zusammenhang, *Kraft* in *Kraft,* AStG § 15, Rn. 252.

481 *Kraft* in *Kraft,* AStG § 15, Rn. 252, wenn auch in anderem Zusammenhang; zu den sich ergebenden Schwierigkeiten siehe unter Kapitel 2: B) III) 2) a) Probleme bei der Begriffsbestimmung.

482 *Schaumburg,* Internationales Steuerrecht, Rn. 11.24; *Seibold,* IStR 1993, 545 (548).

483 BFH, Urt. v. 25.04.2001 – II R 14/98, BFH/NV 2001, 1457 (1461).

484 Hierzu bereits *Felix,* DB 1972, 2275 (2276).

485 *Wassermeyer* in *Flick/Wassermeyer/Baumhoff/Schönfeld,* AStG § 15, Rn. 88.

Einkünfte zugerechnet. Hinsichtlich der Anfalls- und Bezugsberechtigten lässt sich feststellen, dass bei ihnen eine Bezugs- oder Anfallsberechtigung vorliegen muss.[486]

2) Bezugs- und Anfallsberechtigte

a) Probleme bei der Begriffsbestimmung

Auch die Begriffe der Bezugsberechtigten und Anfallsberechtigten werden im Gesetz nicht geklärt.[487]

Bei der Begriffsbestimmung zeigen sich verschiedene Schwierigkeiten. Zum einen muss sich die Berechtigung aus der Satzung der Stiftung bestimmen lassen. Hierbei bestehen zunächst seitens der Finanzverwaltung faktische Schwierigkeiten, an das entsprechende Statut zu gelangen. Die ausländische Stiftung trifft hierbei keine Mitwirkungspflicht.[488]

Auf Seiten der Destinäre kann es vorkommen, dass sie von ihrer Stellung nichts wissen. Es ist denkbar, dass ihnen die Stiftung völlig unbekannt ist. Selbst wenn sie Kenntnis über ihre Stellung haben, stehen sie vor dem Problem, dass sie möglicherweise von der Stiftung nicht die Information bekommen, wie hoch der auf sie entfallende Anteil an der Berechtigung ist. Eine quantitative Bestimmung scheint daher auch ihnen schwer möglich.[489]

Die beiden Begriffe weisen grds. einen sehr weiten Umfang auf. So ist der Kreis der Bezugs- und Anfallsberechtigten vom Wortlaut nicht auf die Familie oder auf das Unternehmen iSd. § 15 Abs. 2 und 3 AStG beschränkt.[490] Zudem können sich die Bezugs- oder Anfallsberechtigungen über die Zeit ändern.[491] Hierbei stellt sich die Frage, ob hinsichtlich der Berechtigungen eine Abzinsung vorzunehmen ist.[492] Die Art der Steuerpflicht in Deutschland ist nicht entscheidend für die Bezugs- oder Anfallsberechtigung, das Erfordernis einer unbeschränkten Steuerpflicht besteht erst im Rahmen der Einkünftezurechnung gem. § 15 Abs. 1 AStG. Demnach können

486 Vgl. bezüglich der unterschiedlichen Auffassungen, die an die Berechtigung gestellt werden, unter Kapitel 2: B) III) 2) Bezugs- und Anfallsberechtigte.

487 BFH, Urt. v. 25.04.2001 – II R 14/98, BFH/NV 2001, 1457 (1459 f.); *Wassermeyer* in *Flick/Wassermeyer/Baumhoff/Schönfeld,* AStG § 15, Rn. 54; *Schulz* in *Lademann,* AStG § 15, Rn. 27, 29; *Kraft* in *Kraft,* AStG § 15, Rn. 211; *Schaumburg,* Internationales Steuerrecht, Rn. 11.25.

488 *Wassermeyer* in *Flick/Wassermeyer/Baumhoff/Schönfeld,* AStG § 15, Rn. 54.

489 *Wassermeyer* in *Flick/Wassermeyer/Baumhoff/Schönfeld,* AStG § 15, Rn. 54; *Schaumburg,* Internationales Steuerrecht, Rn. 11.11; *Kraft/Schulz,* IStR 2012, 897 (899); *Werder/Dannecker,* BB 2012, 2278 (2279).

490 *Wassermeyer* in *Flick/Wassermeyer/Baumhoff/Schönfeld,* AStG § 15, Rn. 54; zu einer vorzugswürdigen restriktiven Anwendung vgl. unter Kapitel 2: B) III) 2) d) Dritte ohne familiären Bezug.

491 *Schulz* in *Lademann,* AStG § 15, Rn. 39, 54.

492 Für eine Diskontierung *Wassermeyer* in *Flick/Wassermeyer/Baumhoff/Schönfeld,* AStG § 15, Rn. 90; *Schulz* in *Lademann,* AStG § 15, Rn. 39, 54.

Bezugs- oder Anfallsberechtigte in Deutschland oder dem Ausland leben, inländische Einkünfte erhalten oder solche nicht beziehen.[493]

§ 15 AStG erfasst nur die Bezugs- und Anfallsberechtigung. Sonstige Vorteile, z.B. die Nutzungsüberlassung von Vermögensgegenständen, die iSd. § 1 Abs. 4 ErbStG geeignet sind, eine Familienstiftung zu begründen, werden von der Norm nicht in die Betrachtung mit einbezogen.[494]

b) Unterschiedliche Auffassungen über die Reichweite der Begriffe

Es ist umstritten, was alles unter die Begriffe der Bezugs- und Anfallsberechtigung fällt. Weitgehende Einigkeit besteht in diesem Zusammenhang hinsichtlich der Begriffe „Anfall“ und „Bezug“. Hinsichtlich der Anforderungen an die Berechtigung gehen die Auffassungen weit auseinander.

(1) Anfallsberechtigung

In der Vorgängernorm des § 12 StAnpG war eine Zurechnung bei Anfallsberechtigten nicht vorgesehen.[495] Sie werden erst mit der Neufassung des AStG im Jahr 1977 erfasst.

Die Anfallsberechtigung bezieht sich dabei auf den Erwerb von Teilen des Vermögensstammes vor allem bei Auflösung der Stiftung.[496] Im BGB findet sich der Begriff der Anfallsberechtigten z.B. in § 88 S. 2 BGB.

(2) Bezugsberechtigung

Eine Bezugsberechtigung drückt sich dadurch aus, dass der Bezugsberechtigte von der Stiftung Zuwendungen erhält.[497]

Der Begriff „Bezug“ ist im Einkommensteuerrecht bekannt. Er taucht z.B. in den §§ 8, 19, 20 und 40 EStG auf.[498] Außerdem ist er in der Definition der Einnahmen iSd. § 8 Abs. 1 EStG enthalten. Demnach bestehen die Einnahmen aus Bezügen in Geld oder Geldeswert.[499] Hiernach ist das Teilwort „Bezug“ recht weit.

---

493 *Wassermeyer* in *Flick/Wassermeyer/Baumhoff/Schönfeld,* AStG § 15, Rn. 86. Vgl. zur Zurechnung bei teilweise im Ausland lebenden Destinären unter Kapitel 2: B) IV) 3) Bezugs- und Anfallsberechtigte.

494 *Schulz/Werz,* ErbStB 2008, 177 (178) sowie unter Kapitel 1: VII) 1) c) (3) (b) Begriffsdefinition der Familienstiftung iSd. ErbStG.

495 *Felix,* DB 1972, 2275 (2276).

496 *Vogt* in *Blümich,* AStG § 15, Rn. 45; *Wassermeyer* in *Flick/Wassermeyer/Baumhoff/Schönfeld,* AStG § 15, Rn. 60; *Kraft* in *Kraft,* AStG § 15, Rn. 230; *Schulz* in *Lademann,* AStG § 15, Rn. 29; *Rundshagen* in *Grotherr/Herfort/Strunk,* 504.

497 *Rundshagen* in *Grotherr/Herfort/Strunk,* 504. Wie diese Möglichkeit der Einwirkung auf die Stiftung ausgestaltet sein muss, siehe sogleich unter Punkt (3) Berechtigung.

498 *Wassermeyer* in *Flick/Wassermeyer/Baumhoff/Schönfeld,* AStG § 15, Rn. 54; *Kraft* in *Kraft,* AStG § 15, Rn. 211.

499 *Wassermeyer* in *Flick/Wassermeyer/Baumhoff/Schönfeld,* AStG § 15, Rn. 54.

Beispiele für eine Bezugsberechtigung können bei turnusmäßigen Vermögenszuwendungen an einen Destinär vorliegen, wie z.B. bei monatlichen Geldzahlungen. Möglich ist auch, dass eine Einmalzahlung an den Bezugsberechtigten zu leisten ist.[500]

(3) Berechtigung

Wie die Berechtigung festzustellen ist, wird recht einheitlich gesehen. Durchgehend wird dabei vorrangig auf die Satzung abgestellt.[501] Es sind aber auch sonstige Umstände zu berücksichtigen. Dabei wird auf eine weite Sicht abgestellt werden müssen. So muss die gesamte Stiftungsurkunde zur Bestimmung einer Bezugs- oder Anfallsberechtigung herangezogen werden.[502] Ist lediglich in einem Abschnitt ein Rechtsanspruch ausgeschlossen, ergibt sich aber die Berechtigung aus anderen Passagen oder Beistatuten, so müssen auch diese beachtet werden.[503] Einigkeit besteht darin, dass insbesondere nicht darauf abzustellen ist, ob die Berechtigten als solche in der Stiftungsurkunde bezeichnet werden. Selbst wenn sich eine Passage findet, in der eine Bezugsberechtigung für eine bestimmte Person oder eine Personengruppe ausgeschlossen wird, ist zu überprüfen, ob nicht eine solche nach den tatsächlichen Umständen gegeben ist.[504]

Hinsichtlich der Reichweite des Teilworts „Berechtigung“ gehen die Meinungen weit auseinander.

(a) Literatur

So wird teilweise vertreten, es könne keine Berechtigung in Bezug auf die Bezüge vorliegen, wenn eine Thesaurierung vorgeschrieben sei.[505] Die strikteste Forderung wäre, dass der Destinär einen Rechtsanspruch auf Bezüge oder den Vermögensanfall besitzen müsse. Jedoch wird auch eine tatsächliche Anwartschaft auf Bezüge oder den Vermögensanfall als ausreichend angesehen.[506] Andere Autoren fordern hingegen, dass die Berechtigung zumindest in einer „rechtlich gesicherte[n]

---

500 Gegen ein Genügen einer Einmalzahlung *Hennemann-Ratschke* in *Wöhrle/Schelle/Gross*, AStG § 15, Rn. 17.

501 *Wassermeyer* in *Flick/Wassermeyer/Baumhoff/Schönfeld*, AStG § 15, Rn. 54; *Kraft* in *Kraft*, AStG § 15, Rn. 214.

502 BFH, Urt. v. 25.04.2001 – II R 14/98, BFH/NV 2001, 1457 (1459).

503 Hierzu als Beispiel BFH, Urt. v. 25.04.2001 – II R 14/98, BFH/NV 2001, 1457 (1460); *Seibold*, IStR 1993, 545 (549).

504 BFH, Urt. v. 25.04.2001 – II R 14/98, BFH/NV 2001, 1457 (1460).

505 *Vogt* in *Blümich*, AStG § 15, Rn. 44; *Wassermeyer* in *Flick/Wassermeyer/Baumhoff/Schönfeld*, AStG § 15, Rn. 66; *Hennemann-Ratschke* in *Wöhrle/Schelle/Gross*, AStG § 15, Rn. 18.

506 *Wassermeyer* in *Flick/Wassermeyer/Baumhoff/Schönfeld*, AStG § 15, Rn. 66.

Anwartschaft" bestehen müsse.[507] Als Begründung hierfür wird angeführt, dass sowohl in § 45 BGB als auch in § 1942 BGB bei dem Begriff des Anfalls entscheidend sei, dass dem Berechtigten ein Rechtsanspruch auf das Vermögen zukomme.[508] Hierbei sei unerheblich, ob die Leistung beim Bezugsberechtigten zu versteuern sei.[509]

Nach teilweise vertretener Literaturauffassung sind Leistungen nicht ausreichend, die in das Ermessen der Stiftungsorgane gestellt werden.[510] Für den Fall, dass die Bezugsberechtigung bedingt sei, müsse der vorherrschenden Literaturmeinung nach die Bedingung erfüllt werden, damit tatsächlich eine Berechtigung vorliege.[511] Bedingungen oder Befristungen des Anspruchs eines Anfallsberechtigten seien jedoch möglich, da dieser Anspruch stets unter der Bedingung der Stiftungsauflösung stehe bzw. bis zur Stiftungsauflösung befristet sei.[512] Gefordert wird zudem die Bestimmtheit der Berechtigung. So soll eine Zurechnung entfallen, wenn eine Zuwendung aufgrund einer Leistung des Berechtigten erbracht werde, bspw. Zahlungen im Zusammenhang mit künstlerischen Errungenschaften.[513]

(b) Rechtsprechung

Der BFH legt dagegen niedrigere Ansprüche hinsichtlich der Begriffe „Bezugs- oder Anfallsberechtigung" an. Wie ausgeführt, zieht der BFH alle zur Verfügung stehenden Nachweise zur Bestimmung der Bezugs- oder Anfallsberechtigung heran. So wird die gesamte Stiftungsurkunde zur Bestimmung einer Bezugs- oder Anfallsberechtigung betrachtet. Ist lediglich in einem Abschnitt ein Rechtsanspruch ausgeschlossen, ergibt sich aber die Berechtigung aus anderen Passagen oder Beistatuten, so ist dies jedenfalls ausreichend.[514] Ferner lässt der BFH es ausreichen, wenn es keinen einklagbaren Rechtsanspruch gibt und nimmt bereits bei einer „gesicherten Rechtsposition" eine Berechtigung an.[515]

Als sachgerecht wird von *Vogt* die BFH-Position angesehen, die eine Berechtigung dann annimmt, wenn sie eine Stellung vermittelt, die gewöhnlich nicht entzogen werden kann.[516]

---

507 *Vogt* in *Blümich,* AStG § 15, Rn. 44; ähnlich *Schaumburg,* Internationales Steuerrecht, Rn. 11.26.

508 *Weick* in *Staudinger,* BGB § 45, Rn. 5, 8.

509 *Vogt* in *Blümich,* AStG § 15, Rn. 44.

510 *Wassermeyer* in *Flick/Wassermeyer/Baumhoff/Schönfeld,* AStG § 15, Rn. 56.

511 *Kirchhain* in *Mössner/Fuhrmann,* AStG § 15, Rn. 53; *Rundshagen* in *Strunk/Kaminski/Köhler,* AStG § 15, Rn. 37; zur abweichenden Auffassung der Finanzverwaltung siehe unter Kapitel 2: B) III) 2) b) (3) (c) Finanzverwaltung.

512 *Kirchhain* in *Mössner/Fuhrmann,* AStG § 15, Rn. 53; *Schulz* in *Lademann,* AStG § 15, Rn. 30a.

513 *Vogt* in *Blümich,* AStG § 15, Rn. 44.

514 BFH, Urt. v. 25.04.2001 – II R 14/98, BFH/NV 2001, 1457 (1459).

515 BFH, Urt. v. 25.04.2001 – II R 14/98, BFH/NV 2001, 1457 (1461).

516 *Vogt* in *Blümich,* AStG § 15, Rn. 46.

Mit seiner Rechtsprechung tritt der BFH Steuerumgehungsmöglichkeiten entgegen. Wie bei der Darstellung der Literaturmeinungen gezeigt, liegt das Konfliktfeld insbesondere bei den ins Belieben der Stiftungsorgane gestellten Leistungen.[517]

Der BFH beruft sich hierbei ausdrücklich auf eine Verwaltungsanweisung zur StAmnVO vom 24.08.1931.[518] Nach § 2 Abs. 1 S. 1 der Durchführungsbestimmung zur 1. StAmnVO[519] liegt eine Bezugsberechtigung vor, wenn eine Person nach der Satzung in der Gegenwart oder der Zukunft Vermögensvorteile aus der Stiftung erhält. § 2 Abs. 1 S. 2 der Durchführungsbestimmung zur 1. StAmnVO lässt es darüber hinaus für den Fall, dass sich nach dem dargelegten Grundsatz keine Bezugsberechtigung ergibt, genügen, dass es ausreichend sei, wenn mit einem Erhalt von Vermögensvorteilen aus der Stiftung gerechnet werden könne.

(c) Finanzverwaltung

Nach dem BMF liegt eine Anfallsberechtigung vor, wenn die infrage kommende Person einen Vermögenstransfer rechtlich verlangen oder tatsächlich bewirken kann.[520] Eine Bezugsberechtigung nimmt die Finanzverwaltung an, wenn Vermögenstransfers von der Stiftung stattfinden oder stattfinden werden.[521]

Hierbei wird von der Finanzverwaltung anhand der Satzung eine Prognose vorgenommen. Laut dem BMF soll es dabei nicht schädlich sein, wenn der Anspruch durch das Alter des Bezugsberechtigten bedingt ist.[522] Ob sich die Finanzverwaltung hierbei nur auf Altersbedingungen beschränken will, ist unklar. In der älteren Verwaltungsauffassung zur 1. StAmnVO findet sich die allgemeine Aussage, dass auch bedingte Ansprüche schon vor Eintritt des Ereignisses zu berücksichtigen seien.[523] Sowohl die Bezugs- als auch die Anfallsberechtigung setzen nach Ansicht der Finanzverwaltung keinen Rechtsanspruch voraus.[524] Das BMF-Schreiben enthält keine klare Linie, wie die Berechtigung abzugrenzen ist. Als Leitlinie kann allenfalls die punktuelle Aussage dienen, dass bei Zufallsdestinären die Zurechnung entfällt.[525]

Hinzuweisen bleibt noch auf eine von *Runge* vertretene, nicht aber im AStGAE enthaltene Meinung: Demnach sprächen unregelmäßige Überweisungen,

---

517 BFH, Urt. v. 25.04.2001 – II R 14/98, BFH/NV 2001, 1457 (1460); *Edelmann* in *Kraft*, AStG § 15, Rn. 282.

518 BFH, Urt. v. 25.04.2001 – II R 14/98, BFH/NV 2001, 1457 (1460 f.).

519 Durchführungsbestimmung zur 1. StAmnVO vom 24.08.1931, RGBl. 1931, 455.

520 BMF in AStGAE, Rn. 15.2.1 – IV B 4 – S 1340 – 11/04, BStBl. I 2004, 3.

521 BMF in AStGAE, Rn. 15.2.1 – IV B 4 – S 1340 – 11/04, BStBl. I 2004, 3.

522 BMF in AStGAE, Rn. 15.2.1 – IV B 4 – S 1340 – 11/04, BStBl. I 2004, 3; zur Literaturmeinung hiergegen siehe unter (a) Literatur.

523 § 3 Abs. 1 S. 2 Durchführungsbestimmung zur 1. StAmnVO v. 24.08.1931, RGBl. 1931, 455.

524 BMF in AStGAE, Rn. 15.2.1 – IV B 4 – S 1340 – 11/04, BStBl. I 2004, 3; zur Literaturmeinung hiergegen siehe (a) Literatur.

525 BMF in AStGAE, Rn. 15.2.1 – IV B 4 – S 1340 – 11/04, BStBl. I 2004, 3; siehe hierzu auch (d) Zufallsdestinäre.

z.B. aufgrund von Verlusten oder Thesaurierung, nicht gegen eine Bezugsberechtigung.[526] Hingegen schließt er eine Bezugsberechtigung für Zuwendungen aus, die anlässlich objektiv feststellbarer Voraussetzungen des Zuwendungsempfängers erfolgen.[527] Hierunter fasst er neben künstlerischen oder wissenschaftlichen Leistungen auch Umstände wie z.B. Notbedarf, außergewöhnliche Belastungen oder Krankheit.[528] Dies begründet er damit, dass in diesen Fällen die notwendige Wahrscheinlichkeit fehle und sich zudem kein geeigneter Verteilungsmaßstab für solche Zuwendungen finden lasse.[529]

(d) Zufallsdestinäre

Alle Ansichten, auch die der Finanzverwaltung, sind sich darin einig, dass Zufallsdestinäre nicht von der Zurechnung des Stiftungseinkommens erfasst werden sollen.[530]

Sucht man innerhalb der Finanzverwaltung nach Anhaltspunkten, warum es sich bei Zufallsdestinären nicht um Bezugsberechtigte handelt, wird man bei *Runge* fündig:[531] So solle in diesem Fall eine Zurechnung unterbleiben, weil die betreffenden Personen keine unmittelbare oder mittelbare Einwirkungsmöglichkeit auf die Stiftung bzw. die Mittelverwendung hätten.[532] Hier sei eine Prognose über die Zuwendung zu unsicher. Er vertritt damit eine gebotene restriktive Tendenz innerhalb der Finanzverwaltung.

(e) Stellungnahme

Es erscheint nicht leicht, eine Bewertung der widerstreitenden Ansichten abzugeben. In diesem Punkt extreme Standpunkte zu vertreten, wird der Problemlage nicht gerecht. Zunächst bleibt, auf bestehende Schwierigkeiten hinzuweisen.

Die Finanzverwaltung beschränkt sich auf die Regelung von Einzelfällen. Jedoch kann hieraus keine klare Trennlinie gewonnen werden. Die Auffassung der Rechtsprechung kommt in Konflikt mit dem Bestimmtheitsgebot.[533] Der BFH bleibt die Antwort schuldig, wann Rechtspositionen geringerer Qualität anzunehmen seien. Somit entstehen Fragen, die schwierig zu beantworten sein werden. Offen bleibt dabei z.B., welchen Wert eine „Rechtsposition" haben kann, wenn sie nicht justiziabel

---

526 *Runge,* DB 1977, 514 (515).
527 *Runge,* DB 1977, 514 (515).
528 *Runge,* DB 1977, 514 (515).
529 *Runge,* DB 1977, 514 (515).
530 BMF in AStGAE, Rn. 15.2.1– IV B 4 – S 1340 – 11/04, BStBl. I 2004, 3; *Wassermeyer* in *Flick/Wassermeyer/Baumhoff/Schönfeld,* AStG § 15, Rn. 58; *Schulz* in *Lademann,* AStG § 15, Rn. 27a, 30a; *Hennemann-Ratschke* in *Wöhrle/Schelle/Gross,* AStG § 15, Rn. 18.
531 *Runge,* DB 1977, 514 (515).
532 *Runge,* DB 1977, 514 (515).
533 *Wassermeyer* in *Flick/Wassermeyer/Baumhoff/Schönfeld,* AStG § 15, Rn. 54; *Hennemann-Ratschke* in *Wöhrle/Schelle/Gross,* AStG § 15, Rn. 62.

ist und wodurch sich eine „Position" von einer „Rechtsposition" und jene wiederum von einem „Anspruch" unterscheidet. Für den Rechtsanwender ist Rechtssicherheit erforderlich. Deshalb sollte nicht auf eine „gesicherte Rechtspositionen" abgestellt werden, welche nicht justiziabel ist.

Zudem ist die Einbeziehung der Verwaltungsauffassung zur 1. StAmnVO durch den BFH abzulehnen. Hieran ist schon früh Kritik geübt worden.[534] Gegen eine Einbeziehung der Durchführungsbestimmung zur 1. StAmnVO können zum einen gesetzessystematische Gründe angeführt werden. So kam der damaligen Bestimmung nur der Rang einer Verordnung zu. Sie ist daher nicht geeignet, den Inhalt der höherrangigen Gesetzesnorm über eine bloße Auslegung hinaus zu bestimmen.[535] Zudem kann angeführt werden, dass der Gesetzgeber weder beim Erlass des StAnpG im Jahr 1934 noch beim Erlass des AStG im Jahr 1973 sowie bei den vielfältigen Neufassungen die Bestimmung in das Gesetz aufgenommen hat.[536] Insgesamt bleibt ein Rückgriff auf die Durchführungsbestimmung zur 1. StAmnVO zur Bestimmung des Sinngehalts von „Bezugsberechtigter" fragwürdig; die Vorschrift muss sich am aktuellen Wortlaut messen lassen.[537] Auch wenn der Gesetzgeber bei Erlass des AStG eine „bewährte Regelung"[538] übernehmen wollte, bleibt neben dem Wortlaut als Auslegungsgrenze auch die Normenhierarchie zu beachten. Hier ist der Gesetzgeber gefragt, seine Wünsche in Gesetzesform zu fassen.

Problematisch an den Literaturansichten ist die Gefahr einer Umgehung, wenn auf einen Rechtsanspruch abgestellt wird.[539] Aus den genannten Schwierigkeiten ist eine rein rechtliche Betrachtung abzulehnen. Hingegen wird für eine wirtschaftliche Betrachtungsweise geworben.[540] Hierbei ist jedoch ein restriktiver Maßstab anzulegen. Werden zu viele Zurechnungssubjekte unter den Begriff gefasst, so droht eine verfassungswidrige Übermaßbesteuerung.[541]

Betrachtet man die Meinungen über die Anforderungen, die an die Bezugs- und Anfallsberechtigung zu stellen sind, so scheinen sie weit auseinander zu gehen. Bei einer oberflächlichen Analyse scheinen die fast geeinte Literatur auf der einen Seite und der BFH bzw. das BMF auf der anderen Seite stark abweichende Auffassungen zu vertreten. Besonders verwundert, dass die vehemente Kritik, den Wortlaut als Auslegungsgrenze zu beachten, von der Rechtsprechung nicht zur Kenntnis genommen wird.

---

534 *Felix*, DB 1972, 2275.

535 *Wassermeyer* in *Flick/Wassermeyer/Baumhoff/Schönfeld,* AStG § 15, Rn. 53.

536 *Wassermeyer* in *Flick/Wassermeyer/Baumhoff/Schönfeld,* AStG § 15, Rn. 53; *Felix,* DB 1972, 2275.

537 *Wassermeyer* in *Flick/Wassermeyer/Baumhoff/Schönfeld,* AStG § 15, Rn. 53.

538 BT-Drs VI/2883, Gesetzentwurf der Bundesregierung zum AStG, Rn. 119.

539 BFH, Urt. v. 25.04.2001 – II R 14/98, BFH/NV 2001, 1457 (1460); kritisch auch *Wassermeyer* in *Flick/Wassermeyer/Baumhoff/Schönfeld,* AStG § 15, Rn. 56.

540 *Wassermeyer* in *Flick/Wassermeyer/Baumhoff/Schönfeld,* AStG § 15, Rn. 56.

541 *Wassermeyer* in *Flick/Wassermeyer/Baumhoff/Schönfeld,* AStG § 15, Rn. 60.

Bei einer eingehenderen Betrachtung sieht man jedoch, dass auch die Literatur die Gefahr von Missbrauch erkennt und daher bereit ist, Zugeständnisse in tatsächlicher Hinsicht zu machen. Selbst auf der Seite der Finanzverwaltung lassen sich Anzeichen einer Annäherung erkennen. So finden sich auch bei *Runge* bereits früh Anzeichen, dass sich eine extensive Auslegung gerade nicht mit der Intention des Gesetzgebers decke, sondern zu einer Übermaßbesteuerung führe. Zu hoffen bleibt, dass die Finanzverwaltung in der Rechtspraxis die Regelung mit Bedacht anwendet, so wie es gelegentlich auch bekundet wird.[542] Insbesondere beim Merkmal der Zufallsdestinäre kommt zum Ausdruck, dass die gemeinsame Schnittmenge größer als erwartet ist. Innerhalb dieser Schnittmenge liegt der vorzugswürdige Umgang mit der Berechtigung: Aus dem Bestimmtheitsgebot folgt, dass die steuerlichen Tatbestandsvoraussetzungen sich auf klare, objektive Kriterien stützen lassen sollen. Andererseits darf auch nicht aus formalistischen Gründen die Berechtigung zu eng gefasst werden, um den Tatbestand nicht durch Umgehungen auszuhöhlen. Bei einer Abwägung beider Positionen ist dem Bestimmtheitsgebot Vorrang einzuräumen, sodass auf eine Rechtsposition abgestellt werden sollte. Bei der Reform der Vorschrift iSd. AmtshilfeRLUmsG[543] hat der Gesetzgeber eine Klarstellungsmöglichkeit verstreichen lassen.

c) Persönliche Merkmale der Zurechnungssubjekte

Bei der Zurechnung bei den Zurechnungssubjekten müssen diese zum Zeitpunkt der Zurechnung unbeschränkt steuerpflichtig sein. Auf der Rechtsfolgenseite ist § 15 Abs. 1 AStG folglich restriktiver gefasst als § 15 Abs. 2, 3 AStG. Die unbeschränkte Steuerpflicht muss im Zeitpunkt der in Frage stehenden Zurechnung vorliegen.[544] Der Steuerpflicht im Zeitpunkt der Stiftungserrichtung kommt keine Bedeutung zu. Dies kann zu einer steuerlichen Belastung führen, die nicht vom – zumindest historischen – Gesetzeszweck gedeckt ist.[545] Gegenüber der Vorgängervorschrift § 2 iVm. § 4, 5 StAmnVO bedeutet dies eine Verschärfung.[546]

Insbesondere bei Personen, die bei Stiftungserrichtung weder Wohnsitz noch gewöhnlichen Aufenthalt in Deutschland haben, führt dies im Fall des Zuzugs zu massiven und kaum zu rechtfertigenden steuerlichen Folgen.

---

542 *Felix*, DB 1972, 2275 (2276), der auf einen möglichen Erlass der Steuerschuld iSd. § 163 AO hinweist.

543 BGBl. I 2013, 1809, v. 26.06.2013.

544 *Wassermeyer* in *Flick/Wassermeyer/Baumhoff/Schönfeld*, AStG § 15, Rn. 49 für die Bezugsberechtigung, sowie Rn. 62 für die Anfallsberechtigung; *Schulz* in *Lademann*, AStG § 15, Rn. 31; *Hennemann-Ratschke* in *Wöhrle/Schelle/Gross*, AStG § 15, Rn. 14; *Rundshagen* in *Strunk/Kaminski/Köhler*, AStG § 15, Rn. 35.

545 Zur Kritik hieran unter Kapitel 2: B) IV) 3) Bezugs- und Anfallsberechtigte.

546 § 2 sowie §§ 4, 5, 7 StAmnVO v. 23.08.1931, RGBl. I 1931, 449 (450); RFH Urt. v. 23.09.1937 – III A 35/37, RFHE 42, 136 (137); *Hennemann-Ratschke* in *Wöhrle/Schelle/Gross*, AStG § 15, Rn. 2.

Abb. 2: Beispiel

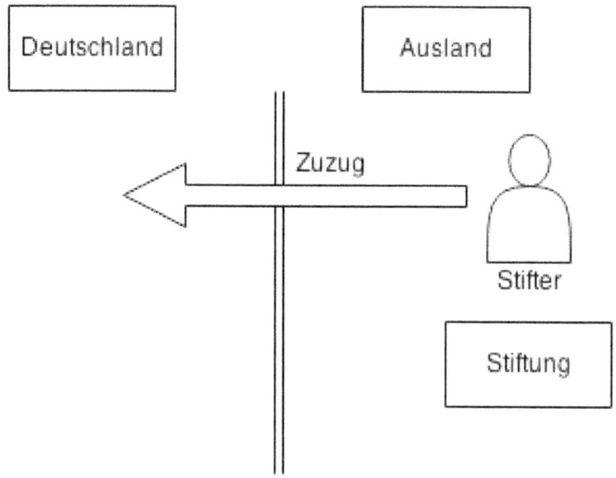

Der Stifter ist ein Unternehmer, der zum Erhalt der Einheit seines ausländischen Unternehmens dieses in eine ausländische Familienstiftung iSd. § 15 AStG eingebracht hat. Später kommt der Stifter zu dem Entschluss, aus familiären, gesundheitlichen oder kulturellen Gründen nach Deutschland zu ziehen.

Infolge des Zuzugs greift nunmehr die Zurechnungsfolge des § 15 AStG, da hiermit die Begründung eines inländischen Wohnsitzes und folglich der unbeschränkten ESt-Pflicht einhergeht. In diesem Fall kann die steuerliche Folge des § 15 AStG nicht mit einer Missbrauchsvermutung gerechtfertigt werden, da die Einkünfte der Stiftung zu keiner Zeit der deutschen Steuerpflicht unterlegen haben. Auch liegt keine Kapitalflucht vor; vielmehr ist anzunehmen, dass mit der Wohnsitzverlagerung neues Kapital ins Inland transferiert wird. Der Tatbestand des § 15 AStG hat zumindest insoweit überschießende Tendenz.[547] Hierbei kann die Vorschrift des § 15 AStG die Zuzugsbereitschaft einschränken, da nach einem Zuzug mit der unbeschränkten ESt-Pflicht auch die Voraussetzungen für die Zurechnungsbesteuerung iSd. § 15 AStG gegeben sind.[548] Dieses Problem wird durch die entsprechenden Voraussetzungen mitsamt den entsprechenden Rechtsfolgen bei Bezugs- oder Anfallsberechtigten potenziert.

547 *Wassermeyer* in *Flick/Wassermeyer/Baumhoff/Schönfeld*, AStG § 15, Rn. 22; *Rundshagen* in *Strunk/Kaminski/Köhler*, AStG § 15, Rn. 2; *Hennemann-Ratschke* in *Wöhrle/Schelle/Gross*, AStG § 15, Rn. 11; mit anderem Anknüpfungspunkt auch FG Düsseldorf Urt. v. 28.11.2013 16 K 2513/12 G, IStR 2014, 269 (270).

548 Vgl. zu dieser Problematik unter Kapitel 3: B) EU-Recht/EWR-Recht.

d) *Dritte ohne familiären Bezug*

Nach dem Wortlaut steht die Zurechnung nicht unter dem Vorbehalt, dass die Bezugs- und Anfallsberechtigten einen familiären Bezug zum Stifter aufweisen.[549]

Entgegen der Qualifikation iSd. § 15 Abs. 2 bzw. 3 AStG verlangt der Wortlaut des § 15 Abs. 1 S. 1 AStG hinsichtlich der Zurechnungssubjekte nicht, dass diese in einer besonderen familiären oder unternehmerischen Nähe zum Stifter stehen.[550] Hier ist § 15 Abs. 1 AStG demnach auf der Tatbestandsseite weiter gefasst als § 15 Abs. 2, 3 AStG. Somit stellt sich die Frage, ob der Gesetzgeber alle Bezugs- und Anfallsberechtigten erfassen wollte, oder ob es ein bloßes Versehen war, einen dem § 15 Abs. 2 AStG entsprechenden Bezug zur Stifterfamilie nicht als Zurechnungsvoraussetzung in den § 15 Abs. 1 AStG aufzunehmen. Ein am bloßen Gesetzeswortlaut orientiertes Ergebnis scheint nicht zu befriedigen. Zur Veranschaulichung entwirft *Wassermeyer* ein Szenario, in dem den Angehörigen des Stifters 60 Prozent der Bezugsberechtigung zukommen.[551] Der verbleibende Teil soll auf in Ausbildung befindliche Künstler entfallen, die keine Beziehung zum Stifter aufweisen. Sodann stellt er in Frage, ob in einem solchen Fall tatsächlich die Bezüge der Stiftung diesen Künstlern zugerechnet werden sollen.[552] Um eine über den Gesetzeszweck hinausgehende ausufernde Besteuerung zu vermeiden, wird in diesem Fall eine teleologische Reduktion der Norm vorgeschlagen, mit dem Ergebnis, hier eine Zurechnung zu unterlassen.[553] Letzterem ist zuzustimmen, hierfür spricht zumindest die propagierte Missbrauchsvermeidungsabsicht der Norm, die auf eine eng miteinander in Verbindung stehende Familie abstellt und bei fremden Dritten keinen Missbrauch unterstellt.

e) *Asymmetrie zwischen Berechtigung und Qualifikation als Familienstiftung*

Es ist möglich, dass entweder nur im Hinblick auf die Bezugsberechtigung oder die Anfallsberechtigung das erforderliche Quorum zur Einordnung als Familienstiftung überschritten wird.[554] Insgesamt ist demnach eine Familienstiftung gegeben, da § 15 AStG bei wörtlicher Betrachtung alternativ auf die Bezugs- oder Anfallsberechtigung abstellt. Hingegen bleibt in einem solchen Fall unklar, ob sich

---

549 Dies ist ein bedeutender Unterschied zwischen der Rechtsfolgen- und der Tatbestandsseite. Vgl. zu Letzterem unter Kapitel 2: A) I) Familiennützigkeit.

550 *Wassermeyer* in *Flick/Wassermeyer/Baumhoff/Schönfeld*, AStG § 15, Rn. 95 f.; *Schulz* in *Lademann*, AStG § 15, Rn. 40; *Milatz/Herbst*, BB 2011, 1500 (1502).

551 *Wassermeyer* in *Flick/Wassermeyer/Baumhoff/Schönfeld*, AStG § 15, Rn. 95.

552 *Wassermeyer* in *Flick/Wassermeyer/Baumhoff/Schönfeld*, AStG § 15, Rn. 95.

553 *Wassermeyer* in *Flick/Wassermeyer/Baumhoff/Schönfeld*, AStG § 15, Rn. 96; *Wenz/Linn* in *Haase*, AStG § 15, Rn. 85 ff.; *Schaumburg*, Internationales Steuerrecht, Rn. 11.27, 11.28; wohl auch *Hennemann-Ratschke* in *Wöhrle/Schelle/Gross*, AStG § 15, Rn. 21, 26; a.A. *Runge* in *Brezing*, AStG § 15, Rn. 31; *Rundshagen* in *Strunk/Kaminski/Köhler*, AStG § 15, Rn. 35.

554 Vgl. hierzu unter Kapitel 2: A) I) 2) Bezugsgröße.

Rechtswirkungen sodann gegenüber der anderen Gruppe rechtfertigen lassen, bspw. wenn nur eine Gruppe der Bezugs- oder Anfallsberechtigten zu mehr als 50 Prozent den erforderlichen Bezug zur Familie bzw. dem Unternehmen iSd. § 15 Abs. 2, 3 AStG aufweist. Insoweit ist zu klären, ob die Zurechnung bei der einen Gruppe erfolgen kann, wenn die Tatbestandsvoraussetzungen nur bei der anderen Gruppe vorliegen. Dies wird zum Teil bejaht.[555] Demgegenüber wird von verschiedenen Vertretern in der Literatur eine Zurechnung abgelehnt bei Asymmetrie zwischen Tatbestandserfüllung der einen Gruppe und Rechtsfolge bei der anderen Gruppe.[556] In diesen Fällen solle sich auch die Zurechnung auf die Gruppe beschränken, in der die Qualifikation hinsichtlich der Einordnung als Familienstiftung überschritten sei.[557] Möglich ist hierbei, dass eine Zurechnung trotz Vorliegens einer ausländischen Familienstiftung und inländischer unbeschränkt steuerpflichtiger Berechtigter an der Stiftung komplett unterbleibt:

Abb. 3: Beispiel

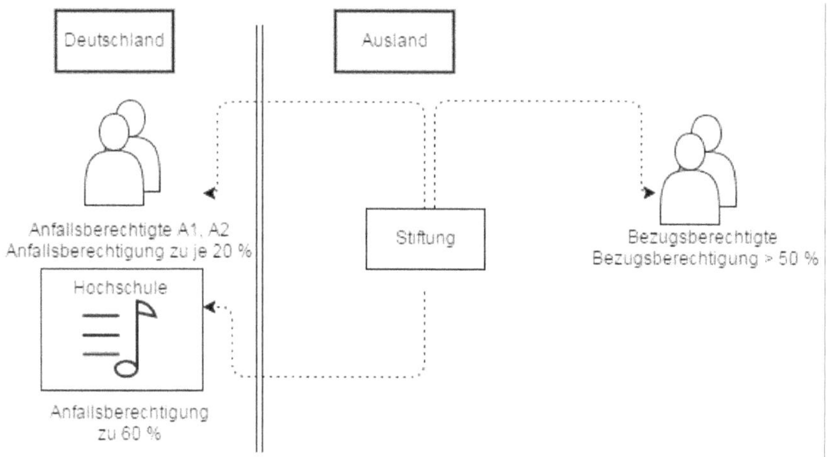

555 *Cortez/Schmidt*, Steuer und Studium 2014, 210 (211), die sich noch auf die Zurechnung des Einkommens wie in § 15 AStG a.F. beziehen; *Habammer*, DStR 2002, 425 (429).

556 *Wassermeyer* in *Flick/Wassermeyer/Baumhoff/Schönfeld*, AStG § 15, Rn. 72; *Kirchhain* in *Mössner/Fuhrmann*, AStG § 15, Rn. 123, 132; *Ditz/Quilitzsch*, DStR 2013, 1917 (1922); *Kraft/Moser/Gebhardt*, DStR 2012, 1773 (1776 ff.); differenzierend *Wenz/Linn* in *Haase*, AStG § 15, Rn. 88, die das Problem tatbestandlich lösen wollen; hierbei bleibt unklar, ob sie in dem Beispielsfall eine Zurechnung befürworten.

557 *Wassermeyer* in *Flick/Wassermeyer/Baumhoff/Schönfeld*, AStG § 15, Rn. 72; *Kirchhain*, Die Familienstiftung, Rn. 123, 132, 135 ff.

Es besteht eine Stiftung im Ausland, die als Familienstiftung iSd. § 15 AStG zu qualifizieren ist, da den vom nicht mehr lebenden Stifter abstammenden Bezugsberechtigten mehr als 50 Prozent der gesamten Bezugsberechtigungen zustehen. Sie sind jedoch nicht unbeschränkt steuerpflichtig, sodass eine Zurechnung bei ihnen scheitert. Anfallsberechtigt und unbeschränkt in Deutschland steuerpflichtig sind zu je 20 Prozent zwei Abkömmlinge des Stifters (A1 und A2) sowie zu 60 Prozent die Musikhochschule H.

Grundsätzlich könnte bei A1 und A2 eine Zurechnung erfolgen.[558] Damit ginge jedoch eine ausartende Erweiterung des Tatbestands einher, die nicht mehr vom Gesetzeszweck der Missbrauchsvermeidung gedeckt ist. Daher sollte in diesen Fällen eine Zurechnung restriktiv gehandhabt werden.

IV) Bestimmung der Zurechnungsgröße

Von der Rechtsfolge aus betrachtet zielt § 15 Abs. 1 AStG auf die Zurechnung der Stiftungseinkünfte ab. Es geht daher bei der Ermittlung der Zurechnungsgröße stets um die Quotelung dieser Einkünfte der Stiftung und nicht um eine Zurechnung der geleisteten Zuwendungen der Stiftung.[559] In Besteuerungsabschnitten, in denen die Stiftung keine Einkünfte erzielt, erfolgt daher auch keine Zurechnung.[560] Dies ist unabhängig davon, ob die Stiftung Leistungen an Zurechnungsempfänger erbringt. Jene können jedoch einen Tatbestand des EStG auslösen.[561]

Der Gesetzgeber hat die Zurechnungsgröße nicht für alle denkbaren Fälle ausdrücklich festgelegt. Vielmehr hat er es bei der Regelung von Rangfolgen belassen. So einfach wie diese Stufenverhältnisse auf den ersten Blick erscheinen, ist es jedoch nur, falls tatsächlich nur ein unbeschränkt steuerpflichtiger Stifter oder ein unbeschränkt steuerpflichtiger Bezugs- oder Anfallsberechtigter vorhanden ist. Die Sachlage verkompliziert sich erheblich, wenn eine Mehrheit von Stiftern sowie Bezugs- und Anfallsberechtigten vorhanden ist.[562]

1) Ein Stifter

Hinsichtlich eines Stifters ergeben sich keine Schwierigkeiten bei der Ermittlung der Zurechnungsgröße, wenn es sich dabei um einen einzelnen unbeschränkt Steuerpflichtigen handelt.[563] Insoweit erstreckt sich die Zurechnung auf 100 Prozent der Stiftungseinkünfte.

558 Vgl. zur Musikhochschule unter Kapitel 2: B) III) 2) d) Dritte ohne familiären Bezug.
559 *Schulz* in *Lademann,* AStG § 15, Rn. 37.
560 *Wassermeyer* in *Flick/Wassermeyer/Baumhoff/Schönfeld,* AStG § 15, Rn. 76.
561 Vgl. § 20 Abs. 1 Nr. 9 EStG.
562 Vgl. hierzu unter Kapitel 2: B) IV) 2) Mehrere Stifter sowie unter Kapitel 2: B) IV) 3) Bezugs- und Anfallsberechtigte.
563 *Wenz/Linn* in *Haase,* AStG § 15, Rn. 90; *Schulz* in *Lademann,* AStG § 15, Rn. 34.

2) Mehrere Stifter

Hat die Stiftung jedoch mehr als einen unbeschränkt steuerpflichtigen Stifter, so wird eine anteilige Zurechnung im Verhältnis des vom einzelnen Stifter aufgebrachten Vermögens zum gesamten gestifteten Vermögen als sachgerecht angesehen.[564]

Abb. 4: Beispiel

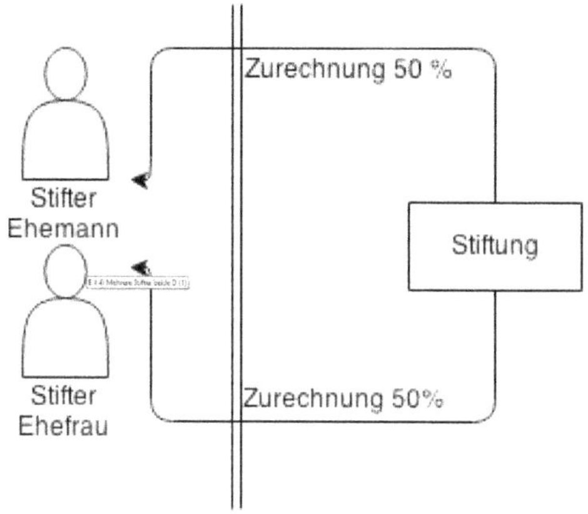

Eine Ehefrau und ein Ehemann gründen gemeinsam eine Familienstiftung iSd. § 15 AStG im Ausland. Beide leisten eine Zahlung in den Vermögensstock iHv. 50.000 €. Der Stiftungszweck soll in der Unterstützung ihrer Kinder sowie aller in gerader Linie Verwandten liegen.

Solange die Ehefrau und der Ehemann in Deutschland ansässig sind, erfolgt eine Zurechnung jeweils hälftig. Eine Zurechnung bei Bezugs- und Anfallsberechtigten ist gesperrt.[565]

Fraglich ist, wie es sich verhält, wenn ein Stifter nicht mehr der unbeschränkten Einkommensteuerpflicht unterliegt. Möglich wäre es nun, die gesamte Zurechnung auf den verbleibenden Stifter zu konzentrieren. Eine vollständige Konzentration der Zurechnung auf den verbleibenden unbeschränkt steuerpflichtigen Stifter lässt sich jedoch nicht plausibel begründen.[566] Mit der Logik des Gesetzes hat sich die

564 *Wassermeyer* in *Flick/Wassermeyer/Baumhoff/Schönfeld,* AStG § 15, Rn. 50; *Wenz/Linn* in *Haase,* AStG § 15, Rn. 91; *Kraft* in *Kraft,* AStG § 15, Rn. 181; *Schulz* in *Lademann,* AStG § 15, Rn. 32; *Rundshagen* in *Strunk/Kaminski/Köhler,* AStG § 15, Rn. 50; *Runge,* DB 1977, 514 (515); siehe auch unter Kapitel 2: B) IV) 2) Mehrere Stifter.

565 Vgl. unter Kapitel 2: B) IV) 3) a) Stufenverhältnis; *Runge,* DB 1977, 514 (515).

566 *Wassermeyer* in *Flick/Wassermeyer/Baumhoff/Schönfeld,* AStG § 15, Rn. 50, 68; *Schulz* in *Lademann,* AStG § 15, Rn. 32.

Zurechnung daher weiterhin auf eine anteilige Zurechnung zu beschränken.[567] Die Zurechnung gegenüber einem Stifter, der die Voraussetzungen des § 15 Abs. 1 AStG erfüllt, soll sich nicht durch den Wegfall der Zurechnung bei einem anderen Stifter ändern.[568] Gegenüber dem weiterhin unbeschränkt steuerpflichtigen Stifter erfolgt die Zurechnung stets so wie vor dem Wegfall der Zurechnung gegenüber dem anderen Stifter. Ob die Finanzverwaltung dem auch beipflichtet, lässt sich nicht sagen, da sie sich in diesem Punkt bedeckt hält.[569]

Hinsichtlich des Anteils, der nicht mehr nach § 15 Abs. 1 AStG dem Stifter zugerechnet werden kann, entsteht insoweit anteilig Raum für eine Zurechnung bei den Bezugs- und Anfallsberechtigten entsprechend ihrer Berechtigung.[570]

3) Bezugs- und Anfallsberechtigte

a) Stufenverhältnis

Das Gesetz sieht die Zurechnung an erster Stelle beim unbeschränkt steuerpflichtigen Stifter und erst nachrangig bei den unbeschränkt steuerpflichtigen Destinären vor.[571] Soweit kein unbeschränkt steuerpflichtiger Stifter vorhanden ist, dem die Einkünfte der Stiftung zugerechnet werden können, wird in einem zweiten Schritt überprüft, ob unbeschränkt einkommensteuerpflichtige Bezugs- oder Anfallsberechtigte vorhanden sind.[572] Falls dies der Fall ist, werden dem Gesetzeswortlaut nach diesen die Einkünfte zugerechnet. Die Zurechnung ist entsprechend nach einem strikten Stufenverhältnis hierarchisiert.[573]

---

567 *Wassermeyer* in *Flick/Wassermeyer/Baumhoff/Schönfeld,* AStG § 15, Rn. 50, 68; *Schulz* in *Lademann,* AStG § 15, Rn. 32; *Runge,* DB 1977, 514 (515).

568 *Wassermeyer* in *Flick/Wassermeyer/Baumhoff/Schönfeld,* AStG § 15, Rn. 73.

569 BMF in AStGAE, Rn. 15.1.4 – IV B 4 – S 1340 – 11/04, BStBl. I 2004, 3; anders RFM zum StAnpG, RGBl. 1934, 1398 (1406).

570 *Wassermeyer* in *Flick/Wassermeyer/Baumhoff/Schönfeld,* AStG § 15, Rn. 73; ein Beispiel findet sich sogleich unter Punkt 3) Bezugs- und Anfallsberechtigte.

571 *Schulz* in *Lademann,* AStG § 15, Rn. 3; *Rundshagen* in *Strunk/Kaminski/Köhler,* AStG § 15, Rn. 50; *Jorde/Götz* in FS *Spiegelberger,* 1301 (1315); *Schulz* in *Lademann,* AStG § 15, Rn. 3.

572 Vgl. hierzu unter Punkt 1) Ein Stifter.

573 *Wenz/Linn* in *Haase,* AStG § 15, Rn. 81; *Jorde/Götz* in FS *Spiegelberger,* 1301 (1315).

Abb. 5: Beispiel

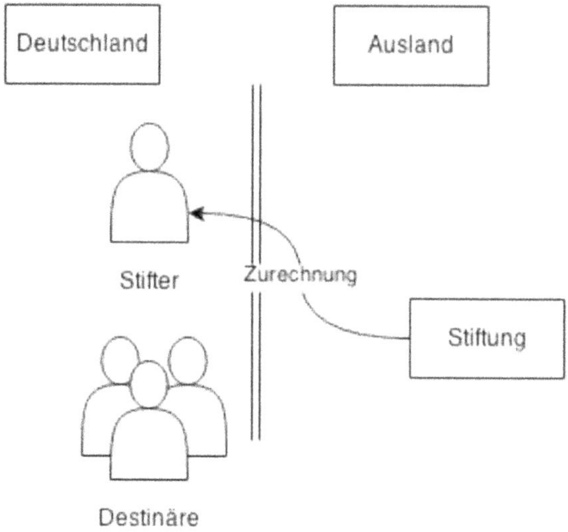

Ein in Deutschland unbeschränkt einkommensteuerpflichtiger Stifter hat im Ausland eine Familienstiftung iSd. § 15 AStG errichtet. Auch die Bezugs- und Anfallsberechtigten sind in Deutschland unbeschränkt einkommensteuerpflichtig.

Der unbeschränkt steuerpflichtige Stifter schließt alle Bezugs- oder Anfallsberechtigten von der Zurechnung aus. Nur ihm gegenüber erfolgt die Zurechnung. Das Vorrangverhältnis gilt jedoch nur für den Fall, dass der Stifter auch die Tatbestandsvoraussetzungen des § 15 AStG für die Zurechnung erfüllt, also insbesondere unbeschränkt einkommensteuerpflichtig ist.[574] Liegen diese Voraussetzungen nicht vor, so kann eine Zurechnung auf der zweiten Stufe bei den Bezugs- oder Anfallsberechtigten auch dann erfolgen, wenn es zwar einen lebenden Stifter gibt, bei diesem jedoch, z.B. mangels unbeschränkter Steuerpflicht, eine Zurechnung unterbleibt.[575]

574 *Wassermeyer* in *Flick/Wassermeyer/Baumhoff/Schönfeld,* AStG § 15, Rn. 73; *Schulz* in *Lademann,* AStG § 15, Rn. 32.

575 *Wassermeyer* in *Flick/Wassermeyer/Baumhoff/Schönfeld,* AStG § 15, Rn. 74; *Schulz* in *Lademann,* AStG § 15, Rn. 32.

Abb. 6: Beispiel

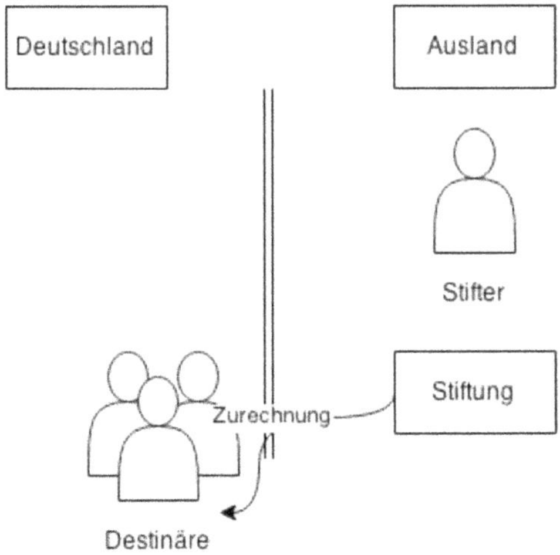

Der Stifter einer Familienstiftung iSd. 15 AStG im Ausland unterliegt nicht der unbeschränkten ESt-Pflicht in Deutschland. Hingegen gibt es Destinäre, die ihren Wohnsitz in Deutschland haben. Da kein unbeschränkt einkommensteuerpflichtiger Stifter in Deutschland vorhanden ist, erfolgt eine Zurechnung der Stiftungseinkünfte gegenüber den Destinären, die die Voraussetzungen des § 15 AStG erfüllen.

Die Entscheidung des Gesetzgebers, die Zurechnung gegenüber Anfalls- und Bezugsberechtigten vorzunehmen, obwohl es einen Stifter gibt, dieser jedoch die Voraussetzungen des § 15 AStG nicht erfüllt, wird zum Teil als unlogisch kritisiert.[576] Der Gesetzgeber habe das von ihm selbst statuierte Stufenverhältnis nicht respektiert.[577] Von Gesetzes wegen müsse eine Zurechnung vorrangig gegenüber dem Stifter erfolgen.[578] Tatsächlich kann nur aus profiskalischen Gründen erklärt werden, dass die Zurechnung gegenüber dem Stifter auch übersprungen werden soll, wenn dieser nicht unbeschränkt steuerpflichtig ist und stattdessen unmittelbar bei den inländischen Begünstigten erfolgt. Dies ist zumindest zielgerecht, wenngleich nicht dem vom Gesetzgeber aufgestellten System entsprechend.

b) Entsprechender Anteil

Die Zurechnung erfolgt dem Gesetzeswortlaut nach bei den Bezugs- und Anfallsberechtigten entsprechend ihrem Anteil. Problematisch hierbei ist jedoch, dass eine Stiftung rechtlich selbstständig und ohne eine mitgliedschaftliche Struktur ist. Es

576 *Wassermeyer* in *Flick/Wassermeyer/Baumhoff/Schönfeld,* AStG § 15, Rn. 49.
577 *Wassermeyer* in *Flick/Wassermeyer/Baumhoff/Schönfeld,* AStG § 15, Rn. 49.
578 Vgl. hierzu unter Kapitel 2: B) III) 1) c) Sonstige Kriterien.

ist daher nicht möglich, dass Anteile an ihr gehalten werden. Entsprechend einer funktionalen Auslegung ist daher der Bezugs- bzw. der Anfallsberechtigungsanteil des einzelnen Zurechnungssubjekts in das Verhältnis zur gesamten Bezugs- bzw. Anfallsberechtigung der Stiftung zu setzten. Hierbei ist auf die im jeweiligen Zurechnungszeitpunkt bestehende Quote und nicht auf die bei Stiftungserrichtung bestehende Quote abzustellen.[579]

Wie schon oben bei den Stiftern aufgezeigt, sollte auch bei den Bezugs- und Anfallsberechtigten die Höhe der Zurechnung nicht nur anhand der unbeschränkt steuerpflichtigen Zurechnungssubjekte ermittelt werden.[580]

Abb. 7: Beispiel

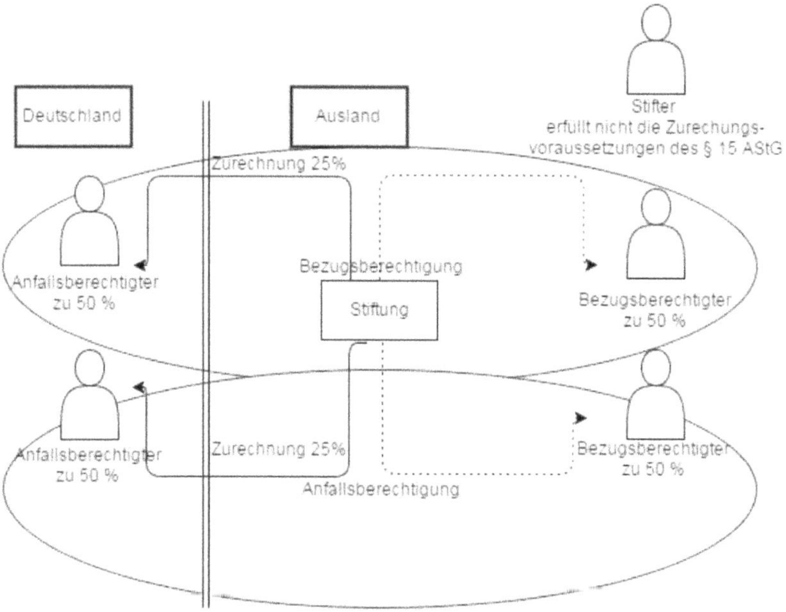

Die Einkünfte einer Stiftung teilen sich jeweils zur Hälfte auf die Bezugs- und die Anfallsberechtigung. Insgesamt gibt es jeweils zwei Bezugs- bzw. Anfallsberechtigte. Von diesen erfüllt jeweils einer die Voraussetzungen des § 15 Abs. 1 AStG. Bei dem anderen liegen die Voraussetzungen für eine Zurechnung nicht vor, weil es bspw. an einer unbeschränkten Steuerpflicht in Deutschland mangelt. Da nur jeweils die Hälfte der Personengruppe die Voraussetzungen für die Zurechnung erfüllt, verbleibt es

579 *Schulz* in *Lademann*, AStG § 15, Rn. 31.
580 Vgl. hierzu unter Kapitel 2: B) IV) 2) Mehrere Stifter.

insgesamt bei einer hälftigen Zurechnung in Deutschland: A als Bezugsberechtigtem und C als Anfallsberechtigtem werden je 25 Prozent der Einkünfte zugerechnet.[581]

Wenn kein Bezugs- oder Anfallsberechtigter in Deutschland vorhanden wäre, würde eine Zurechnung vollständig unterbleiben. Daher sollte der Anteil, der auf in Deutschland nicht unbeschränkt Steuerpflichtige entfällt, auch als genuin nicht steuerbar behandelt werden und keine Zurechnung auslösen.[582] In dieser Konstellation kann eine Zurechnung bei in Deutschland ansässigen Bezugs- oder Anfallsberechtigten zumindest als zielgerecht angesehen werden. In das vom Gesetzgeber aufgestellte Zurechnungssystem scheint sie dennoch nicht recht zu passen.

4) Binnendifferenzierung zwischen Bezugs- und Anfallsberechtigten

Möglich ist, dass alle Bezugsberechtigten auch im gleichen Verhältnis Anfallsberechtigte sind, sodass eine Differenzierung hinsichtlich der einzelnen Zurechnungsgrößen nicht erforderlich ist. Problematisch ist jedoch, wie eine Aufteilung vorgenommen werden soll, wenn die Stiftung über Personen verfügt, die ausschließlich als Bezugs- oder Anfallsberechtigte anzusehen sind.[583] Wie im Hinblick auf das Verhältnis zwischen dem Stifter auf der einen Seite und den Bezugs- oder Anfallsberechtigten auf der anderen Seite könnte man auch zwischen letzteren wieder differenzieren. Im Gesetz selbst ist eine solche Differenzierung nicht ausdrücklich angelegt. Hier wird nur ein Vorrang hinsichtlich des Stifters eingeräumt, welcher sich mit der engeren Verbindung zwischen Stifter und Stiftung begründen lässt.[584] Daher wird auch vertreten, dass bezüglich der Zurechnung grds. keine Differenzierung zwischen Anfalls- und Bezugsberechtigten stattfinden soll.[585] Der BFH hat jedoch ausdrücklich bestimmt, dass in den Fällen, in denen die Erträge aus der Stiftung bei den Anfallsberechtigten nicht ausreichen, um die Steuer zu bezahlen, eine verfassungskonforme Auslegung vorzunehmen sei, die zu einer vorrangigen Inanspruchnahme der vorhandenen Bezugsberechtigten führt.[586]

Dies fußt auf den Unterschieden zwischen den beiden Gruppen, die eine Abstufung als legitim erscheinen lassen. So werden Anfallsberechtigte erst bei Auflösung der Stiftung begünstigt. Bezugsberechtigte hingegen bekommen aus den laufenden Erträgen der Stiftung Zuwendungen. Sowohl in zeitlicher als auch in logischer Hinsicht stehen die Bezugsberechtigten daher mit der Stiftung in einer engeren

581 *Wassermeyer* in *Flick/Wassermeyer/Baumhoff/Schönfeld,* AStG § 15, Rn. 70; *Runge,* DB 1977, 514 (516).

582 *Wassermeyer* in *Flick/Wassermeyer/Baumhoff/Schönfeld,* AStG § 15, Rn. 70; *Runge,* DB 1977, 514 (516).

583 *Wenz/Linn* in *Haase,* AStG § 15, Rn. 81; *Schulz* in *Lademann,* AStG § 15, Rn. 33.

584 Vgl. hierzu unter hierzu unter Kapitel 2: B) III) 1) c) Sonstige Kriterien.

585 BFH, Urt. v. 25.04.2001 – II R 14/98, BFH/NV 2001, 1457 (1462).

586 BFH, Urt. v. 25.04.2001 – II R 14/98, BFH/NV 2001, 1457 (1462); insoweit bezeichnen *Wenz/Linn* das Urteil als widersprüchlich, *Wenz/Linn* in *Haase,* AStG § 15, Rn. 83.

Verbindung als die Anfallsberechtigten.[587] Dies wird deutlicher, wenn man sich folgende Konstellation vor Augen führt: Es ist möglich, dass ein Anfallsberechtigter über Jahre die Einkünfte der Stiftung zugerechnet bekommt, ohne dass tatsächlich Zahlungen geleistet werden. Auch ist es denkbar, dass alle Vermögenswerte der Stiftung auf Bezugsberechtigte übergehen und demnach eine Anfallsberechtigung ausgehöhlt wird. Es ist daher möglich, dass die Anfallsberechtigten demnach Erträge versteuern, ohne dass ihre Leistungsfähigkeit erhöht wird. Daher wird in der Literatur zutreffenderweise vorgebracht, dass entgegen dem Wortlaut auch hier ein Stufenverhältnis dem Normzweck besser entsprechen würde.[588]

C) Konkurrenzen

I) § 2 KStG iVm. § 49 EStG

Die Konkurrenz im Hinblick auf eine beschränkte Steuerpflicht der Stiftung in Deutschland steht in einem engen Verhältnis zur Einordnung der Zurechnung iSd. § 15 AStG.[589]

Ob die Zurechnung der Einkünfte zum Zurechnungssubjekt eine Besteuerung dieser Einkünfte bei der Stiftung im Inland ausschließt, war auch schon im Hinblick auf die Zurechnung des Einkommens umstritten.[590] Für eine Verdrängung der beschränkten KSt-Pflicht wurden hierbei praktische Erwägungen ins Feld geführt. So könne auf diesem Wege leicht eine systemwidrige Doppelbelastung der Einkünfte vermieden werden.[591] Wenn § 15 AStG als eine bspw. § 39 AO entsprechende Zuordnungsnorm angesehen werde, folge daraus, dass derselbe Sachverhalt aus logischen Gründen nicht bei der Stiftung im Rahmen der beschränkten Steuerpflicht und gleichzeitig beim Stifter im Wege der Zurechnung besteuert werde.[592] Die überwiegende Ansicht lehnt eine Verdrängung des § 2 KStG durch § 15 AStG hingegen ab.[593] Aus einem Umkehrschluss zu § 15 Abs. 1 AStG sei zu folgern, dass eine Steuerpflicht der Stiftung in Deutschland möglich sein müsse.[594] In der Tat unterscheidet § 15

587 *Wassermeyer* in *Flick/Wassermeyer/Baumhoff/Schönfeld*, AStG § 15, Rn. 69; *Wenz/Linn* in *Haase*, AStG § 15, Rn. 83, 160; *Schaumburg*, Internationales Steuerrecht, Rn. 11.27.

588 *Wassermeyer* in *Flick/Wassermeyer/Baumhoff/Schönfeld*, AStG § 15, Rn. 69; *Schaumburg*, Internationales Steuerrecht, Rn. 11.27.

589 Vgl. hierzu unter Kapitel 2: B) I) Zurechnung.

590 Gegen eine Verdrängung *Wassermeyer* in *Flick/Wassermeyer/Baumhoff/Schönfeld*, AStG § 15, Rn. 45, 47; *Kirchhain*, Die Familienstiftung, Rn. 19; für eine Verdrängung *Hennemann-Ratschke* in *Wöhrle/Schelle/Gross*, AStG § 15, Rn. 55; *Habammer*, DStR 2002, 425 (432); *Kinzl*, IStR 2005, 624 (625).

591 *Habammer*, DStR 2002, 425 (432).

592 *Habammer*, DStR 2002, 425 (432).

593 *Schaumburg*, Internationales Steuerrecht, Rn. 11.5; *Wienbracke*, RIW 2007, 201 (204); *Wassermeyer*, IStR 2009, 191 (192).

594 *Wassermeyer* in *Flick/Wassermeyer/Baumhoff/Schönfeld*, AStG § 15, Rn. 47.

Abs. 1 AStG bei der Zurechnung nicht zwischen Einkünften aus Deutschland und Einkünften aus anderen Staaten. Dass die Vorschrift in allen Fällen, also auch im Ausland, eine Besteuerung der Stiftung ausschließen soll, ist jedoch nur schwer nachvollziehbar. Daher leuchtet es auch nicht ein, dass der Norm in Deutschland eine solche Verdrängungswirkung zukommen soll.

II) §§ 7 ff. AStG

Die Konkurrenzsituation zur Hinzurechnungsbesteuerung iSd. §§ 7 ff. AStG ist anders gelagert. So ist es denkbar, dass eine ausländische Kapitalgesellschaft in einer Art und Weise agiert, wie sie für eine Stiftung typisch ist. Dies kann auch im Sinne einer Familie geschehen. So kann eine Kapitalgesellschaft zur Akkumulation von Kapital eingesetzt werden und dieses für Familienmitglieder ansammeln bzw. an diese ausschütten. Insoweit stellt sich die Frage, ob in einem solchen Fall § 15 AStG anwendbar ist oder die §§ 7 ff. AStG einschlägig sind.

Bisher fand sich in § 15 Abs. 5 S. 2 AStG a.F. die Formulierung, dass neben der Anwendung des § 15 Abs. 1 AStG die Anwendung des Vierten Teils des AStG, also die §§ 7 ff. AStG, gesperrt sei. In der Neufassung ist dieser gesetzgeberische Riegel nicht mehr vorhanden. Vielmehr nimmt der Fünfte Teil nunmehr auf viele Regelungen des Vierten Teils Bezug. Umso dringlicher stellt sich die Frage, ob hinsichtlich der Konkurrenzfrage zwischen Stiftung und Kapitalgesellschaft auf die Funktion der Körperschaft oder auf die Rechtsform abgestellt werden soll. Mit *Wassermeyer* ist die Form als entscheidend anzusehen.[595] Dies gilt auch, wenn die Kapitalgesellschaft tatsächlich stiftungsähnliche Funktionen wahrnimmt, die Hinzurechnungsbesteuerung iSd. §§ 7 ff. AStG jedoch z.B. deshalb scheitert, weil die Kapitalgesellschaft einer aktiven Tätigkeit iSd. § 8 Abs. 1 AStG nachgeht oder gem. § 8 Abs. 3 AStG nicht in einem Niedrigsteuerland tätig wird.[596]

III) § 20 EStG

Das Verhältnis zu § 20 EStG ist nun in § 15 Abs. 11 AStG gesetzlich geregelt worden.[597] Schon vorher entsprach es der vorherrschenden Ansicht, dass § 15 AStG § 20 Abs. 1 Nr. 9 EStG verdränge.[598] Jedoch ist weiterhin fraglich, ob § 15 Abs. 11 AStG eine Personenidentität zwischen dem Zurechnungssubjekt und dem Empfänger der Leistung fordert. § 15 Abs. 11 AStG nimmt ausdrücklich auf den Personenkreis iSd.

---

595 *Wassermeyer* in *Flick/Wassermeyer/Baumhoff/Schönfeld*, AStG § 15, Rn. 87; auch *Hennemann-Ratschke* in *Wöhrle/Schelle/Gross*, AStG § 15, Rn. 27.

596 *Wassermeyer* in *Flick/Wassermeyer/Baumhoff/Schönfeld*, AStG § 15, Rn. 87.

597 Vgl. hierzu unter Kapitel 2: I) Vermeidung der Doppelbesteuerung bei tatsächlicher Leistung (§ 15 Abs. 11 AStG).

598 Vgl. unter Kapitel 2: I) Vermeidung der Doppelbesteuerung bei tatsächlicher Leistung (§ 15 Abs. 11 AStG); *Wassermeyer*, DStR 2006, 1733 (1735); *Rundshagen* in *Grotherr/Herfort/Strunk*, 507.

§ 15 Abs. 1 AStG Bezug. Dies war bereits vor Einführung der gesetzlichen Regelung umstritten.[599] Die Finanzverwaltung forderte hierbei Personenidentität.[600] Damit stellte sie sich in Konflikt zur Gesetzesintention und setzte sich dem Vorwurf der Übermaßbesteuerung aus und missachtet den Vorrang des § 15 AStG als Spezialnorm.[601]

D) Anwendbare Vorschriften (§ 15 Abs. 7 AStG)

I) Anwendung deutschen Steuerrechts (§ 15 Abs. 7 S. 1 AStG)

Die Einkünfteermittlung wird gem. § 15 Abs. 7 S. 1 AStG entsprechend der deutschen Vorschriften des EStG und des KStG vorgenommen. Die Regelung korrespondiert von der Wirkung her mit § 15 Abs. 7 S. 1 AStG a.F.[602] Systematisch wird hierbei nun auf die Einkünfteermittlung Bezug genommen, während die Vorschrift idF. des JStG 2009[603] noch auf die Einkommensermittlung analog dem deutschen Steuerrecht abstellte. Gem. § 15 Abs. 7 S. 2, 3 AStG wird in einigen profiskalischen Punkten von der gewöhnlichen deutschen Einkünfteermittlung abgewichen.

Explizit stellt der Gesetzgeber nun darauf ab, dass es um die Einkünfteermittlung der ausländischen Stiftung und nicht um die des Zurechnungssubjekts geht. Dies war nicht immer unumstritten, wobei zunehmend auf die Stiftung als Einkünfteermittlungssubjekt abgestellt wurde.[604] Dies dürfte der nähere Grund für den Systemwechsel weg von der Zurechnung des Einkommens hin zu der Zurechnung der Einkünfte sein.[605] Mit der Gesetzesneufassung bringt der Gesetzgeber auch zum Ausdruck, dass die Einkünfte von der ausländischen Familienstiftung erzielt werden.[606] Welche Einkünfte eine ausländische Stiftung im Rahmen ihrer wirtschaftlichen Tätigkeit iSd. § 8 Abs. 1 KStG erzielt, ergibt sich iVm. den Einkünftekategorien des EStG. Hierbei findet § 8 Abs. 2 KStG keine Anwendung, da eine Stiftung nicht unter § 1 Abs. 1 Nr. 1 bis 3 KStG fällt. Daher kann die Stiftung mit Ausnahme der

599 Vgl. unter Kapitel 2: I) I) 1) Personenidentität.

600 BMF in AStGAE, Rn. 15.1.5 – IV B 4 – S 1340 – 11/04, BStBl. I 2004, 3.

601 Vgl. unter Kapitel 2: I) I) 1) Personenidentität; *Wenz/Linn* in *Haase*, AStG § 15, Rn. 110; *Milatz/Herbst*, BB 2011, 1500 (1506).

602 § 15 AStG in der Fassung des JStG 2009, BGBl. I 2008, 2794, v. 19.12.2008. Hierbei wurde jedoch in § 15 Abs. 1 AStG auf das Einkommen und nicht auf die Einkünfte abgestellt. Zuvor war die Art der Ermittlung iSd. § 15 AStG gesetzlich nicht geregelt. Eine Ermittlung anhand des deutschen Steuerrechts war hingegen anerkannt; *Schulz* in *Lademann*, AStG § 15, Rn. 69.

603 BGBl. I 2008, 2794, v. 19.12.2008.

604 Zur h.M. BFH, Urt. v. 05.11.1992 – I R 39/92, BFHE 170, 62 (68); *Wassermeyer* in *Flick/Wassermeyer/Baumhoff/Schönfeld*, AStG § 15, Rn. 203 Erg.-Lfg. 65; zur Gegenansicht z.B. *Runge* in *Brezing*, AStG § 15, Rn. 10, 23.

605 *Hennemann-Ratschke* in *Wöhrle/Schelle/Gross*, AStG § 15, Rn. 6, 33.

606 Vgl. zu möglichen Einordnungen des Wesens der Zurechnung unter Kapitel 2: B) I) 1) Einordnung.

nichtselbständigen Arbeitseinkünfte grds. alle Einkünftekategorien des EStG erfüllen.[607] Möglich ist somit auch eine reine Vermögensverwaltung, welche im Vermögensstamm nicht steuerbar ist.[608] Die Einkünfteermittlung hat daher entsprechend einer fiktiven unbeschränkten Steuerpflicht der ausländischen Familienstiftung zu erfolgen.[609]

Gem. § 8 Abs. 3 KStG können Ausschüttungen als Vermögensverwendung die steuerpflichtigen Einkünfte nicht mindern. Dies gilt gem. § 10 Nr. 1 KStG auch für Zahlungen an Destinäre und Anfallsberechtigte, auch wenn die Stiftung hierzu durch die Stiftungssatzung verpflichtet ist.[610]

Die Einkünfteeinordnung richtet sich auch nach deutschem Steuerrecht. Dies kann zu Systemdiskrepanzen zwischen der deutschen und der ausländischen Steuerrechtsordnung führen, die sodann zwangsläufig eine Mehr- oder Minderbesteuerung zur Folge haben wird, zumal der etablierte Ausgleich durch DBA erschwert wird.[611]

II) § 4 Abs. 3 EStG iSd. § 15 Abs. 7 S. 2 AStG mit Verweis auf § 10 Abs. 3 S. 2 AStG

Eine Gewinnermittlung nach § 4 Abs. 3 EStG wird einer Gewinnermittlung nach § 4 Abs. 1, 5 Abs. 1 EStG über den in § 15 Abs. 7 S. 2 AStG enthaltenen Verweis auf § 10 Abs. 3 S. 2 AStG gleichgestellt.

Der Anwendungsbereich der Vorschrift ist begrenzt; sie kann nicht dazu führen, dass vermögensverwaltende Stiftungen, die den Überschuss ihrer Einnahmen über die Werbungskosten ermitteln, nun zu Gewinnermittlern werden.[612]

III) Kein Ausgleich der Doppelbelastung (§ 15 Abs. 7 S. 2 AStG)

Insbesondere die in § 15 Abs. 7 S. 2 AStG enthaltene Verweisung auf § 10 Abs. 3 S. 4 AStG stellt eine bedeutende Schlechterstellung der ausländischen Stiftung dar.

---

607 *Wassermeyer* in *Flick/Wassermeyer/Baumhoff/Schönfeld,* AStG § 15, Rn. 203; *Schulz* in *Lademann,* AStG § 15, Rn. 69d; *Hennemann-Ratschke* in *Wöhrle/Schelle/Gross,* AStG § 15, Rn. 45; *Rundshagen* in *Strunk/Kaminski/Köhler,* AStG § 15, Rn. 54.

608 Vgl. unter Kapitel 1: VII) 1) c) (1) (b) Einkünftequalifikation.

609 BFH, Urt. v. 05.11.1992 – I R 39/92, BFHE 170, 62 (65); BMF in AStGAE, Rn. 15.1.1 – IV B 4 – S 1340 – 11/04, BStBl. I 2004, 3; *Wassermeyer* in *Flick/Wassermeyer/Baumhoff/Schönfeld,* AStG § 15, Rn. 203; *Wenz/Linn* in *Haase,* AStG § 15, Rn. 151 f.; *Hennemann-Ratschke* in *Wöhrle/Schelle/Gross,* AStG § 15, Rn. 32; *Rundshagen* in *Grotherr/Herfort/Strunk,* 505; a.A. *Runge,* DB 1977, 514 (516).

610 *Schulz* in *Lademann,* AStG § 15, Rn. 45b.

611 *Wassermeyer* in *Flick/Wassermeyer/Baumhoff/Schönfeld,* AStG § 15, Rn. 203; vgl. unter Kapitel 3: A) DBA-Recht.

612 Vgl. hierzu bereits oben unter Kapitel 2: B) I) 2) Zeitpunkt; *Schulz* in *Lademann,* AStG § 15, Rn. 69d.

Hierdurch wird die Anwendung von § 8b Abs. 1, 2 KStG grds. ausgeschlossen.[613] Demnach gehen Beteiligungserträge vollständig in die zurechenbaren Einkünfte ein.[614] Möglich ist jedoch, dass auf Ebene des Zurechnungsempfängers ein Ausgleich erfolgt.[615] Damit stellt § 15 Abs. 7 S. 2 iVm. § 10 Abs. 3 S. 4 AStG eine entscheidende Ausnahme im System des § 15 AStG dar: Die Stiftung und ihre fiktiv unbeschränkte Körperschaftsteuerpflicht wird hinsichtlich der eintretenden Doppelbelastung grds. negiert.

Ob die Steuerbefreiungsvorschrift des § 8b KStG auf Beteiligungserträge anzuwenden sei, war bei § 15 AStG a.F.[616] bisher umstritten.[617] Von der Finanzverwaltung wurde sie versagt;[618] vom Schrifttum wurde sie überwiegend anerkannt.[619]

Die Konstellation stellte sich bei § 15 AStG a.F. wie folgt dar:

Abb. 8

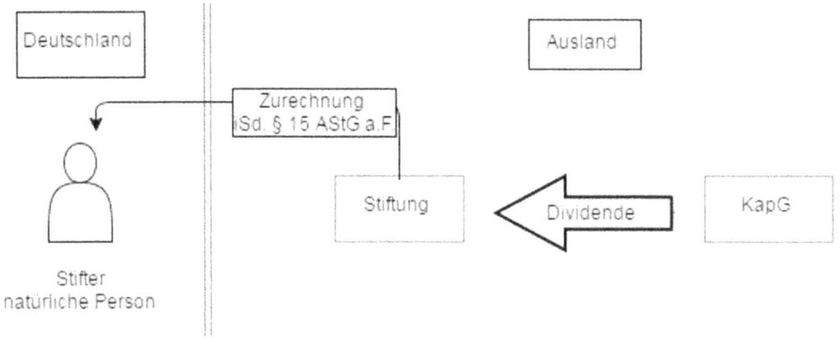

Die ausländische Familienstiftung iSd. § 15 AStG erhält eine Dividende. Ein tatsächlicher Vermögenstransfer an den Stifter erfolgt nicht.

Um den bisherigen Konflikt zu verstehen, muss zunächst die inländische Dividendenbesteuerung betrachtet werden, d.h. es ist dabei zu unterstellen, dass eine inländische Kapitalgesellschaft an ihre inländischen Anteilseigner (natürliche und juristische Personen) Gewinne ausschüttet.

613 *Schulz* in *Lademann*, AStG § 15, Rn. 69 f.; *Hennemann-Ratschke* in *Wöhrle/Schelle/Gross*, AStG § 15, Rn. 45; *Kraft/Moser/Gebhardt*, DStR 2012, 1773 (1776).
614 *Schulz* in *Lademann*, AStG § 15, Rn. 69 f.; *Hennemann-Ratschke* in *Wöhrle/Schelle/Gross*, AStG § 15, Rn. 45; *Kraft/Moser/Gebhardt*, DStR 2012, 1773 (1776).
615 Vgl. hierzu unter Kapitel 2: D) VI) Qualifikation der Zurechnungsanteile (§ 15 Abs. 8 AStG).
616 BStBl. I 2008, 2794, v. 19.12.2008.
617 *Wenz/Linn* in *Haase*, AStG § 15, Rn. 153; *Edelmann* in *Kraft*, AStG § 15, Rn. 171.
618 BT-Drs 17/12113, S. 16.
619 *Wenz/Linn* in *Haase*, AStG § 15, Rn. 153; *Blumers*, DStR 2013, 171; *Werder/Dannecker*, BB 2012, 2278 (2279).

1) *Besteuerung von rein nationalen Sachverhalten*

Kapitalgesellschaften können Dividenden nur aus bereits versteuerten Gewinnen ausschütten.[620] Die Anteilseigner müssen die Dividendeneinkünfte grds. erneut versteuern. Die Besteuerung auf Ebene der Anteilseigner und der Kapitalgesellschaft wird Doppelbelastung genannt.[621] In Deutschland haben sich verschiedene Systeme etabliert, um die Doppelbelastung auszugleichen. Bei Ausschüttungen der Kapitalgesellschaft an die natürliche Person in Deutschland sind zwei Szenarien denkbar: Die natürliche Person hält die Anteile im Privatvermögen oder im Betriebsvermögen.[622]

a) Natürliche Person mit Beteiligung im PV

Wenn die Beteiligungen sich im Privatvermögen befinden und die Dividenden von einer inländischen Stelle ausgezahlt werden, so unterfallen die Einkünfte im Grundfall der §§ 20 Abs. 1 S. 1 iVm. 32d Abs. 1 S. 1 EStG einer reduzierten ESt von 25 Prozent (ggf. erhöht um Zuschlagsteuern). Grundsätzlich werden die Einkünfte gem. § 43 Abs. 1 EStG durch die besondere Erhebungsform der KESt erhoben. Die Steuer hat nach § 43 Abs. 5 S. 1 Hs. 1 EStG grds. abgeltende Wirkung.[623] In Zusammenhang mit der Beteiligung stehende Werbungskosten sind nicht abziehbar. Stattdessen wird gem. § 2 Abs. 2 S. 2 iVm. § 20 Abs. 9 EStG ein Sparerpauschbetrag iHv. derzeit 801 € gewährt.

Möglich ist gem. § 32d Abs. 6 EStG jedoch auch, auf Antrag die Einkünfte einem niedrigeren persönlichen Steuertarif zu unterwerfen. Gem. § 32d Abs. 2 Nr. 3 EStG ist ab gewissen Beteiligungsgrenzen auch eine Option zum Teileinkünfteverfahren[624] möglich.

b) Natürliche Person mit Beteiligung im BV

Anders stellt sich die Situation bei Beteiligungen von natürlichen Personen dar, die im BV gehalten werden. Für diese Einkünfte ist kein besonderer Steuertarif vorgesehen. Sie unterfallen dem allgemeinen persönlichen Steuertarif nach § 32a EStG. Um die Doppelbelastung bei diesen Personen auszugleichen, ist gem. dem sog. Teileinkünfteverfahren in § 20 Abs. 8 iVm. § 3 Nr. 40 S. 1 lit. d) EStG vorgesehen, dass nur 60 Prozent der Einkünfte steuerpflichtig sind. Gem. § 3c Abs. 2 S. 1 EStG können im Gegenzug auch nur 60 Prozent der mit der Beteiligung in Zusammenhang stehenden

---

620 Vgl. für deutsche Kapitalgesellschaften § 8 Abs. 3 S. 1 KStG; *Birk/Desens/Tappe,* Steuerrecht, Rn. 1235. Der Vorgang ist von einer Rückgewährung von Einlagen iSd. § 27 KStG zu unterscheiden.

621 Vgl. unter Kapitel 3: A) I) 2) Abgrenzung der Doppelbelastung; *Birk/Desens/Tappe,* Steuerrecht, Rn. 1235; *Scheffler,* Besteuerung von Unternehmen, 218.

622 *Birk/Desens/Tappe,* Steuerrecht, Rn. 1283; *Scheffler,* Besteuerung von Unternehmen, 263.

623 *Birk/Desens/Tappe,* Steuerrecht, Rn. 1282.

624 Vgl. hierzu sogleich unter Punkt a) Natürliche Person mit Beteiligung im BV.

Betriebsausgaben abgezogen werden.[625] Möglich ist eine zusätzliche Belastung mit Gewerbesteuer, wenn die Mindestquote im Sinne einer 15 Prozent-Beteiligung für das gewerbesteuerliche Schachtelprivileg nicht erreicht wurde (§ 8 Nr. 5 iVm. § 9 Nr. 2a GewStG).[626]

c) *Juristische Person*

Das KStG beschreitet einen eigenständigen Weg zum Ausgleich der Doppelbelastung. Hierbei trennt es hinsichtlich zweier Fälle. So sind die steuerlichen Folgen davon abhängig, ob der Dividendenempfänger gem. § 8b Abs. 4 KStG zumindest zu 10 Prozent an dem ausschüttenden Unternehmen beteiligt ist, oder ob er diese Mindestbeteiligung nicht erfüllt.

(1) Schachteldividende

Gem. § 8b Abs. 1 und Abs. 5 KStG bleiben die Bezüge bei der Einkommensermittlung außer Ansatz, wenn gem. § 8b Abs. 4 KStG zu Beginn des Kalenderjahres die Beteiligung an der ausschüttenden Gesellschaft zu mindestens 10 Prozent bestanden hat.[627] Jedoch gelten 5 Prozent der Bezüge als nicht abziehbare Betriebsausgaben. Die tatsächlich anfallenden Betriebsausgaben können jedoch gem. § 8b Abs. 5 S. 2 KStG ohne Beachtung des § 3c EStG abgezogen werden.[628] Es sind deshalb nur 5 Prozent der Dividende steuerpflichtig unter Beibehalt des vollen Betriebsausgabenabzugs für Ausgaben in Zusammenhang mit der Beteiligung.[629]

Darüber hinaus ist eine zusätzliche Belastung mit GewSt möglich, da die gewerbesteuerliche Mindestbeteiligung iSd. § 8 Nr. 5 GewStG iVm. § 9 Nr. 2a GewStG mit 15 Prozent höher liegt als die Mindestbeteiligung des § 8b Abs. 4 KStG mit 10 Prozent.

(2) Streubesitzdividende

Vor der Gesetzesneufassung kam der Abgeltungssteuer für Streubesitzdividenden von ausländischen Gesellschaften gem. § 32 Abs. 1 Nr. 2 KStG grds. abgeltende Wirkung zu. Dies führte zu einer weit höheren definitiven Steuerbelastung als im Inland.[630] Für EU-/EWR-Gesellschaften stufte der EuGH diese Regelung als nicht

---

625 *Birk/Desens/Tappe,* Steuerrecht, Rn. 1288; *Scheffler*, Besteuerung von Unternehmen, 227.

626 *Birk/Desens/Tappe,* Steuerrecht, Rn. 1405.

627 *Birk/Desens/Tappe,* Steuerrecht, Rn. 1235; *Schmitt-Homann* in *Otto*, Stiftungspraxis, 242.

628 *Birk/Desens/Tappe,* Steuerrecht, Rn. 1236; *Scheffler*, Besteuerung von Unternehmen, 263.

629 *Birk/Desens/Tappe,* Steuerrecht, Rn. 1236.

630 *Rengers* in *Blümich,* KStG § 8b, Rn. 182.

europarechtskonform ein.[631] Übergangsweise reagierte der Gesetzgeber hierauf, indem er die Schlechterstellung der EU-/EWR-Gesellschaften durch ein Erstattungsverfahren im Rahmen des § 32 Abs. 5 EStG ausglich. Die jetzige Gesetzeslage führt dazu, dass eine Angleichung beider Gruppen auf dem höheren Steuerniveau erfolgte. Inländische Gesellschaften werden nun genauso gestellt, wie vorher die EU-/EWR-Gesellschaften standen: Gem. § 8b Abs. 4 iVm. § 34 Abs. 7a S. 2 KStG gelten alle Beteiligungserträge unter der Mindestbeteiligung von 10 Prozent, die nach dem 28. Februar 2013 zufließen, als nicht mehr steuerbefreit. In diesen Fällen kann es zu einer zusätzlichen Belastung mit GewSt gem. § 8 Nr. 5 GewStG kommen.

2) Problemstellung bei grenzüberschreitenden Sachverhalten

Betrachtet man nun obiges Beispiel, so stellt man fest, dass bei einer ausländischen Stiftung als fiktiv unbeschränkt körperschaftsteuerpflichtigen Person die Doppelbelastung dadurch ausgeglichen wird, dass grds. 95 Prozent der Bezüge iSd. § 8b Abs. 1, 5 KStG nicht in das zu versteuernde Einkommen eingehen. Da bisher ebendieses Einkommen – und nicht die Einkünfte – zugerechnet wurde, hätten Beteiligungserträge eigentlich nicht voll zugerechnet werden dürfen. Da die Zurechnung analog zum deutschen Recht zu erfolgen hatte, konnten sich sowohl die Stiftung als fiktiv unbeschränkt körperschaftsteuerpflichtige Person als auch die Zurechnungssubjekte regelmäßig auf § 8b Abs. 1, 5 KStG berufen.

Bisher war jedoch umstritten, ob bei Beteiligungserträgen der ausländischen Stiftung die sachliche Steuerbefreiung des § 8b KStG auch tatsächlich anzuwenden sei. Da die Beteiligungserträge der ausländischen Stiftung so der inländischen Zurechnungsbesteuerung nahezu entzogen wurden, lehnte dies zumindest ein Teil der Finanzverwaltung ab.[632] Sie stellte stattdessen darauf ab, dass die Voraussetzungen für die Steuerbefreiung in der Person des Zurechnungssubjekts zu erfüllen seien.[633]

Hingegen war die herrschende Literaturauffassung, dass entsprechend dem Wortlaut und der Gesetzessystematik bei der Prüfung der Voraussetzungen auf die ausländische Familienstiftung abzustellen sei.[634] Auch das Hessische FG schloss sich dieser Auffassung an.[635]

Der aufgezeigte Streit ist inzwischen obsolet, da nun auf die Einkünfte und nicht mehr auf das Einkommen für die Zwecke der Zurechnung abgestellt wird. Die von der Finanzverwaltung vertretene Auffassung findet sich nunmehr im Gesetz. So ist

631 EuGH, Urt. v. 20.10.2011 – C-284/09 – Kommission/Bundesrepublik Deutschland, Slg. 2011 I-9879 (9906).

632 BT-Drs 17/12113, S. 16; dagegen *Blumers*, DStR 2013, 171.

633 *Gross* in *Wöhrle/Schell/Gross*, § 15 AStG, Rn. 28 Erg.-Lfg. 22; *Runge*, DB 1977, 514.

634 *Wassermeyer in Flick/Wassermeyer/Baumhoff/Schönfeld*, AStG § 15, Rn. 204 Erg.-Lfg. 65; *Schönfeld*, IStR 2009, 16 (17).

635 Hessisches FG Urt. v. 14.11.2012 – 10 K 625/08, DStR 2013, 1011.

nun in §§ 15 Abs. 7 S. 2 iVm. 10 Abs. 3 S. 4 AStG die Regelung enthalten, dass § 8b KStG auf Ebene der Stiftung nicht zur Anwendung gelangt.[636]

IV) Negativer Betrag (§ 15 Abs. 7 S. 3 AStG)

Die Zurechnung eines negativen Saldos war bis zum JStG 2009[637] umstritten.[638] Bei der Einführung des gesetzlichen Verbots hat der Gesetzgeber es zu einer verfassungsrechtlich heiklen Rückwirkungsproblematik kommen lassen.[639]

Nunmehr ist die Versagung der Zurechnung von negativen Einkünften in § 15 Abs. 7 S. 3 AStG gesetzlich normiert. § 15 Abs. 7 S. 3 AStG ordnet an, dass die Zurechnung unterbleibt, falls sich bei einer Saldierung aller Stiftungseinkünfte ein negativer Betrag ergibt. Statt der Zurechnung wird in diesem Fall über die doppelte Verweisung § 15 Abs. 7 S. 2 AStG iVm. § 10 Abs. 3 S. 5 AStG die Rechtsfolge des § 10d EStG für anwendbar erklärt. Überwiegen bei der Saldierung der positiven und negativen Einkünfte letztere, so soll demnach die Zurechnung entfallen. Während positive Zurechnungseinkünfte beim Steuerpflichtigen sofort versteuert werden, kann er negative Einkünfte gem. § 15 Abs. 6 AStG iVm. § 10d EStG nur vor- bzw. rücktragen. Insbesondere wenn ein Verlustrücktrag nicht vollständig möglich ist, z.B. weil der Höchstbetrag iSd. § 10d Abs. 1 S. 1 EStG überschritten wurde, entsteht beim Steuerpflichtigen ein Liquiditätsnachteil gegenüber einer Saldierung mit seinen sonstigen positiven Einkünften im Sinne eines uneingeschränkten Verlustausgleichs.[640]

Die Nichtberücksichtigung von Negativsalden ist gleichzeitig mit der Escapeklausel des § 15 Abs. 6 AStG, die die Regelung EU-rechtlich entschärfen soll, in das Gesetz aufgenommen worden. In systematischer Hinsicht kann sie als Ausnahme zur Zurechnung iSd. § 15 Abs. 1 AStG gewertet werden. Auch wenn hierin eigentlich die Zurechnung der einzelnen Einkünfte angeordnet wird, muss demnach als zusätzliche Voraussetzung gem. § 15 Abs. 7 AStG hinzutreten, dass der Saldo der Einkünfte positiv ausfällt.

Die Zurechnung einer negativen Einkunftsart wird vom Gesetz nicht ausgeschlossen,[641] wenn die Saldierung der Zurechnungseinkünfte insgesamt zu einem positiven Ergebnis führt. Wenn die ausländische Stiftung aus einer Einkunftsart einen Verlust iHv. 100 erzielt, aus einer anderen Einkunftsart hingegen einen Gewinn iHv. 110 erwirtschaftet, so kommt es zu einer Zurechnung von insgesamt 10. Ist es hingegen umgekehrt und die Stiftung erzielt insgesamt einen Verlust von

636 Vgl. zum möglichen Ausgleich beim Zurechnungssubjekt jedoch unter Punkt VI) Qualifikation der Zurechnungsanteile (§ 15 Abs. 8 AStG).

637 BStBl. I 2008, 2794, v. 19.12.2008.

638 *Wenz/Linn* in *Haase,* AStG § 15, Rn. 154.

639 *Wassermeyer* in *Flick/Wassermeyer/Baumhoff/Schönfeld,* AStG § 15, Rn. 224; *Hey,* IStR 2009, 181 (188). Hierzu näher unter Kapitel 3: D) I) Rückwirkungsproblematik.

640 *Hey,* IStR 2009, 181 (187).

641 Vgl. zur Zurechnung als Saldobetrag unter Kapitel 2: B) I) 1) d) Nettobetrag.

10, so kann dieser gem. § 15 Abs. 7 S. 3 AStG nicht sofort mit anderen positiven Einkünften des Zurechungssubjekts verrechnet werden.

Grundsätzlich ist der Gesetzgeber gehalten, die Verlustnutzung zuzulassen. Dies ergibt sich aus dem objektiven Nettoprinzip. Das Leistungsfähigkeitsprinzip bestimmt, dass grds. nur die nach Abzug von Aufwendungen verbleibenden Nettobeträge der Besteuerung unterfallen dürfen.[642] Auch in einem nach Besteuerungsabschnitten strukturierten Besteuerungssystem setzt sich grds. das Leistungsfähigkeitsprinzip durch und gebietet die Nutzung eines Verlustvor- bzw. -rücktrags.[643]

Gegen eine Verlustnutzung beim Zurechnungssubjekt könnte hier möglicherweise eingewandt werden, dass es durch einen Verlusttransfer zu einem ungerechtfertigten Steuervorteil komme: So könne sowohl die Stiftung ihren Verlust im Ausland geltend machen als auch noch zusätzlich das Zurechnungssubjekt die Begünstigung im Inland beanspruchen. Jedoch ist diese Befürchtung eines sog. „double dip" unangebracht.[644] Es besteht zum einen keine Gefahr, dass die ausländische Stiftung einen systematisch nicht zu rechtfertigenden doppelten Steuervorteil begehrt: Die Verlustnutzung betrifft das inländische Zurechnungssubjekt, dessen Belastung der deutsche Steuergesetzgeber mit der Zurechnung nach § 15 AStG im Sinne eines fiktiven Einkünftetransfers vorgesehen hat.[645] Zum anderen ist nicht sicher, ob die Stiftung im Ausland überhaupt steuerpflichtig ist und daher bereits aus diesem Grund eine Verlustberücksichtigung im Ausland unterbleibt.[646]

§ 15 Abs. 7 S. 3 AStG schließt die Zurechnung eines negativen Betrages alleine beim Zurechnungsempfänger aus. Davon wird die Einkünfteermittlung bei der Stiftung nicht berührt. So kann bei dieser z.B. entsprechend der §§ 15 Abs. 7 S. 2, 10 Abs. 3 S. 5 AStG ein Verlustvor- oder -rücktrag entstehen.[647] Hierbei ist jedoch die Mindestbesteuerung durch § 10d Abs. 2 EStG zu berücksichtigen.

Ein Verlustrücktrag lässt die zurechenbaren Einkünfte aus dem Vorjahr rückwirkend abschmelzen; ein Verlustvortrag führt hinsichtlich zukünftiger Einkünfte zu einer Ausgleichsmasse.[648]

Verfahrensrechtlich ist eine gesonderte Feststellung der negativen Einkünfte iSd. § 10d Abs. 4 EStG erforderlich. Der Verlustabzug ist dabei nicht an ein bestimmtes Subjekt gebunden: Einerseits sind Stiftungen nicht mitgliedschaftlich verfasst, sodass eine Verknüpfung zu einem Rechtssubjekt nicht passt; andererseits ist keine

---

642 *Birk/Desens/Tappe,* Steuerrecht, Rn. 615; *Breinersdorfer,* DStR 2010, 2492 (2494); *Lehner,* DStR 2009, 185.

643 *Birk/Desens/Tappe,* Steuerrecht, Rn. 616; *Wernsmann,* Beihefter zu DStR 34 2009, 101.

644 *Hey,* IStR 2009, 181 (188).

645 *Hey,* IStR 2009, 181 (188).

646 *Hey,* IStR 2009, 181 (188).

647 *Wenz/Linn* in *Haase,* AStG § 15, Rn. 154; *Schulz* in *Lademann,* AStG § 15, Rn. 69j; allgemein zum Verlustvor- und -rücktrag *Birk/Desens/Tappe,* Steuerrecht, Rn. 619.

648 *Wenz/Linn* in *Haase,* AStG § 15, Rn. 154; *Schulz* in *Lademann,* AStG § 15, Rn. 69j.

entsprechende Anwendung des § 8c KStG normiert worden.[649] Auch wenn über einen gewissen Zeitraum keine Zurechnung nach § 15 AStG vorgenommen werden kann, lebt ein festgestellter Verlustvortrag hinsichtlich einer späteren möglichen Zurechnung wieder auf.[650]

Von *Hey* ist an der Regelung scharfe Kritik geäußert worden.[651] Sie sieht die Vorschrift als verfassungswidrig an. Sie argumentiert, dem Gesetzgeber sei es verwehrt, im Hinblick auf das im Inland bestehende Trennungsprinzip darauf zu verweisen, dass auch Stifter bzw. Bezugsberechtigte einer inländischen Stiftung nicht an deren Verlusten partizipieren können, da er in § 15 AStG gerade dieses Trennungsprinzip nicht beachtet.[652] Die Situation müsse demnach mit einem inländischen Sachverhalt verglichen werden, der auch die Einkünfte der Stiftung dem Stifter zurechnet. Hierzu fände sich in § 39 Abs. 2 AO die Möglichkeit, dem Stifter die Wirtschaftsgüter und demnach auch die mit ihnen erzielten Einkünfte zuzurechnen.[653] In diesen Fällen würden dem Stifter jedoch nicht nur die positiven, sondern auch die negativen Einkünfte zugerechnet. Somit läge eine Ungleichbehandlung einer vergleichbaren Situation vor.

Hiergegen spricht jedoch, dass § 15 AStG die Stiftung nicht grds. negiert und auch keine Wirtschaftsgüter persönlich zurechnet. § 39 Abs. 2 AO regelt hingegen die persönliche Zurechnung von Wirtschaftsgütern und erkennt, wenn die Voraussetzungen der Norm vorliegen, die zivilrechtlichen Eigentumsverhältnisse gar nicht an.

V) Auswirkung auf die Gewerbesteuer

Die Ursprünge der Gewerbesteuer gehen auf das Jahr 1810 zurück.[654] Sie ist gem. § 3 Abs. 2 AO eine Realsteuer.[655] Bei Einführung der Gewerbesteuer ließ sich der Gesetzgeber vom Äquivalenzprinzip leiten: Die Gewerbebetriebe sollten dem Umfang entsprechend besteuert werden, in dem sie die kommunale Infrastruktur in Anspruch nahmen.[656] So unterfällt grds. auch nur gem. § 2 Abs. 1 GewStG der inländische Gewerbebetrieb der Gewerbesteuer, und daher werden z.B. die Ergebnisse ausländischer Betriebstätten gem. § 9 Nr. 3 GewStG von der Besteuerung

---

649 *Schulz* in *Lademann,* AStG § 15, Rn. 69k.

650 Zur Hinzurechnungsbesteuerung BMF in AStGAE, Rn. 10.3.5.2 - IV B 4 - S 1340 - 11/04, BStBl. I 2004, 3; *Schulz* in *Lademann,* AStG § 15, Rn. 69l.

651 *Hey,* IStR 2009, 181.

652 *Hey,* IStR 2009, 181 (187).

653 BFH, Urt. v. 22.02.2010 – I R 84/09, BFHE 232, 352 (354 f.); *Hey,* IStR 2009, 181 (187); hierzu auch unter Kapitel 2: B) I) 1) a) § 39 Abs. 2 AO.

654 *Birk/Desens/Tappe,* Steuerrecht, Rn. 1352; *Frotscher,* KSt GewSt, Rn. 607.

655 *Birk/Desens/Tappe,* Steuerrecht, Rn. 75, 1352; *Scheffler,* Besteuerung von Unternehmen, 263, 265.

656 *Birk/Desens/Tappe,* Steuerrecht, Rn. 1356.

ausgenommen.[657] Der BFH spricht insoweit von einem „strukturellen Inlandsbezug der Gewerbesteuer".[658]

Die Gewerbesteuer stellt eine wichtige Finanzquelle der Gemeinden dar, da diesen gem. Art. 106 Abs. 6 GG die Erträge aus der GewSt alleine zustehen. Im Festsetzungsverfahren erlassen die Finanzämter gem. § 14 GewStG, §§ 184, 182 Abs. 1 AO den Gewerbesteuermessbescheid als Grundlagenbescheid, während die Steuerfestsetzung gem. §§ 1, 16 GewStG durch die Gemeinden selbst mit dem gemeindeeigenen Hebesatz erfolgt.[659]

1) Altfassung

In § 15 Abs. 1 S. 1 AStG idF. des JStG 2009[660] wurde bzgl. des Zurechnungsobjekts auf das Einkommen der Stiftung abgestellt und dieses dem Einkommen des Zurechnungssubjekts zugerechnet. Die GewSt knüpft für die Bestimmung des Gewerbeertrags gem. § 7 GewStG an den Gewinn aus Gewerbebetrieb an. Das Einkommen ist demgegenüber eine nachgelagerte Größe.[661] Solange die Einkommenszurechnung der Familienstiftung erfolgte, berührte diese nicht die Höhe des Gewerbeertrags iSd. §§ 6, 7 GewStG und konnte daher auch zu keiner Auswirkung hinsichtlich der GewSt des Zurechnungssubjekts führen.[662] Eine Belastung mit GewSt erfolgte allenfalls, wenn eine ausländische Familienstiftung einen inländischen Gewerbebetrieb unterhielt, mit dem diese der GewSt unterlag.[663]

2) Neufassung

a) Belastung mit Gewerbesteuer auch bei ausländischen Betrieben

Nach dem Systemwechsel werden hingegen Einkünfte zugerechnet. Die sich hieraus ergebenden Neuerungen sollen anhand eines Beispiels verdeutlicht werden:

657 *Frotscher,* KSt GewSt, Rn. 627, 681; *Scheffler,* Besteuerung von Unternehmen, 263 f.

658 BFH, Urt. v. 11.03.2015 – I R 10/14, BFHE 2015, 241 (244).

659 *Birk/Desens/Tappe,* Steuerrecht, Rn. 1423; *Frotscher,* KSt GewSt, Rn. 604.

660 BStBl. I 2008, 2794, v. 19.12.2008.

661 § 2 Abs. 2 – 4 EStG; *Birk/Desens/Tappe,* Steuerrecht, Rn. 1383.

662 *Wassermeyer* in *Flick/Wassermeyer/Baumhoff/Schönfeld,* AStG § 15, Rn. 134; *Hennemann-Ratschke* in *Wöhrle/Schelle/Gross,* AStG § 15, Rn. 38; *Kirchhain,* Die Familienstiftung, Rn. 144; *Löwe,* IStR 2005, 577 (580).

663 Vgl. hierzu unter Kapitel 2: D) V) 2) b) Doppelte Besteuerung mit Gewerbesteuer.

Abb. 9

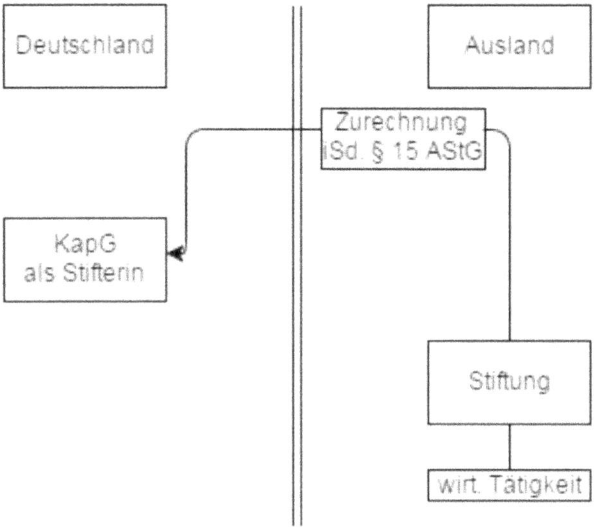

Stifterin einer ausländischen Familienstiftung iSd. § 15 AStG ist eine Kapitalgesellschaft. Bei der inländischen Kapitalgesellschaft erfolgt gem. § 15 Abs. 1 AStG eine Einkünftezurechnung innerhalb ihrer Einkünfte iSd. § 8 Abs. 1, 2 KStG iVm. § 15 EStG.

Jeder stehende Gewerbebetrieb, der im Inland betrieben wird, unterliegt gem. § 2 Abs. 1 S. 1 GewStG der Gewerbesteuer. Wann ein Gewerbebetrieb vorliegt, richtet sich gemäß § 2 Abs. 1 S. 2 GewStG nach dem EStG.[664] Gem. § 2 Abs. 2 S. 1 GewStG ist die Tätigkeit einer Kapitalgesellschaft stets und in vollem Umfang (ggf. fiktiv) gewerblich, sodass die Gewerblichkeitsmerkmale unerheblich sind.[665] Damit der Zurechnungsbetrag der GewSt unterfällt, muss die Zurechnung gem. § 2 Abs. 1 S. 1 GewStG bei einem Gewerbebetrieb erfolgen. Entsprechend der obigen Ausführungen kommen hierbei ein originär gewerbliches Unternehmen oder ein fiktiv gewerbliches Unternehmen wie eine Kapitalgesellschaft in Betracht. Sodann müssen, damit sich eine gewerbesteuerliche Auswirkung ergibt, die zugerechneten Einkünfte gem. § 7 S. 1 GewStG den gewerblichen Gewinn erhöhen. Ist der Stifter eine Kapitalgesellschaft, so erzielt diese gem. § 8 Abs. 2 KStG stets gewerbliche Einkünfte. Die Zurechnung ändert gem. § 15 Abs. 8 S. 3

664 *Drüen* in *Blümich*, GewStG § 2, Rn. 76 ff.; *Birk/Desens/Tappe*, Steuerrecht, Rn. 1365 ff.; *Frotscher*, KSt GewSt, Rn. 621.

665 *Drüen* in *Blümich*, GewStG § 2, Rn. 115; *Birk/Desens/Tappe*, Steuerrecht, Rn. 1366; *Frotscher*, KSt GewSt, Rn. 624.

AStG hieran nichts.[666] Dies gilt für originär gewerbliche Unternehmen gem. § 15 Abs. 8 S. 2 AStG ebenso.[667]

Grds. werden – wie § 2 Abs. 1 S. 1 GewStG statuiert – nur Gewerbebetriebe im Inland erfasst. Erzielt der inländische Gewerbebetrieb Einnahmen über eine abgrenzbare ausländische Betriebstätte, so werden diese Einnahmen aus dem Gewerbeertrag gem. § 9 Nr. 3 S. 1 GewStG eliminiert.

In dem oben gezeigten Beispiel werden die zugerechneten Einkünfte aus der wirtschaftlichen Betätigung der ausländischen Stiftung bei der inländischen KapG als Stifterin der KSt unterworfen. Die steuerliche Belastung wird dadurch abgemildert, dass gem. §§ 15 Abs. 5 S. 1, 12 Abs. 1 AStG eine Anrechnungsmöglichkeit für ausländische Steuern besteht.[668] Entscheidend ist sodann, dass die GewSt gem. § 7 GewStG an diesen nach KStG bzw. EStG ermittelten Gewinn auch für Gewerbesteuerzwecke anknüpft, worin grds. auch der Zurechnungsbetrag iSd. § 15 Abs. 1 AStG enthalten ist. Durch die Zurechnung würden die tatsächlich nicht zu einer inländischen Betriebsstätte gehörenden Einkünfte nun einem inländischen Steuersubjekt zugerechnet und dessen gewerbesteuerliche Bemessungsgrundlage erhöhen. Eine Belastung des Zurechnungsbetrages mit GewSt ist jedoch umstritten; sie lässt sich aus steuersystematischen Gründen ablehnen und im Wege einer restriktiven Gesetzesauslegung oder einer gewerbesteuerlichen Kürzung vermeiden.[669]

Die diskriminierende Wirkung einer Gewerbesteuerpflicht im Rahmen der Hinzurechnungsbesteuerung §§ 7 ff. AStG wurde zutreffend durch *Kraft/Schreiber* nachgewiesen.[670] Gleiches gilt für die Zurechnungsbesteuerung gem. § 15 AStG. Die Belastung im Fall des § 15 AStG kann sich zudem noch verschärfen, da keine Deckelung des ausländischen Steuersatzes bei 24,99 Prozent iSd. § 8 Abs. 3 AStG besteht. Vielmehr ist eine Belastung mit ausländischer KSt iHv. 40 Prozent denkbar.[671] Insoweit erfolgt eine deutliche Schlechterstellung desjenigen, dem die Einkünfte iSd. § 15 AStG zugerechnet werden, gegenüber demjenigen, der die Einkünfte direkt bezieht.[672] Dies soll im Folgenden anhand eines Grundfalls für KSt und GewSt verdeutlicht werden (Fall 1), dem die Besteuerung eines reinen Inlandsfalls gegenübergestellt wird (Fall 2). Erbschaftsteuerliche Aspekte werden nicht betrachtet.

---

666 Vgl. zur Qualifikation der zugerechneten Einkünfte unter Punkt VI) Qualifikation der Zurechnungsanteile (§ 15 Abs. 8 AStG).

667 Vgl. unter Punkt VI) Qualifikation der Zurechnungsanteile (§ 15 Abs. 8 AStG).

668 Vgl. hierzu unter Kapitel 2: G) Steuerliche Belastung durch inländische Steuern und Ausgleichsmöglichkeiten (§ 15 Abs. 5 AStG).

669 Vgl. hierzu unter Kapitel 2: D) V) 2) d) Zwischenergebnis.

670 *Kraft/Schreiber*, IStR 2015, 149 (152).

671 Z.B. BMF, Die wichtigsten Steuern im internationalen Vergleich, S. 20: Steuersatz in den USA 39,62 Prozent.

672 Vgl. zum europarechtlichen Kontext hierzu unter Kapitel 3: B) I) 4) Diskriminierung.

Fall 1: Einem unbeschränkt körperschaftsteuerpflichtigen Steuersubjekt iSd. § 1 Abs. 1 Nr. 1 bis 3 KStG werden iSd. § 15 AStG die Einkünfte einer ausländischen Stiftung zugerechnet. Dem Fall liegen folgende Parameter zugrunde:
Die ausländische Stiftung erwirtschaftet Einkünfte iHv. 100.000 (Direktgeschäft: Verkauf von Waren).
Der ausländische KSt-Satz beträgt 40 Prozent.
Der inländische KSt-Satz beträgt 15 Prozent gem. § 23 Abs. 1 KStG.
Der inländische SolZ beträgt 5,5 Prozent gem. § 4 S. 1 SolzG.
Die inländische Gewerbesteuermesszahl beträgt 3,5 Prozent gem. § 11 Abs. 2 GewStG.
Der lokale Gewerbesteuerhebesatz iSd. §§ 16, 4 GewStG beträgt 300 Prozent.

a) Besteuerung der ausländischen Stiftung im Ausland	
Bemessungsgrundlage	100.000
ausländische KSt	40.000
b) Besteuerung des inländischen Zurechnungssubjekts im Inland	
KSt (D)	15.000
./. KSt (A) nach § 15 Abs. 5, 12 Abs. 1, 2 AStG, 26 Abs. 1 KStG	15.000
SolZ entspr. KSt (D)	0
GewSt ohne Kürzung iSd. § 9 Nr. 3 S. 1 GewStG*	12.250
c) Gesamtsteuerbelastung nach Zurechnung gem. § 15 AStG	
KSt (A)	40.000
KSt (D)	0
SolZ	0
GewSt ohne Kürzung iSd. § 9 Nr. 3 S. 1 GewStG*	12.250
	52.250

* nach teilweise vertretener Auffassung ist die Kürzung der gewerbesteuerlichen Bemessungsgrundlage iSd. § 9 Nr. 3 S. 1 GewSt um den Zurechnungsbetrag nicht anzuwenden, a.A. BFH siehe Kapitel 2: D) V) 2) e) (2) BFH.

Fall 2:
Ein inländisches unbeschränkt körperschaftsteuerpflichtiges Steuersubjekt iSd. § 1 Abs. 1 Nr. 1 bis 3 KStG erzielt aus einem Direktgeschäft Einkünfte im Ausland iHv. 100.000 €. Die steuerlichen Parameter bleiben ansonsten gleich.

Gesamtsteuerbelastung im Inlandsfall

KSt auf Auslandseinkünfte § 1 Abs. 1, 2 KStG	15.000
SolZ	825
GewSt	12.250
	28.075

Der Steuerpflichtige, der den identischen Sachverhalt ohne die Zwischenschaltung einer ausländischen Familienstiftung verwirklicht, steht daher in dem angenommenen Beispiel um 24.175 € bzw. allgemein um 24,175 Prozent besser als derjenige, der den entsprechenden Sachverhalt iSd. § 15 Abs. 1 AStG verwirklicht. Die Schlechterstellung des Auslandssachverhaltes ist abhängig von der Höhe der ausländischen Körperschaftsteuer. Liegt sie über dem deutschen Körperschaftsteuersatz von 15 Prozent, so kann zwar die ausländische KSt voll angerechnet werden,[673] die verbleibende Belastung durch die Zurechnung der GewSt wird hingegen definitiv.[674] Nicht unerwähnt bleiben soll jedoch, dass durch systembedingte Differenzen eine moderate Besserstellung des Auslandsachverhaltes möglich ist. Es kann zu einer Besserstellung um bis zu 0,825 Prozent führen, wenn die ausländische Steuerbelastung zwischen 0 und 15 Prozent beträgt.[675] Hier wirkt sich der SolZ bei der Anrechnung der ausländischen Steuer auf die inländische KSt aus: Bei einem ausländischen KSt-Satz, der mit dem inländischen KSt-Satz von 15 Prozent identisch ist, fällt kein SolZ an (15 % KSt x 5,5 % SolZ = 0,825 %).

Aus alledem folgt, dass sich zumindest eine Belastung mit GewSt auf der Ebene des Zurechnungssubjekts ergeben könnte. Die Schlechterstellung eines Auslandssachverhalts ist dabei umso größer, je höher die Besteuerung im ausländischen Staat ist.

b) Doppelte Besteuerung mit Gewerbesteuer

Selbst eine doppelte Belastung derselben Einkünfte mit GewSt wäre möglich.

673 Daher liegt die KSt-Belastung im obigen Beispiel beim Zurechungssubjekt bei 0.

674 *Kraft/Schreiber*, IStR 2015, 149 (152) zur entsprechenden Wirkung der Hinzurechnungsbesteuerung iSd. §§ 7 ff. AStG.

675 *Kraft/Schreiber*, IStR 2015, 149 (151 f.).

Abb. 10: Beispiel

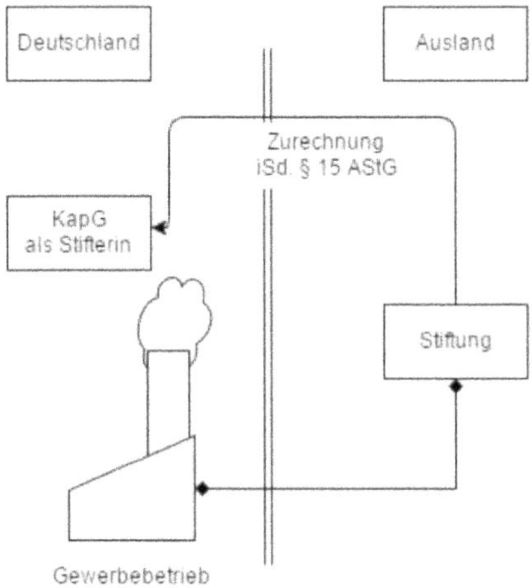

Betreibt entsprechend dem obigen Fall 1 die ausländische Stiftung iSd. § 15 AStG einen Gewerbebetrieb im Inland, so unterliegt sie damit, neben der inländischen (beschränkten) KSt und der ausländischen KSt, auch der inländischen Gewerbesteuer. Falls ein dem OECD-MA entsprechendes DBA besteht, liegt das Besteuerungsrecht für die inländische Betriebsstätte gem. Art. 7 Abs. 1 OECD-MA beim Quellenstaat Deutschland. Erfolgt beim Zurechnungssubjekt eine Zurechnung von Einkünften aus einem Gewerbebetrieb, könnte es neben der gewerbesteuerlichen Erfassung bei der Stiftung nun beim Zurechnungssubjekt zu einer abermaligen Besteuerung mit Gewerbesteuer kommen.[676]

c) *Ausgleichsmöglichkeit*

Eine Gewerbesteuerbelastung wäre nicht problematisch, wenn sie ausgeglichen werden könnte. Dies wäre gem. § 15 Abs. 5 S. 2 AStG möglich, wenn die GewSt als eine Art der Einkommensteuer anzusehen wäre. Die Anrechnung ist jedoch ausschließlich für die Einkommen- sowie für die Körperschaftsteuer vorgesehen, sodass sich für die GewSt keine Anrechnungsmöglichkeit ergibt.[677]

d) *Zwischenergebnis*

Die Belastung des Zurechnungsbetrags mit GewSt ist als unbefriedigend und systemwidrig anzusehen.

676 Vgl. unter Kapitel 2: B) I) 1) für die Frage, wie die Zurechnung zu erfolgen hat.
677 *Schulz* in *Lademann,* AStG § 15, Rn. 42a; *Kirchhain,* IStR 2012, 602 (604).

Da im Gesetzgebungsverfahren jedoch keine Aussagen darüber getroffen wurden, dass man eine Belastung mit GewSt anstrebe, ist Skepsis angebracht hinsichtlich der nun im Gesetz enthaltenen Folgen.[678] Aus Gründen der Gesetzessystematik und Rechtssicherheit sollten gewerbesteuerliche Auswirkungen vom Gesetzgeber beseitigt werden. Es wäre empfehlenswert, wenn der Gesetzgeber entsprechend der Vorschrift zur Erbschaftsteuer in § 15 Abs. 1 S. 2 AStG einen Ausschluss der Zurechnung für gewerbesteuerliche Zwecke aufnehmen würde.[679] Ebenso wäre es möglich, eine Kürzungsvorschrift in § 9 GewStG einzuführen.[680]

Allerdings hat die an dem geplanten Gesetzesentwurf schon früh geäußerte Kritik im weiteren Gesetzgebungsprozess keine Berücksichtigung gefunden. Dies könnte darauf hindeuten, dass die sich ergebende doppelte Belastung mit GewSt vom Gesetzgeber tatsächlich intendiert war.[681]

Möglicherweise lässt sich die Belastung mit GewSt über eine restriktive Auslegung des GewStG erreichen. Zwar wird gem. § 2 Abs. 2 S. 1 GewStG ein Gewerbebetrieb fingiert, jedoch nicht, dass dieser auch im Inland betrieben wird. Insoweit könnte man systemgerecht argumentieren, dass der Zurechnungsempfänger durch die bloße Zurechnung keinen Gewerbebetrieb betreibe; die tatsächlich im Ausland verwirklichte Gewerbetätigkeit gehöre bei einer gebotenen wirtschaftlichen Betrachtungsweise nicht zur Betriebsstätte des Unternehmens des Zurechnungsempfängers. So müsste die Zurechnung z.B. bei Einzelunternehmern iSd. § 15 Abs. 3 AStG ausscheiden. Andererseits werden bei Kapitalgesellschaften gem. § 2 Abs. 2 GewStG alle Einkünfte von der Gewerblichkeit in vollem Umfang infiziert. Um hier zu einem adäquaten Ergebnis zu kommen, kann eine restriktive Auslegung daran anknüpfen, dass eine Kapitalgesellschaft im Falle bloßer Zurechnung gar keine Tätigkeit verwirklicht, wie es grds. gem. § 2 Abs. 1 GewStG von Nöten wäre. Anders als bei einer Dividende kann das Zurechnungssubjekt nicht als Holding angesehen werden, die durch das Erwerben, Halten oder Verkaufen der Anteile einer wirtschaftlichen Tätigkeit nachgeht. Somit kann ein restriktives Verständnis von § 2 GewStG, ebenso wie eine Anwendung der auf inländische Unternehmensbetreibung beruhenden Kürzungsvorschriften des § 9 GewStG, dazu dienen, die ungerechtfertigte Belastung mit einfacher bzw. doppelter GewSt zu vermeiden.[682]

---

678 *Hennemann-Ratschke* in *Wöhrle/Schelle/Gross*, AStG § 15, Rn. 38; *Rundshagen* in *Strunk/Kaminski/Köhler*, AStG § 15, Rn. 54; *Kirchhain,* IStR 2012, 602 (604).

679 *Hennemann-Ratschke* in *Wöhrle/Schelle/Gross*, AStG § 15, Rn. 38; *Kirchhain,* IStR 2012, 602 (604).

680 Vgl. hierzu unter Kapitel 2: D) V) 2) e) (2) BFH.

681 *Hennemann-Ratschke* in *Wöhrle/Schelle/Gross*, AStG § 15, Rn. 38.

682 Vgl. nunmehr zur Lösung des BFH hinsichtlich der Hinzurechnungsbesteuerung unter Kapitel 2: D) V) 2) e) (2) BFH.

e) *Rechtsprechung*

(1) FG Düsseldorf

Dem FG Düsseldorf[683] lag im Verfahren 16 K 2513/12 G die Frage vor, ob die Hinzurechnung iSd. §§ 7 ff. AStG auch für die GewSt Auswirkungen habe. Einer wie oben aufgezeigten restriktiven Auslegung der Hinzurechnungsbesteuerung iSd. §§ 7 ff. AStG ist das FG Düsseldorf nicht gefolgt, ebenso wenig wie einer gewerbesteuerlichen Kürzung; es hat die Festsetzung des Gewerbesteuermessbetrags unter Einbeziehung des Hinzurechnungsbetrags als rechtmäßig erachtet. Allerdings erkannte es auch die Einwände hiergegen in der Literatur als berechtigt an.[684] Zudem war das Gericht der Auffassung, dass der „Einbeziehung in die Bemessungsgrundlage für die GewSt eine überschießende Tendenz innewohn[t]“[685]. Es regte daher an, dass im Einzelfall ein Steuererlass geboten sei und hatte in Bezug auf die geäußerten Bedenken in der Literatur und der grundsätzlichen Bedeutung der Rechtsfrage die Revision iSd. § 115 Abs. 2 Nr. 1 FGO zugelassen.[686]

(2) BFH

Der BFH[687] hat das Urteil des FG Düsseldorf aufgehoben. Entgegen dem FA und der Vorinstanz hat der BFH eine Kürzung der gewerbesteuerlichen Bemessungsgrundlage um den Hinzurechnungsbetrag vorgenommen. Hierbei wendet das Gericht die Regelung des § 9 Nr. 3 S. 1 GewStG entsprechend an. Nach Auffassung des BFH führt dabei die im Wege der Hinzurechnung vorgenommene Bindung der Einkünfte an ein inländisches Zurechnungssubjekt nicht dazu, dass es sich dabei um „betriebstättenlose“ Auslandseinkünfte „die in der Luft hängen“, handele.[688] Vielmehr werden sie – so der BFH – einer Auslandsbetriebsstätte zugerechnet. Dem stehe auch nicht die nationale Einkünftequalifizierung iSd. § 10 Abs. 2 AStG entgegen.[689] Ausdrücklich legt der BFH dar, die Zuordnung richte sich ausschließlich nach „den tatsächlichen Gegebenheiten, sie wird nicht fiktiv durch einen gegenläufigen Regelungsbefehl überlagert. Alles andere zöge ohne Not systematische Verwerfungen nach sich, die unsachgemäß wären“.[690] Weiter führt der BFH aus, dass die dem Zurechnungssubjekt zugerechneten Einkünfte unmittelbar aus der Einkünfteermittlung des ausländischen Rechtssubjekts herrühren würden.[691]

---

683 FG Düsseldorf Urt. v. 28.11.2013 16 K 2513/12 G, IStR 2014, 269.

684 FG Düsseldorf Urt. v. 28.11.2013 16 K 2513/12 G, IStR 2014, 269 (270).

685 FG Düsseldorf Urt. v. 28.11.2013 16 K 2513/12 G, IStR 2014, 269 (270).

686 FG Düsseldorf Urt. v. 28.11.2013 16 K 2513/12 G, IStR 2014, 269 (270 f.); für eine Erlassmöglichkeit bereits *Felix*, DB 1972, 2275 (2276).

687 BFH, Urt. v. 11.03.2015 – I R 10/14, BFH/NV 2015, 921.

688 BFH, Urt. v. 11.03.2015 – I R 10/14, BFH/NV 2015, 921 (922).

689 BFH, Urt. v. 11.03.2015 – I R 10/14, BFH/NV 2015, 921 (922).

690 BFH, Urt. v. 11.03.2015 – I R 10/14, BFH/NV 2015, 921 (922); vgl. zum grds. Inlandsbezug der GewSt unter Kapitel 2: D) V) Auswirkung auf die Gewerbesteuer.

691 BFH, Urt. v. 11.03.2015 – I R 10/14, BFH/NV 2015, 921 (923).

f) Stellungnahme

Das Urteil des BFH ist zu begrüßen. Eine Nichteinbeziehung des ausländischen Hinzurechnungsbetrags in die gewerbesteuerliche Bemessungsgrundlage entspricht dem Wesen der Gewerbesteuer mit einem strukturellen Territorialbezug.[692] Das Urteil lässt sich auf Konstellationen iSd. § 15 AStG übertragen. Die Problematik entsteht hier durch die vorzunehmende Zurechnung der Einkünfte in entsprechender Weise. Die analoge Anwendung des § 9 Nr. 3 S. 1 GewStG entspricht dabei in ihrer Wirkung einer ebenso möglichen restriktiven Anwendung des § 2 Abs. 1, 2 GewStG.

VI) Qualifikation der Zurechnungsanteile (§ 15 Abs. 8 AStG)

Bei der bisherigen Zurechnung des Einkommens stellte sich die Frage nach der Qualifikation der Zurechnungsanteile in einer geringeren Dringlichkeit, da die Addition einer Teilgröße „Einkommen" unabhängig von der vorgelagerten Stufe der Einkünfte erfolgen konnte.[693]

Aus systematischen Gründen wurde bei der Umstellung iSd. Zurechnung der Einkünfte eine Regelung erforderlich, zu welcher Einkünftekategorie gem. § 2 Abs. 1 S. 1 EStG die Einkünfte gehören sollen.[694] Die Frage, wie die Einkünfte zu qualifizieren sind, beantwortet § 15 Abs. 8 AStG. Der Gesetzgeber wollte die Einordnung so vornehmen, wie die Einkünfte bei Direktbezug aus der Einkünftequelle durch das Zurechnungssubjekt gegeben wären.[695] Demnach muss zunächst untersucht werden, ob die Einkünfte bei einer körperschaftsteuerpflichtigen Person oder bei einer natürlichen Person anfallen. § 15 Abs. 8 S. 1, 2 AStG beschäftigen sich zunächst mit der Einkünfteeinordnung bei natürlichen Personen, wohingegen S. 3 sich mit den Personen iSd. KStG befasst.

1) Natürliche Person

Der jeweilige Einkünfteerhöhungsbetrag kann beim inländischen Zurechnungsempfänger dem Gesetzeswortlaut nach entweder den Einkünften aus §§ 13, 15, 18 und 21 EStG unterfallen, oder er ist § 20 Abs. 1 Nr. 9 EStG zuzuordnen.

---

692 Vgl. hierzu unter Kapitel 2: D) V) Auswirkung auf die Gewerbesteuer.

693 *Schulz* in *Lademann,* AStG § 15, Rn. 73; für eine Einkünfteermittlung entsprechend einem unmittelbaren Bezug schon vorher *Rundshagen* in *Grotherr/Herfort/Strunk,* 509.

694 *Schulz* in *Lademann,* AStG § 15, Rn. 73; *Ditz/Quilitzsch,* DStR 2013, 1917 (1922).

695 Regierungsentwurf zum JStG 2013, BT-Drs 17/10000, S. 68; *Baßler* in *Flick/Wassermeyer/Baumhoff/Schönfeld,* AStG § 15, Rn. 251 ff.; *Schulz* in *Lademann,* AStG § 15, Rn. 76.

a) Einkünfte iSd. § 13, 15, 18, 21 EStG

Hierbei wird § 20 Abs. 8 EStG als entscheidende Norm herangezogen. Gem. § 15 Abs. 8 S. 2 Hs. 1 AStG sind die Einkünfte, wenn § 20 Abs. 8 EStG Anwendung findet (also die Einkünfte aus der Land- oder Forstwirtschaft, aus einem Gewerbebetrieb, einem freien Beruf oder aus Vermietung stammen), vorrangig diesen Einkünften zuzuordnen.[696]

b) Einkünfte iSd. 20 Abs. 1 Nr. 9 EStG

Gehören die Einkünfte nicht zu den in § 20 Abs. 8 EStG aufgezählten Einkünften, so werden sie den Einkünften aus Kapitalvermögen iSd. § 20 Abs. 1 Nr. 9 EStG zugerechnet.[697] In diesem Fall wird demnach grds. eine fiktive Leistung von der Stiftung an den Zurechnungsempfänger angenommen, wobei tatsächlich keine Zuwendung erfolgt.[698] Gesetzessystematisch ist die Verweisung auf § 3 Nr. 40 EStG unpassend, da diese Vorschrift an die Einnahmen und nicht an die Einkünfte anknüpft.[699] Teleologisch ist die Anwendung jedoch geboten, wenn den Zurechnungsempfängern diese Vergünstigung auch bei Direktbezug zugestanden hätte. Der Gesetzgeber fordert daher auch, dass die zusätzlichen Voraussetzungen des § 15 Abs. 8 S. 2 HS. 2 AStG vorliegen müssen, damit der Steuerpflichtige von den Vergünstigungen der § 3 Nr. 40 Satz 1 lit. d) und § 32d EStG Gebrauch machen kann. Demnach kann der Steuerpflichtige die Vergünstigungen nur in Anspruch nehmen, wenn er diese auch bei Direktbezug der Einkünfte, d.h. ohne die Einschaltung der ausländischen Familienstiftung, nutzen könnte.[700] Hier wird die ausländische Familienstiftung folglich partiell negiert.[701]

---

696 *Baßler* in *Flick/Wassermeyer/Baumhoff/Schönfeld,* AStG § 15, Rn. 251; *Hennemann-Ratschke* in *Wöhrle/Schelle/Gross,* AStG § 15, Rn. 34; *Kraft/Moser/Gebhardt,* DStR 2012, 1773 (1776).

697 *Baßler* in *Flick/Wassermeyer/Baumhoff/Schönfeld,* AStG § 15, Rn. 241; *Schulz* in *Lademann,* AStG § 15, Rn. 74.

698 *Baßler* in *Flick/Wassermeyer/Baumhoff/Schönfeld,* AStG § 15, Rn. 240; *Schulz* in *Lademann,* AStG § 15, Rn. 74.

699 *Baßler* in *Flick/Wassermeyer/Baumhoff/Schönfeld,* AStG § 15, Rn. 260 ff.

700 *Baßler* in *Flick/Wassermeyer/Baumhoff/Schönfeld,* AStG § 15, Rn. 258; *Wenz/Linn* in *Haase,* AStG § 15, Rn. 177; *Kraft/Moser/Gebhardt,* DStR 2012, 1773 (1776).

701 *Wenz/Linn* in *Haase,* AStG § 15, Rn. 177.

Abb. 11: Beispiel

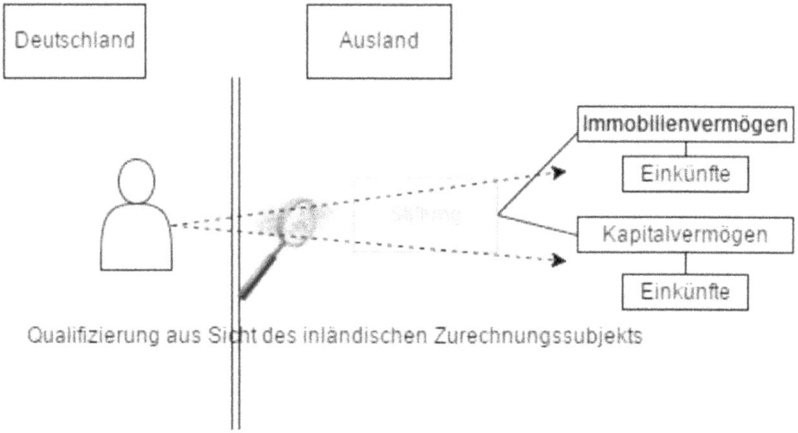

Eine ausländische Familienstiftung iSd. § 15 AStG verfügt sowohl über ausländisches Immobilien- als auch über Kapitalvermögen, welches Einkünfte generiert. Im Inland ist ein unbeschränkt steuerpflichtiges Zurechnungssubjekt vorhanden. Hinsichtlich der Qualifikation aus Sicht dieses Zurechnungssubjekts muss gem. § 15 Abs. 8 S. 2 AStG iVm. § 20 Abs. 8 EStG zwischen Vermietungseinkünften und Zinseinkünften unterschieden werden. Die Vermietungseinkünfte behalten gem. § 20 Abs. 8 EStG ihren Charakter als Vermietungseinkünfte iSd. § 21 Abs. 1 Nr. 1 EStG.[702] Sie können demnach auch nicht der Abgeltungssteuer gem. § 32d EStG unterfallen.[703] Gleiches würde für gewerbliche Einkünfte iSd. § 15 EStG gelten. Wenn hierin Bezüge iSd. § 20 Absatz 1 Nummer 1 EStG enthalten wären, so würde das Teileinkünfteverfahren gem. § 3 Nr. 40 lit. d) EStG nur zur Anwendung gelangen, wenn es bei Direktbezug der Einkünfte durch das Zurechungssubjekt anwendbar wäre, § 15 Abs. 8 S. 2 AStG.

Zinseinkünfte unterfallen nicht § 20 Abs. 8 EStG und werden daher von § 15 Abs. 8 S. 1 AStG in Einkünfte aus § 20 Abs. 1 Nr. 9 EStG umqualifiziert. Gem. § 15 Abs. 8 S. 2 Hs. 2 AStG kann der besondere Steuertarif iSd. § 32d EStG zur Anwendung gelangen, da auch die Zinsen iSd. § 20 Abs. 1 Nr. 7 S. 1 EStG unter § 32d Abs. 1 S. 1 EStG fallen. In § 15 AStG wurde keine eigenständige Regelung über die Erhebungsform aufgenommen. Da die Einkünfte zumindest teilweise den Einkünften aus Kapitalvermögen zugerechnet werden und ggf. auch dem Tarif der Abgeltungssteuer unterfallen, läge es nahe, dass die Einkommensteuer in Form der KESt gem. § 43

702 Anders: *Schulz* in *Lademann,* AStG § 15, Rn. 76, der davon ausgeht, dass sie in Einkünfte aus § 20 Abs. 1 Nr. 9 EStG umqualifiziert werden.

703 *Schulz* in *Lademann,* AStG § 15, Rn. 76, wenn auch mit anderer Begründung.

EStG zu erheben sei. Jedoch ist auf die ausländische Familienstiftung kein inländischer Zugriff möglich, sodass gem. § 43 Abs. 1 S. 1 Nr. 7 a EStG keine KESt erhoben wird.[704] Dabei ist der Steuersatz des § 32d EStG unabhängig von der Erhebung der KESt. Wenn keine KESt erhoben wird, sind die Einkünfte in der Steuererklärung gem. § 32d Abs. 3 iVm. Abs. 1 EStG anzugeben. Gegen die Anwendung des § 3c Abs. 2 S. 1 EStG beim Zurechnungssubjekt könnte der Wortlaut dieser Norm sprechen, der sich nur auf „Betriebsvermögensmehrungen" oder „Einnahmen" bezieht, § 15 AStG jedoch „Einkünfte" zurechnet.[705] Entsprechend der oben aufgezeigten teleologischen Extension zu § 3 Nr. 40 EStG wird auch der Anwendungsbereich zu § 3c Abs. 2 S. 1 EStG insoweit zu erweitern sein.[706]

Wie die Einordnung des unmittelbaren Bezugs bei mehrschichtigen Konstellationen nach § 15 Abs. 9, 10 AStG zu erfolgen hat, wurde im Gesetz nicht geregelt. Teilweise wird eine transparente Betrachtungsweise nur für die ausländische Stiftung iSd. § 15 Abs. 1 AStG vorgeschlagen.[707] Andererseits wird eine umfassende Transparenz für die gesamte Struktur gefordert.[708] Entsprechend der Gesetzesdiktion ist eine transparente Betrachtung nur für die ausländische Stiftung iSd. § 15 Abs. 1 AStG vorzunehmen. §§ 15 Abs. 9 S. 1, 10 S. 1 iVm. § 14 AStG sind entsprechend einer zweistufigen Regelung ausgestaltet und führen zu einem fiktiven Bezug der ausländischen Familienstiftung. § 15 Abs. 8 S. 2 Hs. 2 AStG führt nur zu einer Transparenz der ausländischen Familienstiftung iSd. § 15 Abs. 1 AStG. Das Gesetz ordnet gerade nicht die Transparenz nachgeschalteter Gesellschaften oder anderer ausländischer Stiftungen iSd. § 15 Abs. 9, 10 AStG an.

Darüber hinaus ist darauf hinzuweisen, dass die von § 15 Abs. 8 AStG vorgenommene Einordnung nur Auswirkungen auf das nationale Steuerrecht hat. Sie gilt hingegen nicht für die Qualifikation im Sinne eines Doppelbesteuerungsabkommens.[709]

2) Körperschaftsteuerpflichtige Person

Die gerade aufgezeigten Regelungen betreffen nur die Fälle eines nicht körperschaftsteuerpflichtigen Zurechnungssubjekts (§ 15 Abs. 8 S. 1, 2 AStG).[710]

Hinsichtlich der zurechnungsverpflichteten Steuersubjekte iSd. KStG unterscheidet § 15 Abs. 8 S. 3 Hs. 1 AStG danach, ob sie § 8 Abs. 2 KStG unterfallen oder nicht.

Für körperschaftsteuerpflichtige Zurechnungssubjekte, die unter § 8 Abs. 2 KStG fallen, bestimmt § 15 Abs. 8 S. 3 Hs. 1 AStG, dass § 8 Abs. 2 KStG unberührt bleibt.

---

704 *Vogt* in *Blümich,* AStG § 15, Rn. 108.

705 *Baßler* in *Flick/Wassermeyer/Baumhoff/Schönfeld,* AStG § 15, Rn. 262.

706 Für eine analoge Anwendung bereits *Baßler* in *Flick/Wassermeyer/Baumhoff/Schönfeld,* AStG § 15, Rn. 262.

707 *Kraft/Moser/Gebhardt,* DStR 2012, 1773 (1776 f.).

708 *Baßler* in *Flick/Wassermeyer/Baumhoff/Schönfeld,* AStG § 15, Rn. 267.

709 Vgl. hierzu unter Kapitel 3: A) DBA-Recht.

710 Vgl. unter Kapitel 2: D) VI) 1) Natürliche Person.

Die Zurechnungsanteile werden zu den Einkünften aus Gewerbebetrieb iSd. § 8 Abs. 2, 1 KStG iVm. § 15 Abs. 1 EStG gerechnet.[711]

Für nicht § 8 Abs. 2 KStG unterfallende Körperschaften, d.h. solche, die nicht in § 1 Abs. 1 Nr. 1 bis 3 KStG aufgeführt sind, ist im Gesetz keine ausdrückliche Rechtsfolge vorgesehen. Daher wird teilweise mangels gesetzlicher Bestimmtheit der Rechtsfolge eine mögliche Rechtswirkung der Norm angezweifelt.[712] Aus der Systematik ergibt sich jedoch, dass bei nicht § 8 Abs. 2 KStG unterfallenden Körperschaften wie bei natürlichen Personen zu verfahren ist.[713] Daher ist zunächst – wie gezeigt – zu prüfen, ob Einkünfte iSd. § 20 Abs. 8 EStG vorliegen, denen die Einkünfte sodann zuzurechnen sind. Ist dies nicht der Fall, liegen Einkünfte iSd. § 20 Abs. 1 Nr. 9 EStG vor.

In beiden Fällen ist § 8b Abs. 1 und 2 KStG gem. § 15 Abs. 8 S. 3 Hs. 2 AStG nur anwendbar, wenn die Vorschrift bei Direktbezug der Zurechnungseinkünfte iSd. § 15 Abs. 1 AStG anwendbar wäre. Dies entspricht der Gesetzessystematik des § 15 Abs. 8 S. 2 Hs. 2 AStG für natürliche Personen.

Auch hier wird also partiell die Stiftung als solche negiert.[714] ISd. §§ 32d, 3 Nr. 40 EStG bzw. 8b KStG wird nicht auf die Stiftung abgestellt, sondern es wird überprüft, ob die Vergünstigungen den Zurechnungssubjekten bei Direktbezug gewährt würden.

E) Verfahren (§ 18 Abs. 4 AStG)

I) Einheitliche und gesonderte Feststellung (§ 18 Abs. 1 AStG)

§ 18 Abs. 4 AStG erklärt § 18 Abs. 1–3 AStG für entsprechend anwendbar. Hierin sind besondere Regelungen enthalten, die originär für die Hinzurechnungsbesteuerung iSd. §§ 7 ff. AStG gelten. Gem. § 18 Abs. 1 S. 1 AStG sind die Besteuerungsgrundlagen für die Zurechnung der Einkünfte gem. § 15 Abs. 1 AStG gesondert festzustellen. Bei mehreren Beteiligten erfolgt gem. § 18 Abs. 1 S. 2 AStG eine einheitliche Feststellung.

II) Zuständigkeitsfragen (§ 18 Abs. 2 AStG)

In § 18 Abs. 2 S. 1–3 AStG finden sich Regelungen über die Zuständigkeit des FA. Vorrangig ist gem. § 18 Abs. 2 S. 2 AStG bei der einheitlichen und gesonderten Feststellung das FA des Zurechnungsempfängers zuständig, dem die höchste „Beteiligung" zuzurechnen ist. Mangels mitgliedschaftlicher Verfassung kann dies direkt auf Stiftungen nicht zutreffen. Treffen die steuerlichen Folgen des § 15 AStG

711 *Schulz* in *Lademann,* AStG § 15, Rn. 77.

712 *Baßler* in *Flick/Wassermeyer/Baumhoff/Schönfeld,* AStG § 15, Rn. 276 f.

713 Regierungsentwurf zum JStG 2013, BT-Drs 17/10000, S. 68; *Schulz* in *Lademann,* AStG § 15, Rn. 77; *Hennemann-Ratschke* in *Wöhrle/Schelle/Gross,* AStG § 15, Rn. 34.

714 *Ditz/Quilitzsch,* DStR 2013, 1917 (1923).

in Deutschland nur ein Zurechnungssubjekt, so ist dessen FA gem. § 18 Abs. 2 S. 1 AStG zuständig. Im Zweifelsfall ist gem. § 18 Abs. 2 S. 3 AStG das FA zuständig, welches zuerst mit der Sache befasst wird.

III) Erklärungspflicht (§ 18 Abs. 3 AStG)

Gem. § 18 Abs. 3 S. 1 Hs. 1 AStG hat jeder an der ausländischen Gesellschaft Beteiligte eine Erklärung zur gesonderten Feststellung iSd. § 18 Abs. 1 S. 1 AStG iVm. 179 Abs. 1 AO abzugeben. Die Erklärung kann gem. § 18 Abs. 3 S. 2 AStG auch von mehreren Beteiligten durch eine gemeinsame Erklärung abgegeben werden. Die Erklärungen müssen gem. § 18 Abs. 3 S. 3 AStG iVm. § 34 AO von den Steuerpflichtigen oder ihren Vertreten oder dem Vermögensverwalter eigenhändig unterschrieben werden.

Die Pflicht zur Abgabe einer Steuererklärung dürfte auch auf die erweiterten Zurechnungsobjekte der anderen ausländischen Stiftung iSd. § 15 Abs. 10 AStG sowie Körperschaft einer, Personenvereinigung und Vermögensmasse iSd. §§ 7 ff. AStG gem. § 15 Abs. 9 AStG beziehen.[715]

Die Erklärungspflicht bleibt auch dann aufrechterhalten, wenn die Ausnahmeregelung für EU-/EWR-Sachverhalte gem. § 15 Abs. 6 AStG zur Anwendung gelangt und eine Steuerpflicht nach § 15 Abs. 1 AStG ausgeschlossen wird.[716]

F) Zurechnung von Beteiligungen (§ 15 Abs. 9 AStG)

I) Grundfall (§ 15 Abs. 9 S. 1 AStG)

Mit dem AmtshilfeRLUmsG[717] wurde in § 15 AStG ein neu geschaffener Abs. 9 aufgenommen. § 15 Abs. 9 S. 1 AStG bestimmt, dass das Trennungsprinzip auch hinsichtlich niedrigbesteuerter passiver ausländischer Kapitalgesellschaften nicht beachtet werden soll, an denen die Familienstiftung oder eine von ihr errichtete Stiftung beteiligt ist. Dies soll durch die entsprechende Anwendung der Vorschriften über die Hinzurechnungsbesteuerung iSd. § 7 ff. AStG erfolgen. Diese Vorschriften sind gegen die Ausschaltung der Hinzurechnungsbesteuerung durch die Zwischenschaltung einer Stiftung gerichtet.[718] Die zurechnungspflichtigen Stiftungseinkünfte werden um die Einkünfte der ausländischen Kapitalgesellschaft (Zwischengesellschaft) erhöht; dies erfolgt durch Hinzurechnung der Einkünfte der ausländischen Kapitalgesellschaft zu den Stiftungseinkünften. Es liegt demnach eine erweiterte Anwendung der §§ 7 ff. AStG vor und keine Vorschrift gegen Umgehungsmöglichkeiten

---

715 Vgl. hierzu auch unter Kapitel 3: B) I) 4) c) Erhöhte Mitwirkungspflichten.

716 Vgl. zur europarechtlichen Würdigung dieser Erklärungspflicht unter Kapitel 3: B) I) 4) c) Erhöhte Mitwirkungspflichten.

717 BGBl. I 2013, 1809, v. 26.06.2013.

718 *Wenz/Linn* in *Haase*, AStG § 15, Rn. 182; *Kraft/Moser/Gebhardt*, DStR 2012, 1773 (1776); *Werder/Dannecker*, BB 2012, 2278 (2280).

des § 15 AStG.[719] Die Intention im Rahmen des § 15 Abs. 10 AStG stellt sich hiervon abweichend dar.[720]

Die neue Gesetzeslage entspricht der schon vorher vertretenen Auffassung der Finanzverwaltung,[721] die von einem Teil der Literatur mangels gesetzlicher Grundlage angezweifelt wurde.[722]

Abb. 12: Beispiel

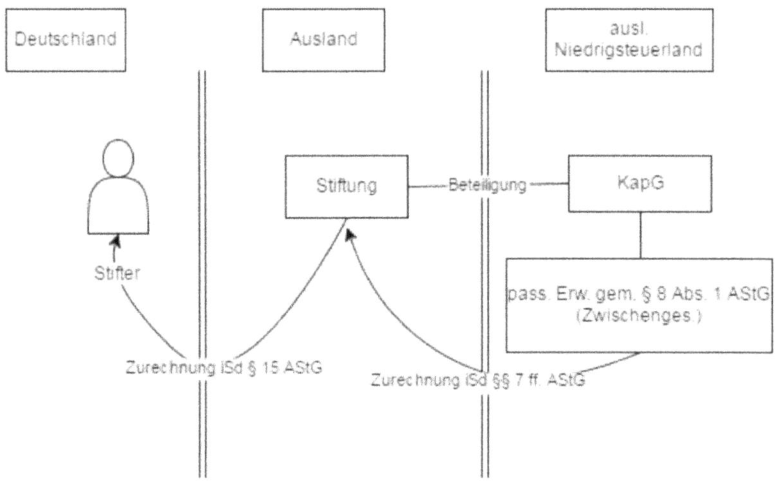

Im Ausland besteht eine Familienstiftung iSd. § 15 AStG mit einem inländischen Zurechnungssubjekt iSd. 15 AStG. Die Stiftung hält eine Beteiligung an einer ausländischen Kapitalgesellschaft, welche mit Ausnahme der unbeschränkten Steuerpflicht eines Zurechnungssubjekts iSd. § 7 Abs. 1 AStG die sonstigen Voraussetzungen der Hinzurechnungsbesteuerung iSd. §§ 7 ff. AStG erfüllt, insbesondere liegt eine niedrig besteuerte und passive Tätigkeit iSd. § 8 Abs. 1 AStG vor.

Die Finanzverwaltung[723] stellte sich vor Einführung des § 15 Abs. 9 AStG auf den Standpunkt, es sei eine Zurechnung von Anteilen der Stiftung an der ausländischen Kapitalgesellschaft zum Zurechnungssubjekt in Deutschland vorzunehmen.

719 *Baßler* in *Flick/Wassermeyer/Baumhoff/Schönfeld,* AStG § 15, Rn. 292; *Kraft/Moser/Gebhardt,* DStR 2012, 1773 (1776); *Werder/Dannecker,* BB 2012, 2278 (2280).

720 Vgl. unter Kapitel 2: H) Zurechnung auch bei doppelstöckigen Stiftungen (§ 15 Abs. 10 AStG).

721 BMF in AStGAE, Rn. 15.5.3 – IV B 4 – S 1340 – 11/04, BStBl. I 2004, 3.

722 *Wassermeyer* in *Flick/Wassermeyer/Baumhoff/Schönfeld,* AStG § 15, Rn. 46; *Kraft/Moser/Gebhardt,* DStR 2012, 1773 (1776); *Werder/Dannecker,* BB 2012, 2278 (2279).

723 BMF in AStGAE, Rn. 15.5.3 – IV B 4 – S 1340 – 11/04, BStBl. I 2004, 3.

Dabei sollten die §§ 7 ff. AStG so angewandt werden, als hielten die inländischen Zurechnungssubjekte unmittelbar die Anteile an den ausländischen Zwischengesellschaften.[724]

An dieser Verwaltungspraxis wurde zahlreich Kritik geäußert.[725] Wichtigstes Argument war hierbei, dass sich für diese Verwaltungspraxis im Gesetzeswortlaut keine Grundlage finde.[726] Anknüpfungspunkt konnte allenfalls die neben der Zurechnung des Einkommens der Stiftung vorgesehene Zurechnung des Vermögens in § 15 Abs. 1 AStG a.F. gewesen sein. Diese Zurechnung des Vermögens war jedoch nur für die zurzeit nicht erhobene Vermögensteuer[727] vorgesehen und nicht im Hinblick auf die Zuordnung des Gesamtvermögens der Stiftung, da diese selbst ansonsten kein eigenes zurechenbares Einkommen hätte erzielen können.[728]

Die Einfügung des § 15 Abs. 9 AStG stellt demgegenüber klar, dass eine Hinzurechnung der Einkünfte der nachgeschalteten ausländischen Kapitalgesellschaft (Zwischengesellschaft) zu den Stiftungseinkünften zu erfolgen hat und so in die Zurechnung bei den inländischen Zurechnungsverpflichteten gem. § 15 Abs. 1 AStG einbezogen wird. Die Neuregelung des § 15 Abs. 9 AStG kann als Rechtsgrund- oder als Rechtsfolgenverweis angesehen werden.[729] Nähme man letzteres an, so würde auch eine minimale Beteiligung zur Hinzurechnung führen. Um eine Übermaßbesteuerung zu vermeiden, bietet es sich an, die Regelungen über die Hinzurechnungsbesteuerung restriktiv als eingeschränkte Rechtsgrundverweisung anzuwenden, sodass z.B. zur Bestimmung der Beteiligungshöhe der Stiftung an der Zwischengesellschaft auf eine Mehrheitsbeteiligung gem. § 7 Abs. 1 AStG abzustellen ist.[730]

Wie dargestellt, zielt § 15 Abs. 9 AStG darauf ab, Schlupflöcher in der Hinzurechnungsbesteuerung nach §§ 7 ff. AStG zu schließen. Daraus folgt, dass im Wege der entsprechenden Anwendung der Vorschriften über die Hinzurechnungsbesteuerung einige systembedingte Korrekturen vorzunehmen sind. Zum einen kann nicht auf die unbeschränkte Steuerpflicht des Zurechnungssubjekts iSd. § 7 Abs. 1 AStG abgestellt werden, da im Rahmen des § 15 Abs. 9 AStG die Stiftung als

724 BMF in AStGAE, Rn. 15.5.3 – IV B 4 – S 1340 – 11/04, BStBl. I 2004, 3.

725 *Wassermeyer* in *Flick/Wassermeyer/Baumhoff/Schönfeld,* AStG § 15, Rn. 46; *Schulz* in *Lademann,* AStG § 15, Rn. 23b; *Kirchhain,* Die Familienstiftung, Rn. 22; *Kraft/Schulz,* IStR 2012, 897; *Ditz/Quilitzsch,* DStR 2013, 1917 (1922); *Kraft/Moser/Gebhardt,* DStR 2012, 1773 (1776 ff.).

726 *Wassermeyer* in *Flick/Wassermeyer/Baumhoff/Schönfeld,* AStG § 15, Rn. 46; *Schulz* in *Lademann,* AStG § 15, Rn. 49 ff.

727 BVerfG, Beschluss v. 22.06.1995 – 2 BvL 37/91, BVerfGE 93, 121; *Wassermeyer* in *Flick/Wassermeyer/Baumhoff/Schönfeld,* AStG § 15, Rn. 35.

728 *Wassermeyer* in *Flick/Wassermeyer/Baumhoff/Schönfeld,* AStG § 15, Rn. 46.

729 *Baßler* in *Flick/Wassermeyer/Baumhoff/Schönfeld,* AStG § 15, Rn. 299; *Schulz* in *Lademann,* AStG § 15, Rn. 82; *Werder/Dannecker,* BB 2012, 2278 (2280).

730 *Baßler* in *Flick/Wassermeyer/Baumhoff/Schönfeld,* AStG § 15, Rn. 299; *Schulz* in *Lademann,* AStG § 15, Rn. 83; *Kraft/Schulz,* IStR 2012, 897 (900); wohl auch *Wenz/Linn* in *Haase,* AStG § 15, Rn. 182.

Hinzurechnungssubjekt gerade nicht der unbeschränkten Steuerpflicht unterliegen darf.[731] Dies gilt in ähnlicher Weise auch für das erforderliche Beteiligungsquorum iSd. § 7 Abs. 1, 2 – 4 AStG, wonach diese entsprechend einer Inländerbeteiligung gem. § 7 AStG zu mehr als 50 Prozent vorliegen muss.[732] Zudem können Korrekturen iSd. § 8 Abs. 1 AStG geboten sein (passiver Erwerb unter Mitwirkung unbeschränkt Steuerpflichtiger).[733]

II) Rückausnahme (§ 15 Abs. 9 S. 2 AStG)

In § 15 Abs. 9 S. 2 AStG ist eine systematische Ausnahme von § 15 Abs. 9 S. 1 AStG enthalten. Sie dient der Vermeidung der Doppelerfassung der Einkünfte bei einem tatsächlichen Vermögenstransfer der KapG an die Stiftung.[734] Demnach entfällt die Zurechnung beim inländischen Zurechnungsverpflichteten für Gewinnausschüttungen der KapG an die Stiftung, wenn nachgewiesen wird, dass die Beträge bereits iSd. § 15 Abs. 9 S. 1 AStG beim inländischen Zurechnungsempfänger zugerechnet wurden. Der tatsächliche Transfer des Vermögens von der KapG an die Stiftung wird demnach nicht noch einmal beim Zurechnungssubjekt in Deutschland zugerechnet.

Abb. 13: Beispiel

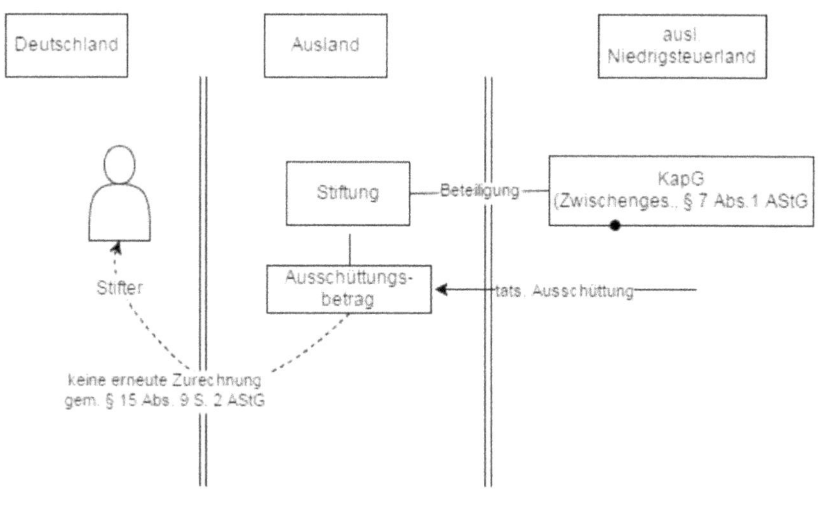

731 *Baßler* in *Flick/Wassermeyer/Baumhoff/Schönfeld,* AStG § 15, Rn. 300 vgl. unter Kapitel 2: A) III) 1) Sitz und Geschäftsleitung im Ausland.

732 *Baßler* in *Flick/Wassermeyer/Baumhoff/Schönfeld,* AStG § 15, Rn. 301; *Werder/Dannecker,* BB 2012, 2278 (2280).

733 Hierzu *Baßler* in *Flick/Wassermeyer/Baumhoff/Schönfeld,* AStG § 15, Rn. 305 ff.

734 *Schulz* in *Lademann,* AStG § 15, Rn. 80.

Im Ausland besteht eine Familienstiftung iSd. § 15 AStG mit einem inländischen Zurechnungssubjekt iSd. 15 AStG. Die Stiftung hält eine Beteiligung an einer ausländischen niedrigbesteuerten passiven Kapitalgesellschaft, welche mit Ausnahme der unbeschränkten Steuerpflicht eines inländischen Beteiligten (Zurechnungssubjekt iSd. § 7 Abs. 1 AStG) die sonstigen Voraussetzungen der Hinzurechnungsbesteuerung iSd. §§ 7 ff. AStG erfüllt. Die Kapitalgesellschaft schüttet einen Betrag an die Stiftung aus, nachdem zuvor iSd. § 15 Abs. 9 S. 1 AStG bereits eine Zurechnung ihrer Einkünfte bei der Stiftung stattgefunden hat.

Wenn nach der Zurechnung iSd. § 15 Abs. 9 S. 1 AStG nun tatsächlich ein Dividendentransfer von der Kapitalgesellschaft auf die Stiftung erfolgt, so werden diese Einkünfte nicht erneut nach § 15 Abs. 1 AStG dem Steuerpflichtigen zugerechnet. Der tatsächliche Mittelzufluss bei der ausländischen Stiftung löst demnach beim inländischen Zurechnungssubjekt keine steuerliche Zurechnungsfolge aus, wenn diese bereits durch § 15 Abs. 9 S. 1, Abs. 1 AStG vorverlagert wurde.

G) Steuerliche Belastung durch inländische Steuern und Ausgleichsmöglichkeiten (§ 15 Abs. 5 AStG)

I) Anwendung des § 34c EStG über §§ 15 Abs. 5 S. 1, 12 Abs. 1 AStG

Wenn es keine ausländische Stiftung gäbe und das inländische Zurechnungssubjekt die von § 15 AStG fiktiv transferierten Einkünfte selbst beziehen würde, so könnte es die eintretende doppelte steuerliche Erfassung im Aus- und Inland zumindest im Wege des unilateralen Steuerausgleichs abmildern. § 15 Abs. 5 S. 1 AStG gewährt diese Milderung über die Verweisung auf die Steueranrechnung gem. § 12 AStG auch im Fall des § 15 AStG. Neben dem fiktiven Einkünftetransfer fingiert der Gesetzgeber auch, dass das Zurechnungssubjekt die ausländische Steuer bezahlt habe. Die Vorschrift ist daher die – im Rahmen des unilateralen Ausgleichs weitgehend gelungene – Konsequenz der gesetzgeberischen Fiktion der Einkünftezurechnung. Das inländische anrechnungsberechtigte Zurechnungssubjekt kann neben einer natürlichen Person auch eine Körperschaft sein. Sollte es eine natürliche Person sein, so ist § 34c Abs. 1 EStG anzuwenden gem. §§ 15 Abs. 5 S. 1, 12 Abs. 1, 2 AStG. Wenn das Zurechnungssubjekt eine Körperschaft ist, findet, gem. §§ 15 Abs. 5 S. 1, 12 Abs. 1, 2 AStG, § 26 Abs. 1 KStG die im Körperschaftsteuerrecht verankerte Anrechnung Anwendung. Es ist zu beachten, dass es im Rahmen der §§ 15 Abs. 5 S. 1, 12 Abs. 1 S. 1 AStG eines Antrags bedarf. Die Anrechnung beschränkt sich entsprechend der Regelung zu § 34c Abs. 1 EStG auf die inländische Einkommensteuer bzw. gem. § 36 Abs. 1 KStG auf die inländische Körperschaftsteuer. Da es sich bei §§ 15 Abs. 5, 12 Abs. 1, 2 AStG um einen Rechtsgrundverweis handelt, müssen die Voraussetzungen des § 34c Abs. 1 EStG bzw. § 26 Abs. 1 KStG jeweils vorliegen.[735]

---

735 *Wassermeyer* in *Flick/Wassermeyer/Baumhoff/Schönfeld*, AStG § 15, Rn. 131.

Insbesondere darf die ausländische Steuer keinem Ermäßigungsanspruch mehr unterliegen, sie muss bereits tatsächlich bezahlt sein und ggf. muss eine Höchstbetragsbegrenzung[736] beachtet werden. Wenn die Einkünfte bei Direktbezug beim inländischen Zurechnungsempfänger unter den gesonderten Steuertarif des § 32d EStG fallen würden, ermäßigt sich dieser Tarif gem. § 32d Abs. 1 S. 2 EStG entsprechend § 32d Abs. 5 EStG um anrechenbare ausländische Steuern. Diese Steuern sowie die entsprechenden Einkünfte sind daher bei der Steueranrechnung gesondert zu behandeln.[737]

II) Höchstbetragsbegrenzung

In § 34c Abs. 1 EStG und § 26 Abs. 1 KStG sind Beschränkungen für die Anrechnung in Form eines Höchstbetrags enthalten. Die Finanzverwaltung modifiziert die Vorschrift jedoch insoweit, als die zuzurechnenden Einkünfte an die Stelle der ausländischen Einkünfte treten.[738] Die Vorschriften unterscheiden vom Wortlaut nicht danach, ob die Einkünfte aus dem Ausland stammen und es sich damit um die Anrechnung einer ausländischen Steuer handelt, oder ob es sich um die Anrechnung einer auf inländische Zurechnungseinkünfte zu zahlenden inländischen Steuer handelt. Ein solcher Fall ist jedoch weder von § 26 Abs. 1 KStG noch von § 34c Abs. 1 EStG vorgesehen. Die Vorschriften sind für den Fall entwickelt worden, dass ein Steuerinländer durch eine ausländische Steuer belastet wird. Erst über die Verweisung in § 15 Abs. 5 AStG wird auch der Fall erfasst, dass die Einkünfte einer ausländischen Stiftung im Rahmen einer Zurechnung mit einer inländischen Steuer belastet werden. Demnach spricht vieles dafür, inländische Steuern stets in voller Höhe und nicht durch einen Höchstbetrag gedeckelt zur Anrechnung zuzulassen.[739]

III) Keine Anwendung § 12 Abs. 1 S. 2 AStG?

Bereits vor der Neufassung des § 15 AStG wurde die Frage diskutiert, ob der damals in § 15 Abs. 5 S. 2 AStG enthaltene Verweis auf § 12 AStG die Anwendung des § 12 Abs. 1 S. 2 AStG mit beinhalte.[740] Demnach ist der Hinzurechnungsbetrag um die anrechenbare Steuer zu erhöhen. Die Bedeutung der Vorschrift erschließt sich jedoch nur im Hinblick auf die Regelung des § 10 AStG. Gem. § 10 Abs. 1 S. 1 AStG sind

736 Vgl. hierzu sogleich unter Kapitel 2: G) II) Höchstbetragsbegrenzung.
737 *Schulz* in *Lademann*, AStG § 15, Rn. 59a; *Hennemann-Ratschke* in *Wöhrle/Schelle/Gross*, AStG § 15, Rn. 47.
738 BMF in AStGAE, Rn. 15.5.2 – IV B 4 – S 1340 – 11/04, BStBl. I 2004, 3.
739 *Wassermeyer* in *Flick/Wassermeyer/Baumhoff/Schönfeld*, AStG § 15, Rn. 133.
740 *Wassermeyer* in *Flick/Wassermeyer/Baumhoff/Schönfeld*, AStG § 15, Rn. 147 Erg.-Lfg. 65.

die Einkünfte beim inländischen Zurechnungssubjekt mit dem Betrag anzusetzen, der sich nach Abzug von ausländischen Steuern ergibt (Steuerabzugsverfahren). Um eine ungerechtfertigte doppelte Vergünstigung zu vermeiden, muss der Betrag bei einer Steueranrechnung daher bei direkter Anwendung des § 12 AStG erst wieder hinzugerechnet werden.

Anders stellt sich jedoch die Sachlage bei der sinngemäßen Anwendung der Vorschrift im Wege der §§ 15 AStG Abs. 5, 12 Abs. 1 AStG dar. Bei der Hinzurechnung von Einkünften stellt sich das Problem eines vormaligen Abzugs der Steuern nicht, da das Steuerabzugsverfahren hier nicht in Betracht kommt. Des Weiteren wäre bei der Einkommensermittlung nach inländischen Vorschriften ein solcher Abzug gem. § 12 Nr. 3 EStG bzw. § 10 Nr. 2 KStG ausgeschlossen. Eine Erhöhung des Hinzurechnungsbetrags um die anzurechnende ausländische Steuer iSd. § 12 Abs. 2 S. 1 AStG hat demnach iSd. § 15 Abs. 5 AStG zu unterbleiben.[741]

H) Zurechnung auch bei doppelstöckigen Stiftungen (§ 15 Abs. 10 AStG)

I) Problemstellung

Bis zur Einführung des AmtshilfeRLUmsG[742] konnte die Rechtsfolge von § 15 AStG möglicherweise dadurch vermieden werden, dass eine ausländische Familienstiftung eine andere Stiftung gründete. Der Gesetzeswortlaut des § 15 Abs. 10 AStG belässt es dabei, die erste Stiftung als „ausländische Familienstiftung“ und die zweite Stiftung als „andere ausländische Stiftung“ zu bezeichnen. So soll auch hier im Folgenden verfahren werden. Es war nach dem Gesetzeswortlaut des § 15 AStG a.F. unschädlich, wenn diese andere ausländische Stiftung Angehörige einer Familie begünstigte. Dies galt allerdings nicht, wenn die Errichtung der anderen ausländischen Stiftung auf dem Willen des Stifters der ausländischen Familienstiftung beruhte.[743]

741 *Wassermeyer* in *Flick/Wassermeyer/Baumhoff/Schönfeld*, AStG § 15, Rn. 132; *Schulz* in *Lademann*, AStG § 15, Rn. 59.

742 BGBl. I 2013, 1809, v. 26.06.2013.

743 BFH, Urt. v. 25.04.2001 – II R 14/98, BFH/NV 2001, 1457 (1459); *Schulz* in *Lademann*, AStG § 15, Rn. 26a; vgl. unter Kapitel 2: B) III) 1) Stiftereigenschaft.

Abb. 14: Beispiel

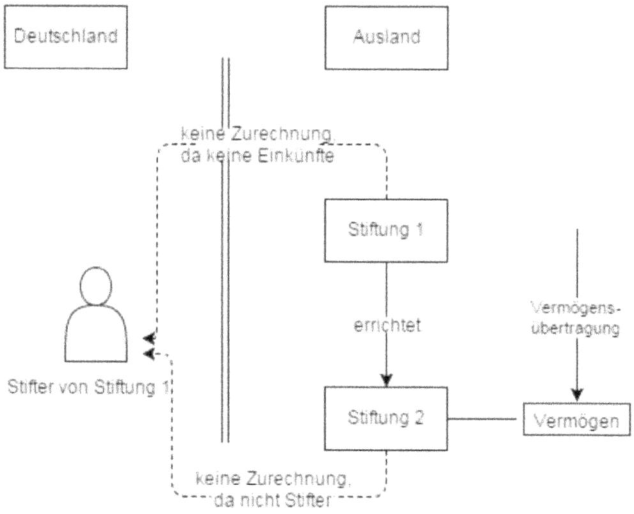

Ein in Deutschland unbeschränkt steuerpflichtiger Stifter errichtet im Ausland eine Familienstiftung iSd. § 15 Abs. 1 AStG. Diese Stiftung („ausländische Familienstiftung") errichtet wiederum eine Stiftung („andere ausländische Stiftung"), auf welche sie ihr gesamtes Vermögen überträgt.

Eine Zurechnung iSd. § 15 AStG beim Stifter in Deutschland schlug fehl, da er zwar Stifter der ausländischen Familienstiftung war, diese jedoch keine Einkünfte erzielte bzw. keine Familienstiftung iSd. § 15 Abs. 2 AStG darstellte, da sie nicht die Familie förderte.[744] Die Einkünfte der anderen ausländischen Stiftung konnten nicht dem Stifter in Deutschland iSd. § 15 AStG a.F. zugerechnet werden, da diese nicht von ihm selbst, sondern von der ausländischen Familienstiftung errichtet wurde. Eine Zurechnung der Einkünfte von der anderen ausländischen Stiftung hin zur ausländischen Familienstiftung brachte dem Fiskus kein zusätzliches Steuersubstrat, da die ausländische Familienstiftung vom ausländischen Staat A besteuert wurde. Insoweit gab es auch keine gesetzliche Eingriffsgrundlage. Mangels unbeschränkter Steuerpflicht erfüllte die ausländische Familienstiftung selbst auch nicht die Voraussetzungen für eine Zurechnung iSd. § 15 AStG a.F. Die Zurechnung bei möglichen Bezugs- oder Anfallsberechtigten des Stifters in Deutschland war nicht möglich, da die inländischen Berechtigten zur ausländischen Stifterin in keinem Angehörigenverhältnis standen. Die ausländische Familienstiftung trat als Stifter

744 Vgl. zu Letzterem unter Kapitel 2: H) III) Zurechnungssubjekt.

auf, und die Destinäre der anderen ausländischen Stiftung standen gleichermaßen in keinem familienrechtlich relevanten Verhältnis zur ausländischen Familienstiftung. Die vom Gesetzgeber erkannte Gesetzeslücke sollte durch die Neufassung geschlossen werden.[745] Demnach verfolgt § 15 Abs. 10 AStG einen Lückenschluss innerhalb des Systems der Familienstiftung iSd. § 15 AStG.[746] Hingegen befasst sich § 15 Abs. 9 AStG mit der erweiterten Anwendung der Hinzurechnungsbesteuerung iSd. §§ 7 ff. AStG.[747] Die Neufassung des § 15 Abs. 10 AStG vermeidet die Verlagerung von Einkünften der Familienstiftung auf eine nachgeschaltete andere ausländische Stiftung, indem die Einkünfte der nachgeschalteten anderen ausländischen Stiftung der Familienstiftung und anschließend den inländischen Berechtigten zugerechnet werden. Es wird im Rahmen des § 15 Abs. 10 AStG demgemäß das gleiche Zurechnungsverfahren angewandt wie in § 15 Abs. 9 AStG.

II) Anknüpfung an § 15 Abs. 6 AStG

Entsprechend dem Wortlaut ist § 15 Abs. 10 AStG nur für Stiftungen anzuwenden, die nicht die Voraussetzungen des § 15 Abs. 6 S. 1 AStG erfüllen. Da § 15 Abs. 6 AStG nur aus einem Satz besteht, fragt es sich, warum nicht pauschal auf § 15 Abs. 6 AStG verwiesen wird. Hier lag wohl ein Redaktionsversehen des Gesetzgebers vor.[748] Welche Voraussetzungen gegeben sein müssen, bleibt diffus. § 15 Abs. 10 AStG fordert negativ, dass eine ausländische Stiftung nicht die Voraussetzungen des § 15 Abs. 6 S. 1 AStG erfüllen soll. Dabei wird über das Relativpronomen „die" direkt an die andere ausländische Stiftung angeknüpft. Die einzige Voraussetzung, die § 15 Abs. 6 AStG an die Stiftung selbst stellt ist, dass sie ihre Geschäftsleitung oder ihren Sitz in einem EU-/EWR-Staat hat. Die weiteren Nachweiserfordernisse knüpfen nicht an der Stiftung, sondern beim in Frage kommenden Zurechnungssubjekt oder an zwischenstaatliche Auskünfte (§ 15 Abs. 6 Nr. 1, 2 AStG) an.[749] Insoweit wird von § 15 Abs. 6 Nr. 1 AStG gefordert, dass den Personen iSd. § 15 Abs. 2, 3 AStG keine Verfügungsmacht am Stiftungsvermögen zukomme.[750] Eine bei der ausländischen Familienstiftung verbleibende Verfügungsmacht am Stiftungsvermögen der anderen ausländischen Stiftung wird damit vom Wortlaut des § 15 Abs. 10, 6 Nr. 1 AStG nicht mit umfasst.[751] Zudem führt die negative Formulierung zu einer dem AStG fremden

745 *Wenz/Linn* in *Haase,* AStG § 15, Rn. 185.
746 *Baßler* in *Flick/Wassermeyer/Baumhoff/Schönfeld,* AStG § 15, Rn. 352.
747 Vgl. hierzu unter Kapitel 2: F) Zurechnung von Beteiligungen (§ 15 Abs. 9 AStG).
748 *Baßler* in *Flick/Wassermeyer/Baumhoff/Schönfeld,* AStG § 15, Rn. 363; *Schulz* in *Lademann,* AStG § 15, Rn. 96; *Kraft/Moser/Gebhardt,* DStR 2012, 1773 (1775).
749 Vgl. hierzu unter Kapitel 2: J) V) EU-/EWR-Staaten.
750 Vgl. unter Kapitel 2: J) IV) Nachweislicher rechtlicher und tatsächlicher Entzug der Verfügungsmacht am Stiftungsvermögen.
751 *Schulz* in *Lademann,* AStG § 15, Rn. 96.

Nachweissituation.[752] Die negative Formulierung des Gesetzes lässt den Schluss zu, dass die Anwendbarkeit des § 15 Abs. 6 Nr. 1 AStG für die andere ausländische Stiftung vermutet wird.[753] Demnach obliegt es im Rahmen des § 15 Abs. 10 AStG der Finanzverwaltung den Beweis zu führen, dass die andere ausländische Stiftung diese Voraussetzungen nicht erfülle. Das zusätzliche Erfordernis eines zwischenstaatlichen Auskunftaustausches iSd. § 15 Abs. 6 Nr. 2 AStG ist einer Prüfung von Amts wegen zugänglich.

III) Zurechnungssubjekt

Die Zurechnung bei Doppelstiftungsstrukturen erfolgt nach der Diktion des § 15 Abs. 10 S. 1 AStG bei der ausländischen Familienstiftung. Erfüllt die andere ausländische Stiftung bereits die Voraussetzungen des § 15 Abs. 6 S. 1 AStG, wird bereits vom Wortlaut des § 15 Abs. 10 AStG eine Zurechnung bei der ausländischen Familienstiftung ausgeschlossen. Erfüllt die andere ausländische Stiftung die Voraussetzung des § 15 Abs. 6 AStG nicht, erfolgt bei der ausländischen Familienstiftung eine Zurechnung. Eine Zurechnung beim inländischen Zurechnungssubjekt der ausländischen Familienstiftung gem. § 15 Abs. 1 AStG muss unterbleiben, wenn die ausländische Familienstiftung selbst die Voraussetzungen des § 15 Abs. 6 AStG erfüllt.[754]

Die Zurechnung iSd. § 15 Abs. 10 AStG erfordert auf der Rechtsfolgenseite die Existenz einer ausländischen Familienstiftung iSd. § 15 Abs. 1, 2, 3 AStG. Wie gezeigt, ist hierfür erforderlich, dass ein Stifter eine Stiftung im Ausland errichtet und die Bezugs- und Anfallsberechtigungen dieser Stiftung zu mehr als 50 Prozent auf Personen iSd. § 15 Abs. 2, 3 AStG entfallen.[755] Ist keine ausländische Familienstiftung gegeben, weil diese Voraussetzungen bei der vom Stifter errichteten Stiftung nicht erfüllt sind, erfolgt über § 15 Abs. 10 AStG auch keine Zurechnung bei den Zurechnungssubjekten iSd. § 15 Abs. 1 AStG. Dies gilt auch für den Fall, dass die andere ausländische Stiftung Bezugs- oder Anfallsberechtigungen an Personen iSd. § 15 Abs. 2, 3 AStG gewährt.

Um auch in diesen Fällen zu einer der gesetzgeberischen Intention entsprechenden Rechtsfolge zu gelangen, müssten die gesetzgeberischen Definitionstatbestände der Familienstiftung in § 15 Abs. 2, 3 AStG ihrerseits einen Bezug auf die anderen ausländischen Stiftungen iSd. § 15 Abs. 10 AStG nehmen. Dies entspricht aber nicht der zurzeit geltenden Rechtslage.

---

752 Vgl. zur Nachweispflicht unter Kapitel 2: J) IV) Nachweislicher rechtlicher und tatsächlicher Entzug der Verfügungsmacht am Stiftungsvermögen.

753 *Schär*, Grundsätze der Beweislastverteilung im Steuerrecht, 115 ff.

754 *Baßler* in *Flick/Wassermeyer/Baumhoff/Schönfeld*, AStG § 15, Rn. 276 f., 356.

755 Vgl. unter Kapitel 2: A) I) Familiennützigkeit (§ 15 Abs. 2 AStG).

IV) Andere ausländische Stiftung

Der Gesetzgeber hat nicht explizit geregelt, welche Anforderungen an andere ausländische Stiftungen zu stellen sind. Hinsichtlich des Stiftungsbegriffs dürften sich keine Besonderheiten ergeben.[756] In Zusammenhang mit dem Merkmal „ausländisch" wird man entsprechend § 15 Abs. 1 AStG auf den Sitz und die Geschäftsleitung außerhalb des Geltungsbereichs des AStG abstellen. Aus dem Attribut „andere" ergibt sich, dass die Stiftung iSd. § 15 Abs. 10 AStG von der Familienstiftung iSd. § 15 Abs. 1 AStG verschieden sein muss.[757] Das Gesetz fordert nicht, dass die andere ausländische Stiftung die Voraussetzungen erfüllen muss, die an eine Familienstiftung iSd. § 15 Abs. 2, 3 AStG gestellt werden. Auch knüpft § 15 Abs. 10 AStG nicht daran an, von wem die ausländische Stiftung gegründet wurde. So kann der Stifter der Familienstiftung auch die andere ausländische Stiftung errichten. Diese erfüllt sodann ggf. ihrerseits die Voraussetzungen einer Familienstiftung iSd. § 15 Abs. 1 AStG. Um diese Konkurrenzsituation aufzulösen, wird eine teleologische Reduktion des § 15 Abs. 10 AStG dergestalt vorgeschlagen, dass dieser hinter § 15 Abs. 1 AStG zurücktreten soll.[758] Aus Gründen der Rechtssicherheit sollte der Gesetzgeber diese formale Subsidiarität gesetzlich festschreiben.

V) Beteiligungsquote

Der Gesetzeswortlaut stellt in § 15 Abs. 10 S. 1 AStG darauf ab, dass die ausländische Familienstiftung alleine oder zusammen mit den in den Abs. 2 und 3 genannten Personen zu mehr als der Hälfte unmittelbar oder mittelbar bezugs- oder anfallsberechtigt ist. Entsprechend gelten hierbei die im Rahmen des § 15 Abs. 2 und 3 AStG gezeigten Ausführungen, insbesondere hinsichtlich der Anforderungen an eine Rechtsposition.[759] Entscheidend sind alle Bezugs- und Anfallsberechtigungen der anderen ausländischen Stiftung. Dabei wird auf die Personen iSd. § 15 Abs. 2, 3 AStG nur auf der Tatbestandsseite abgestellt. Die Rechtsfolgenseite betrifft zunächst ausschließlich die ausländische Familienstiftung iSd. § 15 Abs. 1 AStG als Zurechnungsempfängerin.[760] Zudem ist der Personenkreis iSd. § 15 Abs. 2, 3 AStG nur mit der ausländischen Familienstiftung und nicht mit der anderen ausländischen Stiftung verknüpft. Gegen einen kumulativen Bezug der nahestehenden Personen (§ 15 Abs. 2, 3 AStG) sowohl zur Familienstiftung als auch zu der anderen ausländischen Stiftung spricht, dass – wie gezeigt – der Stifter der anderen ausländischen Stiftung sowohl für die Rechtsfolgen als auch für die Tatbestandseite

756 Vgl. hierzu unter Kapitel 2: A) II) Anforderungen an die Errichtung der Stiftung; *Baßler* in *Flick/Wassermeyer/Baumhoff/Schönfeld,* AStG § 15, Rn. 362.

757 *Baßler* in *Flick/Wassermeyer/Baumhoff/Schönfeld,* AStG § 15, Rn. 362.

758 *Baßler* in *Flick/Wassermeyer/Baumhoff/Schönfeld,* AStG § 15, Rn. 357; *Kirchhain,* IStR 2012, 602 (605).

759 Vgl. unter Kapitel 2: B) III) 2) Bezugs- und Anfallsberechtigte.

760 Vgl. unter Kapitel 2: H) VII) Rechtsfolge.

nicht entscheidend ist.[761] Da die Absätze 2 und 3 des § 15 AStG jedoch gerade diesen Stifter voraussetzen, kann dieser nur der Stifter der ausländischen Familienstiftung sein. Ungeregelt geblieben ist, wie sich eine mittelbare Bezugs- oder Anfallsberechtigung, z.B. bei der Beteiligung der Familienstiftung an mehrstufigen Stiftungsstrukturen, darstellen soll. *Baßler* möchte die Vorschrift so verstanden wissen, dass sie eine wertungsmäßige Korrektur der Zurechnung von Bezugs- oder Anfallsberechtigungen erlaubt.[762] Um dem Bestimmtheitsprinzip Rechnung zu tragen, ist eine enge Auslegung geboten.[763]

Aufgrund des ausdrücklichen Wortlautes muss jedenfalls eine Bezugs- oder Anfallsberechtigung der ausländischen Familienstiftung bestehen. Der Gesetzgeber hat ausdrücklich darauf abgestellt, dass die ausländische Familienstiftung alleine oder zusammen mit Personen iSd. §15 Abs. 2, 3 AStG bezugs- oder anfallsberechtigt ist.[764] Konstellationen, in denen die andere ausländische Stiftung selbst Personen iSd. § 15 Abs. 2, 3 AStG Bezugs- oder Anfallsberechtigungen einräumt, nicht jedoch der ausländischen Familienstiftung, sind vom Gesetzeswortlaut nicht erfasst. Inwieweit die Finanzverwaltung die Vorschrift auch auf diese Fälle angewandt sehen will, wird sich in Zukunft zeigen.[765]

VI) Bestimmung der Zurechnungsgröße

Darüber hinaus gibt es hinsichtlich einer praktikablen Bestimmung der Rechtsfolge offene Fragen. Die Zurechnung soll entsprechend dem Anteil der ausländischen Familienstiftung an der anderen ausländischen Stiftung vorgenommen werden, § 15 Abs. 10 S. 1 AStG. Analog zum Wortlaut in § 15 Abs. 1 S. 1 AStG besteht hierbei das allgemeine Problem, dass eine Stiftung ohne vermögens- oder mitgliedsmäßige Beteiligung ausgestattet ist.[766] Der Gesetzgeber wird schon lange für diesen mit einer Stiftung inkompatiblen Anknüpfungspunkt kritisiert.[767] Indes hat er bei der Neufassung des § 15 Abs. 10 AStG genau jene Formulierung erneut verwendet.[768] Hinsichtlich einschichtiger Konstellationen wird hierzu vertreten, den Anteil aus einem Verhältnis der Bezugs- und Anfallsberechtigung des Stifters sowie der Personen iSd. § 15 Abs. 2 und 3 AStG zu den gesamten Bezugs- und Anfallsberechtigungen zu bestimmen.[769] Als Bruch würde dies wie folgt aussehen:

$$\frac{\textit{Bezugs- und Anfallsber. (Stifter + Pers. iSd. § 15 Abs. 2, 3 AStG)}}{\textit{sämtliche Bezugs- u. Anfallsberechtigungen der ausländischen Familienstiftung}}$$

761 Vgl. unter Kapitel 2: H) IV) Andere ausländische Stiftung.
762 *Baßler* in *Flick/Wassermeyer/Baumhoff/Schönfeld*, AStG § 15, Rn. 365.
763 *Baßler* in *Flick/Wassermeyer/Baumhoff/Schönfeld*, AStG § 15, Rn. 365.
764 *Baßler* in *Flick/Wassermeyer/Baumhoff/Schönfeld*, AStG § 15, Rn. 276.
765 Die hierzu erforderliche Gesetzeserweiterung müsste ähnlich dem Vorschlag unter Kapitel 2: H) III) Zurechnungssubjekt ausgestaltet werden.
766 Vgl. unter Kapitel 2: B) IV) Bestimmung der Zurechnungsgröße.
767 Vgl. unter Kapitel 2: B) IV) Bestimmung der Zurechnungsgröße.
768 *Baßler* in *Flick/Wassermeyer/Baumhoff/Schönfeld*, AStG § 15, Rn. 357.
769 Vgl. hierzu unter Kapitel 2: B) IV) 3) b) Entsprechender Anteil.

Die Regelung bei einschichtigen Konstellationen weist Tücken auf. Ihre Anwendung wird jedoch erheblich erschwert, wenn die Strukturen mehrschichtig werden. Dies gilt, obwohl Fragen zum vorrangigen Bezug des Stifters entfallen.[770] Wenn man die Diktion des § 15 Abs. 10 AStG für doppelschichtige Strukturen genau nimmt, müssen auf der Rechtsfolgenseite die Bezugs- und Anfallsberechtigungen der ausländischen Familienstiftung ins Verhältnis zu allen Bezugs- und Anfallsberechtigungen der anderen ausländischen Stiftung gesetzt werden. Als Bruch würde dies wie folgt aussehen:

$$\frac{\textit{Bezugs- und Anfallsber. (Familienstiftung)}}{\textit{sämtliche Bezugs- u. Anfallsberechtigungen der anderen ausl. Stiftung}}$$

Hierbei fällt auf, dass nicht gleichzeitig auf der Rechtsfolgenseite die Bezugs- und Anfallsberechtigungen der Personen iSd. § 15 Abs. 2, 3 AStG mit aufgenommen wurden. Es besteht Anlass zu vermuten, dass es dem Gesetzgeber wohl darum ging, Vermögenstransfers auch von der anderen ausländischen Stiftung an Berechtigte in Deutschland zu erfassen. Sachgerecht wäre daher die Bildung eines Verhältnisses der Bezugs- und Anfallsberechtigungen der ausländischen Familienstiftung, ihres Stifters wie auch der ihm nahestehenden Personen iSd. § 15 Abs. 2, 3 AStG auf der einen Seite in Relation zu allen Bezugs- und Anfallsberechtigungen der anderen ausländischen Stiftung.[771] Als Bruch würde dies wie folgt aussehen:

$$\frac{\textit{Bezugs- und Anfallsber. (Familienstiftung + Stifter + Pers. iSd. § 15 Abs. 2, 3 AStG)}}{\textit{sämtliche Bezugs- u. Anfallsberechtigungen der anderen ausl. Stiftung}}$$

Ob eine solche Interpretation der Vorschrift vom Gesetzeswortlaut noch erfasst wird, erscheint jedoch fraglich. Ein Ansatzpunkt könnte hierbei die Formulierung „zusammen mit den in Absätzen 2 und 3 genannten Personen" sein. Hiergegen spricht jedoch, dass diese Formulierung alleine auf die Tatbestandsseite des § 15 Abs. 10 AStG bezogen ist.

Aber auch darüber hinaus verbleiben Probleme bei der Umsetzung der Norm. Die hinsichtlich § 15 Abs. 1 S. 1 AStG geäußerten Bedenken, ob eine Feststellung aller Bezugs- und Anfallsberechtigten tatsächlich umgesetzt werden kann, gelten hier in besonderer Weise.[772] Die Einwirkungsmöglichkeiten zur Offenlegung aller Bezugs- und Anfallsberechtigungen seitens der anderen ausländischen Stiftung sind bei den Zurechnungssubjekten begrenzt. Auch die Mittel der Finanzverwaltung scheinen hier endlich zu sein, da die andere ausländische Stiftung nicht zur Mitwirkung verpflichtet werden kann.[773]

770 *Baßler* in *Flick/Wassermeyer/Baumhoff/Schönfeld,* AStG § 15, Rn. 357.
771 Ähnlich *Schulz* in *Lademann,* AStG § 15, Rn. 96.
772 Vgl. hierzu unter Kapitel 2: B) III) 2) a) Probleme bei der Begriffsbestimmung.
773 Vgl. hierzu unter Kapitel 2: B) III) 2) a) Probleme bei der Begriffsbestimmung.

VII) Rechtsfolge

Als Rechtsfolge spricht § 15 Abs. 10 AStG davon, dass der ausländischen Familienstiftung die Einkünfte und das Vermögen der anderen ausländischen Stiftung zugerechnet werden. Die bisherigen Ausführungen hinsichtlich der Vermögenszurechnung geltend entsprechend.[774] Dabei findet sich, wie auch sonst in § 15 AStG, keine Regelung über Art und Zeitpunkt der Zurechnung. Dabei wird auf den Zeitpunkt des Jahresabschlusses der anderen ausländischen Stiftung abzustellen sein.[775] Mangels anderweitiger gesetzlicher Anordnung wird die sachliche Qualifikation der zugeordneten Einkünfte nicht verändert.[776] Um die anschließende Weiterleitung zum inländischen Zurechnungssubjekt iSd. § 15 Abs. 1 AStG zu ermöglichen, muss die Einkünftezuordnung entsprechend den einzelnen Einkunftsarten erfolgen.[777] Auch negative Einkünfte der anderen ausländischen Stiftung unterliegen der Zurechnung bei der ausländischen Familienstiftung. § 15 Abs. 10 AStG unterscheidet im Gegensatz zu § 15 Abs. 7 S. 3 AStG nicht zwischen positiven und negativen Einkünften.[778]

VIII) Ausnahme (§ 15 Abs. 10 S. 2 AStG)

§ 15 Abs. 10 S. 2 AStG entspricht dem Wortlaut und der Funktion nach § 15 Abs. 9 S. 2 AStG.[779] Er soll eine doppelte Zurechnung verhindern. Dazu wird die Anwendung von § 15 Abs. 1 AStG insoweit ausgeschlossen, als die andere ausländische Stiftung tatsächlich Vermögen zuwendet, welches bereits durch die fiktive Zurechnung iSd. § 15 Abs. 9 AStG besteuert wurde.

I) Vermeidung der Doppelbesteuerung bei tatsächlicher Leistung (§ 15 Abs. 11 AStG)

Tatsächliche Leistungen der Stiftung an Begünstigte unterliegen gem. § 15 Abs. 11 AStG nicht einer erneuten Besteuerung, soweit die der Zuwendung zugrunde liegenden Einkünfte nachweislich bereits gem. § 15 Abs. 1 AStG zugerechnet wurden. Dies entspricht sowohl der Literatur als auch der bisherigen Auffassung der Finanzverwaltung.[780] Da sich die Nichtbesteuerung der nachfolgenden tatsächlichen

---

774 Die Vermögensteuer wird gem. BVerfG, Beschluss v. 22.06.1995 – 2 BvL 37/91; BVerfGE 93, 121 nicht mehr erhoben und ihre Auswirkung in dieser Arbeit nicht betrachtet.

775 Vgl. hierzu unter Kapitel 2: B) I) 2) Zeitpunkt.

776 *Baßler* in *Flick/Wassermeyer/Baumhoff/Schönfeld,* AStG § 15, Rn. 358.

777 Vgl. hierzu unter Kapitel 2: D) VI) Qualifikation der Zurechnungsanteile (§ 15 Abs. 8 AStG); *Baßler* in *Flick/Wassermeyer/Baumhoff/Schönfeld,* AStG § 15, Rn. 358.

778 *Baßler* in *Flick/Wassermeyer/Baumhoff/Schönfeld,* AStG § 15, Rn. 359.

779 Vgl. hierzu unter Kapitel 2: F) II) Rückausnahme (§ 15 Abs. 9 S. 2 AStG).

780 *Wassermeyer* in *Flick/Wassermeyer/Baumhoff/Schönfeld,* AStG § 15, Rn. 126; *Hennemann-Ratschke* in *Wöhrle/Schelle/Gross,* AStG § 15, Rn. 54; *Rundshagen* in

Zahlungen bisher allerdings nicht im Gesetz wiederfand, ist es positiv zu bewerten, dass der Gesetzgeber diesen Fall gesetzlich fixiert hat. Der Gesetzgeber hat nicht eine Steuerfreistellung der Einkünfte, sondern die Anordnung einer Nichtsteuerbarkeit gewählt.[781] Jedoch ist die Reichweite der Nichtsteuerbarkeit nicht eindeutig.

I) Subjektiv Begünstigte der Nichtsteuerbarkeit

So bleibt unklar, welche Personen von der Nichtsteuerbarkeit profitieren können. Im Wortlaut der Norm heißt es, dass Zuwendungen an Personen iSd. § 15 Abs. 1 AStG nicht der Besteuerung unterliegen, soweit die entsprechenden Einkünfte bereits nachweislich nach § 15 Abs. 1 AStG zugerechnet wurden. Über die entsprechende Anwendung des § 15 Abs. 3 AStG müsste auch dieser Personenkreis in den Anwendungsbereich der Norm einbezogen werden.

1) Personenidentität

Es wäre möglich, dass die Ausnahme von der Steuerbarkeit nur dann Anwendung findet, wenn die Zuwendung an das jeweilige Zurechnungssubjekt iSd. § 15 Abs. 1 AStG erfolgt. Sonstige Begünstigte der Stiftung würden demnach nicht hiervon profitieren, soweit die Zurechnungsfolge des § 15 Abs. 1 AStG eine andere Person träfe. Die Finanzverwaltung forderte bisher diese strenge Übereinstimmung.[782] Hingegen stellt der Wortlaut nun ausdrücklich auf den Personenkreis des § 15 Abs. 1 AStG und nicht auf die konkrete Übereinstimmung mit einer individuellen Person ab.[783] Dies spricht für die Nichtsteuerbarkeit der tatsächlichen Zuwendungen bei Stifter und bezugs- bzw. anfallsberechtigten Personen gem. § 15 Abs. 1 AStG, auch wenn diese Personen nicht identisch sind mit den bisherigen Zurechnungsverpflichteten. Zurechnungs- und Zuwendungsempfänger müssen nicht identisch sein, sodass ein zwischenzeitlicher Personenwechsel unschädlich ist.[784] Des Weiteren lässt sich dieses Ergebnis auch auf einen systematischen Vergleich stützen. Die tatsächliche Gewinnausschüttung, die auf die Hinzurechnungsbesteuerung iSd. §§ 7 ff. AStG nachfolgt, wird gem. § 3 Nr. 41 lit. a) EStG steuerfrei gestellt. Hinsichtlich dieser Steuerfreistellung wird keine Personenidentität gefordert.[785]

Strunk/Kaminski/Köhler, AStG § 15, Rn. 10, 58 ff.; BMF in AStGAE, Rn. 15.1.5 – IV B 4 – S 1340 – 11/04, BStBl. I 2004, 3.

781 *Baßler* in *Flick/Wassermeyer/Baumhoff/Schönfeld,* AStG § 15, Rn. 379; für eine Steuerfreistellung *Schulz* in *Lademann,* AStG § 15, Rn. 102 ff.

782 BMF in AStGAE, Rn. 15.1.5 – IV B 4 – S 1340 – 11/04, BStBl. I 2004, 3; *Wenz/Linn* in *Haase,* AStG § 15, Rn. 108 ff., 189.

783 *Wenz/Linn* in *Haase,* AStG § 15, Rn. 189; *Schulz* in *Lademann,* AStG § 15, Rn. 103; *Götz,* DStR 2014, 1047 (1048); *Moser/Gebhardt,* DStZ 2013, 753 (754).

784 *Baßler* in *Flick/Wassermeyer/Baumhoff/Schönfeld,* AStG § 15, Rn. 381; *Wenz/Linn* in *Haase,* AStG § 15, Rn. 189; *Schulz* in *Lademann,* AStG § 15, Rn. 103; *Kirchhain,* IStR 2012, 602 (606).

785 *Erhard* in *Blümich,* EStG § 3 Nr. 41, Rn. 6.

2) *Personenkreis des § 15 Abs. 1 AStG*

Darüber hinaus ist es fraglich, ob eine Beschränkung auf die Gruppe der Zurechnungssubjekte des § 15 Abs. 1 AStG überhaupt vorzunehmen ist. Die Vermeidung einer allgemeinen Mehrfachbesteuerung der Einkünfte spräche für eine extensive Anwendung.[786] Durch die Einkünftezurechnung iSd. § 15 Abs. 1 AStG werden die Einkünfte der Stiftung bereits einmal einer inländischen Person zugerechnet. Eine erneute Belastung bei einem anderen Steuersubjekt erscheint daher nach teilweise vertretener Ansicht übermäßig.[787] So solle die Wirkung des § 15 Abs. 11 AStG auch Dritten wie bspw. Zufallsdestinären zugutekommen.[788] Dem kann jedoch nicht gefolgt werden. Zunächst findet sich hierfür kein Anhaltspunkt im Gesetz. Dieses stellt klar auf den Personenkreis iSd. § 15 Abs. 1 AStG sowie die erfolgte Einkünftezurechnung ab. Auch die Gesetzesbegründung spricht hinsichtlich der Nichtsteuerbarkeit nur den unbeschränkt steuerpflichtigen Stifter sowie die unbeschränkt steuerpflichtigen Bezugs- oder Anfallsberechtigten an.[789] Zudem ist nicht gesichert, dass es überhaupt zu einer Besteuerung der Einkünfte im Inland kommt, da das Gesetz nicht auf die Besteuerung, sondern nur auf eine Zurechnung abstellt.[790] Dem Gesetzgeber daher zu unterstellen, er wolle jede erdenkliche doppelte Ertragsbesteuerung vermeiden, scheint schon von der gesetzgeberischen Intention des AStG gewagt.

II) Objektive Begünstigung

1) *Objektidentität*

Möglicherweise wurde mit der Gesetzesneufassung in Folge der Formulierung „den Zuwendungen zugrunde liegenden Einkünfte“ ein Erfordernis der Objektidentität aufgenommen. Ein solches Erfordernis wird insbesondere wegen der schwer umzusetzenden Nachweisbarkeit abgelehnt, aus welchen Einkünften die tatsächlichen transferierten Zuwendungen stammen.[791] Tatsächlich müsste die ausländische Stiftung ggf. nur hierfür eine kostspielige Bilanzierung einführen, um die doppelte Erfassung der Einkünfte beim Zurechnungssubjekt zu vermeiden.[792] Gegen eine solch hohe Anforderung sprechen mehrere Gründe. Zum einen bezweckt die Vorschrift die systemwidrige Doppelerfassung zu vermeiden.[793] Wenn nun die formalen Anforderungen an diese Entlastung unrealistisch hoch und zudem nicht praktikabel

---

786 *Vogt* in *Blümich,* AStG § 15, Rn. 143 f.; *Kirchhain,* IStR 2012, 602 (606).

787 *Vogt* in *Blümich,* AStG § 15, Rn. 143 f.

788 *Vogt* in *Blümich,* AStG § 15, Rn. 143 f.

789 BT-Drs 17/13033, 89.

790 Vgl. hierzu sogleich unter Kapitel 2: I) II) 3) Unterschiede in der Qualifikation möglich.

791 *Baßler* in *Flick/Wassermeyer/Baumhoff/Schönfeld,* AStG § 15, Rn. 383; *Wenz/Linn* in *Haase,* AStG § 15, Rn. 189; *Schulz* in *Lademann,* AStG § 15, Rn. 103.

792 *Schulz* in *Lademann,* AStG § 15, Rn. 103.

793 BT-Drs 17/13033, 89.

ausgestaltet werden, verfehlt das Gesetz den ausdrücklich vom Gesetzgeber gewollten Zweck der systemgerechten Entlastung. Zum anderen spricht der Gesetzesentwurf davon, dass die bisherige Verwaltungspraxis gesetzlich umgesetzt werden sollte. In Tz. 15.1.5 des AStGAE, auf die in dem Gesetzesentwurf ausdrücklich Bezug genommen wird, lässt sich kein Erfordernis einer Objektidentität finden.[794] Auch hier können systematische Erwägungen im Zusammenhang mit § 3 Nr. 41 EStG als Argument gegen eine Objektidentität herangezogen werden. Diese im Rahmen der Hinzurechnungsbesteuerung §§ 7 ff. AStG anwendbare Steuerbefreiung erfordert bereits vom Wortlaut her keine Objektidentität. Demnach stellt die Gesetzesformulierung „den Zuwendungen zugrunde liegenden Einkünfte" keine gesondert zu prüfende Voraussetzung der Steuerbefreiung dar.

2) Geltung auch für Zurechnung des Einkommens (a.F.)

Der Regelung des § 15 Abs. 11 AStG ist nicht zu entnehmen, ob die nun gesetzlich kodifizierte Nichtsteuerbarkeit der Zuwendungen sich nur auf Neufälle beschränkt, oder ob auch Altfälle hiervon profitieren. Hier wirkt es sich aus, dass der Gesetzgeber zur Vermeidung der innerstaatlichen Doppelbelastung im Falle von Familienstiftungen den Weg einer Regelung im AStG gegangen ist. Im Rahmen der Hinzurechnungsbesteuerung gem. §§ 7 ff. AStG hat der Gesetzgeber einen anderen Weg beschritten und die Freistellung des tatsächlichen Vermögenstransfers in § 3 Nr. 41 EStG geregelt.

Für eine Beschränkung auf Neufälle könnte der Wortlaut des § 15 Abs. 11 AStG n.F. herangezogen werden.[795] Die Anordnung der Nichtsteuerbarkeit gilt für die iSd. § 15 Abs. 1 AStG zugerechneten Einkünfte. § 15 Abs. 1 AStG a.F. rechnete hingegen das Einkommen zu. Jedoch ist das Einkommen eine den Einkünften nachgelagerte Rechengröße. Insoweit enthält die Zurechnung des Einkommens auch eine Zurechnung der Einkünfte, worauf die frühere Gesetzeslage (§ 15 Abs. 7 S. 1 AStG a.F.) fußte. Zudem sprechen die Gesetzesbegründung sowie die bisherige Verwaltungspraxis für einen analogen Einbezug des Einkommens unter die Norm, da keine Anhaltspunkte für ein Abweichen von der bisherigen Praxis erkenntlich sind.[796]

3) Unterschiede in der Qualifikation möglich

Möglicherweise könnte gegen eine Nichtsteuerbarkeit gem. § 15 Abs. 11 AStG sprechen, dass die entsprechenden Zurechnungseinkünfte beim Zurechnungsempfänger gar nicht der Besteuerung unterliegen. Hierbei kommen insbesondere die Steuerbefreiungsvorschriften § 8b KStG sowie § 3 Nr. 40 EStG in Betracht.[797] Im für den

---

794 BMF in AStGAE, Tz. 15.1.1 – IV B 4 – S 1340 – 11/04, BStBl. I 2004, 3.

795 *Götz*, DStR 2014, 1047 (1048); *Moser/Gebhardt*, DStZ 2013, 753 (754).

796 *Götz*, DStR 2014, 1047 (1048).

797 Vgl. Kapitel 3: C) VI) 3) Kein Ausgleich der Doppelbelastung iSd. § 15 Abs. 7 S. 2 AStG mit Verweis auf § 10 Abs. 3 S. 4 AStG; keine Anwendung der Zinsschranke

Steuerpflichtigen günstigsten Fall können die zugerechneten Einkünfte demnach zu 95 Prozent steuerfrei gestellt werden. Die Nichtsteuerbarkeit iSd. § 15 Abs. 11 AStG knüpft jedoch nicht an die Steuerpflicht der Einkünfte in Deutschland an; der Wortlaut bezieht sich nur auf die Zurechnung der Einkünfte. Daher führt die Zurechnung solcher Einkünfte auch zu der Nichtsteuerbarkeit der tatsächlichen Leistungen.[798] Bei einem Auseinanderfallen zwischen Zurechnung und Begünstigung der tatsächlichen Zuwendung kann es demnach zu Systemdifferenzen kommen.[799]

III) Nachweispflicht

Im Gesetz ist die Frage nicht geregelt, wer den erforderlichen Nachweis der vorhergehenden Zurechnung erbringen muss, und für wen er Geltung entfalten soll. In Anlehnung an die Diskussion, wer den Nachweis iSd. § 15 Abs. 6 AStG zu erbringen hat,[800] wird der Nachweis durch denjenigen zu erbringen sein, der die Nichtsteuerbarkeit der tatsächlichen Zuwendung begehrt, also denjenigen, dem tatsächlich Mittel von der Stiftung zugewandt wurden.[801]

IV) Reihenfolge

Die Einzelheiten der Nichtsteuerbarkeit von Zuwendungen wurden im Gesetz nicht geregelt. Solange die Summe der Zurechnung iSd. § 15 Abs. 1 AStG höher als die Summe der tatsächlichen Leistungen ist, scheint die Nichtsteuerbarkeit der Zuwendungen unproblematisch. Daher wird hierzu auch vertreten, dass jede Person, die Leistungen von der Stiftung erhalte, sich sodann auf die Nichtsteuerbarkeit berufen könne.[802]

Die Sachlage verkompliziert sich jedoch, falls die tatsächlichen Leistungen iSd. § 15 Abs. 11 AStG die Zurechnungen iSd. § 15 Abs. 1 AStG übersteigen. Dieser Fall kann bspw. aufgrund von unterschiedlichen Einkünfteermittlungsvorschriften, Abweichungen des verteilungsfähigen Stiftungsüberschusses von der steuerlichen Einkünftezurechnung, nicht steuerbaren Einkünfteteilen oder einem Verlustvortrag bei der Stiftung auftreten. Aus Gesichtspunkten der Besteuerung nach der Leistungsfähigkeit wäre es wünschenswert, dass demjenigen, dem Einkünfte iSd. § 15

---

§ 4h EStG, 8a KStG sowie Kapitel 2: D) VI) Qualifikation der Zurechnungsanteile (§ 15 Abs. 8 AStG).

798 *Vogt* in *Blümich*, AStG § 15, Rn. 144; *Baßler* in *Flick/Wassermeyer/Baumhoff/Schönfeld*, AStG § 15, Rn. 387; *Wenz/Linn* in *Haase*, AStG § 15, Rn. 190; *Kirchhain*, IStR 2012, 602 (606).

799 Hingegen sehen *Moser/Gebhardt*, DStZ 2013, 753 (754) das „Überspringen" der Steuerbefreiung für systemgerecht an.

800 Vgl. hierzu unter Kapitel 2: J) IV) Nachweislicher rechtlicher und tatsächlicher Entzug der Verfügungsmacht am Stiftungsvermögen.

801 *Kirchhain*, IStR 2012, 602 (606).

802 *Vogt* in *Blümich*, AStG § 15, Rn. 146.

Abs. 1 AStG zugerechnet werden, auch im tatsächlichen Leistungsfall die Nichtsteuerbarkeit zusteht. Nur wenn nicht anzunehmen ist, dass er von der Stiftung tatsächlich Leistungen erhalten wird, weil bspw. dem Stifter selbst kein Bezugs- oder Anfallsrecht zusteht, scheint die Nichtsteuerbarkeit bei anderen Personen gerechtfertigt. Da Zuwendungen an inländische Stifter bzw. Berechtigte iSd. § 15 Abs. 1 AStG das aus vorherigen Zurechnungen vorhandene Entlastungspotential verbrauchen, ist für alle Zuwendungen festzustellen, ob sie aus zugerechneten Einkünften oder sonstigen Quellen finanziert wurden. Für diese Verwendungsreihenfolge liegt die Annahme einer vorrangigen Verwendung des Entlastungspotentials (Zurechnungseinkünfte) aus Praktikabilitätsgründen nahe entsprechend der Eigenkapitalverwendungsreihenfolge gem. § 27 ff. KStG 1977.

V) Verhältnis zum ErbStG

§ 15 Abs. 11 AStG beschreibt den tatsächlichen Vermögenstransfer zwischen der Stiftung und dem Begünstigten als „Zuwendung", obwohl ertragsteuerlich der Begriff der „Leistung" gebräuchlich ist.[803] Der Begriff Zuwendung entstammt dem ErbStG. Demnach könnte die Steuerbefreiung auch auf schenkungsteuerliche Sachverhalte durchschlagen.[804] Insbesondere könnte eine mögliche Besteuerung bei Anfallsberechtigten iSd. § 7 Abs. 1 Nr. 9 ErbStG ausgeschlossen werden.[805]

Gegen eine solche Interpretation sprechen jedoch mehrere Punkte. Zunächst kann der Normzusammenhang des § 15 AStG gegen ein solches Verständnis herangezogen werden. § 15 AStG befasst sich mit der Ertragsbesteuerung beim Zurechnungssubjekt.[806] Ausdrücklich werden in § 15 Abs. 1 S. 2 AStG Folgen für die ErbSt ausgeschlossen. Auch in der Gesetzesbegründung zu § 15 Abs. 11 AStG findet sich kein Hinweis auf eine Auswirkung der Vorschrift auf die ErbSt. Zudem führen systematische Überlegungen aus den allgemeinen Regeln der ErbSt dazu, § 15 Abs. 11 AStG keine Wirkung für die ErbSt zuzusprechen. Es wäre inkonsequent, wenn der Gesetzgeber den Vermögenstransfer von einem Steuersubjekt auf ein anderes der Schenkungsteuer unterwerfen würde, jedoch bei der Zwischenschaltung einer Stiftung von der Steuerpflicht absähe.[807]

---

803 *Baßler* in *Flick/Wassermeyer/Baumhoff/Schönfeld,* AStG § 15, Rn. 377; *Götz*, DStR 2014, 1047 (1049).

804 Tatsächlich so *Vogt* in *Blümich,* AStG § 15, Rn. 142; *Werder/Dannecker*, BB 2012, 2278 (2279); zweifelnd *Götz*, DStR 2014, 1047 (1049).

805 Vgl. zur möglichen Besteuerung der Anfallsberechtigten unter Kapitel 1: VII) 1) c) (2) (a) (ii) Schenkung unter Lebenden.

806 *Baßler* in *Flick/Wassermeyer/Baumhoff/Schönfeld,* AStG § 15, Rn. 380; *Götz*, DStR 2014, 1047 (1049).

807 *Götz*, DStR 2014, 1047 (1049).

J) Europarechtswidrigkeit vor dem JStG 2009

I) Ausgangslage vor dem JStG 2009

In der Auseinandersetzung der Literatur mit § 15 AStG idF. vor dem JStG 2009[808] wurde dieser überwiegend als nicht mit dem EU-Recht vereinbar eingeordnet.[809] Moniert wurden Verstöße gegen die Kapitalverkehrs- und Niederlassungsfreiheit sowie gegen das Recht auf Freizügigkeit.[810]

Schließlich leitete die Europäische Kommission gegen Deutschland ein förmliches Vertragsverletzungsverfahren ein.[811] Daraufhin sah sich auch das BMF zum Handeln gedrängt und veröffentlichte mit Datum vom 14.05.2008 ein BMF-Schreiben.[812] Hierin wurde die Nichtanwendung des § 15 AStG für Familienstiftungen mit Geschäftsleitung oder Sitz in einem EU-/EWR-Staat angeordnet, wenn weitere besondere Nachweise erbracht wurden. Gefordert wurden neben dem Nachweis, dass die Verfügungsmacht an dem Stiftungsvermögen den Personen iSd. § 15 Abs. 2 und 3 AStG rechtlich und tatsächlich entzogen sei, auch ein Beleg, dass die Übertragung des Stiftungsvermögens nicht widerrufen werden kann. Zusätzlich wurde das Erfordernis eingeführt, dass mit dem Sitz- und Geschäftsleitungsstaat ein Abkommen zum Informationsaustausch bestehen müsse.

II) Gesetzgeberische Reaktion (§ 15 Abs. 6 AStG)

Auch der Gesetzgeber sah sich zum Handeln veranlasst und führte mit dem JStG 2009[813] einen neuen § 15 Abs. 6 AStG ein, welcher gem. § 21 Abs. 18 S. 1 AStG ab dem Veranlagungszeitraum 2009 anzuwenden war. Entsprechend der Gesetzesbegründung sollten hierdurch europarechtliche Bedenken ausgeräumt werden.[814] Im Vergleich zum BMF-Schreiben hat die gesetzliche Regelung einige wichtige Änderungen erfahren.[815]

---

808 BStBl. I 2008, 2794, v. 19.12.2008.

809 *Wassermeyer* in *Flick/Wassermeyer/Baumhoff/Schönfeld,* AStG § 15, Rn. 11 f.; *Wenz/Linn* in *Haase,* AStG § 15, Rn. 148; *Hennemann-Ratschke* in *Wöhrle/Schelle/Gross,* AStG § 15, Rn. 8; *Kellersmann/Schnitger,* IStR 2005, 253 (258 ff.); *Kraft/Hause,* DB 2006, 414 (416 ff.); *Kinzl,* IStR 2005, 624.

810 *Schönfeld* in *Flick/Wassermeyer/Baumhoff/Schönfeld,* AStG § 15, Rn. 151; *Kellersmann/Schnitger,* IStR 2005, 253 (259 ff.).

811 EU Kommission Az. 2003/4610 sowie Pressemitteilung IP/07/1151.

812 BStBl. I 2008, 638.

813 BStBl. I 2008, 2794, v. 19.12.2008.

814 Begründung zum JStG 2009 BT-Drs 16/10189, S. 78.

815 *Schulz* in *Lademann,* AStG § 15, Rn. 63; *Schulz/Werz,* ErbStB 2008, 177 (180); siehe hierzu auch unter Kapitel 2: J) IV) 5) Widerruflichkeit des Stiftungsgeschäfts unschädlich sowie unter Punkt Kapitel 2: J) V) EU-/EWR-Staaten.

Die Rechtsbeschränkung hinsichtlich der Niederlassungs- und Kapitalverkehrsfreiheit sowie des Rechts auf Freizügigkeit wurde jedoch nicht beseitigt.[816] Stattdessen wurde eine Bereichsausnahme für Stiftungen mit Geschäftsleitung oder Sitz im EU-/EWR-Raum geschaffen.

III) Wirkung

Gemäß dem Wortlaut der Vorschrift ist die Anwendung des § 15 Abs. 1 AStG ausgeschlossen, wenn die Voraussetzungen des § 15 Abs. 6 AStG erfüllt werden. Demnach findet unter diesen Umständen keine Zurechnung der Einkünfte statt. Der Wortlaut mit der konditionalen Konjunktion „wenn" lässt auf ein „Alles-oder-Nichts" schließen.[817] Bei Vorliegen aller Voraussetzungen würde eine Zurechnung entfallen; würde eine Bedingung auch nur teilweise nicht erfüllt, so fände die Zurechnung ungehindert in vollem Maße statt. Entsprechend der rechtlichen Stellung des § 15 Abs. 6 AStG, der europarechtlichen Notwendigkeit einer Gegenbeweismöglichkeit, spricht jedoch vieles dafür, das „wenn" als ein „soweit" zu werten.[818] Demnach wäre auch eine teilweise Nichtanwendung des § 15 Abs. 1 AStG möglich, soweit z.B. die Vermögensentziehung rechtlich und tatsächlich nur zu einem bestimmten Prozentsatz durchgeführt worden ist.[819]

IV) Nachweislicher rechtlicher und tatsächlicher Entzug der Verfügungsmacht am Stiftungsvermögen

In die Vorschrift des § 15 Abs. 6 AStG wurde die Forderung nach einer rechtlichen und tatsächlichen Trennung der Verfügungsmacht am Stiftungsvermögen aufgenommen. Dieses Erfordernis ist, wie sich auch aus der Gesetzesbegründung ergibt, angelehnt an eine BFH-Entscheidung, die zum ErbStG erging.[820] Dies ist bei der Auslegung zu berücksichtigen. Probleme bereitet die Bezugnahme auf das Urteil, da die Entscheidung sich mit einem Streitfall zum ErbStG befasst, wogegen es bei § 15 AStG um die Einkünftezurechnung geht. Folglich prüfte der BFH bei der Frage, ob rechtlich und tatsächlich ein Vermögenstransfer stattgefunden habe, ausschließlich die Zivilrechtslage, wohingegen bei § 15 AStG auch das wirtschaftliche Eigentum iSd. § 39 AO entscheidend ist.[821] Hinsichtlich des letzten Punktes kann man jedoch

816 *Schönfeld* in *Flick/Wassermeyer/Baumhoff/Schönfeld,* AStG § 15, Rn. 163.
817 *Schönfeld* in *Flick/Wassermeyer/Baumhoff/Schönfeld,* AStG § 15, Rn. 179.
818 *Schönfeld* in *Flick/Wassermeyer/Baumhoff/Schönfeld,* AStG § 15, Rn. 179.
819 *Schönfeld* in *Flick/Wassermeyer/Baumhoff/Schönfeld,* AStG § 15, Rn. 179; *Kirchhain,* Die Familienstiftung, Rn. 83.
820 BFH, Urt. v. 29.06.2007 – II R 21/05, BFHE 217, 254; *Schönfeld* in *Flick/Wassermeyer/Baumhoff/Schönfeld,* AStG § 15, Rn. 164; *Schulz* in *Lademann,* AStG § 15, Rn. 64.
821 *Schönfeld* in *Flick/Wassermeyer/Baumhoff/Schönfeld,* AStG § 15, Rn. 164; *Schulz* in *Lademann,* AStG § 15, Rn. 64.

festhalten, dass § 15 AStG keine Anwendung finden kann, wenn das wirtschaftliche Eigentum noch nicht vom Stifter auf die Stiftung übergegangen ist.[822]

Die Nachweismöglichkeit iSd. § 15 Abs. 6 Nr. 1 AStG iVm. der Nichtanwendung von § 15 Abs. 1 AStG entspricht einer vom Gesetzgeber aufgestellten Vermutung, dass der Einsatz einer ausländischen Familienstiftung eine missbräuchliche Ausnutzung der europarechtlichen Grundfreiheiten darstelle.[823]

Eine solche Missbrauchsvermutung mit der Möglichkeit, das Gegenteil zu beweisen, stellt insgesamt die Beweislast auf den Kopf: Eigentlich obliegt es der Finanzverwaltung, die steuerbegründenden Tatsachen zu beweisen,[824] wohingegen nunmehr der Steuerpflichtige in der Nachweispflicht steht, dass keine missbräuchliche Gestaltung vorliegt.[825]

1) Verpflichtete

Während in § 8 Abs. 1 AStG eine ausdrückliche Regelung enthalten ist, wer den geforderten Nachweis erbringen muss, lässt der Gesetzeswortlaut in § 15 AStG dies offen.[826] Aus systematischen Überlegungen wird der Nachweis durch die Zurechnungssubjekte zu erbringen sein.[827] Problematisch erweisen sich die Fälle, in denen nur einige Zurechnungssubjekte den Nachweis erbringen können, andere hingegen nicht. In diesen Fällen liegt es schon aus EU-rechtlichen Gründen nahe, dass die Begünstigung gem. § 15 Abs. 6 Nr. 1 AStG nur für diejenigen greift, die den Nachweis tatsächlich führen können.

2) Berechtigte

Anders formuliert stellt sich die Frage, ob zur Berechtigung als persönliche Voraussetzung des § 15 Abs. 6 Nr. 1 AStG auch der eigene Nachweis gehört. Mit *Schönfeld* ist dies abzulehnen.[828] § 15 Abs. 6 Nr. 1 AStG stellt die Gegenbeweismöglichkeit für einen vom Gesetzgeber vermuteten Missbrauchstatbestand dar. Wenn der Gegenbeweis geführt ist, demnach also die Einschaltung einer Familienstiftung sich

822 So zumindest die hM, die § 15 AStG als subsidiär zu § 39 AO ansieht; siehe unter Kapitel 2: B) I) 1) a) § 39 Abs. 2 AO; BFH, Urt. v. 29.06.2007 – II R 21/05, BFHE 217, 254 (257); *Schönfeld* in *Flick/Wassermeyer/Baumhoff/Schönfeld,* AStG § 15, Rn. 164.

823 *Schönfeld* in *Flick/Wassermeyer/Baumhoff/Schönfeld,* AStG § 15, Rn. 182.

824 Dies ist jedoch im Regelfall mit Mitwirkungspflichten des Steuerpflichtigen verknüpft, vgl. unter Kapitel 3: B) I) 4) c) Erhöhte Mitwirkungspflichten.

825 *Schönfeld* in *Flick/Wassermeyer/Baumhoff/Schönfeld,* AStG § 15, Rn. 182.

826 *Schönfeld* in *Flick/Wassermeyer/Baumhoff/Schönfeld,* AStG § 15, Rn. 180.

827 *Schulz* in *Lademann,* AStG § 15, Rn. 62. *Schönfeld* in *Flick/Wassermeyer/Baumhoff/Schönfeld,* AStG § 15, Rn. 180 und Rn. 192 stellt auf den Personenkreis des § 15 Abs. 2 und 3 AStG ab, der bei Anwendung des § 15 Abs. 1 AStG steuerpflichtig wäre. Dies ist im Ergebnis das Gleiche. Eine Nachweispflicht für Nichtsteuerpflichtige iSd. § 15 Abs. 1 AStG wird ausdrücklich ausgeschlossen.

828 *Schönfeld* in *Flick/Wassermeyer/Baumhoff/Schönfeld,* AStG § 15, Rn. 181.

nicht als bloße künstliche Konstruktion darstellt, so sollte dies auch für andere Zurechnungssubjekte gelten.[829] Die Frage, ob ein Nachweis auch Wirkung für andere Personen entfalten kann, wird im ähnlich gelagerten Fall des § 8 Abs. 2 AStG von der Finanzverwaltung ebenso für die anderen Personen ausgelegt.[830] Auch in verfahrensrechtlicher Hinsicht führt dies nicht zu einer übermäßigen Belastung der Finanzämter. Bei mehreren Zurechnungssubjekten ergeht gem. § 18 Abs. 4 AStG eine einheitliche Feststellung durch ein Feststellungsfinanzamt.

3) Zeitliche Anforderungen

Im Gesetz ist das zeitliche Moment der Nachweispflicht weiterhin ungeregelt geblieben. Zum vergleichbaren § 8 Abs. 2 AStG ist in § 18 Abs. 3 S. 1 AStG die Regelung aufgenommen worden, dass die Nachweise bis zur Abgabe der Erklärung vorliegen müssen.[831] Fraglich ist, welche Schlüsse hieraus in Hinblick auf § 15 Abs. 6 AStG zu ziehen sind. Teilweise wird als ausreichend erachtet, dass die Nachweise tatsächlich nach außen erbracht und nicht nur intern erfasst werden müssen.[832] Spätestens bei einer steuerlichen Außenprüfung sei der Nachweis dann zu erbringen.[833] Der Nachweis ist jedoch bereits früher zu führen. Zuzustimmen ist, dass § 18 Abs. 3 S. 1 Hs. 2 AStG bei wörtlicher Betrachtung nur darauf abstellt, dass der Nachweis iSd. § 8 Abs. 2 AStG bis zur Abgabe der Steuererklärung iSd. § 18 Abs. 3 S. 1 Hs. 1 AStG zu erbringen sei.[834] Jedoch ordnet § 18 Abs. 4 AStG die entsprechende Anwendung des § 18 Abs. 1–3 AStG an.[835] In der entsprechenden Anwendung des § 18 3 S. 1 Hs. 2 AStG ist daher ein (entsprechender) Verweis auf § 15 Abs. 6 AStG enthalten, sodass bei Abgabe der Erklärungen die Nachweise gem. § 15 Abs. 6 Nr. 1 zu erbringen sind.

Im Gesetz ist kein Maßstab für die zeitliche Komponente der Verfügungsbeschränkung enthalten. Der Gesetzeswortlaut stellt darauf ab, dass das Vermögen der Verfügungsmacht „entzogen ist“. Entsprechend dem Zweck der Norm wird vorgeschlagen, den Zeitpunkt der Einkünftezurechnung iSd. § 15 Abs. 1 AStG auch als entscheidenden Punkt zur Prüfung der Verfügungsmacht zu wählen.[836] Wenn zu diesem Zeitpunkt der Personenkreis gem. § 15 Abs. 2 AStG über keine Verfügungsmacht verfügt, entfällt eine Zurechnung iSd. § 15 Abs. 1 AStG. Haben diese Personen später Verfügungsmacht inne, so ist ab diesem Zeitpunkt die Zurechnung

829 *Schönfeld* in *Flick/Wassermeyer/Baumhoff/Schönfeld,* AStG § 15, Rn. 181.
830 *Schönfeld* in *Flick/Wassermeyer/Baumhoff/Schönfeld,* AStG § 15, Rn. 181.
831 *Schönfeld* in *Flick/Wassermeyer/Baumhoff/Schönfeld,* AStG § 15, Rn. 184.
832 *Schönfeld* in *Flick/Wassermeyer/Baumhoff/Schönfeld,* AStG § 15, Rn. 184.
833 *Schönfeld* in *Flick/Wassermeyer/Baumhoff/Schönfeld,* AStG § 15, Rn. 184.
834 So *Schönfeld* in *Flick/Wassermeyer/Baumhoff/Schönfeld,* AStG § 15, Rn. 184.
835 Vgl. hierzu unter Kapitel 2: C) Konkurrenzen.
836 *Schönfeld* in *Flick/Wassermeyer/Baumhoff/Schönfeld,* AStG § 15, Rn. 187.

gem. § 15 Abs. 1 AStG nicht mehr durch § 15 Abs. 6 AStG versperrt. Ein Wegfall ex tunc wird hingegen als nicht sachgerecht angesehen.[837]

4) Anforderungen an den Entzug der Verfügungsmacht

Der Gesetzgeber geht bei der Forderung nach dem rechtlichen und tatsächlichen Entzug der Verfügungsmacht am Stiftungsvermögen von der Zivilrechtslage in Deutschland aus: Der Stifter überträgt beim Stiftungsgeschäft sein Vermögen auf die Stiftung. Wie gezeigt, entspricht dies auch der Gesetzessystematik in Liechtenstein und Österreich.[838] Nur wenn auch tatsächlich ein Vermögenstransfer stattgefunden hat, ist der Anwendungsbereich des § 15 Abs. 1 AStG eröffnet, und es kann sich die Frage des § 15 Abs. 6 AStG stellen.[839]

Wenig plausibel ist in diesem Zusammenhang jedoch, dass der Gesetzgeber auch auf den Personenkreis iSd. § 15 Abs. 2 und 3 AStG abstellt. Das Vermögen kann nur dem Stifter entzogen sein. Diesem stand vor der Vermögensübertragung die Verfügungsmacht zu, sodass diese nur ihm entzogen werden konnte. Aus der Aussage des Gesetzgebers lässt sich jedoch folgern, dass dem Personenkreis iSd. § 15 Abs. 2 und 3 AStG im Anschluss an die Vermögensübertragung keine Verfügungsmacht zukommen soll, unabhängig davon, ob diese vorher Verfügungsmacht besaßen oder nicht.[840] Hiervon auszunehmen sind jedoch solche Personen, die in Folge ihrer Organstellung bei der Stiftung über die Vermögensgegenstände verfügen können.[841] Dies lässt sich damit begründen, dass § 15 Abs. 6 AStG als Gegenbeweismöglichkeit eines Gestaltungsmissbrauchs fungiert. Wenn die Verfügungsmacht am Stiftungsvermögen jedoch auf die Stiftung übergegangen ist, liegt keine missbräuchliche Gestaltung vor, sodass bei organschaftlichen Berührungspunkten zum Stifter oder ihm verbundenen Personen ohne beherrschende Einflussmöglichkeiten dieser Personengruppe (§ 15 Abs. 2 und 3 AStG) kein Missbrauch vorliegt.[842] Bei einer Veräußerung eines Vermögensgegenstandes tritt der Ersatzgegenstand an die Stelle des ursprünglichen Gegenstandes.[843]

Ein satzungsgemäßer Ausschluss der in § 15 Abs. 2, 3 AStG genannten Personen von der Verfügung über das Stiftungsvermögen genügt den Anforderungen des § 15

---

837 *Schönfeld* in *Flick/Wassermeyer/Baumhoff/Schönfeld,* AStG § 15, Rn. 187; vgl. bereits zur Problematik der Anknüpfung an ein Urteil zur ErbSt unter Kapitel 2: J) IV) Nachweislicher rechtlicher und tatsächlicher Entzug der Verfügungsmacht am Stiftungsvermögen.

838 Vgl. unter Kapitel 2: A) II) 2) d) Mindestvermögen hinsichtlich Liechtenstein sowie unter Kapitel 2: A) II) 3) d) Mindestvermögen hinsichtlich Österreich.

839 BFH, Urt. v. 28.06.2007 – II R 21/05, BFHE 217, 254.

840 *Schönfeld* in *Flick/Wassermeyer/Baumhoff/Schönfeld,* AStG § 15, Rn. 185 f.

841 *Schönfeld* in *Flick/Wassermeyer/Baumhoff/Schönfeld,* AStG § 15, Rn. 186.

842 *Schönfeld* in *Flick/Wassermeyer/Baumhoff/Schönfeld,* AStG § 15, Rn. 186.

843 *Schönfeld* in *Flick/Wassermeyer/Baumhoff/Schönfeld,* AStG § 15, Rn. 185.

Abs. 6 Nr. 1 AStG nur, wenn er auch in der Lebenswirklichkeit praktiziert wird.[844] Entscheidend ist die tatsächliche und nicht eine rechtliche Betrachtungsweise.

Es stellt sich die Frage, ob eine Anfallsberechtigung zugunsten einer Person iSd. § 15 Abs. 2 oder 3 AStG die Anwendung des § 15 Abs. 6 AStG zu verhindern mag.[845] Es ist möglich, dass die Stiftungssatzung Vorgaben darüber enthält, wie das Stiftungsvermögen im Falle einer Liquidation zu verteilen sei.[846] In diesem Fall kann die Stiftung jedoch weiterhin frei über das Vermögen verfügen, bis es zur Liquidation kommt. Daher ist die Verfügungsmacht auf die Stiftung übergegangen. Die Anfallsberechtigung schränkt die Stiftung nicht ein, wenn sie über das Vermögen verfügt. Letztlich ist daher § 15 Abs. 6 AStG auch in diesem Fall anwendbar, da den Anfallsberechtigten (aktuell) keine Verfügungsmacht zukommt.[847]

Damit sind Fälle verwandt, in denen die Beendigung der Stiftung in das Belieben des Stifters gestellt wird und er in diesem Fall auch die Auskehr des Stiftungsvermögens an sich verfügen kann. Hierbei stellt sich jedoch die Frage, ob dann die Schwelle des § 39 AO bereits überschritten und § 15 Abs. 1 AStG überhaupt anwendbar ist.[848] Ein „jederzeit ausübbares und voraussetzungsloses" Rückfallrecht steht jedenfalls dem Übergang des wirtschaftlichen Eigentums entgegen.[849]

5) Widerruflichkeit des Stiftungsgeschäfts unschädlich

Während sich im BMF-Schreiben noch das Erfordernis fand, die Vermögensübertragung vom Stifter auf die Stiftung müsse unwiderruflich sein, hat diese Forderung keinen Eingang ins Gesetz gefunden.[850] Aus dem rechtlichen und tatsächlichen Entzug der Verfügungsmacht lässt sich auch nicht auf die Unwiderruflichkeit schließen.[851] Dies ist in Anlehnung an das BFH-Urteil II R 21/05 konsequent, da der BFH hierin ausdrücklich feststellt, dass ein Widerrufsvorbehalt nicht den Übergang des zivilrechtlichen Eigentums hindert.[852] Somit ist die Unwiderruflichkeit der Vermögensübertragung nicht mehr Teil der Nachweiserfordernisse.

844 *Schönfeld* in *Flick/Wassermeyer/Baumhoff/Schönfeld,* AStG § 15, Rn. 186.
845 *Schönfeld* in *Flick/Wassermeyer/Baumhoff/Schönfeld,* AStG § 15, Rn. 190.
846 Vgl. unter Kapitel 2: B) III) 2) b) (1) Anfallsberechtigung.
847 *Schönfeld* in *Flick/Wassermeyer/Baumhoff/Schönfeld,* AStG § 15, Rn. 190.
848 BFH, Urt. v. 28.06.2007 – II R 21/05, BFHE 217, 254; *Schönfeld* in *Flick/Wassermeyer/Baumhoff/Schönfeld,* AStG § 15, Rn. 191; *Wenz/Linn* in *Haase,* AStG § 15, Rn. 149.
849 BFH, Urt. v. 17.06.1988 – XI R 55/97, BFH/NV 1999, 9; *Schönfeld* in *Flick/Wassermeyer/Baumhoff/Schönfeld,* AStG § 15, Rn. 191; *Fischer* in *Hübschmann/Hepp/Spitaler,* § 39 AO, Rn. 130.
850 *Schulz/Werz,* ErbStB 2008, 177 (180 f.).
851 BFH, Urt. v. 28.06.2007 – II R 21/05, BFHE 217, 254; *Schönfeld* in *Flick/Wassermeyer/Baumhoff/Schönfeld,* AStG § 15, Rn. 190.
852 BFH, Urt. v. 28.06.2007 – II R 21/05, BFHE 217, 254; *Schulz/Werz,* ErbStB 2008, 177 (181).

V) EU-/EWR-Staaten

Die Anwendung des § 15 Abs. 6 AStG erfordert, dass sich der Sitz oder die Geschäftsleitung der in Frage stehenden ausländischen Familienstiftung in einem EU- oder einem EWR-Staat befindet. Dies ist die einzige Voraussetzung innerhalb dieses Abschnitts, der an die Stiftung selbst anknüpft. Von einer inländischen Zurechnungsverpflichtung gem. § 15 Abs. 1, 6 AStG können demnach Stiftungen in der Schweiz nicht ausgenommen werden, da diese weder der EU noch dem EWR beigetreten ist;[853] demgegenüber unterfallen Stiftungen in Liechtenstein und Österreich der Ausnahmevorschrift des § 15 Abs. 6 AStG.

Im Gegensatz zum BMF-Schreiben[854] vom 14.05.2008 ist es nicht erforderlich, dass sich sowohl der Sitz als auch die Geschäftsleitung in einem Staat der EU oder des EWR befinden. Nicht entscheidend ist auch, wo sich das Vermögen der Stiftung befindet. Dies stellt einen bedeutenden Unterschied zu § 8 Abs. 2 AStG dar.

VI) Auskunftsklausel (§ 15 Abs. 6 Nr. 2 AStG)

Vom Gesetzgeber wird in § 15 Abs. 6 Nr. 2 AStG ein qualifizierter Auskunftsaustausch iSd. § 2 Abs. 2 EUAHiG[855] oder eine vergleichbare zwei- oder mehrseitige Vereinbarung gefordert. Dem Gesetzgeber ging es bei Einführung dieser Bestimmung darum, Familienstiftungen aus Liechtenstein weiterhin mit der inländischen Zurechnungsverpflichtung des § 15 Abs. 1 AStG erfassen zu können.[856]

Gefordert wird, dass alternativ ein Abkommen mit dem Sitz oder dem Geschäftsleitungsstaat der Stiftung besteht. Fallen demnach Sitz- und Geschäftsleitungsstaat auseinander und besteht nur mit einem Staat ein entsprechendes Abkommen, spricht dies nicht gegen einen Ausschluss des § 15 Abs. 1 AStG.[857]

Die Vorschrift ist so ausgestaltet, dass sie neben dem bloßen Bestehen eines Abkommens auch die tatsächliche Erteilung von Auskünften fordert.[858] Der Gesetzeswortlaut stellt darauf ab, dass Auskünfte „erteilt werden". Dies deckt sich auch mit der Gesetzesbegründung.[859] Jedoch besteht die Finanzverwaltung wohl nicht

853 *Schulz/Werz*, ErbStB 2008, 177 (180 f.).

854 BMF IV B 4-S 1361/07/0001, BStBl. I 2008, 638.

855 EU-Amtshilfegesetz als Umsetzung der Richtlinie 2011/16/EU des Rates v. 15.02.2011 über die Zusammenarbeit der Verwaltungsbehörden im Bereich der Besteuerung und zur Aufhebung der Richtlinie 77/799/EWG; BGBl. I 2013, S. 1809.

856 *Schönfeld* in *Flick/Wassermeyer/Baumhoff/Schönfeld*, AStG § 15, Rn. 161; *Vogt* in *Blümich*, AStG § 15, Rn. 85; *Hennemann-Ratschke* in *Wöhrle/Schelle/Gross*, AStG § 15, Rn. 30; *Rehm/Nagler*, IStR 2008, 284 (287). Nunmehr *Schulz/Werz*, ErbStB 2008, 177 (180 f.); in Bezug auf Liechtenstein vergleiche unter Kapitel 3: B) III) EWR-Recht.

857 *Vogt* in *Blümich*, AStG § 15, Rn. 85; *Schulz* in *Lademann*, AStG § 15, Rn. 68.

858 *Schulz* in *Lademann*, AStG § 15, Rn. 67.

859 BT-Drs 16/10189, S. 78.; a.A. *Schulz/Werz*, ErbStB 2008, 177 (182); *Wenz/Linn* in *Haase*, AStG § 15, Rn. 142.

darauf, dass der andere Staat tatsächlich Auskünfte erteilt.[860] Würde sie im konkreten Einzelfall die Entlastung des § 15 Abs. 6 AStG verweigern, weil ein Mitgliedstaat z.B. unter Berufung auf sein Bank- oder Steuergeheimnis die Auskunftserteilung verweigert, widerspräche dies dem Ziel der europarechtlich begründeten Einführung des § 15 Abs. 6 AStG.[861]

Besteht mit einem ausländischen Staat ein DBA, so erfüllt eine hierin vereinbarte große Auskunftsklausel die Erfordernisse.[862] In diesen sind Auskünfte für sämtliche Steuern des auskunftssuchenden Staates vorgesehen.[863] Vom Umfang her gehen diese Klauseln demnach auch über die zur Durchführung eines Doppelbesteuerungsabkommens notwendigen Informationen hinaus.[864] In § 8 Abs. 2 AStG ist eine vergleichbare Regelung enthalten, die jedoch einen dynamischen Verweis auf die EG-Amtshilferichtlinie enthält.[865]

Nachdem mit Liechtenstein ein DBA abgeschlossen wurde, kommt der Regelung nur noch eine geringere Bedeutung zu, da nun mit allen EU-Staaten und den EWR-Staaten ein qualifiziertes Auskunftsabkommen besteht.[866]

---

860 *Wenz/Linn* in *Haase,* AStG § 15, Rn. 146; *Schulz* in *Lademann,* AStG § 15, Rn. 67.

861 *Wenz/Linn* in *Haase,* AStG § 15, Rn. 146; *Schulz/Werz,* ErbStB 2008, 177 (182).

862 *Vogt* in *Blümich,* AStG § 15, Rn. 85; *Schönfeld* in *Flick/Wassermeyer/Baumhoff/Schönfeld,* AStG § 15, Rn. 161; *Wenz/Linn* in *Haase,* AStG § 15, Rn. 140; *Schulz* in *Lademann,* AStG § 15, Rn. 66; kritisch, ob das DBA mit Liechtenstein die nötigen Informationen enthält FG Düsseldorf, Urt. v. 22.01.2015 – 16 K 2858/13 F, EFG 2015, 629 (630); hiergegen jedoch *Schönfeld* in *Flick/Wassermeyer/Baumhoff/Schönfeld,* AStG § 15, Rn. 194; *Kirchhain,* IStR 2015, 246 (247 ff.).

863 *Zöllner* in *Koenig,* AO § 117, Rn. 9.

864 *Zöllner* in *Koenig,* AO § 117, Rn. 9.

865 *Schönfeld* in *Flick/Wassermeyer/Baumhoff/Schönfeld,* AStG § 15, Rn. 193.

866 Stand 22.01.2014; BMF v. 22.01.2014, BStBl. I 2014, 171; *Schulz* in *Lademann,* AStG § 15, Rn. 17, 66; kritisch, ob das DBA mit Liechtenstein die nötigen Informationen enthält FG Düsseldorf, Urt. v. 22.01.2015 – 16 K 2858/13 F, EFG 2015, 629 (630); jedoch *Schönfeld* in *Flick/Wassermeyer/Baumhoff/Schönfeld,* AStG § 15, Rn. 194; *Gierhake* in *Otto,* Stiftungspraxis, 261; *Kirchhain,* IStR 2015, 246 (247 ff.).

Kapitel 3: Vereinbarkeit des § 15 AStG mit Abkommens-, Europa- und Verfassungsrecht

A) DBA-Recht

I) Grundlagen

Da § 15 AStG eine Zurechnung ausländischer Stiftungseinkünfte bei inländischen Stiftern und Berechtigten vorsieht, könnte dies zu Konflikten mit abweichenden Verteilungs- und Ausgleichsnormen der DBA sowie mit deren Grundgedanken einer Vermeidung internationaler Doppelbesteuerungen kommen. Es wird deshalb einleitend kurz auf Wesen und Funktion von DBA und ihr Zusammenspiel mit nationalem Steuerrecht, insbesondere dem AStG, eingegangen.

Doppelbesteuerungsabkommen sind völkerrechtliche Verträge zwischen zwei oder mehreren Staaten.[867] Als Völkervertragsrecht besteht die Rechtswirkung zunächst einmal zwischen den vertragschließenden Staaten.[868] Hierbei sind in einem mehrstufigen Verfahren mehrere Schritte, wie die Vertragsverhandlungen, die Paraphierung, die Unterzeichnung durch den Bundespräsidenten, die Transformation in nationales Recht iSd. Art. 59 Abs. 2 GG, die Ratifikation durch den Bundespräsidenten und schließlich der Austausch der Ratifikationsurkunden, zu durchlaufen, bevor die Abkommensregelungen innerstaatlich für den Bürger verbindlich werden.[869]

Die mehrfache Besteuerung eines Sachverhalts in mehreren Ländern ist völkerrechtlich nicht verboten, für die internationalen Handelsbeziehungen und damit den Wohlstand jedoch äußerst problematisch.[870] Daneben führt die Mehrfachbesteuerung zu einem Gerechtigkeitsdefizit.[871] Die Ursache der Doppelbesteuerung

867 *Lehner* in *Vogel/Lehner*, DBA Grundlagen, Rn. 46; *Wassermeyer* in *Wassermeyer*, OECD-MA Vor Art 1, Rn. 9, Art. 1, Rn. 7a.

868 *Lehner* in *Vogel/Lehner*, DBA Grundlagen, Rn. 50; *Wassermeyer* in *Wassermeyer*, OECD-MA Vor Art 1, Rn. 9, Art. 1, Rn. 6.

869 *Lehner* in *Vogel/Lehner*, DBA Grundlagen, Rn. 47 ff.; *Wassermeyer* in *Wassermeyer*, OECD-MA Vor Art 1, Rn. 9; *Ipsen*, Völkerrecht, § 11, Rn. 8; sog. *dualistische Theorie*, wonach Völkerrecht und innerstaatliches Recht eigenständig sind und verschiedenartige Adressaten haben.

870 *Debatin*, DStR 1992, Beihefter zu Heft 23, 1; *Lüdicke*, DBA-Politik, 8. Die Präambel der „Verhandlungsgrundlage für Doppelbesteuerungsabkommen im Bereich der Steuern vom Einkommen und Vermögen" des BMF v. 17.04.2013, IV B 2 – S 1301/10/10022-32 DOK 2012/0214500, führt aus, dass die Abkommen von dem Wunsch geleitet sind, „die beiderseitigen wirtschaftlichen Beziehungen weiter zu entwickeln" abgedruckt in IStR 2013, Beihefter zu Heft 10, 46.

871 *Wassermeyer* in *Wassermeyer*, OECD-MA Vor Art 6 – 22, Rn. 14.

liegt darin begründet, dass die Staaten dazu übergegangen sind, nicht nur die auf ihrem Staatsgebiet belegenen Einkunftsquellen steuerlich zu erfassen (Quellenprinzip), sondern auch alle Mehrungen der Leistungsfähigkeit der bei ihnen ansässigen Personen, auch wenn diese nicht auf ihrem Territorium erwirtschaftet wurden (Universalitätsprinzip).[872] Doppelbesteuerungsabkommen bezwecken hierbei eine gerechte Verteilung der bestehenden Steueransprüche zwischen den Vertragsstaaten, ohne dass es zu einer Doppelbesteuerung kommt.[873] Die Entlastung der Doppelbesteuerung soll dem Steuerpflichtigen zugutekommen.[874] Hierfür ist ein entsprechender Umsetzungsakt der nationalen Gesetzgeber erforderlich. Entsprechend ihrer Funktion können Doppelbesteuerungsabkommen – zumindest grundsätzlich – keinen nach nationalem Recht nicht bestehenden Steueranspruch begründen.[875]

1) *Begriff der Doppelbesteuerung*

Der Begriff der Doppelbesteuerung wird uneinheitlich verwendet. Er ist kein „terminus technicus".[876] Meist wird zwischen der rechtlichen und der wirtschaftlichen Doppelbesteuerung unterschieden. Letztere wird im Folgenden – zur besseren Abgrenzung – als Doppelbelastung bezeichnet werden. Die rechtliche Doppelbesteuerung liegt vor, wenn mehrere Staaten beim selben Steuersubjekt dasselbe Steuerobjekt mit einer gleichartigen Steuer besteuern und dies grds. auch im selben Besteuerungszeitraum erfolgt.[877] Jedenfalls im Hinblick auf die Übereinstimmung des Steuerobjekts und der Gleichartigkeit der Steuer dürfen jedoch nicht überzogene Anforderungen gestellt werden.[878]

2) *Abgrenzung der Doppelbelastung*

Bei einer Doppelbelastung liegt hingegen nur die Identität des Steuerobjekts vor. Eine Übereinstimmung des Steuersubjekts ist hierbei gerade nicht vorhanden.[879] Bei einer internationalen Doppelbelastung müssen zudem mehrere Staaten auf das

---

872 *Wassermeyer* in *Wassermeyer*, OECD-MA Vor Art 1, Rn. 5.

873 *Wassermeyer* in *Wassermeyer*, OECD-MA Vor Art 6 – 22, Rn. 14; *Widmann* in Grundfragen des Internationalen Steuerrechts, DStJG 1985, 235 (236).

874 *Vogt* in *Blümich*, AStG § 20, Rn. 6.

875 *Lehner* in *Vogel/Lehner*, DBA Grundlagen, Rn. 65, 68, 44; *Debatin*, DStR 1992, Beihefter zu Heft 23, 1 (2); *Widmann* in Grundfragen des Internationalen Steuerrechts, DStJG 1985, 235 (236); teilweise anders *Wassermeyer* in *Wassermeyer*, OECD-MA Art 1, Rn. 10.

876 *Wassermeyer* in *Wassermeyer*, OECD-MA Vor Art 1, Rn. 1.

877 *Wassermeyer* in *Wassermeyer*, OECD-MA Vor Art 1, Rn. 2, hinsichtlich der Periodengleichheit jedoch skeptisch.

878 OECD MK Art. 23A Ziff. 1; *Wassermeyer* in *Wassermeyer*, OECD-MA Vor Art 1, Rn. 2.

879 *Wassermeyer* in *Wassermeyer*, OECD-MA Vor Art 1, Rn. 3.

Steuerobjekt zugreifen.[880] Eine Doppelbelastung ist innerstaatlich und grenzüberschreitend möglich, sie tritt insbesondere in Konzernen auf.[881]

II) Aufbau und Struktur des OECD-Musterabkommens

Das OECD-MA ist in sieben Abschnitte gegliedert. Die Abschnitte I und II betreffen den Geltungsbereich und Begriffsbestimmungen des Abkommens. Die Abschnitte III und IV beschäftigen sich mit der Besteuerung des Einkommens und des Vermögens. Im Abschnitt V sind die Methoden zur Vermeidung der Doppelbesteuerung enthalten.[882] Die Abschnitte VI und VII umfassen insbesondere Verfahrensvorschriften und die Schlussbestimmungen.

Im Hinblick auf die Abkommensvoraussetzungen sind insbesondere die Artt. 1, 2, 3, 4 OECD-MA der Abschnitte I und II wichtig. Gem. Art. 1 OECD-MA muss eine Person iSd. Art. 3 Abs. 1 lit. a), b) iVm. Art. 4 Abs. 1 OECD-MA zumindest in einem Vertragsstaat ansässig sein. Zudem muss eine Einkommen- oder Vermögensteuer iSd. Art. 2 Abs. 1, 2 OECD-MA erhoben werden.

Der wichtige Abschnitt III untergliedert sich innerhalb der Artt. 6 bis 21 OECD-MA in verschiedene Einkunftsarten mit unterschiedlichen Verteilungsnormen.[883] Die Bedeutung der einzelnen Einkunftsarten im OECD-MA ist nicht mit der nationalen Begriffsdeutung kongruent.[884] Insbesondere folgt das OECD-MA dem Grundsatz der Spezialität, sodass speziellere Verteilungsartikel gegenüber den allgemeineren verdrängende Wirkung entfalten, vgl. bspw. Art. 7 Abs. 4 OECD-MA.[885] Die Verteilungsnormen unterscheiden dabei zwischen dem Ansässigkeits- und dem Quellenstaat. Der Ansässigkeitsstaat ist der Staat, in dem eine Person gem. Art. 4 Abs. 1 S. 2 OECD-MA nach dem Recht dieses Staates „auf Grund ihres Wohnsitzes, ihres ständigen Aufenthalts, des Ortes ihrer Geschäftsleitung oder eines anderen ähnlichen Merkmals steuerpflichtig ist."[886] Der Quellenstaat bzw. der Belegenheitsstaat ist der Staat, in dem die Einkünftequelle zu verorten ist.[887]

---

880 OECD MK Art. 23A Ziff. 1; *Wassermeyer* in *Wassermeyer*, OECD-MA Vor Art 1, Rn. 3.

881 Vgl. hierzu unter Kapitel 2: D) III) Kein Ausgleich der Doppelbelastung (§ 15 Abs. 7 S. 2 AStG).

882 Einer Anwendung bedarf es jedoch nur, wenn in den Verteilungsnormen keine endgültige Regelung über die Vermeidung der Doppelbesteuerung getroffen wurde.

883 *Lehner* in *Vogel/Lehner*, DBA Grundlagen, Rn. 81; *Dürrschmidt* in *Vogel/Lehner*, DBA Vor Art. 6 -22, Rn. 1a; *Wassermeyer*, IStR 2010, 324 (325 f.).

884 *Lehner* in *Vogel/Lehner*, DBA Grundlagen, Rn. 81; *Dürrschmidt* in *Vogel/Lehner*, DBA Vor Art. 6 -22, Rn. 1a; *Wassermeyer*, IStR 2010, 324 (326).

885 *Lehner* in *Vogel/Lehner*, DBA Grundlagen, Rn. 84 f.

886 *Lehner* in *Vogel/Lehner*, DBA Grundlagen, Rn. 92.

887 *Lehner* in *Vogel/Lehner*, DBA Grundlagen, Rn. 92.

Hinsichtlich der Besteuerungsfolgen lassen sich die Einkünfteartikel in zwei unterschiedliche Gruppen einteilen: Es gibt Vorschriften mit einer abschließenden Folge (können nur in/im ... besteuert werden) oder mit einer offenen Folge (können in/im ... besteuert werden).[888] Hinsichtlich der letzten Gruppe wird sodann nachgelagert durch Anwendung des Abschnitts V (Art. 23A oder 23B OECD-MA) die Frage entschieden, wie der Wohnsitzstaat die verbleibende Besteuerung im Quellenstaat auszugleichen hat.[889] Möglich ist hierbei eine Freistellung der Einkünfte aus dem Quellenstaat oder eine Anrechnung der Steuer des Quellenstaates auf die innerstaatliche Steuer.[890]

III) § 20 Abs. 1 AStG als Treaty Override?

Bis zur Änderung durch das AmtshilfeRLUmsG[891] ordnete § 15 AStG als Rechtsfolge die Zurechnung des Einkommens an, wohingegen nunmehr die Einkünfte zugerechnet werden. Teilweise wurde zur Versagung des DBA-Schutzes angeführt, dass das Einkommen keinen Schutz durch DBA erfahre.[892] Die DBA träfen nur Regelungen über die Verteilung der Einkünfte, wohingegen die Rechenschritte hin zum Berechnen des Einkommens nicht Regelungsgegenstand seien.[893] Nach der Gesetzesneufassung und der damit einhergehenden Zurechnung der Einkünfte greift dieses Argument nicht mehr.

§ 20 Abs. 1 AStG bestimmt, dass u.a. § 15 AStG durch Abkommen zur Vermeidung der Doppelbesteuerung nicht berührt wird. Die Vorschrift wurde durch das Steueränderungsgesetz 1992[894] in das AStG aufgenommen. Bei ihrer Einführung ging der Gesetzgeber davon aus, dass sie bloß deklaratorischer Natur sei.[895] Mit ihr bezweckte der Gesetzgeber, Auffassungen zu begegnen, die die Vereinbarkeit von DBA und AStG anzweifelten.[896]

Dabei kommt nicht klar zum Ausdruck, was der Gesetzgeber in § 20 Abs. 1 AStG unter dem Begriff „nicht berührt" verstanden haben will.[897] Möglich ist eine

888 *Lehner* in *Vogel/Lehner*, DBA Grundlagen, Rn. 82; *Dürrschmidt* in *Vogel/Lehner*, DBA Vor Art. 6 -22, Rn. 4, 6.

889 *Lehner* in *Vogel/Lehner*, DBA Grundlagen, Rn. 82 f.; *Debatin*, Grundzüge der Abkommen zur Vermeidung der internationalen Doppelbesteuerung, 23, 26.

890 *Lüdicke*, DBA-Politik, 7.

891 BGBl. I 2013, 1809, v. 26.06.2013.

892 *Wassermeyer* in *Flick/Wassermeyer/Baumhoff/Schönfeld*, AStG § 15, Rn. 228 Erg.-Lfg. 65.

893 *Wassermeyer* in *Flick/Wassermeyer/Baumhoff/Schönfeld*, AStG § 15, Rn. 228 Erg.-Lfg. 65.

894 Steueränderungsgesetz 1992 v. 25.02.1992, BGBl. I 1992, 297 (325).

895 BT-Drs 12/1506, S. 181: „Klärend wird in § 20 Abs. 1 AStG festgestellt, [...]"; *Protzen* in *Kraft*, AStG § 7, Rn. 150.

896 *Wassermeyer/Schönfeld* in *Flick/Wassermeyer/Baumhoff/Schönfeld*, AStG § 20, Rn. 2 f.; *Gebhardt*, Tax Treaty Overriding, 137 f.

897 *Debatin*, DB 1992, 2159 (2160).

Interpretation, die davon ausgeht, dass die §§ 7–18 AStG und der Anwendungsbereich der DBA keine gemeinsamen Schnittpunkte aufweisen.[898] Möglich ist jedoch auch die konträre Deutung: Im Kollisionsfall zwischen den betreffenden Vorschriften setzen sich die Vorschriften des AStG gegenüber den Vorschriften eines DBA durch.[899]

Welche der gezeigten Deutungen sich als zutreffend erweist, hängt vom jeweiligen Verständnis der jeweiligen AStG-Normen einerseits und dem DBA-Verständnis andererseits ab.

1) Treaty Override

Der Begriff des Treaty Override im Sinne einer „Abkommensverdrängung“[900] wird vom OECD Committee on Fiscal Affairs verwendet, wenn eine nationale Rechtsordnung sich absichtlich in einen offenen Widerspruch zu Verpflichtungen aus einem zwischenstaatlichen Vertrag setzt.[901] Die deutschen Äquivalente zum Terminus Treaty Override sind vielfältig. Zum Teil wird der Begriff mit „überreiten“ bzw. „überrollen“[902] oder „überschreiben“ übersetzt. Der Gesetzgeber begeht Abkommensverdrängungen, um steuerlichem Missbrauch entgegenzuwirken oder um Steuerausfälle zu vermeiden.[903]

Grundsätzlich ist es möglich, dass eine Abkommensverdrängung auch ohne eine solche Absicht des Gesetzgebers vorkommt, da der Begriff rein deskriptiv ist.[904] In Deutschland bestimmt § 2 Abs. 1 AO jedoch, dass internationale Verträge, die in nationales Recht transformiert wurden, den nationalen Steuerregeln vorgehen. Daher ist es erforderlich, dass in der den zwischenstaatlichen Vertrag verdrängenden Norm explizit zum Ausdruck kommt, dass ihr verdrängende Wirkung zukommen soll.[905] Im Folgenden soll unter dem Begriff „Treaty Override“ nur eine Handlung des Gesetzgebers verstanden werden, auch wenn der Begriff teilweise auf Handlungen von Gerichten ausgedehnt wird.[906] Historisch gesehen stellen sich Abkommensverdrängungen als junge Erscheinungen dar.[907] In Deutschland ist die Diskussion über

---

898 *Musil,* Deutsches treaty overriding, 78 f.

899 *Debatin,* DB 1992, 2159 (2163); *Musil,* Deutsches treaty overriding, 79.

900 *Eckert,* RIW 1992, 386.

901 OECD, Report on Tax Treaty Overrides, Tax Notes International 1990, 25; *Lehner* in *Vogel/Lehner,* DBA Grundlagen, Rn. 194.

902 *Debatin,* DB 1992, 2159.

903 *Lehner* in *Vogel/Lehner,* DBA Grundlagen, Rn. 195.

904 Dann liegt ein sog. „verdeckter Treaty Override“ vor; *Musil,* IStR 2014, 192 (193); *Gebhardt,* Tax Treaty Overriding, 11 f.

905 *Wassermeyer* in *Wassermeyer,* OECD-MA Art 1, Rn. 12; *Lehner* in *Vogel/Lehner,* DBA Grundlagen, Rn. 200; *Musil,* IStR 2014, 192 (192 f.).

906 *Gebhardt,* Tax Treaty Overriding, 6.

907 *Gebhardt,* Tax Treaty Overriding, 9.

das Verhältnis von bilateralen Steuerverträgen und nationaler Gesetzgebung eng mit dem AStG verknüpft.[908]

Wenn § 2 Abs. 1 AO einen Vorrang des transformierten völkerrechtlichen Vertrags statuiert, fragt es sich, wie ein Treaty Override überhaupt zustande kommen kann.[909] Auch wenn es die ursprüngliche Intention des historischen Gesetzgebers war, mit der Norm eine Rangerhöhung der internationalen Verträge zum Ausdruck zu bringen, sodass sie nicht durch spätere innerstaatliche Gesetze geändert werden können,[910] so ist sie dennoch nicht geeignet, dieses Ziel herbei zu führen.[911] Dies hängt damit zusammen, dass die Abgabenordnung, wie die transformierten DBA und das AStG, einfaches Gesetzesrecht und demnach dem AStG gleichrangig ist.[912] Gem. Art. 59 Abs. 2 GG müssen völkerrechtliche Verträge durch den Bundestag in nationales Recht transformiert werden. Sie werden dadurch zu einfachen Bundesgesetzen. Einem DBA kommt danach als völkerrechtlicher Vertrag in der Normenhierarchie einfacher Gesetzesrang zu. Einfachgesetzliche Normen sind gem. Art. 20 Abs. 3 GG nicht geeignet, den Gesetzgeber zu verpflichten;[913] DBA können demgemäß grds. durch nachträgliche, ausdrücklich abweichende Bundesgesetze verdrängt werden.

2) *Vertragsimmanenter Missbrauchsvorbehalt*

Teilweise wird vertreten, dass den DBA eine Missbrauchsvermeidung immanent sei.[914] Argumentativ wird von einem konkludenten Missbrauchsvorbehalt ausgegangen, unter dem jedes DBA stehen soll.[915] Demnach könnte eine nationale, gegen steuerlichen Missbrauch gerichtete Norm sich nie in Widerspruch zu einem DBA setzen. Hierzu wird ausgeführt, es widerspreche Treu und Glauben, wenn der Vertragspartner des internationalen Vertrages die andere Partei in einer Situation festhalte, die missbräuchlich sei.[916]

Diese Ansicht vermag jedoch nicht zu überzeugen. Hiergegen spricht bereits, dass die Befürworter eines solchen vertragsinhärenten Missbrauchsbegriffs kein allgemeines Konzept liefern (können), wie ein allgemeingültiger Missbrauch zu

908 *Gebhardt,* Tax Treaty Overriding, 9; *Debatin,* DB 1992, 2159.

909 *Musil,* Deutsches treaty overriding, 43.

910 Finanzausschuss des Deutschen Bundestages, Drs 7/4292, S. 15.

911 *Wassermeyer* in *Wassermeyer,* OECD-MA Art 1, Rn. 8; *Rundshagen* in *Grotherr/Herfort/Strunk,* 508; *Musil,* Deutsches treaty overriding, 43; *Mitschke,* DStR 2011, 2221 (2226); für die Annahme eines Vorrangs der DBA-Regelung wohl *Hennemann-Ratschke* in *Wöhrle/Schelle/Gross,* AStG § 15, Rn. 51.

912 *Wassermeyer* in *Wassermeyer,* OECD-MA Art 1, Rn. 8.

913 *Wassermeyer* in *Wassermeyer,* OECD-MA Art 1, Rn. 8; *Haase,* Hinzurechnungsbesteuerung, 140; *Musil,* Deutsches treaty overriding, 44.

914 *Forsthoff,* IStR 2006, 509.

915 *Prokisch* in *Vogel/Lehner,* DBA Art. 1, Rn. 117; *Forsthoff,* IStR 2006, 509.

916 *Prokisch* in *Vogel/Lehner,* DBA Art. 1, Rn. 117.

definieren sei.[917] Dies verwundert nicht, da die internationale Minderbesteuerung – als Kehrseite der internationalen Doppelbesteuerung – wie diese auf nicht harmonisierten Steuersystemen der einzelnen Staaten beruht.[918] Ebenso wenig wie die Steuersysteme harmonisiert sind, findet sich eine einheitliche Vorstellung von Missbrauch zwischen den Staaten. Den vertragschließenden Parteien ist häufig das Recht des anderen Staates unbekannt.[919] Mangels eines einheitlichen Missbrauchsverständnisses besteht daher Anlass zur Sorge, dass der einzelne nationale Gesetzgeber in jeder für ihn nachteiligen Situation einen Missbrauch sieht. Damit wird jedoch ein Ziel der DBA konterkariert, die Entwicklung der wirtschaftlichen Zusammenarbeit zu fördern.[920] Außerdem lässt sich ohne einheitlichen Missbrauchsbegriff eine Vermeidung der Doppelbesteuerung nicht verhindern. Dies alles spricht gegen einen allgemeingültigen, in jedem DBA automatisch enthaltenen Missbrauchsvorbehalt. Somit kann nicht bereits aus einer den DBA innewohnenden Missbrauchsvermeidung ein Treaty Override ausgeschlossen werden.

3) § 15 Abs. 1 AStG enthält grds. keine rechtliche Doppelbesteuerung

Gegen einen Treaty Override durch § 20 Abs. 1 AStG könnte sprechen, dass DBA sich grds. nur mit der rechtlichen und nicht mit der wirtschaftlichen Doppelbesteuerung befassen. Die ausländische Stiftung wird in aller Regel mit der ausländischen Steuer des Ansässigkeitsstaates oder eines Drittstaates belastet werden. Sie ist jedoch vom Zurechnungssubjekt personenverschieden. Wenn die Einkünfte erneut beim inländischen Zurechnungssubjekt der Besteuerung unterworfen werden, liegt keine rechtliche Doppelbesteuerung im technischen Sinne, sondern vielmehr eine Doppelbelastung als wirtschaftliche Doppelbesteuerung vor, da dieselben Einkünfteteile zwar zweimal, jedoch bei unterschiedlichen Personen besteuert werden.[921]

Möglich ist eine rechtliche Doppelbesteuerung,[922] wenn die Einkünfte, die die Stiftung erzielt, auch gleichzeitig dem Bezugs- oder Anfallsberechtigten zugewandt werden. In diesem Fall kommt es grds. zu einer steuerlichen Dreifacherfassung in Form einer Kombination aus rechtlicher und wirtschaftlicher Doppelbesteuerung: Erzielt die ausländische Stiftung Einkommen, so unterliegt sie hiermit der ausländischen Besteuerung (1). Grundsätzlich wird die tatsächliche Zuwendung als Mehrung der Leistungsfähigkeit beim Bezugs- oder Anfallsberechtigten im Inland der Besteuerung unterworfen (2). Hinzu kommt noch die Zurechnung der Einkünfte

---

917 *Wassermeyer* in *Wassermeyer,* OECD-MA Art 1, Rn. 57.

918 *Burmester* in FS *Debatin,* 55.

919 *Ipsen,* Völkerrecht, § 11, Rn. 2.

920 Hierzu Präambel der „Verhandlungsgrundlage für Doppelbesteuerungsabkommen im Bereich der Steuern vom Einkommen und Vermögen" des BMF v. 17.04.2013, IV B 2 – S 1301/10/10022-32 DOK 2012/0214500; abgedruckt in IStR 2013, Beihefter zu Heft 10, S. 47.

921 Vgl. unter Kapitel 3: A) I) 2) Abgrenzung der Doppelbelastung.

922 Vgl. zu diesem Begriff unter Kapitel 3: A) I) 1) Begriff der Doppelbesteuerung.

iSd. § 15 Abs. 1 AStG, die zu einer Besteuerung im Inland führt (3). Die Besteuerung von (1) und (2) stellt den Fall der wirtschaftlichen Doppelbesteuerung dar. Eine weitere wirtschaftliche Doppelbesteuerung folgt aus den Steuerfällen (1) und (3). Hingegen führen die Fälle (2) und (3) grds. zu einer rechtlichen Doppelbesteuerung. Der Gesetzgeber nimmt jedoch gem. § 15 Abs. 11 AStG die Mehrung der Leistungsfähigkeit iSd. Falles (2) von der Besteuerung aus, soweit eine Besteuerung iSd. § 15 Abs. 1 AStG nachweislich aufgrund einer Zurechnung erfolgte.[923]

Es verbleibt, wie oben dargestellt, bei der wirtschaftlichen Doppelbesteuerung der Fälle (1) und (3).

Diese wirtschaftliche Doppelbesteuerung ist grds. nicht Gegenstand des OECD-MA.[924] Dies gilt jedoch nicht ohne Ausnahme. So führen bspw. subjektive Qualifikationskonflikte oder international nicht abgestimmte Gewinnabgrenzungen zu wirtschaftlichen Doppelbelastungen, welche gerade auch im Doppelbesteuerungsrecht diskutiert werden.[925] Somit spricht die wirtschaftliche Doppelbesteuerung nicht zwingend gegen einen Treaty Override.[926]

4) *Schaffung einer abkommenswidrigen Lage*

Eine Verdrängung des Abkommensrechts setzt zunächst einmal voraus, dass ein nicht mit dem Abkommen vereinbarer Besteuerungszustand hergestellt wird. Der vom Gesetzgeber in § 15 Abs. 1 AStG beabsichtigte Besteuerungssachverhalt – die Besteuerung im Inland – kann auch im Abkommensrecht vorgesehen sein. Insoweit muss im konkreten Fall untersucht werden, ob im Wege der §§ 15, 20 AStG eine nicht mit dem einschlägigen Doppelbesteuerungsabkommen konforme Rechtslage geschaffen wird.

Die vom DBA aufgestellte Schrankenwirkung entfaltet sich im Regelfall entweder gegenüber dem Wohnsitz- oder dem Quellenstaat.[927] Schließlich besteht auch die Möglichkeit, dass die Schrankenwirkung sich nur auf die Steuerhöhe bezieht, nicht aber auf die grds. Steuerberechtigung.[928]

Der BFH hat die steuerlichen Auswirkungen von Doppelbesteuerungsabkommen auf die Regelung des § 15 AStG vor Einführung des § 20 Abs. 1 AStG nicht

923 Vgl. hierzu unter Kapitel 2: I) Vermeidung der Doppelbesteuerung bei tatsächlicher Leistung (§ 15 Abs. 11 AStG).

924 *Protzen* in *Kraft*, AStG § 7, Rn. 152; einschränkend *Wassermeyer* in *Wassermeyer*, OECD-MA Vor Art 1, Rn. 1.

925 *Wassermeyer* in *Wassermeyer*, OECD-MA Vor Art 1, Rn. 3.

926 *Wassermeyer* in *Wassermeyer*, OECD-MA Vor Art 1, Rn. 1; anders wohl *Hennemann-Ratschke* in *Wöhrle/Schelle/Gross*, AStG § 15, Rn. 52, 54.

927 *Debatin*, Grundzüge der Abkommen zur Vermeidung der internationalen Doppelbesteuerung, 14.

928 *Debatin*, DStR 1992, Beihefter zu Heft 23, S. 1 (3).

entschieden.[929] Als problematisch erweist sich bereits die Frage, welche DBA überhaupt zur Anwendung gelangen sollen.

Abb. 15: Beispiel

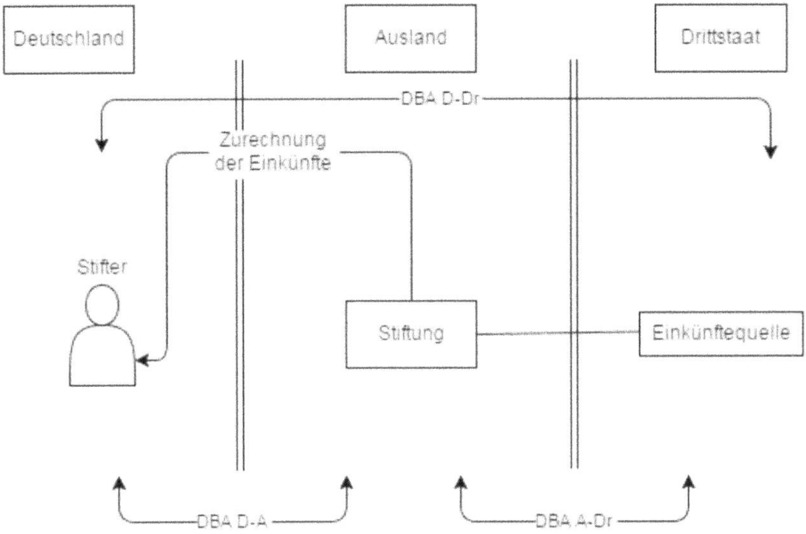

Ein unbeschränkt steuerpflichtiger Stifter aus Deutschland hat eine Familienstiftung iSd. § 15 AStG in dem ausländischen Staat A errichtet. Die Stiftung erzielt Einkünfte aus dem Drittstaat Dr. Zwischen allen Staaten besteht ein DBA, welches dem OECD-MA entspricht.

Wie aus dem Schaubild ersichtlich, wäre die Anwendung von drei unterschiedlichen DBA möglich. Es ist möglich, auf das DBA zwischen A und Dr abzustellen, da dies dem tatsächlichen wirtschaftlichen Sachverhalt entspricht. Nur in diesem Verhältnis wird wirtschaftlich ein Sachverhalt verwirklicht, der zu einer höheren Leistungsfähigkeit führt. Hiergegen spricht jedoch, dass § 15 Abs. 7 S. 1 AStG darauf abstellt, die Einkünfte der Stiftung entsprechend den Vorschriften des deutschen Steuerrechts zu ermitteln. Es wäre auch nicht praktikabel, wenn die deutsche Finanzverwaltung ausländische völkerrechtliche Verträge anwenden und ggf.

929 BFH, Urt. v. 02.02.1994 – I R 66/92, BFHE 173, 404 (409); vgl. hierzu jedoch nunmehr unter Kapitel 3: D) II) Treaty Override und Völkerrechtsfreundlichkeit.

auslegen sollte. Auf die Anwendung eines fremden DBA kann es daher nicht ankommen.[930]

Ebenso ist es möglich, das zwischen D und dem Quellenstaat Dr bestehende DBA anzuwenden. Ein DBA zwischen D und Dr könnte zur Anwendung kommen, da dies der Sachlage bei Negierung der Stiftung und der Annahme des unmittelbaren Bezugs der Einkünfte entspräche. Hiergegen spricht jedoch, dass die Stiftung aus deutscher Sicht nicht vollständig negiert wird. Dem entspricht bspw. auch die in § 15 Abs. 7 AStG enthaltene Regelung, die expressis verbis auf die Einkünfteermittlung der ausländischen Stiftung abstellt.

Damit verbleibt es bei einer Prüfung des DBA zwischen D und A.[931] Ein Verstoß gegen ein Abkommen kann jedoch nur dann vorliegen, wenn die entsprechenden Einkünfte auch tatsächlich im Widerspruch zum betroffenen Abkommen D A in Deutschland besteuert werden.[932] Hierzu sollen im Anschluss drei unterschiedliche Fallgruppen betrachtet werden.

5) Fallgruppen

§ 20 Abs. 1 AStG kann nur in den Fällen die Wirkung eines DBA verdrängen, in denen das DBA nur dem anderen Staat das Besteuerungsrecht hinsichtlich der Einkünfte zuweist. Die Einkünftequalifikation ist hierbei nach dem von der ausländischen Stiftung tatsächlich verwirklichten Steuertatbestand durchzuführen.[933] Eine von § 15 Abs. 8 AStG anderweitig vorgenommene Qualifizierung ist nicht geeignet, das Abkommensrecht zu determinieren.[934]

a) Besteuerungsrecht zwischen Sitzstaat und Deutschland wird Deutschland zugewiesen

Wird das Besteuerungsrecht für Einkünfte der ausländischen Stiftung entsprechend den Verteilungsartikeln des DBA (Artt. 6 ff. OECD-MA) auch oder nur Deutschland als Wohnsitzstaat des Stifters zugewiesen, so kann in Folge der §§ 20 Abs. 1, 15

930 *Wassermeyer* in *Flick/Wassermeyer/Baumhoff/Schönfeld*, AStG § 15, Rn. 228 Erg.-Lfg. 65.

931 BFH, Urt. v. 02.02.1994 – I R 66/92, BFHE 173, 404 (409); hierin wird auf das DBA mit dem Sitzstaat der Stiftung abgestellt.

932 BFH, Urt. v. 02.02.1994 – I R 66/92, BFHE 173, 404 (409).

933 *Wassermeyer* in *Wassermeyer*, OECD-MA Art 1, Rn. 76, Vor Art 6 – 22, Rn. 15. Nach der hier vertretenen Ansicht entspricht § 15 AStG keinem fingierten Bezug oder Anfall von Stiftungsleistungen in Höhe der Bezugs- bzw. Anfallsberechtigung. Es kommt vielmehr zu einem Auseinanderfallen von Tatbestandsverwirklichung durch die Stiftung und Zurechnung der Einkünfte beim Zurechnungsverpflichteten.

934 *Wassermeyer* in *Wassermeyer*, OECD-MA Art 1, Rn. 76.

Abs. 1 AStG kein Verstoß gegen ein DBA vorliegen.[935] Aus den Einkünfteartikeln ergibt sich, dass die Besteuerung in der Art und Weise des inländischen Steuerrechts vorzunehmen ist. Auch § 20 Abs. 1 AStG ordnet in diesem Fall nur an, was auch das DBA anordnet: Die Besteuerung soll sich nach deutschen Grundsätzen richten.

Dies ist etwa bei in Deutschland belegenen Grundstücken iSd. Art. 6 OECD-MA oder Betriebstätten iSd. Art. 7 Abs. 2 OECD-MA der ausländischen Stiftung der Fall, ein Doppelbesteuerungsausgleich hat im Ausland zu erfolgen (Art. 23A/23B OECD-MA).[936]

b) Besteuerungsrecht wird nur dem Sitzstaat der Stiftung zugewiesen

Anders fällt die Beurteilung jedoch dann aus, wenn das DBA nur dem ausländischen Sitzstaat der Stiftung als Quellenstaat das Besteuerungsrecht hinsichtlich der Einkünfte zuweist. Im Folgenden soll zunächst die Rechtslage ohne Beachtung des § 20 Abs. 1 AStG dargestellt werden. Demnach darf Deutschland nicht die Einkünfte besteuern. Dies gilt sowohl für den direkten Bezug inländischer Einkünfte durch die ausländische Stiftung als auch im Wege der inländischen Zurechnung iSd. § 15 Abs. 1 AStG.[937]

(1) Systematische Einordnung der Zurechnungsfolge des § 15 Abs. 1 AStG

Dabei ist fraglich, wie die Zurechnungsentscheidung des § 15 Abs. 1 AStG in systematischer Hinsicht zu würdigen ist. Hierbei sind drei grundlegend verschiedene Einordnungen denkbar.

(a) Fiktive Tatbestandsverwirklichung

Möglich wäre die Annahme einer Zuordnung der Stiftungseinkünfte zum Zurechnungsempfänger im Sinne einer fiktiven Tatbestandsverwirklichung durch den Zurechnungsempfänger selbst.

---

935 *Hennemann-Ratschke* in *Wöhrle/Schelle/Gross*, AStG § 15, Rn. 49; *Debatin*, Grundzüge der Abkommen zur Vermeidung der internationalen Doppelbesteuerung, 24.

936 *Wassermeyer* in *Flick/Wassermeyer/Baumhoff/Schönfeld,* AStG § 15, Rn. 230 Erg.-Lfg. 65.

937 *Wassermeyer* in *Flick/Wassermeyer/Baumhoff/Schönfeld,* AStG § 15, Rn. 231 Erg.-Lfg. 65.

Abb. 16: Beispiel

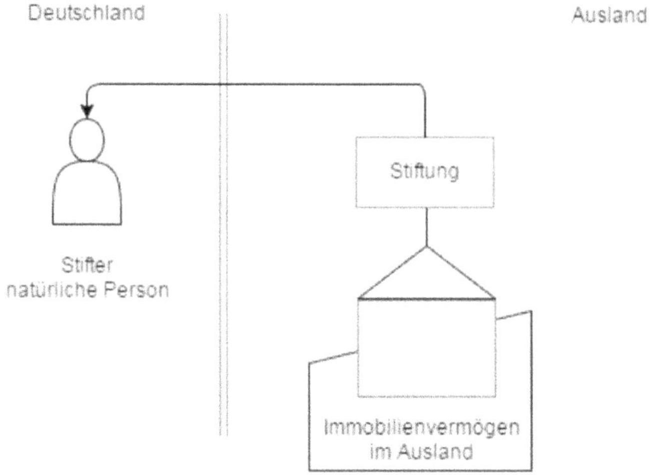

Eine ausländische Familienstiftung iSd. § 15 AStG besitzt im Sitzstaat Immobilienvermögen, welches dort fremdvermietet ist. Die Leitung der Stiftung übernimmt ein Stiftungsvorstand vom Ausland aus. Errichtet wurde die Stiftung vom Stifter S, der als alleiniger Bezugs- und Anfallsberechtigter in Deutschland unbeschränkt steuerpflichtig ist.

Die ausländische Stiftung ist mangels Sitz oder Geschäftsleitung in Deutschland nicht unbeschränkt und mangels inländischer Einkünfte auch nicht beschränkt steuerpflichtig in Deutschland. Daher können die von ihr erzielten Vermietungseinkünfte nicht in Deutschland besteuert werden. Der Stifter S ist in Deutschland auf Grund seines Wohnsitzes unbeschränkt einkommensteuerpflichtig. Er verwirklicht hinsichtlich des ausländischen Immobilienvermögens jedoch keinen Steuertatbestand, insbesondere erfüllt er nicht die Anforderungen des § 38 AO iVm. §§ 2 Abs. 1 Nr. 6, 21 Abs. 1 S. 1 Nr. 1 EStG.

Unterstellt man eine fiktive Einkünfteerwirtschaftung durch den Stifter selbst, so wäre nach dem DBA D-A der Stifter eine abkommensberechtigte Personen iSd. Artt. 1, 3 Abs. 1 lit. a), b) OECD-MA. Die Ausübung eines Besteuerungsrechts stünde allerdings auch Deutschland zu, wenn der Stifter selbst die ausländischen Vermietungseinkünfte erwirtschaften würde, vgl. Artt. 6 Abs. 1, 23 A/B OECD-MA, wonach der Belegenheitsstaat besteuern darf und der gleichermaßen steuerberechtigte Ansässigkeitsstaat die Einkünfte freistellen oder die ausländische Steuer anrechnen muss. Demnach würde eine in Deutschland angenommene fiktive Tatbestandsverwirklichung des Steuertatbestandes „Vermietung von unbeweglichem Vermögen" durch den Zurechnungsempfänger zwar nicht gegen die abkommensrechtliche Besteuerungsverteilung an beide Staaten (Art. 6 OECD-MA) verstoßen, jedoch dürften abkommenswidrige Besteuerungskonflikte aus einer fiktiven Tatbestandsverwirklichung die Folge sein (Personenidentität gem. Art. 1 OECD-MA und Doppelbesteuerungsausgleich gem. Art. 23A/B OECD-MA etc.). Gegen eine derartige Fiktion spricht auch § 15 Abs. 7 AStG.

(b) Fiktion einer Leistung zwischen Stiftung und Zurechnungssubjekt

Andererseits kann ein mit einer Fiktion arbeitender Steuertatbestand auch an eine fiktive Leistung zwischen der Stiftung und dem Stifter anknüpfen. Gegen eine solche Fiktion einer Leistung sprechen gleichermaßen mehrere Argumente. Zunächst einmal lässt sich der Wortlaut des § 15 Abs. 1 AStG gegen einen fiktiven Direktbezug bzw. -anfall wenden. § 15 Abs. 1 AStG spricht nicht davon, dass die ermittelten Einkünfte dem Anfallsberechtigten anfallen oder der Bezugsberechtigte diese bezieht. Vielmehr werden ihm dem Wortlaut nach Stiftungseinkünfte zugerechnet. Auch die weitere Systematik spricht gegen einen derartigen Anfall bzw. Bezug. Insbesondere § 15 Abs. 8 AStG mit seiner umfassenden Differenzierung hinsichtlich der Einkünftekategorien sowie der anwendbaren Steuerbefreiungsvorschriften wäre bei einem fiktiven Anfall bzw. Bezug nicht erforderlich. Aber auch die Vorschriften, die an die ausländische Stiftung selbst anknüpfen, sprechen gegen einen fiktiven Anfall bzw. Bezug. Hierbei sind insbesondere die Vorschriften des § 15 Abs. 7 S. 2, 3 AStG hervorzuheben. So spricht die Anordnung eines Verlustvortrags auf Stiftungsebene iSd. § 15 Abs. 7 S. 2 AStG gegen einen fiktiven Bezug bzw. Anfall beim Stifter bzw. Berechtigten, da hierfür an die Stiftung selbst angeknüpft wird.[938] Dies trifft auch auf § 15 Abs. 7 S. 3 AStG zu, der einen negativen Einkünftesaldo auf Stiftungsebene voraussetzt. Zudem sprechen systematische Überlegungen iSd. § 15 Abs. 7 S. 3 AStG gegen einen fiktiven Anfall oder Bezug. Der Anwendungsbereich der Vorschrift wäre in diesem Fall nicht klar, da ein negativer fiktiver Bezug oder Anfall im Gegensatz zu einer negativen Einkünftezurechnung schlecht vorstellbar ist. § 15 Abs. 7 S. 2, 3 AStG spricht selbst wieder von einer Zurechnung und nicht von einem Bezug oder Anfall, sodass hier wieder das Wortlautargument greift.

Die Annahme der Fiktion eines Anfalls oder eines Bezugs beim Zurechnungssubjekt würde zu keinem anderen Ergebnis führen. Hierzu lässt sich anmerken, dass das OECD-MA keine fiktiven Einkünfte kennt. So führt bspw. eine von § 15 Abs. 3 EStG angeordnete Gewerblichkeitsfiktion nicht dazu, dass Unternehmensgewinne iSd. § 7 OECD-MA vorliegen.[939] Daher müsste man selbst bei einem solchen Verständnis des § 15 AStG feststellen, dass der Gesetzgeber eine Lage geschaffen hätte, die den am OECD-MA orientierten DBA entgegensteht.

---

938 *Wassermeyer* in *Wassermeyer*, OECD-MA Art 1, Rn. 77 mit entsprechenden Ausführungen in Bezug auf §§ 7 ff. AStG.

939 *Wassermeyer* in *Wassermeyer*, OECD-MA Art 7, Rn. 41 ff.

(c) Tatbestandsverwirklichung auf Ebene der Stiftung

Im Rahmen der Hinzurechnungsbesteuerung gem. §§ 7 ff. AStG werden zwei grundlegende Einordnungen vertreten, welche die oben genannten möglichen Einordnungen miteinander kombinieren. Diese entsprechen der gesetzlichen Systematik sowohl der §§ 7 ff. AStG als auch des § 15 AStG besser, da diese Vorschriften intern Elemente sowohl der Transparenz als auch gleichzeitig des Trennungsprinzips verbinden. Dabei wird der Steuertatbestand nach beiden Ansichten von der ausländischen Körperschaft verwirklicht. Unterschiede liegen insbesondere in der Besteuerungseinordnung beim inländischen Zuordnungssubjekt.

(i) Repräsentationstheorie

Die Repräsentationstheorie sieht die Besteuerung beim Zurechnungssubjekt als eine Steuer eigener Art an.[940] Der Gesetzgeber greife nicht auf den Gewinn der ausländischen Gesellschaft zu; die Besteuerung betreffe ausschließlich das inländische Zurechnungssubjekt, wobei der Gewinn der Gesellschaft nicht identisch mit dem Zurechnungsbetrag sei.[941] Die Besteuerung des Zurechnungssubjekts sei dadurch gerechtfertigt, dass derjenige, der die Zwischenschaltung einer ausländischen Gesellschaft wähle, hierdurch seine Leistungsfähigkeit ausdrücke.[942]

(ii) Zwei-Stufen-Theorie

Die Zwei-Stufen-Theorie spaltet die Besteuerung ähnlich wie bei einer Mitunternehmerschaft in zwei unterschiedliche Stufen auf.[943] Ähnlichkeiten dieser Betrachtung bestehen mit den Regelungen in § 45 AO sowie § 14 KStG.[944] Es liegt dabei keine Subjektidentität hinsichtlich der Verwirklichung des Steuertatbestandes und der steuerlichen Folgen vor. Im Sinne der Zwei-Stufen-Theorie sollen die Einkünfteermittlung und die Einkünftequalifikation auf unabhängigen Stufen vorgenommen werden. Auf der ersten Stufe soll die Einkünfteermittlung bei der ausländischen Gesellschaft erfolgen. So wie die Gesamtheit der Gesellschafter in der Verbundenheit der Gesellschaft den Steuertatbestand nach der Einheitstheorie[945] erfüllt, soll auch

---

940 *Debatin,* DStZ/A 1971, 385 (399); *Menck,* DStZ/A 1978, 106 (107 ff.).

941 *Debatin,* DStZ/A 1971, 385 (399); *Menck,* DStZ/A 1978, 106 (107 ff.); in diesem Sinne wohl auch *Hennemann-Ratschke* in *Wöhrle/Schelle/Gross,* AStG § 15, Rn. 52.

942 *Vogt* in *Blümich,* AStG Vor §§ 7 – 14, Rn. 34; Selling, DB 1988, 930 (933).

943 *Wassermeyer* in *Flick/Wassermeyer/Baumhoff/Schönfeld,* AStG Vor §§ 7 – 14, Rn. 55 vgl. Kapitel 2: B) I) 1) d) (2) Transparente Behandlung von Personengesellschaften.

944 Vgl. hierzu unter Kapitel 2: B) I) 1) c) Gesamtrechtsnachfolge, § 45 AO sowie Kapitel 2: B) I) 1) d) (1) Organschaft.

945 Vgl. hierzu unter Kapitel 2: B) I) 1) d) (2) Transparente Behandlung von Personengesellschaften.

die ausländische Gesellschaft den Steuertatbestand verwirklichen. Die so ermittelten Zwischeneinkünfte werden sodann auf der zweiten Stufe dem Zurechnungssubjekt zugerechnet, wobei auch eine Umqualifizierung der Einkünfte erfolgt.[946] „Was" die Hinzurechnungsbesteuerung der Besteuerung unterwirft, erklärt diese Theorie demnach mithilfe der Ausschüttungstheorie, das „Wie" unter Bezugnahme auf die Zurechnungstheorie.[947]

(2) Stellungnahme

Das System der zweistufigen Gewinnermittlung ist im Rahmen einer Tatbestandsverwirklichung auf Stiftungsebene gut geeignet, die vom Gesetzgeber iSd. § 15 AStG vorgenommenen Differenzierungen zu erklären. Auf der Ebene der Einkünfteerzielung wird auf die Stiftung abgestellt. Die Zurechnung und damit die inländische Steuerpflicht knüpfen hingegen beim inländischen Zurechnungssubjekt analog der 2. Stufe der Gewinnermittlung auf Ebene der Gesellschafter an. Diese Sichtweise deckt sich zudem mit dem vom FA vorgenommenen Verfahren zur Feststellung von Besteuerungsgrundlagen: Gem. § 18 Abs. 4, 1 S. 1, 2 AStG erfolgt eine einheitliche und gesonderte Feststellung der Besteuerungsgrundlagen.[948] Letztlich ist eine Einordnung in ein bestehendes Zuordnungssystem – zumindest im nationalen Steuerrecht – von keiner allzu großen Bedeutung. Gegen eine Zurechnung sui generis kann jedoch vorgebracht werden, dass diese vor allem im Internationalen Steuerrecht die Gefahr birgt, zu systemwidrigen Ergebnissen zu führen, da sie nicht geeignet ist, in die hergebrachten Kategorien zu passen. Daher zielt § 15 AStG in seiner Systematik nicht darauf ab, die Fiktion eines Anfalls oder eines Bezugs auszulösen.

Die Annahme einer Tatbestandsverwirklichung auf Ebene der ausländischen Stiftung mit ausländischer Besteuerung und anschließender Zurechnung der Stiftungseinkünfte bei den inländischen Zurechnungsempfängern gem. § 15 Abs. 1 AStG vermeidet einen Abkommensbruch, da Zuordnungs- bzw. Zurechnungsfragen iSd. §§ 7 ff. AStG wie auch § 15 Abs. 1 AStG nicht Abkommensinhalt sind, sondern dem nationalen Steuerrecht vorbehalten bleiben.

---

946 *Wassermeyer* in *Flick/Wassermeyer/Baumhoff/Schönfeld,* AStG Vor §§ 7 – 14, Rn. 55.

947 *Wassermeyer* in *Flick/Wassermeyer/Baumhoff/Schönfeld,* AStG Vor §§ 7 – 14, Rn. 55.

948 *Menck,* DStZ/A, 1978, 106 (108).

c) *Aufteilung des Besteuerungsrechts zwischen inländischem Quellen- und ausländischem Sitzstaat der Stiftung*

Abb. 17: Beispiel

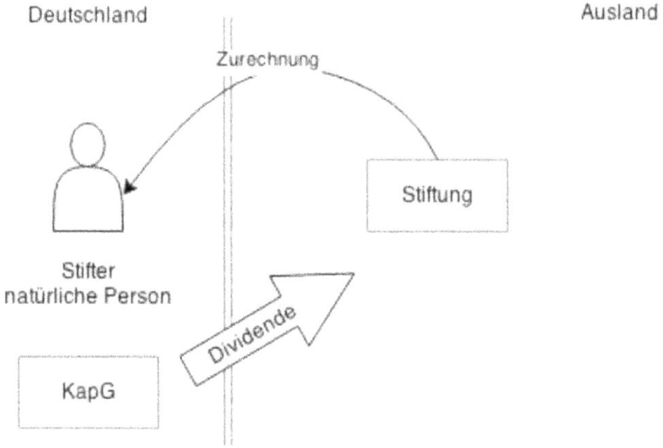

Eine ausländische Familienstiftung im Staat A ist an einer Aktiengesellschaft in Deutschland beteiligt, wo auch der unbeschränkt steuerpflichtige Stifter lebt. Die Aktiengesellschaft zahlt an die Familienstiftung eine Dividende.[949] Zwischen den Staaten D und A besteht ein dem OECD-MA entsprechendes DBA. Die Mutter-Tochter-Richtlinie[950] soll dabei nicht anwendbar sein.

Sowohl die inländische Kapitalgesellschaft als auch die ausländische Stiftung sind ansässige Personen iSd. Artt. 1, 3 Abs. 1 lit. a), b), 4 Abs. 1 OECD-MA. Es geht um die Besteuerung von Einkünften der ausländischen Stiftung aus einer inländischen Gewinnausschüttung, sodass sich gem. Art. 10 Abs. 3 OECD-MA die Zuordnungsentscheidung aus Art. 10 Abs. 1, 2 OECD-MA ergibt. Art. 10 Abs. 1 OECD-MA weist dem Ansässigkeitsstaat des ausländischen Dividendenempfängers das Besteuerungsrecht zu.

Art. 10 Abs. 2 OECD-MA belässt jedoch ein der Höhe nach beschränktes Besteuerungsrecht beim inländischen Sitzstaat der ausschüttenden Gesellschaft.

949 *Wassermeyer* in *Flick/Wassermeyer/Baumhoff/Schönfeld,* AStG § 15, Rn. 232 f. Erg.-Lfg. 65.

950 Richtline des Rates vom 23.07.1990 über das gemeinsame Steuersystem der Mutter- und Tochtergesellschaften verschiedener Mitgliedstaaten (90/435/EWG), ABl. 1990 L 225, 6; neu gefasst durch Richtline des Rates vom 30.11.2011 (2011/96/EU), ABl. 2011 L 345, 8.

Es ist sodann fraglich, wer als Dividendenempfänger anzusehen ist. Dies könnte zum einen die ausländische Stiftung, zum anderen in der Form der Zurechnung das inländische Zurechnungssubjekt Stifter sein.

Jedoch besitzen die Doppelbesteuerungsabkommen eine eigenständige und vorrangig anzuwendende Terminologie.[951] Hier geht es um den Personenbegriff iSd. Art. 3 OECD-MA. Wenn in Deutschland als Zurechnungssubjekt z.B. der Stifter vorhanden ist, so ist dieser als Person iSd. Art. 3 Abs. 1 lit. a) OECD-MA anzusehen. Wenn die Stiftung ihren Sitz im Staat A hat, so ist sie gem. Art. 3 Abs. 1 lit. b) OECD-MA als Gesellschaft ebenfalls als eigenständige Person iSd. Art. 3 Abs. 1 lit. a) OECD-MA anzusehen. In abkommensrechtlicher Hinsicht bestehen daher zwei Personen. Eine transparente Besteuerung wird somit vom Abkommen ausgeschlossen.[952] Die ausländische Stiftung hat deshalb gem. Art. 10 Abs. 2 AStG eine beschränkte inländische Quellensteuer zu entrichten und kann diese gem. Art. 23A Abs. 2 bzw. 23B OECD-MA auf ihre ausländische Steuer anrechnen. Der inländische Stifter ist mangels eigener grenzüberschreitender Einkünfte nicht abkommensberechtigt. Ein Abkommenskonflikt ergibt sich aus der Zurechnung gem. § 15 Abs. 1 AStG nicht.

d) Ergebnis

Wird das Besteuerungsrecht wenigstens teilweise dem ausländischen Sitzstaat der Stiftung zugewiesen, so ist ein Treaty Override denkbar. Seit der Einführung des § 20 Abs. 1 AStG erklärt dieser die Zurechnung iSd. § 15 AStG auch entgegen einem bestehenden DBA für anwendbar. Angesichts der Trennung von einkünfteerzielender Stiftung und erst im Anschluss zurechnungspflichtigen Berechtigten tritt der Abkommensfall für die Stiftung und nicht für die Berechtigten ein, für die Abkommensschutz gem. Artt. 1, 6 ff. OECD-MA mangels eigener Einkünfteerwirtschaftung nicht besteht. Ein Abkommensbruch lässt sich demgemäß steuersystematisch kaum begründen.

IV) Rechtsfolge

Bei Zugrundelegung eines Abkommensbruches[953] würde sich die Frage stellen, welche Konsequenz aus einem Treaty Override resultieren und wer eine Verletzung geltend machen könnte.

---

951 *Debatin*, DStR 1992, Beihefter zu Heft 23, S. 1 (6).

952 *Wassermeyer* in *Flick/Wassermeyer/Baumhoff/Schönfeld,* AStG § 15, Rn. 233 Erg.-Lfg. 65; *Hennemann-Ratschke* in *Wöhrle/Schelle/Gross,* AStG § 15, Rn. 51.

953 *Wassermeyer* in *Flick/Wassermeyer/Baumhoff/Schönfeld,* AStG § 15, Rn. 234 Erg.-Lfg. 65.

1) WÜRV

Ein DBA ist ein völkerrechtlicher Vertrag zwischen zwei oder mehreren Staaten.[954] Regelungen über bi- oder multilaterale Verträge finden sich im Wiener Übereinkommen über das Recht der Verträge (WÜRV) vom 23.05.1969.[955]

Der Vertragsbruch eines Staates stellt einen Verstoß gegen den Rechtsgrundsatz „pacta sunt servanda" dar.[956] Dieser findet sowohl im Völkergewohnheitsrecht als auch in den Artt. 26, 27 des WÜRV seine Grundlage.

Neben der Möglichkeit eines Protests gegen den Vertragsbruch kann der Vertragspartner gem. Art. 60 WÜRV mit Vertragskündigung oder -suspendierung antworten, die jedoch grds. gem. Art. 44 WÜRV nur für den gesamten Vertrag erfolgen kann.[957] Hieraus lässt sich schon ableiten, dass ein einseitiger Verstoß gegen das Vertragswerk nicht in das Gefüge des Völkerrechts passt. Dies gilt umso mehr, als die deutschen DBA grds. auf unbegrenzte Zeit geschlossen werden.[958] Der Vertragsbruch als solcher ist abzulehnen.[959] Dies sagt allerdings noch nichts darüber aus, welche Folgen aus ihm zu ziehen sind.[960]

Die Staaten halten sich mit Reaktionen gegen Verdrängungen des Abkommensrechts sehr zurück.[961] Während Deutschland noch die von den USA erstmals begangene Praxis der Abkommensverdrängung kritisierte,[962] diese nun aber akzeptiert, äußerte sich die Schweiz bezüglich des deutschen AStG dahingehend, dass hierin kein Abkommensverstoß festzustellen sei.[963] Vorschläge für die weltweite Einführung von Hinzurechnungs- und Zurechnungsbesteuerungsvorschriften haben jüngst auch die OECD/G20-Staaten gemacht (Aktionspunkt 3 des „BEPS"-Aktionsplans der OECD 2013/2015)[964] deren innerstaatliche Umsetzungsmaßnahmen sollen 2016/2017 abgeschlossen sein. Die Hinzurechnungsbesteuerung und ebenso die Zurechnungsbesteuerung können mittlerweile als gefestigte Staatenpraxis betrachtet werden, wie auch die Vielzahl derartiger Vorschriften in den einzelnen DBA-Staaten (z.B. in Belgien, Deutschland, und den Niederlanden) und der Vorschlag einer entsprechenden EU-Richtlinie zur Bekämpfung von Steuervermeidungspraktiken[965] zeigt. Von einer Rechtsverletzung auf Staatenebene lässt sich demgemäß kaum mehr sprechen.

954 *Musil*, Deutsches treaty overriding, 37.
955 BGBl. II 1985, 926.
956 *Musil*, Deutsches treaty overriding, 37; *Jansen/Weidmann*, IStR 2010, 596 (597).
957 *Schwenke*, FR 2012, 443 (445).
958 *Lüdicke*, DBA-Politik, 13.
959 *Musil*, IStR 2014, 192; a.A. wohl *Hahn*, IStR 2011, 863.
960 *Musil*, Deutsches treaty overriding, 42.
961 *Debatin*, DB 1992, 2159; *Gebhardt*, Tax Treaty Overriding, 18.
962 *Debatin*, DB 1992, 2159 (2159, 2163).
963 *Debatin*, DB 1992, 2159 (2163).
964 OECD BEPS (2013) http://dx.doi.org/10.1787/9789264202719-en sowie zu OECD BEPS (2015) http://dx.doi.org/10.1787/9789264241152-en; insbesondere zu OECD BEPS (2013) Aktionspunkt 3: *Radmanesh*, IStR 2015, 895.
965 Pressemitteilung der EU-Kommission vom 28.01.2016 IP/16/159.

2) Innerstaatliches Steuersubjekt

Wie ausgeführt, sind die vertragsschließenden Staaten Adressaten des völkerrechtlichen Vertrages. Ein etwaiger Abkommensverstoß sowie mögliche Reaktionen hierauf spielen sich damit grds. auf der internationalen Ebene ab. Zumindest kommt einem Vertragsverstoß grds. keine unmittelbare innerstaatliche Wirkung zu.[966] Ein subjektives Recht des einzelnen Steuersubjekts, sich gegen einen Vertragsbruch direkt zu wehren, folgt jedenfalls nicht direkt aus dem Völkervertragsrecht.[967]

Im Verhältnis zum Steuersubjekt gilt nicht ein vertraglich vereinbartes, sondern ein staatlich gesetztes Recht.[968] Daher entfaltet § 20 Abs. 1 AStG für den Steuerpflichtigen die maßgebliche steuerliche Wirkung.[969] § 20 Abs. 1 AStG verdrängt daher die Wirkung eines DBA.[970]

3) Ergebnis

Eine unmittelbare Folge aus einer etwaigen Abkommensverdrängung ist weder für das einzelne Steuersubjekt noch für die Staaten ersichtlich. Mögliche grundgesetzliche Folgen werden im Kapitel 3: D) II) Treaty Override und Völkerrechtsfreundlichkeit angesprochen.

B) EU-Recht/EWR-Recht

Gem. Art. 26 AEUV sowie Art. 3 Abs. 3 EUV ist die Errichtung eines funktionierenden Binnenmarktes erklärtes Ziel der EU. Personen und Kapital sollen dort eingesetzt werden, wo Waren und Dienstleistungen wirtschaftlich am effizientesten entstehen können.[971] Die Zuteilung der knappen Güter zu den potenziellen Verwendern soll gem. Art. 120 AEUV in einem freien Markt erfolgen, ohne dass staatliche Handlungen zu Fehlallokationen führen. Dies soll durch die Grundfreiheiten ermöglicht werden.[972]

---

966 *Wassermeyer* in *Wassermeyer*, OECD-MA Art 1, Rn. 12.

967 *Haase*, Hinzurechnungsbesteuerung, 138; *Musil*, Deutsches treaty overriding, 40.

968 *Wassermeyer* in *Wassermeyer*, OECD-MA Art 1, Rn. 12.

969 *Wassermeyer* in *Wassermeyer*, OECD-MA Art 1, Rn. 12.

970 Vgl. hierzu auch unter Kapitel 3: A) III) 5) d) Ergebnis.

971 *Wojcik* in *von der Groeben/Schwarze/Hatje*, AEUV Vor Art. 63, Rn. 2; *Sedlaczek/Züger* in *Streinz*, AEUV Art. 63, Rn. 1; *Oppermann/Classen/Nettesheim*, 383.

972 *Weber-Grellet*, Europäisches Steuerrecht, 43 f.

I) Kapitalverkehrsfreiheit (Art. 63 Abs. 1 AEUV) und Niederlassungsfreiheit (Art. 49 AEUV)

1) Eröffnung des Schutzbereichs der Kapitalverkehrsfreiheit (Art. 63 Abs. 1 AEUV)

Gem. Art. 63 Abs. 1 AEUV haben die Mitgliedstaaten Maßnahmen zu unterlassen, die die Kapitalverkehrsfreiheit behindern können. Die Kapitalverkehrsfreiheit gilt gem. Art. 63 Abs. 1 AEUV nicht nur zwischen den Mitgliedstaaten, sondern entfaltet ihre Wirkung auch im Verhältnis zu Drittstaaten.[973]

a) Kapitalverkehr

Der Begriff des Kapitalverkehrs wird vom Unionsrecht nicht vorgegeben.[974] Der Anwendungsbereich der Kapitalverkehrsfreiheit erschließt sich neben dem Primärrecht auch durch das Sekundärrecht. Auf Seiten des Sekundärrechts sticht insbesondere die Kapitalverkehrsrichtlinie 88/361/EG vom 24.06.1988 hervor.[975] Die Kapitalverkehrsfreiheit ist dabei auf Investitionen oder Anlagen ausgerichtet.[976] Der Schutzbereich der Kapitalverkehrsfreiheit muss weit verstanden werden.[977] Eine reine Erfüllung einer Geldschuld betrifft jedoch nicht die Kapitalverkehrsfreiheit.[978] Es ist nicht erforderlich, dass aus der Investition eine (geldwerte) Gegenleistung erfolgt.[979]

Die Stiftungserrichtung ist in der Nomenklatur der Kapitalverkehrsrichtlinie 88/361/EG[980] als Kapitalverkehrsvorgang mit persönlichem Charakter ausdrücklich

---

973 *Bröhmer* in *Calliess/Ruffert,* AEUV Art. 63, Rn. 5 ff.; *Sedlaczek/Züger* in *Streinz,* AEUV Art. 63, Rn. 4; *Gosch/Schönfeld,* IStR 2015, 755 (756).

974 EuGH, Urt. v. 23.02.2006 – C-513/03 – van Hilten, Slg. 2006, I-1957, Rn. 39; *Sedlaczek/Züger* in *Streinz,* AEUV Art. 63, Rn. 18; *Oppermann/Classen/Nettesheim,* 496; *Hahn,* DStZ 2005, 469 (479).

975 EuGH, Urt. v. 14.12.1995 – C-163/94, C-165/94, C-250/94 – Sanz de Lera, Slg. 1995 I-4821, Rn. 34; EuGH, Urt. v. 16.06.2011 – C-10/10 – Kommission/Österreich, Slg. 2011 I-5389, Rn. 24; *Bröhmer* in *Calliess/Ruffert,* AEUV Art. 63, Rn. 8; *Sedlaczek/Züger* in *Streinz,* AEUV Art. 63, Rn. 18. Dabei kann das Sekundärrecht natürlich nicht das Primärrecht vorgeben.

976 *Bröhmer* in *Calliess/Ruffert,* AEUV Art. 63, Rn. 14; *Sedlaczek/Züger* in *Streinz,* AEUV Art. 63, Rn. 20; *Oppermann/Classen/Nettesheim,* 496.

977 *Sedlaczek/Züger* in *Streinz,* AEUV Art. 63, Rn. 20; *Oppermann/Classen/Nettesheim,* 495.

978 EuGH, Urt. v. 23.11.1978 – Rs. 7/78 – Thompson, Slg. 1978 I-2247, Rn. 27/28; *Bröhmer* in *Calliess/Ruffert,* AEUV Art. 63, Rn. 14 f.

979 *Sedlaczek/Züger* in *Streinz,* AEUV Art. 63, Rn. 20; *Hey,* IStR 2009, 181 (183).

980 EuGH, Urt. v. 14.12.1995 – C-163/94, C-165/94, C-250/94 – Sanz de Lera, Slg. 1995 I-4821, Rn. 34; EuGH, Urt. v. 16.06.2011 – C-10/10 – Kommission/Österreich, Slg. 2011 I-5389, Rn. 24; *Bröhmer* in *Calliess/Ruffert,* AEUV Art. 63, Rn. 8;

erwähnt.[981] Der EuGH hat sich dementsprechend auch schon mehrfach mit der Beschränkung der Kapitalverkehrsfreiheit in Bezug auf Stiftungen befasst.[982]

b) Grenzüberschreitendes Element

Unter Art. 63 Abs. 1 AEUV fallen keine rein inländischen Sachverhalte. Für das erforderliche Kriterium des grenzüberschreitenden Sachverhalts muss wenigstens ein Element des Sachverhalts in einem anderen Staat verwirklicht werden.[983] Im Rahmen des grenzüberschreitenden Elements ist es ausreichend, wenn dieses im weiteren Sinne angesprochen ist.[984] Es muss demnach kein Transfer über die Grenze stattfinden, sondern es genügt, wenn ein Auslandsbezug besteht, z.B. wenn an der Kapitalbewegung ein fremder Staatsangehöriger teilnimmt.[985] Auch ist es für die Eröffnung des Schutzbereichs der Kapitalverkehrsfreiheit ausreichend, dass das Kapital selbst – und nicht notwendigerweise die handelnden Personen – den grenzüberschreitenden Bezug aufweist bzw. aufweisen.[986]

c) Steuerklausel (Art. 65 Abs. 1 lit. a) AEUV)

Eine flüchtige Betrachtung des Art. 65 Abs. 1 lit. a) AEUV könnte zu der Annahme führen, dass die Mitgliedstaaten bei der Ausgestaltung ihres Steuerrechts auf die Kapitalverkehrsfreiheit keine Rücksicht zu nehmen bräuchten. Art. 65 Abs. 1 lit. a) AEUV darf jedoch nicht als Bereichsausnahme für das Steuerrecht verstanden werden.[987] Die Vorschrift ist missverständlich formuliert.[988] Der in ihr verwendete Ausdruck „Wohnort" ist als „Ansässigkeit" zu verstehen.[989] Die Vorschrift erlaubt, dass Mitgliedstaaten zwischen unbeschränkt und beschränkt Steuerpflichtigen anhand

---

Sedlaczek/Züger in *Streinz,* AEUV Art. 63, Rn. 18. Dabei kann das Sekundärrecht natürlich nicht das Primärrecht vorgeben.

981 *Kellersmann/Schnitger,* IStR 2005, 253 (255).

982 EuGH, Urt. v. 23.09.2003 – C-452/01 – Weissenberg Familienstiftung, Slg. 2003 I-9743; EuGH, Urt. v. 16.06.2011 – C-10/10 – Kommission/Österreich, Slg. 2011 I-5389, Rn. 24.

983 EuGH, Urt. v. 23.02.2006 – C-513/03 – van Hilten, Slg. 2006, I-1957, Rn. 25; EuGH, Urt. v. 17.01.2008 – C-256/06 – Jäger, Slg. 2008, I-123, Rn. 42; *Sedlaczek/Züger* in *Streinz,* AEUV Art. 63, Rn. 26.

984 *Sedlaczek/Züger* in *Streinz,* AEUV Art. 63, Rn. 26.

985 *Sedlaczek/Züger* in *Streinz,* AEUV Art. 63, Rn. 26; *Kellersmann/Schnitger,* IStR 2005, 253 (256, 259).

986 *Wojcik* in *von der Groeben/Schwarze/Hatje,* AEUV Art. 63, Rn. 10; *Hahn,* DStZ 2005, 469 (479); *Kellersmann/Schnitger,* IStR 2005, 253 (255).

987 *Ress/Ukrow* in *Grabitz/Hilf/Nettesheim,* AEUV Art. 65, Rn. 15; *Sedlaczek/Züger* in *Streinz,* AEUV Art. 65, Rn. 39.

988 *Bröhmer* in *Calliess/Ruffert,* AEUV Art. 65, Rn. 46.

989 *Ress/Ukrow* in *Grabitz/Hilf/Nettesheim,* AEUV Art. 65, Rn. 22; *Wojcik* in *von der Groeben/Schwarze/Hatje,* AEUV Art. 65, Rn. 7; *Sedlaczek/Züger* in *Streinz,* AEUV Art. 65, Rn. 39.

von objektiven Kriterien differenzieren.[990] Hingegen sind dem nationalen Gesetzgeber Maßnahmen verwehrt, die nicht hinsichtlich des Steuerpflichtigen, sondern hinsichtlich der Einkünftequelle differenzieren.[991] Der normative Mehrwert der Vorschrift ist als gering zu bewerten. Ihr kommt lediglich eine deklaratorische Wirkung zu: Wenn Ungleiches ungleich behandelt wird, kann keine Diskriminierung vorliegen.[992] Folglich wird teilweise auch die Streichung der Vorschrift gefordert.[993]

§ 15 AStG unterscheidet nicht zwischen beschränkt und unbeschränkt Steuerpflichtigen. Vielmehr setzt § 15 AStG eine unbeschränkte Steuerpflicht des Zurechnungssubjekts voraus.[994] Jedoch stellt der Gesetzgeber in § 15 AStG auf eine Differenzierung hinsichtlich der Einkünftequelle ab. Er unterscheidet danach, ob die Einkünfte in einer nationalen oder in einer fremden Stiftung anfallen. Dies ist, wie gezeigt, jedoch im Rahmen des Art. 65 Abs. 1 lit. a) AEUV eine unzulässige Differenzierung. Daher kann die Ausnahmevorschrift für Differenzierungen infolge unterschiedlicher Wohn- oder Kapitalanlagearten des Art. 65 Abs. 1 lit. a) AEUV keine Auswirkung auf § 15 AStG haben.

d) Einordnung

Die Errichtung einer Stiftung in einem anderen Mitgliedstaat ist, wie sich schon aus der Kapitalverkehrsrichtlinie ergibt, als Kapitalverkehrsvorgang anzusehen. Damit ist hinsichtlich § 15 AStG der Anwendungsbereich der Kapitalverkehrsfreiheit eröffnet. Die Steuerklausel des Art. 65 Abs. 1 lit. a) AEUV steht dem nicht entgegen. Es könnte jedoch eine Verdrängung der Kapitalverkehrsfreiheit durch die Niederlassungsfreiheit erfolgen.

2) Eröffnung des Schutzbereichs der Niederlassungsfreiheit (Art. 49 AEUV)

a) Niederlassung

Voraussetzung für einen Eingriff in die Niederlassungsfreiheit ist zunächst, dass die in Frage kommende Stiftung eine Niederlassung iSd. Art. 49 AEUV darstellt. Der Anwendungsbereich der Niederlassungsfreiheit ist weit gefasst.[995] Dabei wird als Niederlassung jede feste Einrichtung angesehen, die dauerhaft an der Volkswirtschaft

---

990 *Ress/Ukrow* in *Grabitz/Hilf/Nettesheim,* AEUV Art. 65, Rn. 20; *Sedlaczek/Züger* in *Streinz,* AEUV Art. 65, Rn. 40.

991 *Wojcik* in *von der Groeben/Schwarze/Hatje,* AEUV Art. 65, Rn. 7.

992 *Sedlaczek/Züger* in *Streinz,* AEUV Art. 65, Rn. 43.

993 *Sedlaczek/Züger* in *Streinz,* AEUV Art. 65, Rn. 44.

994 Vgl. unter Kapitel 2: B) III) 1) Stiftereigenschaft.

995 EuGH, Urt. v. 14.11.2006 – C-386/04 – Stauffer, Slg. 2006 I-8203, Rn. 18; EuGH, Urt. v. 30.11.1995 – C-55/94 – Gebhard, Slg. 1995 I-4165, Rn. 25; *Bröhmer* in *Calliess/Ruffert,* AEUV Art. 49, Rn. 9; *Hey,* IStR 2009, 181 (183).

eines anderen Mitgliedstaates teilnimmt.[996] Auch juristische Personen können sich auf die Niederlassungsfreiheit berufen.[997] Eine Stiftung verfolgt zwar kein Gewinnstreben im Sinne einer selbstbezogenen Profitmaximierung. Die Niederlassungsfreiheit setzt allerdings auch keine Absicht zur Gewinnmaximierung voraus.[998] Zur Erfüllung des Stiftungszwecks muss die ausländische Stiftung jedoch ihr Vermögen vermehren, sodass eine Eingliederung in eine fremde Volkswirtschaft anzunehmen ist.[999] Erforderlich ist darüber hinaus eine substanzielle Struktur der Stiftung, die über eine reine Registrierung hinausgeht.[1000] Bei einer bloßen Registrierung im Ausland muss, wie ausgeführt, geprüft werden, ob nicht eine unbeschränkte Steuerpflicht in Deutschland vorliegt, die den Tatbestand des § 15 AStG ausschließt.[1001]

b) Dauerhafte wirtschaftliche Betätigung

Als weitere Voraussetzung muss neben der festen Niederlassung eine dauerhafte wirtschaftliche Betätigung gegeben sein. Aus dem Vorliegen des Einen folgt nicht zwingend das Vorliegen des Anderen.[1002] Eine stabile und nachhaltige Betätigung in einem anderen Mitgliedstaat erfüllt dieses Erfordernis.[1003] Zu diesem Punkt erfolgt im Wesentlichen die Abgrenzung zur Dienstleistungsfreiheit, die durch eine kürzere Anwesenheit im anderen Mitgliedstaat gekennzeichnet ist.[1004]

c) Grenzüberschreitendes Element

Auch hinsichtlich der Niederlassungsfreiheit muss ein grenzüberschreitendes Element vorliegen.[1005] Ein Inländer, der einen inländischen Sachverhalt verwirklicht,

---

996 EuGH, Urt. v. 30.11.1995 – C-55/94 – Gebhard, Slg. 1995 I-4165, Rn. 25; EuGH, Urt. v. 14.11.2006 – C-386/04 – Stauffer, Slg. 2006 I-8203, Rn. 18.

997 EuGH, Urt. v. 30.11.1995 – C-55/94 – Gebhard, Slg. 1995 I-4165, Rn. 23; *Bröhmer* in *Calliess/Ruffert,* AEUV Art. 49, Rn. 8; *Glöckner,* EuR 2000, 592.

998 Schlussanträge der Frau Generalanwältin *Stix-Hackl,* v. 15.12.2005 – C-386/04 – Stauffer, Slg. 2005 I-8206, Rn. 48; *Bröhmer* in *Calliess/Ruffert,* AEUV Art. 49, Rn. 10; *Müller-Graff* in *Streinz,* AEUV Art. 49, Rn. 13.

999 Schlussanträge der Frau Generalanwältin *Stix-Hackl,* v. 15.12.2005 – C-386/04 – Stauffer, Slg. 2005 I-8206, Rn. 48.

1000 EuGH, Urt. v. 25.07.1991 – C-221/89 – Factortame, Slg. 1991 I-3905, Rn. 25; Schlussanträge der Frau Generalanwältin *Stix-Hackl,* v. 15.12.2005 – C-386/04 – Stauffer, Slg. 2005 I-8206, Rn. 50; *Bröhmer* in *Calliess/Ruffert,* AEUV Art. 49, Rn. 12; *Müller-Graff* in *Streinz,* AEUV Art. 49, Rn. 18.

1001 Vgl. hierzu unter Kapitel 1: VII) 1) c) (1) (a) (i) Geschäftsleitung.

1002 *Bröhmer* in *Calliess/Ruffert,* AEUV Art. 49, Rn. 14.

1003 EuGH, Urt. v. 30.11.1995 – C-55/94 – Gebhard, Slg. 1995 I-4165, Rn. 25.

1004 EuGH, Urt. v. 30.11.1995 – C-55/94 – Gebhard, Slg. 1995 I-4165, Rn. 26; *Bröhmer* in *Calliess/Ruffert,* AEUV Art. 49, Rn. 3.

1005 EuGH, Urt. v. 30.11.1995 – Rs. 204/87 – Bekaert, Slg. 1988 I-2029, Rn. 10; *Bröhmer* in *Calliess/Ruffert,* AEUV Art. 49, Rn. 6.

kann sich demnach nicht auf das Unionsrecht berufen. Dies kann zu einer Inländerdiskriminierung führen, die nach dem EuGH jedoch hinzunehmen ist.[1006]

d) Einordnung

Als Körperschaft ist eine Stiftung ein geeignetes Niederlassungsubjekt. Jedoch sind die Anforderungen zu beachten, die in organisatorischer Hinsicht an die Stiftung iSd. § 15 Abs. 2 AStG zu richten sind. Darüber hinaus muss die dauerhafte wirtschaftliche Betätigung im Zuzugsstaat vorliegen. Insbesondere in der Tatbestandserweiterung des § 15 Abs. 3 AStG sind die inhaltlichen Anforderungen an den Schutzbereich der Niederlassungsfreiheit regelmäßig erfüllt.[1007]

3) Abgrenzung

Niederlassungsvorgänge gehen häufig mit Kapitalbewegungen einher.[1008] Auch im AEUV hat dieser Bezug seinen Niederschlag gefunden. So sprechen die Vorschriften über die Kapitalverkehrsfreiheit in den Artt. 64, 65 Abs. 2 AEUV die Niederlassungen bzw. das Niederlassungsrecht an, während die Artt. 49 Abs. 2, 50 Abs. 2 lit. e) sowie 55 AEUV innerhalb der Niederlassungsfreiheit einen Bezug zur Kapitalverkehrsfreiheit nehmen.[1009] Eine einheitliche Vorgehensweise, um insbesondere die Niederlassungsfreiheit von der Kapitalverkehrsfreiheit abzugrenzen, hat sich bisher nicht vollständig herausgebildet.[1010] Auch wenn in der Vergangenheit bereits als gesichert geglaubte Abgrenzungskriterien herausgearbeitet wurden, so sind diese – wenigstens zum Teil – in letzter Zeit in Frage gestellt worden.[1011] Eine umfassende Darstellung und Lösung der Abgrenzungsfrage soll in dieser Arbeit nicht abschließend beantwortet werden. Neben einer komprimierten Darstellung der entscheidenden Kriterien wird nur eine Einordnung für den § 15 AStG vorgenommen. Innerhalb der EU ist die Abgrenzung von begrenzter Bedeutung, da die Schutzwirkung der Grundfreiheiten vergleichbar ist.[1012] Konfliktpotenzial besteht vor allem im Hinblick

---

1006 *Bröhmer* in *Calliess/Ruffert,* AEUV Art. 49, Rn. 6; *Oppermann/Classen/Nettesheim,* 388.

1007 Insgesamt skeptisch jedoch *Hey,* IStR 2009, 181 (184).

1008 *Forsthoff* in *Grabitz/Hilf/Nettesheim,* AEUV Art. 49, Rn. 128; *Wojcik* in *von der Groeben/Schwarze/Hatje,* AEUV Art. 63, Rn. 64; *Bröhmer* in *Calliess/Ruffert,* AEUV Art. 63, Rn. 14.

1009 *Wojcik* in *von der Groeben/Schwarze/Hatje,* AEUV Art. 63, Rn. 60; *Sedlaczek/Züger* in *Streinz,* AEUV Art. 63, Rn. 32.

1010 *Wojcik* in *von der Groeben/Schwarze/Hatje,* AEUV Art. 63, Rn. 61; *Schwenke* in *Wassermeyer,* OECD-MA Vor Art 1, Rn. 98; *Kraft/Mengel,* IStR 2014, 309 (310).

1011 Hierzu *Hindelang,* IStR 2013, 77 (79); *Kraft/Mengel,* IStR 2014, 309 (310).

1012 *Wojcik* in *von der Groeben/Schwarze/Hatje,* AEUV Art. 63, Rn. 61; *Cordewener,* EU-Grundfreiheiten und nat. Steuerrecht, 103 ff.; *Fischer,* DStR 2006, 2281 (2282); *Watrin/Eberhardt,* BB 2014, 2967.

auf Drittstaaten, da nur die Kapitalverkehrsfreiheit aufgrund ihrer erga-omnes-Liberalisierung auch im Verhältnis zu Drittstaaten zur Anwendung gelangt.[1013]

a) Unvermeidliche Konsequenz führt zu Subsidiarität

Der EuGH geht grds. von einem exklusiven Verhältnis der Grundfreiheiten aus.[1014] So hat er in der Rs. Cadbury Schweppes keine eigenständige Prüfung der Kapitalverkehrsfreiheit vorgenommen, da er in der Beschränkung der Kapitalverkehrsfreiheit die „unvermeidliche Konsequenz" der Beschränkung der Niederlassungsfreiheit sah.[1015] Vergleichbar hierzu ist die Aussage des EuGH in der Rs. Fidium Finanz AG, dass die Kapitalverkehrsfreiheit hinter die Dienstleistungsfreiheit zurücktrete, wenn sie zwangsläufige Folge der Beschränkung der Dienstleistungsfreiheit sei.[1016] Die Kapitalverkehrsfreiheit tritt demnach grds. hinter die Niederlassungsfreiheit zurück.

b) Abgrenzungskriterien des EuGH

Der EuGH betrachtet bei der Abgrenzung der unterschiedlichen Verkehrsfreiheiten primär den Gegenstand der betreffenden nationalen Regelung.[1017]

Als naheliegendes Abgrenzungskriterium zwischen den Grundfreiheiten bietet sich die Beteiligungshöhe an.

(1) Sicherer Einfluss auf die Gesellschaft

Der EuGH hat in der Rs. Beker festgehalten, dass eine nationale Regelung, die auf Beteiligungen Anwendung findet und die es ermöglicht, einen „sicheren Einfluss auf die Entscheidungen einer Gesellschaft auszuüben und deren Tätigkeiten zu bestimmen", in den Anwendungsbereich der Niederlassungsfreiheit falle und insoweit die Kapitalverkehrsfreiheit verdrängt werde.[1018] Dies folgt aus Art. 49 AEUV, der auf die Gründung und Leitung Bezug nimmt.[1019]

1013 *Sedlaczek/Züger* in *Streinz,* AEUV Art. 63, Rn. 4; *Wojcik* in *von der Groeben/Schwarze/Hatje,* AEUV Art. 63, Rn. 61, 66; *Hey,* IStR 2009, 181 (186); *Gosch/Schönfeld,* IStR 2015, 755 (756); *Watrin/Eberhardt,* BB 2014, 2967.

1014 EuGH, Urt. v. 12.09.2006 – C-196/04 – Cadbury Schweppes, Slg. 2006 I-7995, Rn. 33; *Sedlaczek/Züger* in *Streinz,* AEUV Art. 63, Rn. 33.

1015 EuGH, Urt. v. 12.09.2006 – C-196/04 – Cadbury Schweppes, Slg. 2006 I-7995, Rn. 33.

1016 EuGH, Urt. v. 03.10.2006 – C-452/04 – Fidium Finanz, Slg. 2006 I-9521, Rn. 49.

1017 EuGH, Urt. v. 28.02.2013 – C-168/11 – Beker, IStR 2013, 275, Rn. 24; EuGH, Urt. v. 13.11.2012 – C-35/11 – Test Claimants in the FII Group Litigation 2, IStR 2012, 924, Rn. 24; *Sedlaczek/Züger* in *Streinz,* AEUV Art. 63, Rn. 33.

1018 EuGH, Urt. v. 28.02.2013 – C-168/11 – Beker, IStR 2013, 275, Rn. 25; so auch EuGH, Urt. v. 12.09.2006 – C-196/04 – Cadbury Schweppes, Slg. 2006 I-7995, Rn. 31 ff.

1019 *Sedlaczek/Züger* in *Streinz,* AEUV Art. 63, Rn. 34.

(2) Ausschließliche Absicht der Geldanlage ohne Verwaltungs- und Kontrolleinfluss

In der Rs. Beker hat der EuGH ebenso festgehalten, dass eine nationale Vorschrift, die nur Beteiligungen erfasst, die in der ausschließlichen Absicht der Geldanlage ohne einen Einfluss auf die Verwaltung oder Kontrolle der Gesellschaft erworben bzw. gehalten werden, nur in Hinblick auf die Kapitalverkehrsfreiheit zu überprüfen sei.[1020]

(3) Eingruppierungen

Aus den dargestellten Abgrenzungskriterien lässt sich eine Einteilung in drei Gruppen vornehmen.

(a) Kontrollbeteiligung

Möglich ist zum einen, dass die in Frage stehende Regelung ausdrücklich daran anknüpft, dass eine Beteiligung gegeben ist, die einen sicheren Einfluss auf die Körperschaft vermittelt (Kontrollbeteiligung).[1021] Verlangt eine nationale Norm für ihre Anwendbarkeit das Vorliegen eines sicheren Einflusses auf die Entscheidungen einer Gesellschaft und die Möglichkeit, deren Tätigkeit zu bestimmen, so ist nur die Niederlassungsfreiheit anzuwenden.[1022] Die Kapitalverkehrsfreiheit wird in diesen Fällen von der Niederlassungsfreiheit verdrängt.

(b) Portfoliobeteiligung

Zum anderen ist auch denkbar, dass die Regelung ausdrücklich daran anknüpft, dass nur eine Beteiligung vorliegt, die keinen sicheren Einfluss auf die Gesellschaft gewährt (Portfoliobeteiligung).[1023] In diesen Fällen findet die Prüfung der Niederlassungsfreiheit nicht statt, sodass dieser auch keine verdrängende Wirkung gegenüber der Kapitalverkehrsfreiheit zukommt.[1024]

(c) Beteiligungsneutralität

Schließlich gibt es Regelungen, die unabhängig von einer Beteiligungshöhe ausgestaltet sind (beteiligungsneutrale Normen).[1025] Diese Vorschriften differenzieren

---

1020 EuGH, Urt. v. 28.02.2013 – C-168/11 – Beker, IStR 2013, 275, Rn. 26.

1021 *Sedlaczek/Züger* in *Streinz,* AEUV Art. 63, Rn. 34; *Mitschke*, IStR 2014, 37.

1022 *Wojcik* in *von der Groeben/Schwarze/Hatje*, AEUV Art. 63, Rn. 65; *Bröhmer* in *Calliess/Ruffert,* AEUV Art. 63, Rn. 29; *Watrin/Eberhardt*, BB 2014, 2967.

1023 *Wojcik* in *von der Groeben/Schwarze/Hatje*, AEUV Art. 63, Rn. 64; *Sedlaczek/Züger* in *Streinz,* AEUV Art. 63, Rn. 34.

1024 *Sedlaczek/Züger* in *Streinz,* AEUV Art. 63, Rn. 34; *Wojcik* in *von der Groeben/Schwarze/Hatje*, AEUV Art. 63, Rn. 65; *Mitschke*, IStR 2014, 37.

1025 *Sedlaczek/Züger* in *Streinz,* AEUV Art. 63, Rn. 35; *Wojcik* in *von der Groeben/Schwarze/Hatje*, AEUV Art. 63, Rn. 65; *Watrin/Eberhardt*, BB 2014, 2967.

nicht danach, ob eine Kontrollbeteiligung oder eine Portfoliobeteiligung gegeben ist. Sie wirken daher unterschiedslos und schließen somit sowohl Kontrollbeteiligungen als auch Portfoliobeteiligungen mit ein.

Die Finanzverwaltung differenzierte hinsichtlich der Anwendbarkeit der Verkehrsfreiheiten nach der Höhe der konkreten Beteiligung des Steuerpflichtigen. Liegt sie unter 10 %, so wird die Anwendung der Kapitalverkehrsfreiheit zugelassen; liegt sie darüber, nimmt die Finanzverwaltung deren Verdrängung durch die Niederlassungsfreiheit an.[1026] Dies gilt insbesondere in Drittstaatenfällen. Demgegenüber lehnen sowohl der BFH[1027] als auch der EuGH[1028] in Fällen von beteiligungsneutralen Normen eine Verdrängung der Kapitalverkehrsfreiheit ab.

Auch hier findet keine Verdrängung der Kapitalverkehrsfreiheit durch die Niederlassungsfreiheit statt.

c) Mindestbeteiligungshöhe

Nicht hinreichend gesichert ist, ab wann eine Beteiligung einen „sicheren Einfluss" auf die Gesellschaft gewährt. Eine eindeutige Einordnung erscheint nur in Extremfällen möglich. So wird man einen sicheren Einfluss auf die Gesellschaft bei einer 100-Prozentbeteiligung annehmen und bei einer äußerst geringen Beteiligung ablehnen können. Für den großen Zwischenraum verbleibt zunächst Rechtsunsicherheit. Folglich wurden auch unterschiedliche Werte vertreten, ab denen ein sicherer Einfluss vorliegen soll. Hierbei wurde u.a. auf 25 Prozent[1029] oder 10 Prozent[1030] abgestellt. Der BFH hat im Verfahren I R 7/12 eine Mindestbeteiligungsquote von 10 Prozent als ausreichend erachtet, damit ein sicherer Einfluss auf die Gesellschaft angenommen werden kann.[1031] Begründet wird dies damit, dass ab dieser qualifizierten Mindestbeteiligungsquote aus dem Aktien- und Umwandlungsrecht sich besondere Rechte ergeben.[1032] Der BFH hat — zumindest bisher — bei einer Norm, die eine 10-Prozent-Beteiligung voraussetzt, eine Kontrollbeteiligung angenommen. Er ist dabei von einer acte-clair-Situation iSd. Rs. CILFIT[1033] im Unionsrecht ausgegangen und hat daher von einer Vorlage an den EuGH abgesehen.[1034] Der EuGH hat in den Rs. Itelcar und Kronos hingegen zumindest für Drittstaatensachverhalte festgehalten, dass auch bei einer 10-Prozent-Beteiligung die Kapitalverkehrsfreiheit

1026 *Mitschke*, IStR 2014, 37.
1027 BFH, Urt. v. 26.11.2008 – I R 7/08, BFHE 224, 50 (54).
1028 EuGH, Urt, v. 03.10.2013 – C-282/12 – Itelcar, IStR 2013, 871, Rn. 23.
1029 *Sedlaczek/Züger* in *Streinz*, AEUV Art. 63, Rn. 34.
1030 BFH, Urt. v. 29.08.2012 – I R 7/12, BFHE 239, 45 (50 ff.).
1031 BFH, Urt. v. 29.08.2012 – I R 7/12, BFHE 239, 45 (50 ff.).
1032 BFH, Urt. v. 29.08.2012 – I R 7/12, BFHE 239, 45 (51).
1033 EuGH, Urt, v. 06.10.1982 – Rs. 283/81 – C.I.L.F.I.T., Slg. 1982 I-3415, Rn. 14.
1034 BFH, Urt. v. 29.08.2012 – I R 7/12, BFHE 239, 45 (52).

weiterhin anwendbar bleibt.[1035] Da aus der Rs. Beker für unionsinterne Fälle möglicherweise ein gegenteiliges Ergebnis herausgelesen werden kann,[1036] lässt sich nicht mit Bestimmtheit sagen, ob aus einer 10-Prozent-Beteiligung allgemein ein sicherer Einfluss auf die Entscheidungen einer Gesellschaft und deren Tätigkeiten ableitbar erscheint.[1037]

d) Ergebnis

§ 15 AStG knüpft nicht an eine besondere Beteiligungsquote oder einen besonderen Einfluss auf die Stiftung an. Insbesondere folgt nicht aus der Voraussetzung eines Familienbezugs in § 15 Abs. 2 AStG zu mehr als der Hälfte ein solch sicherer Einfluss. Zum einen liegt dies daran, dass hierbei nicht an eine Beteiligung angeknüpft wird, sondern an eine Bezugs- oder Anfallsberechtigung.[1038] Eine Beteiligung an einer Stiftung kann bereits begrifflich nicht bestehen.[1039] Zum anderen ist § 15 Abs. 2 AStG nicht auf solche Fälle beschränkt, in denen die Zurechnungssubjekte ihren Einfluss gemeinsam ausüben. § 15 AStG ist demnach beteiligungsneutral ausgestaltet. Eine Verdrängung der Kapitalverkehrsfreiheit durch die Niederlassungsfreiheit kommt daher nicht in Betracht. Unabhängig davon, ob ein Sachverhalt unionsintern oder in Bezug auf Drittstaaten verwirklicht wird, erfährt demnach die Stiftungserrichtung den Schutz der Verkehrsfreiheiten. Unionsintern folgt aus der Konvergenz, dass eine Abgrenzung zwischen der Niederlassungs- und der Kapitalverkehrsfreiheit praktisch entbehrlich ist.[1040] Es ergibt sich auch in Drittstaatenfällen keine Verdrängung der Kapitalverkehrsfreiheit.[1041]

4) Diskriminierung

a) Liquidations- und Zinsnachteil

Der Gesetzgeber besteuert Einkünfte der ausländischen Stiftung im Zeitpunkt ihres Jahresabschlusses beim inländischen Zurechnungssubjekt.[1042] Folge davon ist, dass neben der ausländischen Besteuerung der Stiftung auch das Zurechnungssubjekt von einer inländischen Steuerpflicht getroffen wird, ohne dass es bei diesem zu einer Steigerung der Leistungsfähigkeit in Folge eines tatsächlichen Vermögenstransfers

---

1035 EuGH, Urt, v. 03.10.2013 – C-282/12 – Itelcar, IStR 2013, 871, Rn. 103; EuGH, Urt. v. 11.09.2014 – C-47/12 – Kronos, IStR 2014, 724, Rn. 35.

1036 EuGH, Urt. v. 28.02.2013 – C-168/11 – Beker, IStR 2013, 275, Rn. 29.

1037 *Kahlenberg*, SteuK 2014, 41; *Kraft/Hohage*, IStR 2014, 174; *Kraft/Mengel*, IStR 2014, 309 (310); *Mitschke*, IStR 2014, 37.

1038 Vgl. hierzu unter Kapitel 2: A) I) Familiennützigkeit (§ 15 Abs. 2 AStG).

1039 Vgl. unter Kapitel 1: VII) 1) c) (3) (a) Problemlage.

1040 Vgl. unter Kapitel 3: B) I) 3) Abgrenzung.

1041 EuGH, Urt. v. 13.11.2012 – C-35/11 – Test Claimants in the FII Group Litigation 2 – IStR 2012, 924, Rn. 24.

1042 Vgl. zur streitigen Bestimmung des Zeitpunkts unter Kapitel 2: B) I) 2) Zeitpunkt.

kommt. Bei einem vergleichbaren reinen Inlandssachverhalt würden die Einkünfte bis zu einer tatsächlichen Zuwendung nur bei der Stiftung der Besteuerung unterliegen. Eine zusätzliche Besteuerung beim Stifter oder den Bezugs- und Anfallsberechtigten im Zurechnungszeitpunkt ist nach Maßgabe des Trennungsprinzips bei einem reinen Inlandssachverhalt ausgeschlossen.[1043]

Insbesondere dann, wenn man mit der Finanzverwaltung und -gerichtsbarkeit auf die bloße Möglichkeit auf Mittelauskehr ohne Rechtsanspruch abstellt, ergibt sich eine deutliche Schlechterstellung, da eine spätere tatsächliche Auskehr unsicher bleibt.[1044] Doch auch, wenn man mit der vorzugswürdigen Gegenauffassung eine rechtliche oder jedenfalls eine tatsächliche Anwartschaft auf eine Mittelauskehr fordert,[1045] findet die Schlechterstellung bei den Zurechnungssubjekten in Form einer früheren Einkünftebesteuerung ohne Zugang liquider Mittel statt.[1046] Dies ist besonders belastend, da weder der Stifter noch die Bezugs- oder Anfallsberechtigten mangels Gesellschaftsrechten die Stiftung zu einer Mittelauskehr veranlassen können, um die entstehende Steuerlast zu begleichen. Der EuGH hat in den Rs. XY sowie De Baeck die Versagung eines Steueraufschubs als einen Eingriff in die Niederlassungsfreiheit sowie in die Kapitalverkehrsfreiheit qualifiziert.[1047]

b) Gewerbesteuer

Zudem könnte ein Auslandssachverhalt nach der Neufassung des § 15 AStG gewerbesteuerlich erheblich schlechter gestellt sein. Durch die Zurechnung der Einkünfte anstatt des Einkommens könnte eine zum Teil erheblich höhere Besteuerung eintreten, wenn die Einkünfte den gewerblichen Einkünften zugerechnet und in die Bemessungsgrundlage für die GewSt mit einbezogen werden.[1048] Der BFH hat im Wege einer Anwendung der gewerbesteuerlichen Kürzungsvorschrift eine Gewerbesteuerbelastung jedoch vermieden.[1049]

c) Erhöhte Mitwirkungspflichten

Darüber hinaus sieht § 15 AStG weitere Pflichten für den unbeschränkt steuerpflichtigen Stifter bzw. Bezugs- oder Anfallsberechtigten vor. Diese gehen über die erhöhten Mitwirkungspflichten iSd § 17 AStG bzw. § 90 Abs. 2 AO hinaus. § 15

1043 Vgl. unter Kapitel 1: VII) 1) c) (1) Laufende Besteuerung; zur Kritik an der Missachtung des Trennungsprinzips *Fischer*, DStR 2006, 2281 (2284).

1044 Vgl. hierzu unter Kapitel 2: B) III) 2) b) (3) Berechtigung.

1045 Vgl. unter Kapitel 2: B) III) 2) b) (3) (a) Literatur.

1046 *Hey*, IStR 2009, 181 (182 f.).

1047 EuGH, Urt. v. 21.11.2002 – C-436/00 – XY, Slg. 2002 I-10829, Rn. 23, 37 ff., 70; EuGH Beschluss v. 08.06.2004 – C-268/03 – De Baeck, Slg. 2004 I-5961, Rn. 20, 24; ebenso EuGH, Urt. v. 08.03.2001 – C-397/98, C-410/98 – Metallgesellschaft Ltd u. a., Slg. 2001 I-1727, Rn. 54, 76.

1048 Vgl. unter Kapitel 2: D) V) Auswirkung auf die Gewerbesteuer.

1049 Vgl. unter Kapitel 2: D) V) 2) e) (2) BFH.

Abs. 7 S. 1 AStG bestimmt, dass die Einkünfte der ausländischen Stiftung nach deutschem Steuerrecht ermittelt werden müssen. Die Zurechnungssubjekte trifft gem. § 18 Abs. 4 iVm. Abs. 3 S. 1 HS. 1 AStG die Pflicht zur Abgabe einer Steuererklärung. Nunmehr kann diese Verpflichtung zu einem besonders großen Aufwand führen, da über § 15 Abs. 9, 10 AStG auch die Ergebnisermittlungspflicht für die anderen ausländischen Stiftungen sowie die Zwischengesellschaften hinzutritt.[1050] Diese Pflicht besteht gem. § 18 Abs. 4, 3 S. 1 Hs. 2 AStG nach der hier vertretenen Ansicht selbst dann, wenn die Escape-Klausel des § 15 Abs. 6 AStG zur Anwendung gelangt und europarechtlich die Nichtanwendung des § 15 Abs. 1 AStG geboten ist.[1051] Der EuGH hat in der Rs. N die Abgabe einer Steuererklärung bereits ausreichen lassen, um eine Diskriminierung festzustellen, wenn Inländern eine solche Erklärungspflicht nicht auferlegt wird.[1052] Allgemein hat der EuGH in der Rs. Safir die Einführung von verfahrensrechtlichen Hemmnissen für ausländische Marktteilnehmer als diskriminierend angesehen.[1053]

d) Ergebnis

In § 15 AStG sind mehrere Aspekte enthalten, die einen Sachverhalt mit einem inländischen Stifter bzw. Bezugs- oder Anfallsberechtigten und einer ausländischen Stiftung gegenüber einem reinen Inlandsfall diskriminieren. Aus alledem ist zu folgern, dass § 15 AStG geeignet ist, Gebietsansässige von Stiftungserrichtungen im anderen Mitgliedstaat abzuhalten. Damit bewirkt § 15 Abs. 1 AStG sowohl eine Beschränkung des freien Kapitalverkehrs als auch der Niederlassungsfreiheit.

5) Gegenbeweis (§ 15 Abs. 6 AStG)

Wie gezeigt, hat der Gesetzgeber mit § 15 Abs. 6 AStG eine Regelung eingeführt, um einer Europarechtswidrigkeit zuvorzukommen.[1054] Die Regelung sieht vor, dass die Anwendung des § 15 Abs. 1 AStG für EU-/EWR-Stiftungen unter bestimmten Voraussetzungen unterbleibt. § 15 AStG wurde demnach nicht der Besteuerung inländischer Stiftungen angepasst,[1055] sondern es wird für EU-/EWR-Sachverhalte ein Ausnahmebereich für die Anwendung des § 15 Abs. 1 AStG geschaffen.[1056]

1050 Vgl. unter Kapitel 2: E) III) Erklärungspflicht (§ 18 Abs. 3 AStG).

1051 Vgl. unter Kapitel 2: E) III) Erklärungspflicht (§ 18 Abs. 3 AStG).

1052 EuGH, Urt. v. 07.09.2006 – C-470/04 – N, Slg. 2006 I-7409, Rn. 38.

1053 EuGH, Urt. v. 28.04.1998 – C-118/96 – Safir, Slg. 1998 I-1897, Rn. 26, 28; so auch *Rundshagen* in *Strunk/Kaminski/Köhler*, AStG § 15, Rn. 30.

1054 Regierungsentwurf zum JStG 2009, BT-Drs 16/10189, S. 78; vgl. unter Kapitel 2: J) I) Ausgangslage vor dem JStG 2009.

1055 So ausdrücklich der Regierungsentwurf zum JStG 2009, BT-Drs 16/10189, S. 78; vgl. auch unter Kapitel 1: VII) 1) Steuerrechtliche Grundlagen.

1056 BT-Drs 16/10189, S. 78; *Schönfeld* in *Flick/Wassermeyer/Baumhoff/Schönfeld*, AStG § 15, Rn. 163.

Hierzu wendet der Gesetzgeber eine Technik an, deren er sich auch in anderen Vorschriften bedient, und die auch von anderen europäischen Gesetzgebern so gehandhabt wird:[1057] Vom europarechtswidrigen Grundsatz der Zurechnungsbesteuerung gem. § 15 Abs. 1 AStG erfolgt eine Ausnahme für EU-/EWR-Sachverhalte, wenn die Steuerpflichtigen den Nachweis führen, dass die Errichtung der ausländischen Familienstiftung keine rein künstliche Gestaltung zum Zwecke der Steuerumgehung war und zwischenstaatliche Informationsaustauschvereinbarungen eine Kontrolle gewährleisten.

a) Cadbury Schweppes

Beispielhaft soll hierzu die Rs. Cadbury Schweppes des EuGH[1058] untersucht werden. Die Entscheidung ist zu einer der Hinzurechnungsbesteuerung gem. §§ 7 ff. AStG entsprechenden englischen Regelung (CFC-Rules) ergangen.[1059] In dieser Vorschrift war die Möglichkeit enthalten, dass die Hinzurechnungsbesteuerung abgewendet werden kann, wenn der Steuerpflichtige in einem Motivtest nachweist, dass die Gründung der Auslandsniederlassung nicht aus steuerlichen Gründen erfolgte.[1060] Der EuGH hat die englische Hinzurechnungsbesteuerung als insgesamt nicht mit der Niederlassungsfreiheit vereinbar angesehen.[1061] Dabei stellte der EuGH fest, dass der Gesetzgeber sehr wohl rein künstliche Gestaltungen verhindern darf, falls er hierfür einen Motivtest implementiert. Im Nachgang des Urteils wurde der deutschen Hinzurechnungsbesteuerung § 8 Abs. 2 AStG hinzugefügt. Demnach wird die Anwendung der Hinzurechnungsbesteuerung ausgeschlossen, wenn eine tatsächliche wirtschaftliche Tätigkeit der EU-/EWR-Gesellschaft in diesem EU-/EWR-Staat nachgewiesen (§ 8 Abs. 2 S. 1 AStG) und zusätzliche Auskünfte aufgrund einer zumindest § 2 Absatz 2 EU-Amtshilfegesetzes entsprechenden Vereinbarung von dem EU-/EWR-Staat erteilt werden, vgl. § 8 Abs. 2 S. 2 AStG.[1062] Diese Regelung war u.a. Vorbild für § 15 Abs. 6 AStG.[1063]

1057 So auch die gleich zu besprechende englische Hinzurechnungsbesteuerung (CFC-Rules); EuGH, Urt. v. 12.09.2006 – C-196/04 – Cadbury Schweppes, Slg. 2006 I-7995, Rn. 9 ff.

1058 EuGH, Urt. v. 12.09.2006 – C-196/04 – Cadbury Schweppes, Slg. 2006 I-7995.

1059 *Schönfeld* in *Flick/Wassermeyer/Baumhoff/Schönfeld,* AStG § 15, Rn. 176 Erg.-Lfg. 65; *Goebel/Palm,* IStR 2007, 720.

1060 EuGH, Urt. v. 12.09.2006 – C-196/04 – Cadbury Schweppes, Slg. 2006 I-7995, Rn. 9 ff.

1061 EuGH, Urt. v. 12.09.2006 – C-196/04 – Cadbury Schweppes, Slg. 2006 I-7995, Rn. 74, 75.

1062 *Vogt* in *Blümich,* AStG § 15, Rn. 151 ff.

1063 *Goebel/Palm,* IStR 2007, 720; *Hey,* IStR 2009, 181 (182).

(1) Allgemeine Vermutung einer Steuerumgehung

Der EuGH führt in der Rs. Cadbury Schweppes aus, dass die allgemeine Vermutung, die Gründung einer Niederlassung in einem anderen EU-Staat sei zur Steuervermeidung geschehen, nicht zur Rechtfertigung eines Eingriffs in die Niederlassungsfreiheit geeignet ist.[1064]

(2) Konkrete rein künstliche Gestaltung

Nach dem EuGH kann sich eine Rechtfertigung der Einschränkung von Grundfreiheiten jedoch aus Gründen der Missbrauchsabwehr ergeben, d.h. für Fälle, dass der Steuerpflichtige speziell zum Zwecke der Steuervermeidung eine rein künstliche Gestaltung wählt.[1065] Aus der Intention der Niederlassungsfreiheit, eine Teilhabe mittels einer festen und dauerhaften Einrichtung am Wirtschaftsleben des anderen EU-/EWR-Staates zu ermöglichen,[1066] schließt der EuGH, dass die Ausübung einer wirklichen wirtschaftlichen Tätigkeit nicht eingeschränkt werden dürfe.[1067]

Der EuGH kommt zu dem Schluss, der ausländischen Gesellschaft müsse im Einzelfall die Möglichkeit eingeräumt werden, Beweise für die tatsächliche Ansiedelung und die tatsächliche wirtschaftliche Tätigkeit in dem anderen EU-/EWR-Staat zu erbringen.[1068] Sie sei hierzu selbst am besten in der Lage.[1069]

b) Erfüllt der Gegenbeweis die Anforderungen des EuGH?

Es ist umstritten, ob der Gesetzgeber die Vorgaben des EuGH aus der Rs. Cadbury Schweppes so umgesetzt hat, dass aus § 15 Abs. 6 AStG eine Rechtfertigung der oben genannten Diskriminierung erfolgen kann.

(1) Standpunkt des Gesetzgebers

In der Begründung zum JStG 2009 legt der Gesetzgeber dar, dass nach seinem Dafürhalten Familienstiftungen in Staaten errichtet werden, in denen sie „praktisch überhaupt nicht oder äußerst begünstigt besteuert werden".[1070] Damit korrelierend sei die Weigerung der ausländischen Staaten, Amtshilfe in Steuersachen zu leisten.[1071]

1064 EuGH, Urt. v. 12.09.2006 – C-196/04 – Cadbury Schweppes, Slg. 2006 I-7995, Rn. 50; ebenso EuGH, Urt. v. 11.03.2004 – C-9/02 – Lasteyrie du Saillant, Slg. 2004 I-2409, Rn. 51, 52.

1065 EuGH, Urt. v. 12.09.2006 – C-196/04 – Cadbury Schweppes, Slg. 2006 I-7995, Rn. 51, 55; ebenso *Cordewener*, EU-Grundfreiheiten und nat. Steuerrecht, 956 f.

1066 Vgl. hierzu unter Kapitel 3: B) I) 2) Eröffnung des Schutzbereichs der Niederlassungsfreiheit (Art. 49 AEUV).

1067 EuGH, Urt. v. 12.09.2006 – C-196/04 – Cadbury Schweppes, Slg. 2006 I-7995, Rn. 54.

1068 EuGH, Urt. v. 12.09.2006 – C-196/04 – Cadbury Schweppes, Slg. 2006 I-7995, Rn. 70.

1069 EuGH, Urt. v. 12.09.2006 – C-196/04 – Cadbury Schweppes, Slg. 2006 I-7995, Rn. 70.

1070 BT-Drs 16/10189, S. 78.

1071 BT-Drs 16/10189, S. 78.

Gleichzeitig führt der Gesetzgeber aus, dass für reine Inlandssachverhalte das Trennungsprinzip beachtet werde und daher die Einkünfte von inländischen Stiftungen keiner anderen Person zugerechnet würden.[1072] Insoweit ist sich der Gesetzgeber auch bewusst, dass für Familienstiftungen auch im Inland nicht unerhebliche Steuererleichterungen bestehen, auch wenn er dies durch die negative Formulierung versteckt: „[F]ür inländische Stiftungen gelten, soweit sie nicht gemeinnützig sind, bei der Besteuerung keine Besonderheiten."[1073] Da die Stiftung der Körperschaftsteuer unterliege, bedürfe es keiner Einkünftezurechnung bei einem Zurechnungssubjekt.[1074] Dabei verkennt der Gesetzgeber, dass auch bei ausländischen Stiftungen das Einkommen grds. der Körperschaftsteuer unterliegen wird. Der entscheidende – wenn auch nicht offen ausgesprochene – Punkt ist, dass ausländische Stiftungen der ausländischen und nicht der deutschen KSt-Pflicht unterfallen. Dennoch beugte sich der Gesetzgeber der europarechtlichen Kritik („Bedenken"[1075]) und führte für EU-/EWR-Sachverhalte eine Bereichsausnahme ein.

(2) Geschütztes Verhalten

Der EuGH forderte in der Rs. Cadbury Schweppes aus dem Blickwinkel der Niederlassungsfreiheit, dass der Beweis der tatsächlichen Teilhabe am Wirtschaftsleben des anderen EU-/EWR-Staates mittels einer Niederlassung zum Ausschluss der Hinzurechnungsbesteuerung führen müsse.[1076]

Der deutsche Gesetzgeber stellt im Rahmen der Familienstiftung nicht auf eine solche tatsächliche und feste Integration in den ausländischen Wirtschaftskreis, sondern auf die rechtliche und tatsächliche Trennung des Vermögens ab. Dies kann nicht direkt zu einer europäischen Grundfreiheit in Bezug gesetzt werden. Aus dem Schutzbereich der Niederlassungsfreiheit ergibt sich, dass dauerhafte und feste Einrichtungen mit Teilhabe am ausländischen Wirtschaftsgeschehen geschützt sind. Entgegen dem Sachverhalt, der dem EuGH-Urteil Cadbury Schweppes zugrundeliegt, ist der Anwendungsbereich des § 15 AStG jedoch nicht (nur) auf die Anwendung der Niederlassungsfreiheit beschränkt.[1077]

Der Nachweis einer tatsächlichen Niederlassung im Gemeinschaftsgebiet kann durchaus schwerer zu führen sein als der Nachweis der tatsächlichen und rechtlichen Vermögenstrennung. Der nationale Gesetzgeber hat die Hürde für die Führung des Gegenbeweises demnach niedriger als der EuGH ausgestaltet.[1078] Ob eine Stiftung im anderen EU-/EWR-Staat tatsächlich angesiedelt ist und einer tatsächlichen

1072 BT-Drs 16/10189, S. 78.
1073 BT-Drs 16/10189, S. 78.
1074 Regierungsentwurf zum JStG 2009, BT-Drs 16/10189, S. 78.
1075 Regierungsentwurf zum JStG 2009, BT-Drs 16/10189, S. 78.
1076 EuGH, Urt. v. 12.09.2006 – C-196/04 – Cadbury Schweppes, Slg. 2006 I-7995, Rn. 70.
1077 Vgl. unter Kapitel 3: B) I) 3) d) Ergebnis.
1078 *Schönfeld* in *Flick/Wassermeyer/Baumhoff/Schönfeld,* AStG § 15, Rn. 163.

wirtschaftlichen Tätigkeit nachgeht, ist eine Sachverhaltsfrage, die nicht pauschal für alle Familienstiftungen beantwortet werden kann.[1079]

Welche geschützten Freiheiten sich konkret aus der Kapitalverkehrsfreiheit ergeben, ist aufgrund der Fülle der in der Kapitalverkehrsrichtlinie geregelten Fälle schwer zu präzisieren. Allgemein wird man einen Vermögenstransfer mit einem Anlage- oder Investitionszweck fordern müssen.[1080] Jedenfalls ist die Stiftungserrichtung als Kapitalverkehrsvorgang mit persönlichem Charakter von der Niederlassungsfreiheit geschützt.[1081] Auch der Nachweis eines tatsächlichen Vermögenstransfers zum Zwecke der Anlage bzw. Investition ist schwerer zu führen als der Nachweis der tatsächlichen und rechtlichen Vermögenstrennung. Letzteres stellt nur eine Teilmenge des Schutzbereichs der Kapitalverkehrsfreiheit dar. Konkret beschränkt sich die Prüfung auf den Vermögenstransfer. Auch hier hat der Gesetzgeber die Anforderungen an die Überprüfung des europarechtlich geschützten Verhaltens niedriger gehalten, als es ihm eigentlich gestattet wäre.

(3) Keine Missbrauchstypisierung

Teilweise wird bereits negiert, dass § 15 Abs. 6 AStG eine Vorschrift gegen einen steuerlichen Missbrauch darstelle.[1082]

(a) Keine verwerflichen Gründe

So wird angeführt, dass die Vorschrift pauschal einen Sachverhalt schlechterstelle, der jedoch gar nicht anfällig für eine künstliche und missbräuchliche Gestaltung sei.[1083] Tatsächlich lassen sich viele vernünftige Gründe sowohl für die Wahl einer Stiftung als Rechtsträger als auch für die Wahl ihres Sitzes oder ihrer Geschäftsleitung im Ausland finden.[1084] Bereits an anderer Stelle ist aufgezeigt worden, dass der Tatbestand des § 15 Abs. 1 AStG überschießende Tendenz aufweist.[1085] So fällt es schwer, einem ausländischen Stifter zu unterstellen, dass er rechtsmissbräuchlich handelt, wenn er in Sorge um seine Familie in seinem Heimatland eine Stiftung zum Zwecke der Begünstigung seiner Angehörigen gründet und später nach Deutschland verzieht.[1086] Hierzu vergleichbar hat der EuGH in der Rs. Cadbury Schweppes entschieden, dass die bloße Inanspruchnahme der Niederlassungsfreiheit nicht einen Missbrauch darstelle.[1087]

1079 Vgl. hierzu unter Kapitel 3: B) I) 2) d) Einordnung.
1080 Vgl. hierzu unter Kapitel 3: B) I) 1) a) Kapitalverkehr.
1081 Vgl. hierzu unter Kapitel 3: B) I) 1) a) Kapitalverkehr.
1082 *Hey*, IStR 2009, 181 (184 f.).
1083 *Hey*, IStR 2009, 181 (184 f.); *Rehm/Nagler*, IStR 2008, 284 (286).
1084 Vgl. hierzu unter Kapitel 1: Motive der Stiftungserrichtung.
1085 Vgl. Kapitel 2: B) III) 2) c) Persönliche Merkmale der Zurechnungssubjekte.
1086 Vgl. hierzu auch das Beispiel unter Kapitel 2: B) III) 2) c) Persönliche Merkmale der Zurechnungssubjekte.
1087 *Bröhmer* in *Calliess/Ruffert*, AEUV Art. 49, Rn. 45.

(b) Kein Steuervorteil

Darüber hinaus wird der Vorschrift die Wirkrichtung gegen Steuerumgehungen aus dem Grund versagt, dass sie nicht danach ausgerichtet sei, ob die Errichtung der ausländischen Familienstiftung überhaupt zu einer niedrigeren Gesamtsteuerlast führe.[1088] Wenn die Steuerlast nach Errichtung der Familienstiftung im Ausland höher als bei einer Stiftungserrichtung im Inland ist, kann nicht von einer rein künstlichen Gestaltung zur Umgehung der normalerweise geschuldeten Steuer zu sprechen sein.[1089] In diesem Zusammenhang sind auch die bestehenden Steuerbegünstigungen zu beachten, die der Gesetzgeber inländischen Familienstiftungen gewährt.[1090] Darüber hinaus zeigt der Gesetzgeber nicht auf, inwieweit eine Steuerumgehung durch die Stiftungsgründung vorliegen kann. Vielmehr werden generell alle Stiftungserrichtungen in einem anderen Land erfasst, welche den Personenkreis des § 15 Abs. 2, 3 AStG begünstigen.[1091] Auch im Regierungsentwurf zum JStG 2009[1092] findet sich für die pauschale Aussage, dass Stiftungen häufig im Ausland nicht oder nicht nennenswert besteuert werden, kein Anhaltspunkt, mit dem sich dies belegen ließe.[1093] Der Gebrauch einer ausländischen (Steuerrechts)-Ordnung stellt sich nicht ohne Weiteres als Missbrauch dar, sondern vielmehr bedeutet er eine Auslandsinvestition, welche im EU-/EWR-Raum im Sinne eines zusammenhängenden Binnenmarktes erwünscht ist.[1094]

In § 8 Abs. 3 AStG definiert der Gesetzgeber für die Hinzurechnungsbesteuerung eine maßgebliche Steuerbelastung von weniger als 25-Prozent als niedrige Auslandsbesteuerung.[1095] Bereits diese Schwelle ist aufgrund des inländischen KSt-Satzes von 15 Prozent auf harsche Kritik gestoßen.[1096] Wie gezeigt, wird § 15 AStG auch bei weit darüber liegenden ausländischen Steuersätzen angewandt.[1097]

(c) Kein Einkünftebezug

Zudem lässt sich anführen, dass die Vorschrift nicht auf die Art der Einkünfte der Stiftung abstellt. Jedoch sind manche Einkünfte leichter zu verlagern als andere, sodass bei ersteren eine erhöhte Missbrauchsgefahr besteht und bei letzteren

---

1088 *Hey*, IStR 2009, 181 (185 f.); *Rehm/Nagler*, IStR 2008, 284 (286).

1089 *Rehm/Nagler*, IStR 2008, 284 (286); vgl. hierzu auch die Berechnung der steuerlichen Last unter Kapitel 2: D) V) Auswirkung auf die Gewerbesteuer.

1090 Vgl. hierzu § 58 Nr. 6 AO.

1091 *Hey*, IStR 2009, 181 (184).

1092 BT-Drs 16/10189, S. 78.

1093 Zudem wäre das ausschließliche Abstellen auf eine im Ausland niedrigere Steuer nicht geeignet, eine Ungleichbehandlung zu rechtfertigen, EuGH, Urt. v. 11.03.2004 – C-9/02 – Lasteyrie du Saillant, Slg. 2004 I-2409, Rn. 50.

1094 Vgl. Art. 26 AEUV.

1095 *Vogt* in *Blümich*, AStG § 8, Rn. 182.

1096 *Vogt* in *Blümich*, AStG § 8, Rn. 182 m.w.N.

1097 Vgl. unter Kapitel 2: D) V) Auswirkung auf die Gewerbesteuer.

nichtsteuerliche Gründe für die Verlagerung eher anzunehmen sind. Entsprechend dieser Überlegungen hat der Gesetzgeber in § 8 Abs. 1 AStG eine Liste von „aktiven“ Tätigkeiten formuliert, bei denen die Anwendung der Hinzurechnungsbesteuerung ausgeschlossen wird. Die „Positivliste“ besteht aus Tätigkeiten, die der Gesetzgeber pauschal als tatsächliche wirtschaftliche Tätigkeit annimmt.[1098]

(d) Kein Motivtest

Bei der vom Gesetzgeber geschaffenen Möglichkeit, der Zurechnung des § 15 Abs. 1 AStG im EU-/EWR-Bereich zu entgehen, hat dieser keinen genuinen Motivtest geschaffen. Entsprechend dem Wortsinn müsste dieser auf subjektiver Ebene ansetzen.[1099] Der Gesetzgeber prüft in § 15 Abs. 6 Nr. 1 AStG jedoch mit der objektiven Trennung des Stiftungsvermögens vom Stifter ein objektives Merkmal. Zudem schränkt der Gesetzgeber die Nachweismöglichkeit auch dadurch ein, dass § 15 Abs. 6 Nr. 2 AStG zusätzlich ein qualifiziertes Abkommen zum Informationsaustausch mit dem in Frage kommenden Staat fordert.[1100] Diese Einschränkung ist für den Steuerpflichtigen besonders belastend, da der Gesetzgeber auf Umstände abstellt, die dem Einflussbereich des Steuerpflichtigen entzogen sind. Vielmehr liegt es in der Sphäre des Gesetzgebers, die Rechtsfolgen des § 15 Abs. 1 AStG zu Lasten des Steuerpflichtigen herbeizuführen, indem er Auskunftsabkommen iSd. § 15 Abs. 6 AStG selbst kündigt. Angesichts der im EU-/EWR-Bereich bestehenden Vorgaben durch Richtlinien sowie vergleichbaren DBA ist diese Gefahr allerdings als gering einzuschätzen.

(4) Stellungnahme

Es fragt sich, ob der Gesetzgeber hier mit hinreichender Sorgfalt tätig wurde. So wird im Regierungsentwurf zum JStG 2009 ausgeführt, die inländische Erfassung der ausländischen Einkünfteteile der Familienstiftungen sei im Wege des § 15 AStG aus Gründen der „Gleichmäßigkeit der Besteuerung gerechtfertigt“. Im entsprechenden Inlandssachverhalt könne eine Zurechnung jedoch unterbleiben, da die Stiftung der deutschen Körperschaftsteuer unterliege. Jedoch fehlt im Tatbestand des § 15 AStG das Merkmal einer Nicht- bzw. Niedrigbesteuerung im Ausland. Der Gesetzgeber sollte deshalb § 15 AStG auf der Tatbestandsseite auf reine Missbrauchsachverhalte beschränken, wie dies bereits für die Hinzurechnungsbesteuerung gem. § 8 Abs. 2 AStG ansatzweise erfolgt ist.

1098 *Vogt* in *Blümich*, EStG § 8, Rn. 3.

1099 EuGH, Urt. v. 12.09.2006 – C-196/04 – Cadbury Schweppes, Slg. 2006 I-7995, Rn. 69.

1100 Vgl. hierzu unter Kapitel 2: J) VI) Auskunftsklausel (§ 15 Abs. 6 Nr. 2 AStG). Hier wird auch problematisiert, dass dem Gesetzeswortlaut nach dieser Austausch auch tatsächlich durchgeführt werden muss; dies ist jedoch restriktiv zu handhaben.

6) *Rechtfertigung*

Es ist dem Gesetzgeber, wie dargestellt, aus europarechtlichen Gründen verwehrt, die Regelung auf eine reine Missbrauchsvermutung zu stützen.[1101] Grds. ist der vom Gesetzgeber zugrunde gelegte Gesetzeszweck – die Verhinderung von Steuerumgehungen – geeignet, den Eingriff in Grundfreiheiten zu rechtfertigen. Richtet er sein Gesetz jedoch nicht streng auf die Vermeidung von Missbrauch aus, so sind ihm grds. die weiteren Rechtfertigungsmöglichkeiten verwehrt.[1102]

Selbst wenn man entgegen der vorstehenden Überlegungen unterstellen würde, dass § 15 AStG eine Missbrauchstypisierung darstelle, so wäre die Vorschrift nicht geeignet, unter dem Gesichtspunkt der Bekämpfung der Steuervermeidung die Eingriffe in die Grundfreiheiten zu rechtfertigen, da die Vorschrift nicht verhältnismäßig ausgestaltet ist. Die Verhältnismäßigkeit setzt voraus, dass die staatliche Maßnahme in geeigneter, erforderlicher und angemessener Weise einen legitimen Zweck verfolgt.[1103] Die Bekämpfung der Steuervermeidung ist – wie sich bereits aus dem Wortsinn ergibt – ein legitimer Zweck. Spätestens bei der Erforderlichkeit wird man die Verhältnismäßigkeit der Maßnahme verneinen müssen. Erforderlich ist das mildeste Mittel bei gleicher Eignung im Hinblick auf den Zweck.[1104] Dass der Tatbestand des § 15 AStG überschießende Tendenz aufweist, wurde bereits erwähnt.[1105] Somit ist der Tatbestand weiter als er sein müsste, um das legitime Ziel zu verfolgen und damit unverhältnismäßig.

II) Allgemeines Recht auf Freizügigkeit (Art. 21 AEUV)

1) *Problemstellung*

Möglich ist, dass bei Errichtung der ausländischen Stiftung bzw. bei der Vermögensübertragung kein grenzüberschreitendes Element iSd. Artt. 49, 63 AEUV gegeben ist, es sich vielmehr um ausländische Stifter bzw. Berechtigte einer ausländischen Stiftung handelt. Es ist dann weder die Niederlassungs- noch die Kapitalverkehrsfreiheit betroffen.[1106] Fehlt es in diesen Fällen an einer unbeschränkten Steuerpflicht des Stifters sowie der sonstigen Zurechnungssubjekte iSd. § 15 AStG in Deutschland, greift § 15 AStG nicht ein und es entsteht keine europarechtsbedenkliche Lage. Eine

---

1101 Vgl. Kapitel 3: B) I) 5) a) (1) Allgemeine Vermutung einer Steuerumgehung.

1102 EuGH, Urt. v. 11.03.2004 - C-9/04 - Lasteyrie du Saillant, Slg. 2004 I-2431, Rn. 50 ff.; EuGH, Urt. v. 30.11.1995 - C-55/94 - Gebhard, Slg. 1995 I-4165, Rn. 37; EuGH, Urt. v. 12.09.2006 - C-196/04 - Cadbury Schweppes, Slg. 2006 I-7995, Rn. 55; *Bröhmer* in *Calliess/Ruffert*, AEUV Art. 49, Rn. 45; *Hey*, IStR 2009, 181 (184).

1103 *Cordewener*, DStR 2004, 6 (9); *Fischer*, DStR 2006, 2281 (2283); *Hey*, IStR 2009, 181 (184).

1104 *Cordewener*, DStR 2004, 6 (9); *Fischer*, DStR 2006, 2281 (2283).

1105 Vgl. unter Kapitel 2: D) V) 2) e) (1) FG Düsseldorf sowie unter Kapitel 3: B) I) 5) b) (3) (a) Keine verwerflichen Gründe.

1106 *Kellersmann/Schnitger*, IStR 2005, 253 (260).

Änderung der Lage tritt jedoch ein, wenn die entsprechenden Zurechnungssubjekte später eine unbeschränkte Steuerpflicht begründen und damit die Voraussetzungen für eine Zurechnung iSd. § 15 AStG geschaffen werden.

2) *Schutzbereich*

Art. 21 AEUV gewährt innerhalb der Mitgliedstaaten die Möglichkeit, sich zu bewegen und sich aufzuhalten.[1107] Unter das geschützte Verhalten fällt demnach die Einreise als auch die Ausreise, sowie die Bewegung oder der Aufenthalt innerhalb eines Mitgliedstaats.[1108] Besondere Relevanz erlangt Art. 21 AEUV in Zusammenhang mit dem sich aus Art. 18 Abs. 1 AEUV ergebenden Diskriminierungsverbot.[1109] Hieraus folgt ein Anspruch auf Inländergleichbehandlung in Bereichen, die in Zusammenhang mit dem Aufenthalt stehen.[1110]

3) *Diskriminierung*

Infolge der steuerlichen Belastung durch § 15 AStG könnten Unionsbürger an einem Zuzug nach Deutschland gehindert werden. Ob dies zu einer Beeinträchtigung der Freizügigkeit führt, ist zunächst im Rahmen einer Vergleichbarkeitsprüfung festzustellen.[1111] Hierbei bereitet bereits die Festlegung der gegenüberzustellenden Sachverhalte Schwierigkeiten. Der EuGH hat festgestellt, dass die Umstände des Vergleichspaars beschränkt/unbeschränkt Steuerpflichtige hinsichtlich der persönlichen Lebensverhältnisse nicht vergleichbar seien.[1112]

a) Vergleichsgruppe Stiftung im Herkunftsland

Es stellt sich die Frage, wie die Vergleichsgruppe im Rahmen des § 15 AStG zu bestimmen ist. Eine Möglichkeit, ein Vergleichspaar zu bilden, ist, der steuerlichen Behandlung eines Steuerinländers mit einer Stiftung in seinem Herkunftsland die Besteuerung eines Steuerausländers mit einer Stiftung in seinem Herkunftsland gegenüber zu stellen.

1107 *Kluth* in *Calliess/Ruffert,* AEUV Art. 21, Rn. 4; *Magiera* in *Streinz,* AEUV Art. 21, Rn. 14.

1108 *Kluth* in *Calliess/Ruffert,* AEUV Art. 21, Rn. 4.

1109 *Kluth* in *Calliess/Ruffert,* AEUV Art. 21, Rn. 6; *Magiera* in *Streinz,* AEUV Art. 21, Rn. 15.

1110 EuGH, Urt. v. 20.09.2001 – C-184/99 – Grzelczyk, Slg. 2001 I-6193, Rn. 30 ff.; *Kluth* in *Calliess/Ruffert,* AEUV Art. 21, Rn. 6 ff.

1111 *Kellersmann/Schnitger,* IStR 2005, 253 (256).

1112 EuGH, Urt. v. 14.02.1995 – C-279/93 – Schumacker, Slg. 1995 I-225, Rn. 31; EuGH, Urt. v. 12.05.1998 – C-336/96 – Gilly, Slg. 1998 I-2793, Rn. 49.

b) *Vergleichsgruppe Stiftung im Ausland*

Andererseits ist es auch möglich, die Situation von Steuerinländern mit einer Familienstiftung im Ausland im Verhältnis zu der Situation von Zuziehenden mit Stiftungen im Ausland zu vergleichen.

4) *Ergebnis*

Für das erste Vergleichspaar spricht, dass in diesem Fall die Zuzugssituation Berücksichtigung findet, die gerade eine Schutzsituation der allgemeinen Freizügigkeit iSd. Art. 21 AEUV darstellt. Zudem erscheint es nicht als fernliegend, dass ein Unionsbürger gerade unter seiner Heimatjurisdiktion eine Stiftung errichtet hat.

Wählt man die Vergleichsgruppe der zweiten Alternative, kann es zu keiner eigenständigen Verletzung der Freizügigkeit iSd. Art. 21 AEUV kommen. Es ergibt sich keine Diskriminierung, weil zuziehende Ausländer genauso wie Inländer behandelt werden. Dieses Vergleichspaar überzeugt, da die Freizügigkeit nur eine Inländergleichstellung fordert.

III) EWR-Recht

Der Gesetzgeber muss gem. § 40 bis 45 EWR-Abkommen auch im Verhältnis zu den EWR-Staaten Norwegen, Island und Liechtenstein die Kapitalverkehrsfreiheit sowie gem. § 31 bis 35 EWR-Abkommen die Niederlassungsfreiheit gewährleisten.

Der Schutz der EWR-Freiheiten ist mit dem Schutz der durch die EU-rechtlich geschützten Freiheiten vergleichbar, für beide Schutzbereiche gelten wortgleiche Regelungen.[1113] Daher gelten im EWR-Raum die obigen Ausführungen zur Niederlassungsfreiheit und zur Kapitalverkehrsfreiheit entsprechend.

Im Hinblick auf Liechtenstein ist nunmehr zu beachten, dass seit 2012 ein DBA[1114] mit Deutschland besteht. Es findet sich in Art. 26 und 28 DBA Deutschland-Liechtenstein eine Vereinbarung zur Durchführung eines Informationsaustauschs und zur Amtshilfe. Hierin ist, wie auch sonst in neueren deutschen DBA üblich, eine große Auskunftsklausel enthalten, die die Anforderungen von § 15 Abs. 6 Nr. 2 AStG erfüllt.[1115] Bereits bei den Verhandlungen zum Steuerinformationsaustauschabkommen zwischen Liechtenstein und Deutschland waren Verhandlungen zum Abschluss eines DBA vereinbart worden.[1116] Davor richtete sich die Einschränkung des § 15

1113 *Hey*, IStR 2009, 181 (186); *Rehm/Nagler*, IStR 2008, 284 (286).
1114 BGBl. II 2012, 1462 v. 05.12.2012; in Kraft getreten am 19.12.2012.
1115 *Hardt* in *Wassermeyer*, OECD-MA, Art 1 DBA Liechtenstein, Rn. 1, Art. 26 Rn. 28; Hendricks in *Wassermeyer*, OECD-MA, Vor Art 1 MA-InfAust, Rn. 8; kritisch, ob das DBA mit Liechtenstein die nötigen Informationen enthält FG Düsseldorf, Urt. v. 22.01.2015 – 16 K 2858/13 F, EFG 2015, 629 (630); hiergegen jedoch *Kirchhain*, IStR 2015, 246 (247 ff.); *Schönfeld* in *Flick/Wassermeyer/Baumhoff/Schönfeld*, AStG § 15, Rn. 193.
1116 BT-Drs. 17/10753, 1.

Abs. 6 Nr. 2 AStG hauptsächlich gegen liechtensteinische Stiftungen, da mit allen anderen EU-/EWR-Ländern DBA oder Amtshilferichtlinien bestanden.[1117] Im Hinblick auf Liechtenstein ist eine effektive Kontrolle von Steuerumgehungen damit möglich und eine Einschränkung von EU-/EWR-Grundfreiheiten nicht zu rechtfertigen.[1118] Auch im Hinblick auf Liechtenstein sind demnach die Anforderungen des § 15 Abs. 6 Nr. 2 AStG erfüllt.[1119]

IV) Treaty Override

Ein Treaty Override[1120] als Abkommensbruch verstößt nicht gegen Unionsrecht. Es existiert bereits kein europarechtliches Gebot, eine Doppelbesteuerung zu vermeiden.[1121] Die europäischen Grundfreiheiten sind auf die Schaffung eines gemeinsamen Marktes ohne Zugangsbeschränkungen gerichtet. Daher beschäftigen sie sich nur mit nationalen Steuergesetzen, wenn aus diesen eine solche Zugangsbeschränkung folgt. Die Abgrenzung der einzelnen nationalen Besteuerungsrechte zueinander ist hingegen hiervon nicht erfasst.[1122] Dies erweist sich als Folge der grds. nicht harmonisierten Steuergesetzgebung innerhalb der Union.[1123] Dementsprechend üben die Mitgliedstaaten ihre Besteuerungsrechte zulässigerweise parallel und in nicht aufeinander abgestimmter Weise aus.[1124] Nur in wenigen harmonisierten Bereichen gibt es unionsinterne Regelungen der Ertragsbesteuerung, die insoweit auch die Besteuerungskompetenzen der Mitgliedstaaten einschränken.[1125] So wurden bspw. Regelungen über die Besteuerung von Dividenden zwischen verbundenen

---

1117 *Hey*, IStR 2009, 181 (185).

1118 EuGH, Urt. v. 08.07.1999 – C-254/97 – Baxter u.a., Slg. 1999 I-4809, Rn. 19; *Werner*, IStR 2010, 589 (590); a.A. FG Düsseldorf, Urt. v. 22.01.2015 – 16 K 2858/13 F, EFG 2015, 629 (630); hiergegen jedoch *Schönfeld* in *Flick/Wassermeyer/Baumhoff/Schönfeld*, AStG § 15, Rn. 194; *Kirchhain*, IStR 2015, 246 (247 ff.).

1119 *Hardt* in *Wassermeyer* DBA Liechtenstein Vor. Art. 1, Rn. 33.

1120 Vgl. hierzu unter Kapitel 3: A) III) § 20 Abs. 1 AStG als Treaty Override?

1121 EuGH, Urt. v. 14.11.2006 – C-513/04 – Kerckhaert & Morres, Slg. 2006 I-10967, Rn. 22; Schlussanträge von Generalanwalt *L. A. Geelhoed*, v. 06.04.2005 – C-513/04 – Kerckhaert & Morres, Slg. 2006 I-10969, Rn. 34.

1122 EuGH, Urt. v. 05.07.2005 – C-376/03 – D, Slg. 2005 I-05821; EuGH, Urt. v. 14.11.2006 – C-513/04 – Kerckhaert & Morres, Slg. 2006 I-10967, Rn. 22.

1123 EuGH, Urt. v. 13.12.2005 – C-446/03 – Marks & Spencer, Slg. 2005 I-10837; Schlussanträge von Generalanwalt *L. A. Geelhoed*, v. 06.04.2005 – C-513/04 – Kerckhaert & Morres, Slg. 2006 I-10969, Rn. 31.

1124 EuGH, Urt. v. 14.11.2006 – C-513/04 – Kerckhaert & Morres, Slg. 2006 I-10967, Rn. 19 f.

1125 EuGH, Urt. v. 14.11.2006 – C-513/04 – Kerckhaert & Morres, Slg. 2006 I-10967, Rn. 23; Schlussanträge von Generalanwalt *L. A. Geelhoed*, v. 06.04.2005 – C-513/04 – Kerckhaert & Morres, Slg. 2006 I-10969, Rn. 34.

Unternehmen[1126] sowie von Zins- und Lizenzzahlungen zwischen verbundenen Unternehmen[1127] unionsweit eingeführt. Des Weiteren bietet das Unionsrecht auch keine Vorgaben, anhand derer die Verteilung der Besteuerungsrechte vorgenommen werden könnte.[1128] Hinsichtlich einer eingetretenen Doppelbesteuerung ist zudem nicht zu sagen, welcher Staat hierfür verantwortlich gemacht werden soll, da grds. zwei Staaten an einer Doppelbesteuerung ursächlich beteiligt sind.[1129]

C) Rechtsverletzungen im Hinblick auf Drittstaaten

Aus dem Wortlaut des Art. 63 Abs. 1 AEUV ergibt sich, dass die Kapitalverkehrsfreiheit von den Mitgliedstaaten nicht nur untereinander, sondern auch im Hinblick auf Drittstaaten zu wahren ist. Daher ist auch hinsichtlich der Staaten, die nicht der EU oder dem EWR angehören, die Kapitalverkehrsfreiheit geschützt, die in diesen Verhältnissen nicht von der Niederlassungsfreiheit verdrängt wird.[1130]

Im Hinblick auf Drittstaaten bestehen jedoch verminderte Anforderungen an den Schutz der Kapitalverkehrsfreiheit. Eine solche Einschränkung stellt die sog. „Stillstandklausel" iSd. Art. 64 Abs. 1 S. 1 AEUV dar. Demnach besteht in Bezug auf Drittstaaten ein Bestandsschutz für Beschränkungen der Kapitalverkehrsfreiheit, die bereits vor dem 31.12.1993 bestanden. Dies gilt jedoch nur für Regelungen, die im Wesentlichen einer damals bestehenden Vorschrift entsprechen.[1131] Das AStG hielt bereits bei seinem Erlass im Jahr 1972 mit § 15 AStG eine Regelung für ausländische Familienstiftungen bereit.[1132] Jedoch hat § 15 AStG nicht nur in letzter Zeit eine stetige Ausweitung und Verschärfung seines Tatbestands erfahren.[1133] Insbesondere

---

1126 Richtline des Rates vom 23.07.1990 über das gemeinsame Steuersystem der Mutter- und Tochtergesellschaften verschiedener Mitgliedstaaten (90/ 435 /EWG), ABl. 1990 L 225, 6; neu gefasst durch Richtline des Rates vom 30.11.2011 (2011/96/EU), ABl. 2011 L 345, 8.

1127 Richtline des Rates vom 3. Juni 2003 über eine gemeinsame Steuerregelung für Zahlungen von Zinsen und Lizenzgebühren zwischen verbundenen Unternehmen verschiedener Mitgliedstaaten (2003/49/EG), ABl. 2003 L 157, 49.

1128 EuGH, Urt. v. 14.11.2006 – C-513/04 – Kerckhaert & Morres, Slg. 2006 I-10967, Rn. 22.

1129 *Lang* in Reden zum Andenken an *Klaus Vogel*, 59 (75).

1130 Dies ist aufgrund der sog. erga-omes Wirkung der Fall; vgl. hierzu unter Kapitel 3: B) I) 3) Abgrenzung.

1131 EuGH, Urt. v. 12.12.2006 - C-446/04 – Test Claimants in the FII Group Litigation, Slg. 2006 I-11753, Rn. 192; *Ress/Ukrow* in *Grabitz/Hilf/Nettesheim*, AEUV Art. 64, Rn. 22; *Bröhmer* in *Calliess/Ruffert*, AEUV Art. 64, Rn. 7; *Sedlaczek/Züger* in *Streinz*, AEUV Art. 64, Rn. 11; *Watrin/Eberhardt*, BB 2014, 2967 (2970 f.).

1132 Vgl. hierzu unter Kapitel 2: Ausländische Familienstiftungen im Außensteuergesetz (§ 15 AStG).

1133 Vgl. hierzu unter Kapitel 2: Ausländische Familienstiftungen im Außensteuergesetz (§ 15 AStG).

seit dem „Systemwechsel“ durch das AmtshilfeRLUmsG 2013[1134] mitsamt etwaigen gewerbesteuerlichen Auswirkungen[1135] und der Einbeziehung der entsprechenden Regelungen zur Hinzurechnungsbesteuerung[1136] kann nicht mehr von einer am 31.12.1993 so bestehenden Rechtsvorschrift gesprochen werden.[1137] Daraus folgt, dass die Beschränkungen des Kapitalverkehrs, die von § 15 AStG herrühren, trotz Art. 64 Abs. 1 AEUV gerechtfertigt sein müssen.

Es wird höchst uneinheitlich beantwortet, welche weiteren Einschränkungen der Kapitalverkehrsfreiheit in Drittstaatsfällen vorzunehmen sind.[1138] Auf die einzelnen Ansichten muss hier jedoch nicht eingegangen werden, da § 15 AStG unverhältnismäßig ausgestaltet ist. Wie gezeigt, hat der Tatbestand des § 15 AStG überschießende Tendenz; somit stellt die Vorschrift hinsichtlich des Eingriffs in die Kapitalverkehrsfreiheit nicht das mildeste Mittel dar.[1139]

D) Grundgesetz

I) Rückwirkungsproblematik

1) JStG 2009

Zeitgleich mit den Ausnahmevorschriften für den EU-/EWR-Bereich gem. § 15 Abs. 6 AStG sind die Regelungen des § 15 Abs. 7 a.F. AStG zur Einkommensermittlung nach deutschem Steuerrecht und zum Abzugsverbot für Verluste im Jahr 2009 eingeführt worden. In der Gesetzesbegründung zum JStG 2009 findet sich der Hinweis, dass die Einführung des § 15 Abs. 7 AStG unabhängig von der EU-Rechtsproblematik erfolge.[1140] Die Einführung des Verlustabzugsverbots ist wohl fiskalisch begründet.[1141] Gem. § 21 Abs. 18 AStG ist § 15 Abs. 7 AStG, der mit dem Jahressteuergesetz 2009 vom 19.12.2008 ins AStG eingeführt wurde, für alle noch nicht bestandskräftigen Steuerfestsetzungen anzuwenden.

Damit drängt sich die Frage einer unzulässigen Rückwirkung auf, die auch der Gesetzgeber erkannt hat. Er führt in der Gesetzesbegründung dazu aus, dass „angesichts des öffentlichen Interesses an einer Klarstellung einer unklaren Rechtslage [...] das grundsätzlich schutzwürdige Vertrauen der Steuerpflichtigen nicht in

---

1134 BGBl. I 2013, 1809, v. 26.06.2013.
1135 Vgl. hierzu unter Kapitel 2: D) V) Auswirkung auf die Gewerbesteuer.
1136 Vgl. hierzu unter Kapitel 2: F) Zurechnung von Beteiligungen (§ 15 Abs. 9 AStG).
1137 Für Vergleichbarkeit des § 15 AStG in der Fassung des Jahres 2008 und die Anwendbarkeit der Stillhalteklausel *Rehm/Nagler*, IStR 2008, 284 (286 f.).
1138 *Watrin/Eberhardt*, BB 2014, 2967 (2971 ff.).
1139 Vgl. unter Kapitel 3: B) I) 6) Rechtfertigung.
1140 BT-Drs 16/10189, S. 78; so auch *Schulz/Werz*, ErbStB 2008, 177 (180).
1141 *Hey*, IStR 2009, 181 (182).

unzulässiger Weise verletzt [werde], zumal gerade an der Errichtung ausländischer Stiftungen Beteiligte regelmäßig steuerrechtlich besonders beraten [seien]."[1142]

Das Rückwirkungsverbot ist dadurch zu begründen, dass der Bürger die sich aus den Gesetzen ergebenden belastenden Wirkungen erkennen soll, bevor er Handlungen verwirklicht, die entsprechende Konsequenzen nach sich ziehen.[1143] Dies ist eine besondere Form des Vertrauensschutzes und Ausfluss des verfassungsrechtlichen Rechtstaatsprinzips iSd. Art. 20 Abs. 3 GG.[1144]

Es ist dabei zu unterscheiden zwischen echten und unechten Rückwirkungen, wobei teilweise auch auf andere Kriterien abgestellt wird.[1145] Selbst wenn man auf die Rückwirkung von Rechtsfolgen abstellt, ergibt sich hier keine andere rechtliche Beurteilung. Eine echte Rückwirkung ist dann anzunehmen, wenn ein Gesetz Rechtsfolgen an Tatbestände anknüpft, die bereits abgeschlossen sind, da sie in der Vergangenheit erfolgten.[1146] Unechte Rückwirkungen hingegen sind dadurch geprägt, dass mit der Tatbestandsverwirklichung bereits begonnen wurde, die Tathandlung jedoch noch nicht zum Abschluss gelangte.[1147]

§ 15 Abs. 7 S. 3 AStG sieht vor, dass eine Zurechnung nach § 15 Abs. 1 AStG unterbleibt, wenn sich ein negativer Betrag ergibt.[1148] Ist das Zurechnungssubjekt iSd. § 15 Abs. 1 AStG eine natürliche Person, so ist der für die Beurteilung der Rückwirkung entscheidende Zeitpunkt das Ende des Kalenderjahres gem. § 38 AO iVm. §§ 36 Abs. 1, 25 Abs. 1 EStG. Für eine Körperschaft gilt § 31 Abs. 1 S. 1 KStG iVm. § 25 Abs. 1 EStG. Eine echte Rückwirkung liegt demnach vor, wenn der Gesetzgeber eine dann entstandene, nicht notwendigerweise festgesetzte, Steuerschuld nach diesem Zeitpunkt ändert. Im Falle von § 15 Abs. 7 AStG iVm. § 21 Abs. 18 AStG liegt damit eine echte Rückwirkung vor, da der Gesetzgeber die Minderung einer inländischen Steuerschuld im Wege einer Zurechnung von Verlusten nicht mehr zulässt.[1149]

Aufgrund des Vertrauensschutzes sind echte Rückwirkungen grds. verfassungswidrig.[1150] Etwas anderes gilt nur für Fälle, in denen ausnahmsweise das Vertrauen

1142 BT-Drs 16/10189, S. 79.
1143 BVerfG, Urt. v. 07.07.2010 – 2 BvL 14/02, 2/04, 13/05, BVerfGE 127, 1 (16); *Kleinert/Podewils,* BB 2008, 1819 (1820).
1144 *Grzeszick* in *Maunz/Dürig,* GG Art. 20, Rn. 69 ff.
1145 *Grzeszick* in *Maunz/Dürig,* GG Art. 20, Rn. 77 ff.
1146 BVerfG, Urt. v. 07.07.2010 – 2 BvL 14/02, 2/04, 13/05, BVerfGE 127, 1 (17); *Grzeszick* in *Maunz/Dürig,* GG Art. 20, Rn. 76; *Birk* in Reden zum Andenken an *Klaus Vogel,* 17 (30).
1147 BVerfG, Urt. v. 07.07.2010 – 2 BvL 14/02, 2/04, 13/05, BVerfGE 127, 1 (17); *Grzeszick* in *Maunz/Dürig,* GG Art. 20, Rn. 76.
1148 Vgl. hierzu unter Kapitel 2: D) IV) Negativer Betrag (§ 15 Abs. 7 S. 3 AStG).
1149 Hessisches FG Urt. v. 14.11.2012 – 10 K 625/08, DStR 2013, 1011 (1014); *Hey,* IStR 2009, 181 (188); *Kleinert/Podewils,* BB 2008, 1819 (1820).
1150 BVerfG, Urt. v. 07.07.2010 – 2 BvL 14/02, 2/04, 13/05, BVerfGE 127, 1 (17); Hessisches FG Urt. v. 14.11.2012 – 10 K 625/08, DStR 2013, 1011.

nicht schutzwürdig ist.[1151] Wann Vertrauen nicht schutzwürdig ist, wird anhand verschiedener Fallgruppen beurteilt.[1152] So ist eine Rechtfertigung für die Fälle anerkannt, dass der Betroffene mit einer Gesetzesänderung rechnen musste, weil sie zur Klarstellung einer unklaren Rechtslage diente,[1153] eine verfassungswidrige Lage beseitigte[1154] oder aus zwingenden Gründen des allgemeinen Wohls geboten war.[1155]

Vorliegend greift jedoch keine Ausnahme von der grundsätzlichen Verfassungswidrigkeit der echten Rückwirkung ein. Der Gesetzgeber konnte sich nicht darauf berufen, dass § 15 Abs. 1 AStG vor dem JStG 2009 europarechtswidrig gewesen sei und er diese Lage habe beseitigen müssen. Wie er selbst in der Gesetzesbegründung[1156] zum JStG 2009 ausführt, ist § 15 Abs. 7 AStG von der Einführung des europarechtlich gebotenen § 15 Abs. 6 AStG unabhängig. Dass der Gesetzgeber einen Europarechtsverstoß beseitigt, kann jedoch nicht zur Legitimierung eines neuerlichen Verfassungsverstoßes dienen.

Die Berufung des Gesetzgebers auf eine bloße Klarstellung der Regelung ist nicht zutreffend. Dies verdeutlicht die Bezugnahme auf die Regelung des § 10 Abs. 3 S. 1 AStG. Entgegen der Argumentation des Gesetzgebers in der Gesetzesbegründung zum JStG 2009[1157] folgt hieraus jedoch das gegenteilige Ergebnis. Dass in § 10 Abs. 3 S. 1 AStG ausdrücklich ein Verbot der Verlustnutzung angeordnet wurde, ist nicht als allgemeiner Rechtsgedanke auf andere Bereiche des AStG zu übertragen. § 10 Abs. 3 S. 1 AStG stellt vielmehr eine Ausnahme dar. Ausnahmevorschriften sind restriktiv auszulegen und daher grds. nicht analogiefähig.[1158] Vielmehr lässt sich hieraus im Umkehrschluss ableiten, dass bei § 15 AStG, bei dem bisher eine solche Regelung fehlte, eine Verlustübertragung möglich gewesen sein muss.[1159]

Der Gesetzgeber beruft sich auch darauf, dass die neu eingeführte Gesetzeslage schon immer seinem Willen entsprochen habe. Es ist dann jedoch zu fragen, warum ein Abzugsverbot für Verluste nur in § 10 Abs. 3 S. 1 AStG normiert wurde, nicht aber zugleich in § 15 AStG. In der Gesetzesbegründung hat der Gesetzgeber seine angebliche Intention zudem nicht dargelegt.

Eine Analogie zulasten des Steuerpflichtigen ist aus rechtsstaatlichen Gründen grds. abzulehnen. Zudem besteht keine sinnwidrige Regelungslücke, sodass es

---

1151 Hessisches FG Urt. v. 14.11.2012 – 10 K 625/08, DStR 2013, 1011.

1152 BVerfG, Beschluss v. 14.05.1986 – 2 BvL 2/83, BVerfGE 72, 200 (255 ff.).

1153 BVerfG, Beschluss v. 08.04.1998 – 1 BvR 1680/93, BVerfGE 98, 17 (41).

1154 BVerfG, Beschluss v. 14.11.1961 – 2 BvR 345/60, BVerfGE 13, 215 (224).

1155 BVerfG, Urt. v. 19.12.1961 – 2 BvL 6/59, BVerfGE 13, 261 (272).

1156 BT-Drs 16/10189, S. 78.

1157 BT-Drs 16/10189, S. 78.

1158 EuGH, Urt. v. 09.09.2003 – C-151/02 – Jaeger, Slg. 2003 I-8389, Rn. 89; EuGH, Urt. v. 28.10.2010 – C-203/09 – Volvo Car Germany, Slg. 2010 I-10721, Rn. 42; BGH, Urt. v. 14.04.1988 – I ZR 122/86, NJW 1989, 35 (36); BGH, Urt. v. 28.05.2008 – VIII ZR 126/07; NJW 2008, 2257 (2258); gegen eine schematische Anwendung dieses Grundsatzes Teile der Lehre *Rosenkranz*, JURA 2015, 783.

1159 *Hey*, IStR 2009, 181 (189).

bereits an den Voraussetzungen für eine Analogie fehlt. Die Rückwirkungsvorschrift des § 21 Abs. 18 AStG ist demnach als verfassungswidrig anzusehen.

2) AmtshilfeRLUmsG 2013

Das AmtshilfeRLUmsG[1160] stammt vom 26. Juni 2013. Gem. § 21 Abs. 21 S. 4 entfalten die Änderungen im Außensteuergesetz Wirkung für den Veranlagungszeitraum 2013. Es handelt sich daher um eine unechte Rückwirkung. Der Veranlagungszeitraum iSd. § 38 AO, §§ 36 Abs. 1, 25 Abs. 1 EStG bzw. § 31 Abs. 1 S. 1 KStG iVm. § 25 Abs. 1 EStG ist noch nicht abgeschlossen, auch wenn die Änderung im laufenden Veranlagungszeitraum Wirkung entfaltet.[1161] Sie ist verfassungsrechtlich zulässig.[1162]

II) Treaty Override und Völkerrechtsfreundlichkeit

1) Grundlage

Geht man von einem Verstoß der §§ 15, 20 AStG gegen Völkervertragsrecht in Form einer Abkommensverdrängung aus, so könnte dies Verfassungsgrundsätze verletzen.[1163]

Der Gesetzgeber kann, wie dargestellt, in innerstaatliches Recht umgesetzte DBA grds. in der Art und Weise einschränken, wie er auch mit anderen Bundesgesetzen verfahren kann.[1164] Die Änderung eines Gesetzes ist grundsätzlich keine Verletzung der Verfassung, auch wenn es hierbei um die Änderung eines Doppelbesteuerungsabkommens geht. Dem Gesetzgeber steht es frei, einfaches Recht aufzuheben oder zu ändern.[1165] Er ist nicht an einfachrechtliche Vorschriften, die er einmal erlassen hat, für immer gebunden. Aus Art. 20 Abs. 3 GG ergibt sich im Umkehrschluss, dass der Gesetzgeber selbst nicht durch einfaches Recht gebunden wird, sondern nur durch Verfassungsrecht.[1166] Insbesondere gilt grds. auch der lex-posterior-Grundsatz.[1167] Aufgrund des § 2 Abs. 1 AO sowie der grundsätzlichen Völkerrechtsfreundlichkeit des Grundgesetzes ist in diesem Zusammenhang jedoch zu beachten, dass der Gesetzgeber die Geltung eines späteren Gesetzes entgegen internationaler Verträge ausdrücklich in das Gesetz aufnehmen muss, da sich ansonsten aufgrund der

1160 BGBl. I 2013, 1809, v. 26.06.2013.
1161 BVerfG, Urt. v. 07.07.2010 – 2 BvL 14/02, 2/04, 13/05, BVerfGE 127, 1 (18); a.A. *Friauf*, BB 1972, 669 (674 ff.).
1162 *Schulz* in *Lademann*, AStG § 15, Rn. 6a.
1163 *Wassermeyer* in *Flick/Wassermeyer/Baumhoff/Schönfeld*, AStG § 15, Rn. 232 ff. Erg.-Lfg. 65.
1164 Vgl. unter Kapitel 3: A) III) 1) Treaty Override.
1165 Vgl. hinsichtlich der Einordnung in die Normenhierarchie unter Kapitel 3: A) I) Grundlagen.
1166 *Musil*, Deutsches treaty overriding, 44; *Hahn*, IStR 2011, 863 (867).
1167 Lex posterior derogat legi priori, wonach das jüngere Gesetz das ältere Gesetz aufhebt.

statuierten Vorrangregel bzw. der völkerrechtsfreundlichen Auslegung die transformierten internationalen Verträge dennoch durchsetzen würden.[1168]

2) Die Görgülü-Entscheidung des BVerfG

Das BVerfG hat in der Görgülü-Entscheidung[1169] festgestellt, dass ein Verstoß gegen die EMRK bzw. die Nichtbeachtung eines Urteils des EGMR, obwohl die EMRK einfaches Recht darstellt, im Wege des Art. 20 Abs. 3 GG iVm. Art. 6 GG vor dem BVerfG angegriffen werden.[1170] Der Verfassungsbeschwerde lag ein Umgangs- und Sorgerechtsstreit zugrunde; der Beschwerdeführer rügte vor dem BVerfG eine mangelhafte Berücksichtigung eines Urteils des EGMR durch ein nationales Gericht.[1171] Die EMRK ist, wie ein Doppelbesteuerungsabkommen, internationales Recht, welches von Deutschland in innerstaatliches Recht umgesetzt wurde.[1172] Das Bundesverfassungsgericht führt hierzu zunächst aus, dass internationale Verträge grds. nur die Vertragsparteien binden.[1173] Das Bundesverfassungsgericht hebt jedoch die besondere Völkerrechtsfreundlichkeit des GG hervor.[1174] Dies gelte auch, wenn die weitestgehende Völkerrechtsfreundlichkeit – die unmittelbare Anwendung ohne innerstaatlichen Umsetzungsakt – nicht verwirklicht wurde.[1175] Schließlich führt es aus: „Insofern widerspricht es nicht dem Ziel der Völkerrechtsfreundlichkeit, wenn der Gesetzgeber ausnahmsweise Völkerrecht nicht beachtet, sofern nur auf diese Weise ein Verstoß gegen tragende Grundsätze der Verfassung abzuwenden ist."[1176]

Hiernach hat sich ein Streit darüber entwickelt, ob der Görgülü-Entscheidung des BVerfG, wonach nationale Gerichte die Urteile des EGMR beachten müssen und eine Nichtbeachtung vor dem BVerfG gerügt werden kann, auch Folgen für die Nichtbeachtung von DBA nach sich zieht.[1177]

Zum Teil wird dies mit dem Argument abgelehnt, dass die Entscheidung des BVerfG sich ausschließlich auf die EMRK beziehe und nicht auf andere Rechtsbereiche übertragen werden könne.[1178] Begründet wird dies damit, dass die EMRK

1168 *Lehner*, IStR 2012, 389 (390); *Mitschke*, DStR 2011, 2221 (2226); *Musil*, IStR 2014, 192 (193).
1169 BVerfG, Beschluss v. 14.10.2004, 2 BvR 1481/04, BVerfGE 111, 307.
1170 BVerfG, Beschluss v. 14.10.2004, 2 BvR 1481/04, BVerfGE 111, 307; *Hahn*, IStR 2011, 863 (867).
1171 BVerfG, Beschluss v. 14.10.2004, 2 BvR 1481/04, BVerfGE 111, 307 (308).
1172 BGBl. II 1952, 685, v. 07.08.1952.
1173 BVerfG, Beschluss v. 14.10.2004, 2 BvR 1481/04, BVerfGE 111, 307 (318, 322).
1174 BVerfG, Beschluss v. 14.10.2004, 2 BvR 1481/04, BVerfGE 111, 307 (318).
1175 BVerfG, Beschluss v. 14.10.2004, 2 BvR 1481/04, BVerfGE 111, 307 (318).
1176 BVerfG, Beschluss v. 14.10.2004, 2 BvR 1481/04, BVerfGE 111, 307 (319).
1177 BFH, Beschluss v. 19.05.2010 – I B 191/09, BFHE 229, 322 (325); *Gosch*, IStR 2008, 413; *Rust/Reimer*, IStR 2005, 843.
1178 *Hahn*, IStR 2011, 863 (868); *Lehner*, IStR 2012, 389 (401).

grundrechtsähnliche Rechte schütze,[1179] sowie mit der Systematik zwischen Art. 25 und 59 Abs. 2 GG.[1180] So komme Art. 59 Abs. 2 GG als Spezialnorm gegenüber Art. 25 GG Vorrang zu.[1181] Die frühere Rechtsprechung hat es auch ausdrücklich abgelehnt, aus der Völkerrechtsfreundlichkeit eine Bindung des Gesetzgebers an Völkerrecht herzuleiten.[1182]

Auf der anderen Seite waren auch beim BFH Zweifel an der Verfassungsmäßigkeit von Abkommensverdrängungen durch nationales Steuerrecht entstanden.[1183] Der BFH hat diese Frage dem BVerfG zur Entscheidung vorgelegt.[1184] Diese Rechtsprechung nimmt Bezug auf eine im Schrifttum verbreitete und von *Vogel* begründete Ansicht, welche die besondere Stellung des Völkerrechts im Grundgesetz betont.[1185] Auch andere Autoren lehnen die Nichteinhaltung von vertraglichen Verpflichtungen ab.[1186] So wird dem Gesetzgeber inkonsequentes Verhalten vorgeworfen, wenn er völkerrechtliche Verträge abschließe, an deren Einhaltung er sich aber nicht gebunden sehe.[1187]

Demnach stellt sich die Frage, ob dem Völkerrecht entgegen der allgemeinen Systematik und den Auslegungsgrundsätzen nicht eine Stellung zukommen kann, die über den einfachen Gesetzen liegt.

3) Entscheidung des BVerfG 2 BvL 1/12

Das BVerfG hat im Beschl. vom 15.12.2015 – 2 BvL 1/12[1188] entschieden, dass aus einem potentiellen Treaty Override als Abkommensbruch kein Verstoß gegen das Grundgesetz zu folgern ist. Es führt dazu aus, dass völkerrechtliche Verträge gem. Art. 59 Abs. 2 S. 1 GG innerstaatlich grundsätzlich auf der Stufe einfacher Bundesgesetze stehen.[1189] Aus dem Demokratieprinzip folge, dass der Gesetzgeber diese Gesetze durch spätere Gesetze aufheben können müsse.[1190] Eine Einschränkung oder Aufhebung durch ein anders einfaches Bundesgesetz sei möglich, wenn das spätere

1179 *Hahn*, IStR 2011, 863 (868).
1180 *Herdegen* in *Maunz/Dürig*, GG Art. 25, Rn. 8; *Lehner*, IStR 2012, 389 (401).
1181 *Herdegen* in *Maunz/Dürig*, GG Art. 25, Rn. 8; *Geiger*, Grundgesetz und Völkerrecht, 168; *Lehner*, IStR 2012, 389 (401).
1182 BVerfG, Urt. v. 26.03.1957 – 2 BvG 1/55, BVerfGE 6, 309 (362 f.).
1183 BFH, Beschluss v. 19.05.2010 – I B 191/09, BFHE 229, 322 (335).
1184 Normenkontrollverfahren unter dem Aktenzeichen BVerfG – 2 BvL 1/12.
1185 *Vogel*, JZ 1997, 161; *Vogel* in *Vogel/Lehner* Aufl. 5, DBA Einl. Rn. 205; dagegen jedoch *Lehner* in *Vogel/Lehner* Aufl. 6, DBA Grundlagen, Rn. 201.
1186 *Haase*, Hinzurechnungsbesteuerung, 141; *Jansen/Weidmann*, IStR 2010, 596 (600).
1187 *Schmidt*, DStR 2010, 2436 (2440).
1188 BVerfG, Beschluss v. 15.12.2015, 2 BvL 1/12, IStR 2016, 191.
1189 BVerfG, Beschluss v. 15.12.2015, 2 BvL 1/12, IStR 2016, 191 (194 ff., 200); *Lehner*, IStR 2016, 217 (218).
1190 BVerfG, Beschluss v. 15.12.2015, 2 BvL 1/12, IStR 2016, 191 (196 f.).

Gesetz insoweit einen ausdrücklichen entgegenstehenden Willen enthalte.[1191] Auch aus dem Grundsatz der Völkerrechtsfreundlichkeit des Grundgesetzes könne nicht die Verfassungswidrigkeit eines Gesetztes hergeleitet werden, das sich in Widerspruch zum Völkervertragsrecht stelle.[1192]

4) Stellungnahme

Der EMRK kommt eine besondere Rolle zu, weil sie zur Auslegung von Grundrechtseingriffen herangezogen wird. In der Görgülü-Entscheidung wurde dementsprechend Art. 6 GG mit Hilfe des Art. 8 EMRK ausgelegt. Eine solche Verknüpfung mit den Grundrechten kommt den DBA hingegen nicht zu. Auch hat das BVerfG in der Görgülü-Entscheidung mehrfach die grundsätzliche Systematik herausgearbeitet, wonach dem Völkervertragsrecht keine unmittelbare Wirkung zukomme.[1193] Insbesondere sei eine unmittelbare Anwendbarkeit des Völkerrechts vom Grundgesetz nicht vorgesehen.[1194] Diese Rechtsprechung setzt das BVerfG mit seinem Beschluss zur Sache 2 BvL 1/12 fort.[1195] Es präzisiert unter Hervorhebung des lex-posterior-Grundsatzes, dass völkerrechtliche Verträge gem. Art. 59 Abs. 2 S. 1 GG in der innerstaatlichen Normenhierarchie auf der Stufe einfacher Bundesgesetze stehen.[1196]

Es ist nicht anzunehmen, dass eine bloße Missbilligung ohne Sanktionen zu einer Änderung des Gesetzgebers hinsichtlich des Überschreibens von völkervertraglichen Verpflichtungen führen wird.[1197] In jüngster Vergangenheit haben die potentiellen einseitigen Verstöße gegen völkerrechtliche Verträge zugenommen.[1198] Sie werden, wie gezeigt, von der OECD, den G20-Staaten bzw. der EU weitgehend als völkerrechtskonform betrachtet.[1199]

5) Subjektive Berechtigung aus dem DBA

Wie gezeigt, richten sich DBA an die vertragsschließenden Staaten (inter-partes-Wirkung). Eine subjektive Berechtigung ergibt sich daraus für natürliche Personen nicht, sie ist nur abgeleitet durch einen Staat möglich.[1200] Aus Doppelbesteuerungsabkommen selbst kann der einzelne Bürger vor ihrer Transformation keine

---

1191 BVerfG, Beschluss v. 15.12.2015, 2 BvL 1/12, IStR 2016, 191 (196 f.); *Lehner*, IStR 2016, 217 (218).

1192 BVerfG, Beschluss v. 15.12.2015, 2 BvL 1/12, IStR 2016, 191 (197 ff.); *Lehner*, IStR 2016, 217 (218).

1193 BVerfG, Beschluss v. 14.10.2004, 2 BvR 1481/04, BVerfGE 111, 307 (318).

1194 BVerfG, Beschluss v. 14.10.2004, 2 BvR 1481/04, BVerfGE 111, 307 (318).

1195 BVerfG, Beschluss v. 15.12.2015, 2 BvL 1/12, DStR 2016, 359.

1196 BVerfG, Beschluss v. 15.12.2015, 2 BvL 1/12, DStR 2016, 359 (362 ff.).

1197 *Lüdicke*, DBA-Politik, 36.

1198 Hierzu *Gosch*, IStR 2008, 413 (421); *Lüdicke*, DBA-Politik, 34 ff.

1199 Vgl. unter Kapitel 3: A) III) 5) d) Ergebnis.

1200 *Ipsen*, Völkerrecht, § 7, Rn. 5.

subjektiven Rechte geltend machen, insbesondere kann er sich nicht auf die Rechtslage berufen, die sich aus dem ursprünglichen, noch nicht transformierten völkerrechtlichen Vertrag ergibt. Besonders anschaulich wird dies, wenn man sich vor Augen führt, dass bereits verfahrensrechtlich keine Möglichkeit vorgesehen ist, mit der sich ein Steuerbürger gegen die Nichtbeachtung des Völkervertragsrechts wenden könnte.[1201]

1201 *Ipsen*, Völkerrecht, § 7, Rn. 5.

Zusammenfassung

Die Motive zur Stiftungserrichtung sind vielfältig. Entsprechend den unterschiedlichen Ausgangslagen kann sich für einen Stifter nach eingehender Analyse eine Familienstiftungserrichtung im Ausland als das passende Mittel zur Verfolgung seiner Ziele darstellen. Neben persönlichen Zielen, wie bspw. der Gestaltung der Erbfolge oder der Versorgung von Angehörigen, oder wirtschaftlichen Zielen, insbesondere dem Erhalt von wirtschaftlichen Einheiten und deren dauerhafter Sicherung, ist es auch möglich, dass steuerliche Motive eine entscheidende Rolle für eine Stiftungserrichtung im Ausland spielen. In der Vergangenheit haben vor allem Liechtenstein und Österreich als Stiftungsorte für deutsche Stifter eine Rolle gespielt. Wesentliche Grundlage einer steuerlich motivierten Stiftungserrichtung im Ausland ist dabei das Trennungsprinzip. Dieses bewirkt, dass die Stiftung vom Stifter unabhängig besteuert wird. Folge davon ist, dass eine ausländische Stiftung grds. nur den steuerlichen Normen des ausländischen Staates unterliegt und damit grds. dessen Steuerniveau zur Anwendung gelangt. Damit entsteht eine sog. Abschirmwirkung gegenüber der deutschen Besteuerung. Um aus Sicht des deutschen Gesetzgebers ungerechtfertigte Steuerersparnisse durch Stiftungserrichtungen im Ausland zu vermeiden, wurde im Jahr 1972 nach Einführung des Außensteuergesetzes § 15 AStG zur Regelung von ausländischen Familienstiftungen aufgenommen. Der Anwendungsbereich des § 15 AStG wurde im Laufe der Zeit kontinuierlich ausgeweitet. Kernstück der Norm blieb jedoch die Familienstiftung iSd. § 15 Abs. 1, 2 AStG. Hierfür muss zunächst der Tatbestand der Familiennützigkeit der ausländischen Stiftung erfüllt sein. Der Begriff der Familiennützigkeit ist festzustellen durch eine Gegenüberstellung von familiennahen und -fremden Bezugs- und Anfallsberechtigten. Die familienfremden Berechtigten wurden vom Gesetzgeber nicht als besonders missbrauchsrelevant angesehen, weshalb § 15 AStG erst eingreift ab einer Größe von mindestens 50 Prozent von familiennahen Personen.

Weitere Tatbestandsvoraussetzung des § 15 AStG ist, dass der Stifter rechtswirksam eine Stiftung errichtet hat, insbesondere, dass das Stiftungsvermögen vom Stifter tatsächlich auf die Stiftung übergegangen ist. Bei der Errichtung der ausländischen Stiftung muss das maßgebliche ausländische Stiftungsstatut beachtet werden. Eine nach ausländischem Recht errichtete Familienstiftung ist sodann grundsätzlich auch im Inland als eigene Rechtspersönlichkeit zu beachten.

Ebenfalls unabdingbar iSd. § 15 Abs. 1 AStG ist, dass die Familienstiftung Sitz und Geschäftsleitung außerhalb Deutschlands hat, es sich also um eine ausländische Familienstiftung handelt. Da die Begrifflichkeiten des AStG vom Gesetzgeber unter Zugrundelegung ihrer Bedeutung im nationalen Recht verwendet wurden, ist anhand eines Typenvergleichs zu überprüfen, wann eine ausländische Familienstiftung einer inländischen Stiftung entspricht. Stiftungen in Liechtenstein und Österreich weisen in ihrer gesetzlichen Ausgestaltung überwiegend die gleichen Wesenszüge wie eine deutsche Stiftung auf. Sie werden daher grds. auch mit einer inländischen Stiftung als vergleichbar angesehen werden müssen.

Diese Voraussetzungen des § 15 Abs. 1, 2 AStG werden durch § 15 Abs. 3 AStG flankiert, wonach auch die Begünstigung unternehmensnaher, jedoch nicht mit dem Stifter familiär verbundener Personen entsprechend einer Familienstiftung iSd. § 15 Abs. 1 AStG behandelt werden, sog. unternehmensnahe Stiftung. Um Umgehungsmöglichkeiten zu verhindern, werden in § 15 Abs. 4 AStG den Stiftungen andere Rechtsformen gleichgestellt, die der Gesetzgeber als ebenso missbrauchsanfällig ansieht.

Die Rechtsfolge des § 15 Abs. 1 AStG liegt in der Zurechnung von Einkünften zu inländischen unbeschränkt steuerpflichtigen Zurechnungssubjekten, den Stiftern bzw. den Bezugs- und Anfallsberechtigten. Die Rechtsfolge der Zurechnung von Einkünften wurde erst durch das AmtshilfeRLUmsG im Jahre 2013 eingeführt, bis zum diesem Systemwechsel erfolgte die Zurechnung des Einkommens, eine im Verhältnis zu den Einkünften nachgelagerte Rechengröße. Die Zurechnung erfolgt entsprechend einem gestuften Verhältnis vorrangig zum inländischen Stifter, nachrangig zu den inländischen Bezugs- und Anfallsberechtigten. Insbesondere die Definition des letzten Begriffspaars erweist sich als schwierig.

Während in einfachen Fällen eine klar abgestufte Zurechnung der Einkünfte möglich ist, können sich unklare Zurechnungsfolgen ergeben, wenn mehrere unbeschränkt steuerpflichtige Anfallsberechtigte neben Bezugsberechtigten vorhanden sind.

Die Zurechnung als Rechtsfolge des § 15 AStG wirft die Konkurrenzfrage zu anderen Steuergesetzen auf. In Bezug zur beschränkten Steuerpflicht der ausländischen Familienstiftung im Inland mit inländischen Einkünften iSd. § 2 KStG bestehen keine Besonderheiten. Die beschränkte Steuerpflicht der ausländischen Stiftung im Inland wird insbesondere nicht durch die Zurechnungsfolge verdrängt. Die Hinzurechnungsbesteuerung iSd. §§ 7 ff. AStG ist anhand der Rechtsform von § 15 AStG abzugrenzen. Demnach richten sich die §§ 7 ff. AStG an ausländische Kapitalgesellschaften, wogegen § 15 AStG ausländische Stiftungen ins Auge fasst. Nicht entscheidend ist die Funktion des gewählten Rechtsgebildes, beispielweise die Versorgung von Familienangehörigen durch eine ausländische Kapitalgesellschaft iSd. §§ 7 ff. AStG.

Regelungstechnisch wird in § 15 Abs. 7 S. 1 AStG für die Ermittlung der ausländischen Stiftungseinkünfte zum Zweck der inländischen Zurechnung grds. auf die allgemeine deutsche Einkünfteermittlung verwiesen. Jedoch werden teilweise tiefgreifende Abweichungen von diesen allgemeinen Vorschriften angeordnet. So ordnet § 15 Abs. 7 S. 2 iVm. § 10 Abs. 3 S. 4 AStG an, dass für den Ausgleich einer möglichen Doppelbelastung, insbesondere bei Dividendeneinkünften der ausländischen Stiftung, grds. nicht auf die ausländische Stiftung abzustellen ist. Demnach kann zunächst auf Ebene der ausländischen Stiftung kein Ausgleich einer eintretenden Doppelbelastung iSd. § 8b KStG eingreifen.

Gem. § 15 Abs. 7 S. 3 AStG wird die Zurechnung eines Verlustes der ausländischen Stiftung beim inländischen Zurechnungssubjekt ausgeschlossen. Stattdessen werden die Verlustabzugsregeln des § 10d EStG für die Ermittlung der Einkünfte bei der Stiftung als entsprechend anwendbar erklärt, sodass ein Verlustrücktrag bzw. -vortrag möglich ist.

Aus der neu geregelten Zurechnung der Einkünfte ergeben sich gewerbesteuerliche Probleme. Soweit die zuzurechnenden Einkünfte in den inländischen Gewinn aus Gewerbebetrieb einfließen, könnten sie auch den maßgeblichen Gewerbeertrag erhöhen. Hierauf wurde bereits im Gesetzgebungsverfahren hingewiesen. Dennoch wurde vom Gesetzgeber dieser Umstand nicht entschärft. Für eine sich bei der Hinzurechnungsbesteuerung iSd. §§ 7 ff. AStG ergebende vergleichbare Konstellation hat der BFH eine systemgerechte Kürzung der inländischen gewerbesteuerlichen Bemessungsgrundlage um den Hinzurechnungsbetrag angeordnet. Dieses Ergebnis ist auf § 15 AStG übertragbar.

Aus systematischen Gründen musste der Gesetzgeber regeln, unter welcher Einkünftekategorie die zugerechneten Einkünfte bei den Zurechnungssubjekten zu erfassen sind. Diese Regelung findet sich in § 15 Abs. 8 AStG. Die Einkünfte können dabei den Kapitaleinkünften iSd. § 20 Abs. 1 Nr. 9 EStG oder den Unternehmens- bzw. Vermietungseinkünften iSd. §§ 13, 15, 18 bzw. 21 EStG zuzurechnen sein.

Mit dem AmtshilfeRLUmsG wurde ein neu geschaffener § 15 Abs. 10 AStG eingeführt, der sich gegen Umgehungsmöglichkeiten durch doppelstöckige Stiftungsstrukturen richtet. Es werden deshalb der ausländischen Familienstiftung die Einkünfte einer anderen (ihr nachgeschalteten) Stiftung zugerechnet. Für den Fall, dass die andere (nachgeschaltete) ausländische Stiftung die EU-/EWR-rechtlichen Voraussetzungen des § 15 Abs. 6 AStG erfüllt, wird jedoch von der Zurechnung abgesehen. Eine Zurechnung erfolgt gleichermaßen nicht für Zuwendungen an die ausländische Stiftung, die bereits vorher der Zurechnung gem. § 15 Abs. 10 S. 1 AStG unterlegen haben. Dabei wurde die Zurechnungsfolge in § 15 Abs. 10 S. 1 AStG in einem geringeren Maße als die Tatbestandsseite ausgestaltet, sodass ein Zurechnungsdefizit als möglich erscheint.

Die tatsächliche Leistung der ausländischen Stiftung an inländische Zurechnungssubjekte, die nachweislich bereits der Zurechnungsbesteuerung des § 15 Abs. 1 AStG unterlegen haben, wird von § 15 Abs. 11 AStG zur Vermeidung einer Mehrfacherfassung als nicht der Besteuerung unterliegend eingeordnet. Hierbei ist weder eine Personenidentität zwischen dem Zurechnungs- und dem Zuwendungssubjekt noch eine Objektidentität zu fordern.

Um die Vereinbarkeit mit dem Europarecht zu gewährleisten, hat der Gesetzgeber mit dem JStG 2009 § 15 Abs. 6 AStG eingeführt. Demnach wurde für Stiftungen mit Geschäftsleitung oder Sitz in einem Mitgliedstaat der Europäischen Union oder einem EWR-Staat eine Bereichsausnahme von der Zurechnung des § 15 Abs. 1 AStG geschaffen. Voraussetzung hierfür ist neben einer qualifizierten Auskunftsvereinbarung zwischen Deutschland und dem ausländischen Geschäftsleitungs- bzw. Sitzstaat der Familienstiftung der Nachweis, dass das Stiftungsvermögen der Verfügungsmacht der familien- bzw. unternehmensnahen Personen iSd. § 15 Abs. 2, 3 AStG rechtlich und tatsächlich entzogen ist. Der Nachweis ist dabei durch die

Zurechnungssubjekte im Zeitpunkt der Abgabe der Steuererklärung zu erbringen. Er entfaltet Wirkung auch für andere Zurechnungssubjekte.

Die Zurechnung des § 15 AStG führt nicht zu einem Verstoß gegen Doppelbesteuerungsabkommen, da deren Gegenstand nicht die Zurechnung von Einkünften beinhaltet. Europarechtliche und EWR-rechtliche Probleme bleiben trotz der Bereichsausnahme iSd. § 15 Abs. 6 AStG bestehen. Dies folgt daraus, dass § 15 AStG u.a. nicht nur Missbrauchsfälle im Sinne einer rein künstlichen Gestaltung erfasst. Als verfassungsrechtlich problematisch erweist sich der gem. § 15 Abs. 7 S. 3 iVm. § 21 Abs. 18 AStG auf alle noch nicht bestandskräftigen Steuerfestsetzungen anzuwendende Ausschluss der Zurechnung eines negativen Betrages. Ein möglicher Bruch von Völkervertragsrecht durch § 15 AStG würde nicht notwendiger Weise, wie das BVerfG kürzlich festgestellt hat, zu einem Verfassungsverstoß führen.

Literaturverzeichnis

Arnold, Nikolaus: Privatstiftungsgesetz – Kommentar, 3. Aufl., Wien 2013. (zitiert: *Bearbeiter* in *Arnold,* PSG, § Rn.)

Arnold, Nikolaus/Ludwig, Christian: Stiftungshandbuch – Stiftungsrechtliche und steuerliche Bestimmungen ; Österreich und Liechtenstein, 2. Aufl., Wien 2014. (zitiert: *Bearbeiter* in *Arnold/Ludwig,* Stiftungsrecht Österreich und Liechtenstein, Rn.)

Bauer, Dorthe Christina: Vermögensverwaltung mittels Privatstiftungen und anderer Strukturen – Eine rechtsvergleichende steuer- und zivilrechtliche Analyse am Beispiel von Deutschland, Österreich, Luxemburg und Liechtenstein, Baden-Baden 2013. (zitiert: *Bauer,* Privatstiftungen, S.)

Birk, Dieter/Desens, Marc/Tappe, Henning: Steuerrecht, 18. Aufl., Heidelberg u.a. 2015. (zitiert: *Birk/Desens/Tappe,* Steuerrecht, Rn.)

Birk, Dieter: Transaktionen, Vermögen, Pro Bono. München 2008. (zitiert: *Bearbeiter* in *Birk,* Transaktionen Vermögen Pro Bono S.)

Blumers, Wolfgang: Grenzenlose Freiheit- Auffassungen eines Staatssekretärs zu § 15 AStG, DStR 2013, S. 171–173. (zitiert: *Blumers,* DStR 2013, 171)

Blümich, Walter: Einkommensteuergesetz, Körperschaftsteuergesetz, Gewerbesteuergesetz, Nebengesetze, Kommentar, München 2015. (zitiert: *Bearbeiter* in *Blümich,* Gesetz §, Rn.)

Breinersdorfer, Stefan: Abzugsverbote und objektives Nettoprinzip – Neue Tendenzen in der verfassungsgerichtlichen Kontrolle des Gesetzgebers, DStR 2010, S. 2492–2497. (zitiert: *Breinersdorfer,* DStR 2010, 2492)

Brezing, Klaus: Außensteuerrecht – Kommentar, Herne 1991. (zitiert: *Bearbeiter* in *Brezing,* AStG §, Rn.)

Bundesverband Deutscher Stiftungen: Zahlen, Daten, Fakten zum deutschen Stiftungswesen. Berlin 2014. (zitiert: BDS, Zahlen Daten Fakten 2014, S.)

Burmester, Gabriele/Endres, Dieter: Außensteuerrecht, Doppelbesteuerungsabkommen und EU-Recht im Spannungsverhältnis. Festschrift für Helmut Debatin zum 70. Geburtstag. München 1997. (zitiert: *Bearbeiter* in FS *Debatin,* S.)

Calliess, Christian/Ruffert, Matthias: EUV, AEUV – Das Verfassungsrecht der Europäischen Union mit Europäischer Grundrechtecharta. Kommentar, 4. Aufl., München 2011. (zitiert: *Bearbeiter* in *Calliess/Ruffert* EUV/AEUV Art. Rn.)

Campenhausen, Axel von/Richter, Andreas: Stiftungsrechts-Handbuch. 4. Aufl., München, 2014. (zitiert: *Bearbeiter* in *Seifart/v. Campenhausen* § Rn.)

Classen, Claus Dieter/Nettesheim, Martin/Oppermann, Thomas: Europarecht – Ein Studienbuch, 6. Aufl., München 2014. (zitiert: *Oppermann/Classen/Nettesheim,* S.)

Cordewener, Axel: Deutsche Unternehmensbesteuerung und europäische Grundfreiheiten – Grundzüge des materiellen und formellen Rechtsschutzsystems der EG, DStR 2004, S. 6–15. (zitiert: *Cordewener*, DStR 2004, 6)

Cordewener, Axel: Europäische Grundfreiheiten und nationales Steuerrecht, Köln 2012. (zitiert: *Cordewener*, EU-Grundfreiheiten und nat. Steuerrecht, S.)

Cortez, Benjamin/Schmidt, Sebastian: Die Regelungen des deutschen Außensteuergesetzes – Teil V Die Spezialvorschriften für Familienstiftungen (§ 15 AStG) und über die Anwendung von DBA (§ 20 AStG), Steuer und Studium 2014, 210 – 216. (zitiert: *Cortez/Schmidt*, Steuer und Studium 2014, S. 210)

Debatin, Helmut: Doppelbesteuerungsabkommen und innerstaatliches Recht, DStR 1992 Beihefter zu Heft 23, S. 1–8. *(zitiert: Debatin*, DStR 1992, Beihefter zu Heft 23, S. 1)

Debatin, Helmut: Grundzüge der Abkommen zur Vermeidung der internationalen Doppelbesteuerung, Freiburg, 1963. (zitiert: *Debatin*, Grundzüge der Abkommen zur Vermeidung der internationalen Doppelbesteuerung, S.)

Debatin, Helmut: Neugestaltung der deutsch-schweizerischen Steuerbeziehungen, DStZ/A 1971, S. 358–402. (zitiert: *Debatin*, DStZ/A 1971, 358)

Debatin, Helmut: StÄndG 1992 und „Treaty Override", DB 1992, S. 2159–2163. (zitiert: *Debatin*, DB 1992, 2159)

Ditz, Xaver/Quilitzsch, Carsten: Die Änderungen im AStG durch das AmtshilfeRLUmsG – Quo vadis Außensteuergesetz?, DStR 2013, S. 1917–1923. (zitiert: *Ditz/Quilitzsch*, DStR 2013, 1917)

Dötsch, Ewald: Körperschaftsteuer, 17. Aufl., Stuttgart 2015. (zitiert: *Bearbeiter* in *Dötsch*, KSt, S.)

Eckert, Ralf: Rechtsschutz gegen „Treaty Overriding", RiW 1992, S. 386–388. (zitiert: *Eckert*, RiW 1992, 386)

Felix, Günther: Zur Auslegung des § 12 Außensteuergesetz (Familienstiftungen), DB 1972, S. 2275–2276. (zitiert: *Felix*, DB 1972, 2275)

Feick, Martin: Stiftung als Nachfolgeinstrument – Zivilrecht, Steuerrecht und internationales Recht, München 2014. (zitiert: *Bearbeiter* in *Feig*, Stiftung als Nachfolgeinstrument, S.)

Fischer, Daniel J.: Stiftungen – Stiftungszivilrecht – Grundzüge des Stiftungssteuerrechts, 6. Aufl., Berlin 2015. (zitiert: *Fischer*, Stiftungen, S.)

Fischer, Michael: Europarecht und Körperschaftsteuerrecht, DStR 2006, S. 2281–2288. (zitiert: *Fischer*, DStR 2006, 2281)

Flick, Hans/Wassermeyer, Franz/Baumhoff, Hubertus/Schönfeld, Jens: Außensteuerrecht – Kommentar Außensteuergesetz – Außensteuerrechtliche Vorschriften des Einkommensteuergesetzes und des Körperschaftsteuergesetzes, Köln 2015. (zitiert: *Bearbeiter* in *Flick/Wassermeyer/Baumhoff/Schönfeld*, AStG §, Rn.)

Forsthoff, Ulrich: Treaty Override und Europarecht, IStR 2006, S. 509–512. (zitiert: *Forsthoff*, IStR 2006, 509)

Friauf, Karl Heinrich: Gesetzesankündigung und rückwirkende Gesetzgebung im Steuer- und Wirtschaftsrecht, BB 1972, S. 669–678. (zitiert: *Friauf*, BB 1972, 669)

Frieling, Melanie: Die Familienstiftung als Gestaltungsinstrument im Rahmen der Unternehmensnachfolge: Eine steuerplanerische Untersuchung, Berlin 2015. (zitiert: *Frieling*, Unternehmensnachfolge, S.)

Frotscher, Gerrit: Körperschaftsteuer, Gewerbesteuer, 2. Aufl., München 2008. (zitiert: *Frotscher*, KSt GewSt, Rn.)

Gasser, Johannes: Liechtensteinisches Stiftungsrecht – Praxiskommentar, Bern 2013. (zitiert: *Gasser*, Liechtensteinisches Stiftungsrecht, Art. 552 § Rn.)

Gebel, Dieter: Betriebsvermögensnachfolge: Erbfall und vorweggenommene Erbfolge; Einkommensteuer und Erbschaftsteuer. 2. Aufl. München 2002. (zitiert: *Gebel*, Betriebsvermögensnachfolge, Rn.)

Götz, Hellmut/Pach-Hanssenheimb, Ferdinand: Handbuch der Stiftung – Zivilrecht, Steuerrecht, Rechnungslegung, Herne 2014. (zitiert: *Bearbeiter* in *Götz/Pach-Hassenheimb*, Stiftung, Rn.)

Gebhardt, Ronald: Deutsches Tax Treaty Overriding – Steuersystematische und -ökonomische Implikationen, Wiesbaden 2013. (zitiert: *Gebhardt*, Tax Treaty Overriding, S.)

Geiger, Rudolf: Grundgesetz und Völkerrecht, 6. Aufl., München 2013. (zitiert: *Geiger*, Grundgesetz und Völkerrecht, S.)

Gierhake, Olaf: Rechtliche Fragen der Vermögensnachfolge für deutsche Unternehmer mit deutschen, österreichischen und liechtensteinischen Stiftungen, Zürich 2013. (zitiert: *Gierhake*, Vermögensnachfolge, S.)

Glöckner, Jochen: Grundverkehrsbeschränkungen und Europarecht – Zugleich ein Beitrag zum Anwendungsbereich der Kapitalverkehrsfreiheit, EuR 2000, S. 592–622. (zitiert: *Glöckner*, EuR 2000, 592)

Goebel, Sören/Palm, Annette: Der Motivtest – Rettungsanker der deutschen Hinzurechnungsbesteuerung?, IStR 2007, S. 720–726. (zitiert: *Goebel/Palm*, IStR 2007, 720)

Gosch, Dietmar/Schönfeld, Jens: Kapitalverkehrsfreiheit und Drittstaaten – Ein (vorläufiger) Zwischenstand, IStR 2015, S. 755–760. (zitiert: *Gosch/Schönfeld*, IStR 2015, 755)

Gosch, Dietmar: Körperschaftsteuergesetz – Kommentar, 3. Aufl., München 2015. (zitiert: *Bearbeiter* in *Gosch*, KStG §, Rn.)

Gosch, Dietmar: Über das Treaty Overriding – Bestandsaufnahme – Verfassungsrecht – Europarecht, IStR 2008, S. 413–421. (zitiert: *Gosch*, IStR 2008, 413)

Götz, Hellmut: Wird § 7 Abs. 1 Nr. 9 ErbStG von § 15 Abs. 11 AStG verdrängt?, DStR 2014, S. 1047–1050. (zitiert: *Götz*, DStR 2014, 1047)

Grabitz, Eberhard/Hilf, Meinhard/Nettesheim, Martin: Das Recht der Europäischen Union, München 2015. (zitiert: *Bearbeiter* in *Grabitz/Hilf/Nettesheim*, AEUV Art., Rn.)

Groeben, Hans von der/Schwarze, Jürgen/Hatje, Armin: Europäisches Unionsrecht – Vertrag über die Europäische Union – Vertrag über die Arbeitsweise der Europäischen Union – Charta der Grundrechte der Europäischen Union, 7. Aufl., Baden-Baden 2015. (zitiert: *Bearbeiter* in *von der Groeben/Schwarze/Hatje*, AEUV Art., Rn.)

Grotherr, Siegfried/Herfort, Claus/Strunk, Günter: Internationales Steuerrecht, 3. Aufl., Achim 2010. (zitiert: *Bearbeiter* in *Grotherr/Herfort/Strunk*, S.)

Gürsching, Lorenz/Stenger, Alfons: Bewertungsrecht – BewG, ErbStG; Kommentar, München 2014. (zitiert: *Bearbeiter* in *Gürsching/Stenger*, ErbStG § Rn.)

Haase, Florian: Außensteuergesetz, Doppelbesteuerungsabkommen. 2. Aufl., Heidelberg 2012. (zitiert: *Bearbeiter* in *Haase*, AStG, §, Rn.)

Haase, Florian: Die Hinzurechnungsbesteuerung – Grundlagen, Problemfelder, Gestaltungsmöglichkeiten, 2. Aufl., Herne 2015. (zitiert: *Haase*, Hinzurechnungsbesteuerung, S.)

Habammer, Christoph: Der ausländische Trust im deutschen Ertrag- und Erbschaft-/Schenkungsteuerrecht, DStR 2002, S. 425–432. (zitiert: *Habammer*, DStR 2002, 425)

Hahn, Hartmut: Gemeinschaftsrecht und Recht der direkten Steuern – Teil II, DStZ 2005, S. 469–481. (zitiert: *Hahn*, DStZ 2005, 469)

Hahn, Hartmut: Treaty Overriding sine ira et studio, IStR 2011, S. 863–870. (zitiert: *Hahn*, IStR 2011, 863)

Herbers, Susanne: Zur Verfassungsmäßigkeit der Erbersatzsteuer für Familienstiftungen, BB 1983, S. 819–821. (zitiert: *Herbers*, BB 1983, 819)

Hey, Johanna: Hinzurechnungsbesteuerung bei ausländischen Familienstiftungen gemäß § 15 AStG i. d. F. des JStG 2009 – europa- und verfassungswidrig!, IStR 2009, S. 181–190. (zitiert: *Hey*, IStR 2009, 181)

Hindelang, Steffen: Die steuerliche Behandlung drittstaatlicher Dividenden und die europäischen Grundfreiheiten – Die teilweise (Wieder-) Eröffnung des Schutzbereiches der Kapitalverkehrsfreiheit für Dividenden aus drittstaatlichen Direktinvestitionen, IStR 2013, 7781. (zitiert: *Hindelang*, IStR 2013, 77)

Hübschmann, Walter/Hepp, Ernst/Spitaler, Armin: Abgabenordnung, Finanzgerichtsordnung – Kommentar, Köln 2015. (zitiert: *Bearbeiter* in *Hübschmann/Hepp/Spitaler*, § AO, Rn.)

Hopt, Klaus J./Reuter, Dieter: Stiftungsrecht in Europa – Stiftungsrecht und Stiftungsrechtsreform in Deutschland, den Mitgliedstaaten der Europäischen Union, der Schweiz, Liechtenstein und den USA, Köln 2001. (zitiert: *Bearbeiter* in *Hopt/Reuter*, Stiftungsrecht in Europa, S.)

Ipsen, Knut: Völkerrecht, 6. Aufl., München 2008. (zitiert: *Ipsen*, Völkerrecht, §, Rn.)

Jäger, Birgit/Lang, Friedbert: Körperschaftsteuer, 18. Aufl., Achim 2009. (zitiert: *Jäger/Lang*, KSt, S.)

Jakob, Wolfgang: Einkommensteuer, 4. Aufl., München 2008. (zitiert: *Jakob*, ESt, Rn.)

Jansen, Lothar/Weidmann, Matthias: Treaty Overriding und Verfassungsrecht – Beurteilung der verfassungsrechtlichen Zulässigkeit von Treaty Overrides am Beispiel des § 50d EStG, IStR 2010, S. 596–605. (zitiert: *Jansen/Weidmann*, IStR 2010, 596)

Kahlenberg, Christian: Verstoß der portugiesischen Zinsabzugsbeschränkung gegen den freien Kapitalverkehr – ITELCAR und Pública, SteuK 2014, S. 41. (zitiert: *Kahlenberg*, SteuK 2014, 41)

Kellersmann, Dietrich/Schnitger, Arne: Europarechtliche Bedenken hinsichtlich der Besteuerung ausländischer Familienstiftungen, IStR 2005 (253–261). (zitiert: *Kellersmann/Schnitger*, IStR 2005, 253)

Kinzl, Ulrich-Peter: Nachfolgeplanung mit Familienstiftungen: § 15 AStG zwischen Hindernis und Europarechtswidrigkeit, IStR 2005, S. 624–629. (zitiert: *Kinzl*, IStR 2005, 624)

Kirchhain, Christian: Auskunftsaustausch mit Liechtenstein im Kontext des § 15 AStG – Anmerkung zu FG Düsseldorf, Urteil vom 22.1.2015 – 16 K 2858/13 F, IStR 2015, S. 246–249. (zitiert: *Kirchhain*, IStR 2015, 246)

Kirchhain, Christian: Die Familienstiftung im Außensteuerrecht – Zurechnungsbesteuerung bei ausländischen Familienstiftungen und Trusts nach § 15 AStG, Herne 2010. (zitiert: *Kirchhain*, Die Familienstiftung, Rn.)

Kirchhain, Christian: Neues von der Zurechnungsbesteuerung – Gedanken zur geplanten Neufassung des § 15 AStG durch das Jahressteuergesetz 2013, IStR 2012, S. 602–607. (zitiert: *Kirchhain*, IStR 2012, 602)

Klein, Franz: Abgabenordnung, Kommentar, München 2014. (zitiert: *Bearbeiter* in *Klein*, AO §, Rn.)

Kleinert, Jens/Podewils, Felix: Die Neufassung von § 15 AStG durch das Jahressteuergesetz 2009 – nur ein Beispiel für verfassungswidrige Rückwirkungsgesetze im Steuerrecht, BB 2008, S. 1819–1823. (zitiert: *Kleinert/Podewils*, BB 2008, 1819)

Koenig, Ulrich: Abgabenordnung, 3. Aufl. München 2014. (zitiert: *Bearbeiter* in *Koenig*, AO, §, Rn.)

Königer, Stefan: Nutzung der erbschaftsteuerlichen Begünstigungen der §§ 13a, 13b ErbStG durch Familienstiftungen, ZEV 2013, S. 433–436. (zitiert: *Königer*, ZEV 2013, S. 433)

Kraft, Gerhard/Mengel, Andreas: Anwendbarkeit der Kapitalverkehrsfreiheit auf Drittstaatendividenden in DBA Situationen, IStR 2014, S. 309–313. (zitiert: *Kraft/Mengel*, IStR 2014, 309)

Kraft, Gerhard/Hause, Katja: Die Gemeinschaftsrechtswidrigkeit des § 15 AStG zur Besteuerung ausländischer Familienstiftungen aus dem Blickwinkel der EuGH-Rechtsprechung, DB 2006, S. 414–418. (zitiert: *Kraft/Hause*, DB 2006, 414)

Kraft, Gerhard/Schreiber, Christoph: Die Gewerbesteuerpflicht des Hinzurechnungsbetrags – Belastungseffekte, normative Analyse, systematische Rechtfertigung, IStR 2015, S. 149–155. (zitiert: *Kraft/Schreiber*, IStR 2015, 149)

Kraft, Gerhard/Hohage, Uwe: Die Itelcar-Entscheidung des EuGH – ein Ausreißer? Eine Entgegnung zu Mitschke, IStR 2014, S. 174–178. (zitiert: *Kraft/Hohage*, IStR 2014, 174)

Kraft, Gerhard/Moser, Till/Gebhardt, Ronald: Neukonzeption der Besteuerung ausländischer Familienstiftungen durch das JStG 2013 – Systematische Würdigung, strukturelle Defizite und Gestaltungsüberlegungen, DStR 2012, S. 1773–1779. (zitiert: *Kraft/Moser/Gebhardt*, DStR 2012, 1773)

Kraft, Gerhard/Schulz, Kay Alexander: Zwischengesellschaften im Kontext ausländischer Familienstiftungen – Entwicklungen durch das Jahressteuergesetz 2013, IStR 2012, S. 897–904. (zitiert: *Kraft/Schulz*, IStR 2012, 897)

Kraft, Gerhard: Außensteuergesetz, München 2009. (zitiert: *Bearbeiter* in *Kraft*, AStG §, Rn.)

Kropholler, Jan: Internationales Privatrecht – Einschließlich der Grundbegriffe des internationalen Zivilverfahrensrechts, 6. Aufl., Tübingen 2006. (zitiert: *Kropholler*, IPR, S.)

Lademann, Fritz: Kommentar zum Einkommensteuergesetz mit Nebengesetzen, Stuttgart 2015. (zitiert: *Bearbeiter* in *Lademann*, AStG §, Rn.)

Lehleiter, Robert: Die Familienstiftung als Instrument zur Sicherung der Unternehmenskontinuität bei Familienunternehmen, Frankfurt am Main 1996. (zitiert: *Lehleiter*, Familienunternehmen, S.)

Lehner, Moris: Die verfassungsrechtliche Verankerung des objektiven Nettoprinzips-Zum Vorlagebeschluss des BFH und zur Entscheidung des BVerfG über die Verfassungswidrigkeit der Entfernungspauschale, DStR 2009, S. 185–191. (zitiert: *Lehner*, DStR 2009, 185)

Lehner, Moris: Reden zum Andenken an Klaus Vogel, München 2010. (zitiert: *Bearbeiter in* Reden zum Andenken an *Klaus Vogel*, S.)

Lehner, Moris: Treaty Override im Anwendungsbereich des § 50d EStG, IStR 2012, S. 389–404. (zitiert: *Lehner*, IStR 2012, 389)

Löwe, Christian von: Familienstiftung und Nachfolgegestaltung – Deutschland – Österreich – Schweiz – Lichtenstein, Düsseldorf 1999. (zitiert: *Löwe*, Familienstiftung und Nachfolgegestaltung, S.)

Löwe, Christian von: Österreichische Privatstiftung mit Stiftungsbeteiligten in Deutschland, IStR 2005, S. 577–584. (zitiert: *Löwe*, IStR 2005, 577)

Löwe, Christian von/Droege, Ralph du Roi: Ist die Erbersatzsteuer bei Familienstiftungen reformbedürftig?, ZEV 2006, S. 530–534. (zitiert: *Löwe/Droege*, ZEV 2006, 530)

Lüdicke, Jürgen: Überlegungen zur deutschen DBA-Politik, Baden-Baden 2008. (zitiert: *Lüdicke*, DBA-Politik, S.)

Marschner, Ernst: Optimierung der Familienstiftung – Aus der Sicht der Begünstigten, 3. Aufl., Wien 2015. (Zitiert: *Marschner*, Familienstiftung, Rn.)

Maunz, Theodor/Dürig, Günter: Kommentar zum Grundgesetz, München 2015. (zitiert: *Bearbeiter* in: *Maunz/Dürig*, GG, Art., Rn.)

Mecking, Christoph: Das Stiftungswesen in Rheinland-Pfalz – Kommentar zum Landesstiftungsgesetz, Essen 2006. (zitiert: *Mecking*, StiftG Rheinland-Pfalz, S.)

Meincke, Jens Peter: Erbschaftsteuer- und Schenkungsteuergesetz – Kommentar, 16. Aufl., München 2012. (zitiert: *Meincke*, ErbStG, §, Rn.)

Melzer, Martin: Das österreichische Privatstiftungsrecht und das neue liechtensteinische Stiftungsrecht im Vergleich, Wien/Graz 2010. (zitiert: *Melzer*, Privatstiftungsrecht Ö und FL, S.)

Menck, Thomas: Rechtsmechanismus und Rechtscharakter der Zugriffsbesteuerung, DStZ/A 1978, S. 106–110. (zitiert: *Menck*, DStZ/A, 1978, 106)

Milatz, Jürgen E./Herbst, Catarina: Die Besteuerung der Destinatäre einer ausländischen Familienstiftung, BB 2011, S. 1500–1506. (zitiert: *Milatz/Herbst*, BB 2011, 1500)

Mitschke, Wolfgang: Das Treaty Override zur Verhinderung einer Keinmalbesteuerung aus Sicht der Finanzverwaltung, DStR 2011, S. 2221–2229. (zitiert: *Mitschke*, DStR 2011, 2221)

Mitschke, Wolfgang: Direktes Europäisches Steuerrecht auf Schlingerkurs?, IStR 2014, S. 37–45. (zitiert: *Mitschke*, IStR 2014, 37)

Moser, Till/Gebhardt, Ronald: Ungereimtheiten und Übergangsprobleme durch die systematischen Änderungen in § 15 AStG im Rahmen des Amtshilferichtlinie-Umsetzungsgesetzes, DStZ 2013, S. 753–755. (zitiert: *Moser/Gebhardt*, DStZ 2013, 753)

Mössner, Jörg Manfred/Fuhrmann, Sven: Außensteuergesetz-Kommentar, 2. Aufl., Herne 2011. (zitiert: *Mössner/Fuhrmann*, AStG §, Rn.)

Münchener Kommentar: Münchener Kommentar zum Bürgerlichen Gesetzbuch, Band 1: Allgemeiner Teil §§ 1–240, 7. Aufl., München 2015. Band 8: Familienrecht II §§ 1589–1921, 6. Aufl., München 2012. (zitiert: *Bearbeiter* in *MüKo*, § BGB, Rn.)

Muscheler, Karlheinz: Stiftungsrecht – Gesammelte Beiträge, 2. Aufl., Baden-Baden 2011. (zitiert: *Muscheler*, Gesammelte Beiträge, S.)

Musil, Andreas: Deutsches treaty overriding und seine Vereinbarkeit mit Europäischem Gemeinschaftsrecht, Berlin 2000. (zitiert: *Musil,* Deutsches treaty overriding, S.)

Musil, Andreas: Treaty Override als Dauerproblem des Internationalen Steuerrechts, IStR 2014, S. 192–196. (zitiert: *Musil,* IStR 2014, 192)

Niedrig, Hans-Peter: Substanzerfordernisse bei ausländischen Gesellschaften, IStR 2003, S. 474–482. (zitiert: *Niedrig,* IStR 2003, 474)

Palandt, Otto: Bürgerliches Gesetzbuch – Mit Nebengesetzen. 74. Aufl., München 2015. (zitiert: *Bearbeiter* in *Palandt,* BGB §, Rn.)

Pauli, Rudolf/Schulte, Martin/Stumpf, Christoph A./Suerbaum, Joachim: Stiftungsrecht – Kommentar, 2. Aufl., München 2015. (zitiert: *Bearbeiter* in *Stumpf/Suerbaum/Schulte/Pauli,* § *BGB, Rn.)*

Radmanesh, Sandy: Empfehlungen für eine effektive Hinzurechnungsbesteuerung (sog CFC-Regelungen) – Aktionspunkt 3 des OECD/G20 Base Erosion and Profit Shifting (BEPS)-Aktionsplans, IStR 2015, S. 895-900. (zitiert: *Radmanesh,* IStR 2015, 895)

Raupach, Arndt: Der Durchgriff im Steuerrecht, München 1968. (zitiert: *Raupach,* Der Durchgriff im Steuerrecht, S.)

Rehm, Helmut/Nagler, Jürgen: Zurechnungsbesteuerung bei ausländischen Familienstiftungen (§ 15 AStG) und die Empfängerbenennung (§ 160 AO) auf dem Prüfstand des Gemeinschaftsrechts, IStR 2008 (284–290). (zitiert: *Rehm/Nagler,* IStR 2008, 284)

Reimann, Wolfgang: Die rechtsfähigen Stiftungen in der Kautelarpraxis, DNotZ 2012, S. 250–269. (zitiert: *Reimann,* DNotZ 2012, 250)

Richter, Andreas/Wachter, Thomas: Handbuch des internationalen Stiftungsrechts, Angelbachtal 2007. (zitiert: *Bearbeiter* in *Richter/Wachter,* Stiftungsrecht, §, Rn.)

Rosenkranz, Frank: Die Auslegung von „Ausnahmevorschriften“, JURA 2015, S. 783–788. (zitiert: *Rosenkranz,* JURA 2015, 783)

Runge, Berndt: Die Familienstiftung im Außensteuergesetz, DB 1977, S. 514–516. (zitiert: *Runge,* DB 1977, 514)

Rust, Alexander/Reimer, Ekkehart: Treaty Override im deutschen Internationalen Steuerrecht, IStR 2005, S. 843–849. (zitiert: *Rust/Reimer,* IStR 2005, 843)

Sahm, Reiner: Zum Teufel mit der Steuer: 5000 Jahre Steuern – ein langer Leidensweg der Menschheit, Wiesbaden 2012. (zitiert: *Sahm,* S.)

Schaumburg, Harald: Internationales Steuerrecht – Außensteuerrecht, Doppelbesteuerungsrecht, 3. Aufl., Köln 2011. (zitiert: *Schaumburg,* Internationales Steuerrecht, Rn.)

Schär, Daniel: Grundsätze der Beweislastverteilung im Steuerrecht – Unter besonderer Berücksichtigung des gemischten Veranlagungsverfahrens sowie des

Steuerjustizverfahrens, Bern 1998. (zitiert: *Schär*, Grundsätze der Beweislastverteilung im Steuerrecht, S.)

Scheffler, Wolfram: Besteuerung von Unternehmen I – Ertrag-, Substanz- und Verkehrsteuern, 12. Aufl., Heidelberg 2012. (zitiert: *Scheffler*, Besteuerung von Unternehmen, S.)

Schlüter, Andreas/Stolte, Stefan: Stiftungsrecht, München 2013. (zitiert: *Schlüter/Stolte*, Kap. Rn.)

Schmidt, Christian: Sondervergütungen auf Abkommensebene – Was nun, Finanzverwaltung und Gesetzgeber? Zugleich Anmerkung zum BFH-Urteil vom 8. 9. 2010, I R 74/09, DStR 2010, S. 2436–2441. (zitiert: *Schmidt*, DStR 2010, 2436)

Schönfeld, Jens: Probleme der neuen einheitlichen und gesonderten Feststellung von Besteuerungsgrundlagen für Zwecke der Anwendung des § 15 AStG (ausländische Familienstiftungen), IStR 2009, S. 16–19. (zitiert: *Schönfeld*, IStR 2009, 16)

Schulz, Peter/Werz, Ralf Stefan: Ausländische Familienstiftungen – Der Neue Ausnahmetatbestand des § 15 Abs. 6 AStG, ErbStB 2008, S. 177–182. (zitiert: *Schulz/Werz*, ErbStB 2008, 177)

Schwenke, Michael: Treaty override und kein Ende?, FR 2012, S. 443–450. (zitiert: *Schwenke*, FR 2012, 443)

Seibold, Felix: Die ertragsteuerliche Behandlung von Common Law Trusts, IStR 1993, S. 545–550. (zitiert: *Seibold*, IStR 1993, 545)

Selling, Hans-Jürgen: Die Abschirmwirkung ausländischer Basisgesellschaften gegenüber dem deutschen Fiskus, DB 1988, S. 930–936. (zitiert: *Selling*, DB 1988, 930)

Sieker, Klaus: Zur Einkommensbesteuerung von Ausschüttungen eines US-Trusts, BB 1993, S. 1257–1259. (zitiert: *Sieker*, BB 1993, 1257)

Staudinger, Julius von: Einführungsgesetz zum Bürgerlichen Gesetzbuche/ IPR, Art. 36 EGBEB, Berlin 2013. (zitiert: *Bearbeiter* in *Staudinger*, Art. EGBGB, Rn.)

Staudinger, Julius von: Einführungsgesetz zum Bürgerlichen Gesetzbuche/ IPR, Internationales Gesellschaftsrecht, Berlin 1998. (zitiert: *Bearbeiter* in *Staudinger*, IntGesR, Rn.)

Staudinger, Julius von: Einführungsgesetz zum Bürgerlichen Gesetzbuche/ IPR, Einleitung zum IPR, Berlin 2013. (zitiert: *Bearbeiter* in *Staudinger*, IPR, Rn.)

Staudinger, Julius von: Kommentar zum Bürgerlichen Gesetzbuch – Mit Einführungsgesetz und Nebengesetzen, Allgemeiner Teil §§ 21 – 79 (Allgemeiner Teil 2), Berlin 2005. (zitiert: *Bearbeiter* in *Staudinger*, BGB §, Rn.)

Streck, Michael: Körperschaftsteuergesetz. 8. Aufl., München 2014. (zitiert: *Bearbeiter* in *Streck*, KStG §, Rn.)

Streinz, Rudolf: EUV/AEUV – Vertrag über die Europäische Union und Vertrag über die Arbeitsweise der Europäischen Union, 2. Aufl., München 2012. (zitiert: *Bearbeiter* in *Streinz*, AEUV Art., Rn.)

Strickrodt, Georg: Stiftungsrecht – Geltende Vorschriften und rechtspolitische Vorschläge. Baden-Baden 1977. (zitiert: *Strickrodt,* Stiftungsrecht, S.)

Strunk, Günther/Kaminski, Bert/Köhler, Stefan: AStG, DBA Kommentar, Bonn 2014. (zitiert: *Bearbeiter* in *Strunk/Kaminski/Köhler,* AStG §, Rn.)

Stumpf, Christoph/Suerbaum, Joachim/Schulte, Martin/Pauli, Rudolf: Stiftungsrecht. BGB-Stiftungsrecht, Landesstiftungsgesetze, Stiftungssteuerrecht. 2. Aufl. München 2015. (zitiert: *Bearbeiter* in *Stumpf/Suerbaum/Schulte/Pauli,* Teil, §, Rn.)

Timmer, Karsten: Stiften in Deutschland, Gütersloh 2010. (zitiert: *Timmer,* Stiften in Deutschland, S.)

Tipke, Klaus/Kruse, Heinrich Wilhelm: Abgabenordnung, Finanzgerichtsordnung, Köln 2015. (zitiert: *Bearbeiter* in *Tipke/Kruse,* AO §, Rn.)

Troll, Max/Gebel, Dieter/Jülicher, Marc: Erbschaftsteuer- und Schenkungsteuergesetz – Kommentar, 2014, München. (zitiert: *Bearbeiter* in *Troll/Gebel/Jülicher,* ErbStG §, Rn.)

Vogel, Klaus/Lehner, Moris: Doppelbesteuerungsabkommen der Bundesrepublik Deutschland auf dem Gebiet der Steuern vom Einkommen und Vermögen, 6. Aufl., München 2015. (zitiert: *Bearbeiter* in *Vogel/Lehner,* DBA Art., Rn.)

Vogel, Klaus: Grundfragen des internationalen Steuerrechts, Köln 1985. (zitiert: *Bearbeiter* in Grundfragen des Internationalen Steuerrechts, DStJG 1985, S.)

Vogel, Klaus: Wortbruch im Verfassungsrecht, JZ 1997, S. 161–167. (zitiert: *Vogel,* JZ 1997, 161)

Wachter, Thomas: Festschrift für Sebastian Spiegelberger zum 70. Geburtstag, Bonn 2009. (zitiert: *Bearbeiter* in FS *Spiegelberger,* S.)

Wassermeyer, Franz: Anwendung des § 20 Abs. 1 Nr. 9 EStG auf Auskehrungen von Stiftungen, DStR 2006, S. 1733–1736. (zitiert: *Wassermeyer,* DStR 2006, 1733)

Wassermeyer, Franz: Der abkommensrechtliche Einkünftebegriff, IStR 2010, S. 324–326. (zitiert: *Wassermeyer,* IStR 2010, 324)

Wassermeyer, Franz: Die Hinzurechnungsbesteuerung als Qualifikationsproblem des nationalen und internationalen Steuerrechts, RiW 1983, S. 352–354. (zitiert: *Wassermeyer,* RIW 1983, 352)

Wassermeyer, Franz: Doppelbesteuerung – Kommentar zu allen deutschen Doppelbesteuerungsabkommen, München 2015. (zitiert: *Bearbeiter* in OECD-MA Art, Rn.)

Wassermeyer, Franz: Einkommenszurechnung nach § 15 AStG, IStR 2009, S. 191–195. (zitiert: *Wassermeyer,* IStR 2009, 191)

Wassermeyer, Franz: Entstrickung innerhalb der Hinzurechnungsbesteuerung, IStR 2012, S. 804–809. (zitiert: *Wassermeyer,* IStR 2012, 804)

Watrin, Christoph/Eberhardt, David: Anwendung der Kapitalverkehrsfreiheit im Bereich der internationalen Dividendenbesteuerung, BB 2014, S. 2967–2973. (zitiert: *Watrin/Eberhardt*, BB 2014, 2967)

Watrin, Christoph/Kappenberg, Christoph: Internationale Besteuerung von Vermögensnachfolgen, ZEV 2011, S. 105–112. (zitiert: *Watrin/Kappenberg*, ZEV 2011, 105)

Weber-Grellet, Heinrich: Das Gestüt im Körperschaftsteuerrecht - Zur Privatsphäre der Körperschaft, DStR 1994, 12-17. (zitiert: *Weber-Grellet*, DStR 1994, 12)

Weber-Grellet, Heinrich: Europäisches Steuerrecht, München 2005. (zitiert: *Weber-Grellet*, Europäisches Steuerrecht, S.)

Werder, Alexander/Dannecker, Achim: Änderungen bei der Zurechnungsbesteuerung nach § 15 AStG, BB 2012, S. 2278–2281. (zitiert: *Werder/Dannecker*, BB 2012, 2278)

Werner, Rüdiger: Die liechtensteinische Familienstiftung, IStR 2010, S. 589–596. (zitiert: *Werner*, IStR 2010, 589)

Wernsmann, Rainer: Einkommensteuer und objektives Nettoprinzip, Beihefter zu DStR 34 2009, S. 101–106. (zitiert: *Wernsmann*, Beihefter zu DStR 34 2009, 101)

Wienbracke, Mike: Die ertragsteuerliche Behandlung von trusts nach nationalem und nach DBA-Recht, RiW 2007, S. 201–206. (zitiert: *Wienbracke*, RIW 2007, 201)

Wöhrle, Winfried/Schelle, Dieter/Gross, Ekkehard: Außensteuergesetz Kommentar, Stuttgart 2015. (zitiert: *Bearbeiter* in *Wöhrle/Schelle/Gross*, AStG §, Rn.)

Zenthöfer, Wolfgang/Alber, Matthias: Körperschaftsteuer, Gewerbesteuer, 16. Aufl., Stuttgart 2013. (zitiert: *Zenthöfer/Alber*, S.)

Zimmermann, Klaus: Die Entwicklung des Stiftungsrechts 2011/2012, NJW 2012, S. 3277–3283. (zitiert: *Zimmermann*, NJW 2012, 3277)

Rechtsprechungsverzeichnis

E) Europäischer Gerichtshof

Datum	Az.	Fundstelle	Entscheidungsname
23.11.1978	7/78	Slg. 1978 I-2247	Thompson
06.10.1982	283/81	Slg. 1982 I-3415	C.I.L.F.I.T.
20.04.1988	204/87	Slg. 1988 I-2029	Bekaert
25.07.1991	C-221/89	Slg. 1991 I-3905	Factortame
14.02.1995	C-279/93	Slg. 1995 I-225	Schumacker
30.11.1995	C-55/94	Slg. 1995 I-4165	Gebhard
14.12.1995	C-163/94, C-165/94, C-250/94	Slg. 1995 I-4821	Sanz de Lera
28.04.1998	C-118/96	Slg. 1998 I-1897	Safir
12.05.1998	C-336/96	Slg. 1998 I-2793	Gilly
08.07.1999	C-254/97	Slg. 1999 I-4809	Baxter u.a
08.03.2001	C-397/98 C-410/98	Slg. 2001 I-1727	Metallgesellschaft Ltd u. a.
21.11.2002	C-436/00	Slg. 2002 I-10829	XY
09.09.2003	C-151/02	Slg. 2003 I-8389	Jaeger
23.09.2003	C-452/01	Slg. 2003 I-9743	Weissenberg Familienstiftung
11.03.2004	C-9/02	Slg. 2004 I-2409	Lasteyrie du Saillant
08.06.2004	C-268/03	Slg. 2004 I-5961	De Baeck
13.12.2005	C-446/03	Slg. 2005 I-10837	Marks & Spencer
23.02.2006	C-513/03	Slg. 2006 I-1957	van Hilten
07.09.2006	C-470/04	Slg. 2006 I-7409	N
12.09.2006	C-196/04	Slg. 2006 I-7995	Cadbury Schweppes
03.10.2006	C-452/04	Slg. 2006 I-9521	Fidium Finanz

14.11.2006	C-386/04	Slg. 2006 I-8203	Stauffer
14.11.2006	C-513/04	Slg. 2006 I-10967	Kerckhaert & Morres
12.12.2006	C-446/04	Slg. 2006 I-11753	Test Claimants in the FII Group Litigation
17.01.2008	C-256/06	Slg. 2008 I-123	Jäger
28.10.2010	C-203/09	Slg. 2010 I-10721	Volvo Car Germany
16.06.2011	C-10/10	Slg. 2011 I-5389	Kommission/Österreich
20.10.2011	C-284/09	Slg. 2011 I-9879	Kommission/Bundesrepublik Deutschland
13.11.2012	C-35/11	IStR 2012, 924	Test Claimants in the FII Group Litigation 2
28.02.2013	C-168/11	IStR 2013, 275	Beker
03.10.2013	C-282/12	IStR 2013, 871	Itelcar
11.09.2014	C-47/12	IStR 2014, 724	Kronos

F) Stellungnahmen der Generalanwälte/-innen

Name	Datum des Schlussantrags	Aktenzeichen	Fundstelle	Entscheidungsname
L. A. Geelhoed	06.04.2005	C-513/04	Slg. 2006 I-10969	Kerckhaert & Morres
Stix-Hackl	15.12.2005	C-386/04	Slg. 2005 I-8206	Stauffer

G) Bundesverfassungsgericht

Datum	Aktenzeichen	Fundstelle
26.03.1957	2 BvG 1/55	BVerfGE 6, 309
14.11.1961	2 BvR 345/60	BVerfGE 13, 215
19.12.1961	2 BvL 6/59	BVerfGE 13, 261
16.12.1970	1 BvR 210/68	BVerfGE 30, 59
08.03.1983	2 BvL 27/81	BVerfGE 63, 312
14.05.1986	2 BvL 2/83	BVerfGE 72, 200

22.06.1995	2 BvL 37/91	BVerfGE 93, 121
08.04.1998	1 BvR 1680/93	BVerfGE 98, 17
14.10.2004	2 BvR 1481/04	BVerfGE 111, 307
09.12.2008	2 BvL 1/07 2 BvL 2/07 2 BvL 1/08 2 BvL 2/08	BVerfGE 122, 210
07.07.2010	2 BvL 14/02 2 BvL 2/04 2 BvL 13/05	BVerfGE 127, 1
15.12.2015	2 BvL 1/12	DStR 2016, 359

H) Reichsfinanzhof

Datum	Aktenzeichen	Fundstelle
12.02.1930	VI A 899/27	RStBl. 1930, 444
23.09.1937	III A 35/37	RFHE 42, 136

I) Bundesfinanzhof

Datum	Aktenzeichen	Fundstelle
26.10.1983	I R 200/78	BFHE 140, 35
29.04.1987	X R 16/81	BFH/NV 1988, 64
03.02.1988	I R 134/84	BFHE 153, 14
20.04.1988	I R 41/82	BFHE 153, 530
17.06.1988	XI R 55/97	BFH/NV 1999, 9
12.07.1989	I R 46/85	BFHE 158, 224
23.01.1991	I R 22/90	BFHE 164, 164
05.11.1992	I R 39/92	BFHE 170, 62
02.02.1994	I R 66/92	BFHE 173, 404
04.12.1996	I R 54/95	BFHE 182, 123
15.07.1998	I B 134/97	BFH/NV 1999, 372

25.04.2001	II R 14/98	BFH/NV 2001, 1457
29.01.2003	I R 106/00	BFHE 201, 287
11.04.2005	GrS 2/02	BFHE 209, 399
28.06.2007	II R 21/05	BFHE 217, 254
21.10.2008	X R 44/05	BFH/NV 2009, 375
26.11.2008	I R 7/08	BFHE 224, 50
25.08.2009	I R 88/07	BFHE 226, 296
18.11.2009	II R 46/07	BFH/NV 2010, 898
22.02.2010	I R 84/09	BFHE 232, 352
19.05.2010	I B 191/09	BFHE 229, 322
29.08.2012	I R 7/12	BFHE 239, 45
18.12.2013	I R 25/12	BFH/NV 2014, 904
11.03.2015	I R 10/14	BFH/NV 2015, 921

J) Bundesgerichtshof

Gericht	Datum	Aktenzeichen	Fundstelle
BGH	09.02.1978	III ZR 59/76	BGHZ 70, 313
BGH	23.03.1979	V ZR 81/77	WM 1979, 692
BGH	14.04.1988	I ZR 122/86	NJW 1989, 35
BGH	28.05.2008	VIII ZR 126/07	NJW 2008, 2257

K) Finanzgerichte

Datum	Gericht	Aktenzeichen	Fundstelle
16.09.2009	FG Brandenburg-Berlin	8 K 9250/07	EFG 2010, 55
14.11.2012	Hessisches FG	10 K 625/08	DStR 2013, 1011
28.11.2013	FG Düsseldorf	16 K 2513/12 G	IStR 2014, 269
22.01.2015	FG Düsseldorf	16 K 2858/13 F	EFG 2015, 629

L) Oberlandesgerichte

Datum	Gericht	Aktenzeichen	Fundstelle
29.06.2009	OLG Stuttgart	5 U 40/09	ZEV 2010, 265
30.04.2010	OLG Düsseldorf	22 U 126/06	ZEV 2010, 528

Trierer Studien zum Internationalen Steuerrecht

Herausgegeben von Gabriele Burmester

Band 1 Steffen Alexander Lindenthal: Mitwirkungspflichten des Steuerpflichtigen und Folgen ihrer Verletzung. Unter besonderer Berücksichtigung der Dokumentationspflichten bei Verrechnungspreisen. 2006.

Band 2 Svenja Kaufer: Grenzüberschreitende Organschaft kraft Gemeinschaftsrecht. Übernimmt Österreich für Deutschland eine Vorreiterrolle? 2006.

Band 3 Antje Hagena: Die Behandlung von Personengesellschaften in den Doppelbesteuerungsabkommen der Bundesrepublik Deutschland mit den Staaten Mittel- und Südamerikas. 2007.

Band 4 Marie-Theres Rämer: Besteuerung aktienbasierter Vergütungen in Deutschland und im Vereinigten Königreich. 2007.

Band 5 Thorsten Hilger: Besteuerung der internationalen Seeschifffahrt. 2007.

Band 6 Claudia Neitz: Die Besteuerung internationaler Gemeinschaftsunternehmen. 2008.

Band 7 Felix Magnus Kessens: Die Besteuerung der grenzüberschreitenden Überführung von Wirtschaftsgütern. 2009.

Band 8 Rike Claudia Henkes-Wabro: Gewinnabgrenzung bei Bankbetriebstätten im Internationalen Steuerrecht. 2009

Band 9 Markus München: Die Zinsschranke – eine verfassungs-, europa- und abkommensrechtliche Würdigung. 2010.

Band 10 Olaf Thießen: Dreiecksverhältnisse im Internationalen Steuerrecht unter Beteiligung doppelt ansässiger Kapitalgesellschaften. 2010.

Band 11 Sascha Kaiser: Der französische REIT. Analyse des französischen SIIC-Regimes unter Berücksichtigung der Besteuerung deutscher und französischer Investoren. 2012.

Band 12 David Karl Mattern: Die Grenzgängerbesteuerung im Doppelsteuerungsabkommen zwischen Deutschland und der Schweiz. 2012.

Band 13 Stephan Hoyer: Unternehmensnachfolge und Wegzugsbesteuerung. 2013.

Band 14 Patrick Stemler: Die Behandlung von Sondervergütungen bei Personengesellschaften nach dem Recht der Doppelbesteuerungsabkommen. 2013.

Band 15 Helen Domschat: Die deutsche Vorschrift zur Verhinderung von Abkommens- und Richtlinienmissbrauch und ihre Vereinbarkeit mit Unionsrecht. 2013.

Band 16 Katharina Pfeifer: Die deutsche Besteuerung ausländischer Tonkünstler und Künstlergesellschaften. 2014.

Band 17 Evelyn Frink: Verständigungs- und Schiedsverfahren im Internationalen Steuerrecht. 2015.

Band 18 Bianca Wohlfart: Die Besteuerung der luxemburgischen Société de Participations Financières (SOPARFI). 2016.

Band 19 Sarah Anna Dreher: Die Besteuerung von Auslandsmitarbeitern in der Entwicklungszusammenarbeit. 2016.

Band 20 Dominik Monz: Die Familienstiftung im Außensteuergesetz. 2017.

www.peterlang.com

www.ingramcontent.com/pod-product-compliance
Ingram Content Group UK Ltd.
Pitfield, Milton Keynes, MK11 3LW, UK
UKHW021850290926
8980IPUK00005B/743

9 783631 713723